प्राचीन भारत में जीवंत परम्पराऐं एवं विरासत के विविध आयाम

भाग-1

डॉ. उमा अरमो

(एम. ए. , बी.एड., यूजीसी नेट, पी.एच-डी.)

सहायक प्राध्यापक- इतिहास

शासकीय महाविद्यालय समनापुर, डिण्डौरी (म.प्र.)

समर्पण

जिनकी स्नेह, आशीर्वाद एवं संस्कार की ममतामयी छाँव ने मेरे जीवन की यात्रा को सुगम बनाया...

मेरे श्रद्धेय माता-पिता

श्रीमति राजकुमारी एवं श्री एन.डी. अरमो

के श्रीचरणों में यह कृति-सुमन

सादर समर्पित!

विषय- सूची

आमुख

राष्ट्र के प्राण उसकी संस्कृति और जीवंत परंपराओं में बसते हैं। परम्पराएं और संस्कृति के नष्ट होने से राष्ट्र भी निर्जीव और ऊर्जाहीन हो जाता है। ये प्राचीन परम्पराएं गौरवशाली विरासत को सहेजकर रखते हैं। अनेक राजवंशों और जन- सामान्य समृद्ध और पतन के दौर दिखाने वाली नियति की पदचाप इन जीवंत परंपराओं में आज भी सुनी जा सकती है। ये परम्पराएं इतिहास और संस्कृति को सँजोये हुए है। परम्पराओं का जीवंत अनुभव हमारे जीवन को संवारता है, उन्हें महसूस कराता है, और हमें हमारी भूमिका का आदान-प्रदान करता है। यह पुस्तक हमें भारतीय संस्कृति एवं ज्ञान परम्परा से जुड़े रहस्यमय, विविध और समृद्ध विरासत को समझने में सहायक है। यह सर्वविदित है कि भारतीय सभ्यता ने हमेशा ही विश्व को अपनी अनन्त सांस्कृतिक धरोहर के माध्यम से प्रभावित किया है। यहां की जीवंत परम्पराएं न केवल ऐतिहासिक, सांस्कृतिक, और धार्मिक दृष्टिकोण से महत्वपूर्ण है, बल्कि इसका एक गहरा संबंध अपने समय के समाज, राजनीति और विज्ञान के साथ भी है।

जीवंत परंपराओं का महत्व किसी समाज या संस्कृति की निरंतरता, पहचान और सांस्कृतिक धरोहर को बनाए रखने में महत्वपूर्ण भूमिका निभाता है। ये ज्ञान एवं परंपराएं एक समुदाय के लोगों के बीच पीढ़ी दर पीढ़ी हस्तांतरित होती हैं और उनके जीवन के विभिन्न पहलुओं में गहराई से जुड़ी रहती हैं। यहाँ जीवंत परंपराओं के महत्व पर कुछ प्रमुख बिंदु दिए गए हैं-

- संस्कृति और पहचान का संरक्षण- जीवंत परंपराएं किसी भी समाज की सांस्कृतिक धरोहर का महत्वपूर्ण हिस्सा होती हैं। ये परंपराएं समाज की विशेष पहचान और उसकी विशिष्टता को बनाए रखती हैं, जैसे लोक कला, लोक संगीत, नृत्य, शिल्प, रीति-रिवाज, भाषा और पहनावा।

- सामाजिक जुड़ाव और एकजुटता- इन परंपराओं के माध्यम से लोग एक-दूसरे से भावनात्मक रूप से जुड़ते हैं। त्योहार, मेलों और अनुष्ठानों के दौरान सामाजिक एकजुटता और सद्भावना बढ़ती है। यह समाज को एक संगठित इकाई के रूप में आगे बढ़ने में मदद करती है।

- पीढ़ियों के बीच ज्ञान का हस्तांतरण- जीवंत परंपराओं के माध्यम से बुजुर्ग अपने अनुभव, ज्ञान, और सांस्कृतिक मूल्यों को नई पीढ़ी को सौंपते हैं। यह शिक्षा और सीखने का एक अनूठा तरीका है, जिसमें युवा अपनी जड़ों से जुड़े रहते हैं।

- सृजनात्मकता और कला का पोषण - लोक कला, शिल्प, और संगीत के रूप में जीवंत परंपराएं समाज की रचनात्मकता को पोषित करती हैं। विभिन्न कलात्मक रूपों और अभिव्यक्तियों के माध्यम से ये परंपराएं कला को नई ऊंचाइयों तक ले जाती हैं और समाज के रचनात्मक विकास में योगदान देती हैं।

- पर्यावरण संरक्षण - कई जीवंत परंपराएं पर्यावरण संरक्षण और प्राकृतिक संसाधनों के सतत उपयोग से जुड़ी होती हैं। जैसे, वृक्षों की पूजा, जल संरक्षण के अनुष्ठान, और प्रकृति के साथ संतुलन बनाकर जीने की परंपराएं।

- आर्थिक योगदान- कई परंपराओं से जुड़े शिल्प और कलाएं आर्थिक गतिविधियों में भी योगदान करती हैं। हस्तशिल्प, वस्त्र, और कलात्मक वस्तुएं आजीविका का साधन बनती हैं, जिससे स्थानीय और ग्रामीण अर्थव्यवस्था को बल मिलता है।

- सांस्कृतिक धरोहर का वैश्विक प्रसार- जीवंत परंपराएं अंतरराष्ट्रीय स्तर पर किसी देश या समुदाय की सांस्कृतिक पहचान को बढ़ावा देती हैं। ये परंपराएं पर्यटन और सांस्कृतिक विनिमय को प्रोत्साहित करती हैं, जिससे दुनिया भर में भारतीय संस्कृति की धरोहर फैलाई जाती है।

जीवंत परंपराओं का महत्व सिर्फ किसी समाज की संस्कृति और इतिहास को बनाए रखने तक सीमित नहीं है, बल्कि वे सामाजिक एकजुटता, आर्थिक विकास, पर्यावरण संरक्षण और पीढ़ीगत ज्ञान हस्तांतरण में भी महत्वपूर्ण भूमिका निभाती हैं। ये परंपराएं हमारे अतीत को वर्तमान से जोड़ती हैं और भविष्य के लिए एक ठोस सेतु प्रदान करती हैं। इनका संरक्षण एवं संवर्धन हमारा दायित्व है।

आभार

यह पुस्तक भारत की जीवंत परम्पराओं की एक गौरवमयी यात्रा है, जो हमें अतीत से हमारे भविष्य के दिशा-निर्देशन, पठन-पाठन एवं जीवन शैली में मदद करेगी। मैं इस पुस्तक के पूर्णतः मौलिक होने का दावा नहीं करती क्योंकि जो भी मेरे विचार हैं वो किसी पुस्तक के अध्ययन एवं चिंतन से ही निकले हैं। इस पुस्तक के लेखन का एकमात्र ध्येय विद्यार्थियों एवं पाठकों को विषय से संबंधित ज्ञान प्रदान करना है। मैं ऋणी हूँ, उन मनीषियों, लेखकों, पुरातत्ववेत्ताओं, इतिहासकारों, विचारकों, विश्लेषकों, आलोचकों और समीक्षकों का जिनके ग्रंथों, मूल मंथनों से प्राप्त अध्ययन सामग्री मैंने उपयोग में लिए हैं। जिनके अनुशीलन से इस पुस्तक की रचना संभव हो पाई है। जिनमें मुख्य रूप से एन. सिंघानिया, डॉ रीता प्रताप, डॉ किरण टंडन, सतीश चंद्र, विपिन चंद्र, अंशु मंगल, मोहित जिंदल, एच. सी. रायचौधरी, ए. एल. बॉसम, आर. सी. मजूमदार, बी. एन. लूनीया, के. एन. मूर्ति, महेशकुमार वर्णवाल, के. सी. श्रीवास्तव, डॉ ब्रम्हानंद त्रिपाठी, ए. एल. श्रीवास्तव, रामनाथ मिश्र, भगवत शरण उपाध्याय, के. आर. श्रीनिवासन, डॉ ममता चतुर्वेदी, डॉ मीनाक्षी कासलवार, डॉ मीनाक्षी गुप्ता, डॉ ऋतु जोहरी, सुरेश सोनी, दीनानाथ दुबे एवं शोध पत्र-पत्रिकाओं, गेजेटियर व इंटरनेट आदि स्रोतों की महत्वपूर्ण भूमिका रही है।

साथ ही इस पुस्तक को लिखने और प्रस्तुत करने की विकास यात्रा में प्रत्यक्ष एवं अप्रत्यक्ष रूप से सारथी स्वरूप सहभागी एवं साक्षी रहे मेरी माता श्रीमती राजकुमारी अरमो, पिता श्री नंदलाल अरमो, मेरी गुरु डॉ वंदना गुप्ता, मेरी सासू माँ श्रीमती रामकुमारी कुशरे, मेरे पति डॉ लखनसिंह कुशरे, मेरा अमी पुत्र देवनामप्रिय और मेरे सभी भाई- बहनों में श्रीमती सरोज अरमो, श्री सुरेंद्रबहादुर सिंह, सुश्री लक्ष्मी अरमो, श्री पुष्पराज सिंह, ममता, एलिजा एवं मित्र गणों में डॉ सविता मरावी, डॉ अमरसिंह उद्दे, डॉ बबीता राय, डॉ संगीता ठाकुर, प्राचार्य श्री चैनसिंह परस्ते, डॉ काशीराम परते, श्री किशोरकुमार श्रीवास्तव, डॉ गौरी सिंह परते, तौशीर खान, डॉ राकेश त्रिपाठी, श्री नारायणप्रसाद सनोडिया, श्री देवेन्द्र हल्दकार, डॉ शिवराम नंदवशी, श्री राजेश बोरकर, श्री अरुणाभ सेन, श्री अनारसिंह लोधी, श्री अपूर्व ठाकुर, श्री बुधराम कोल, श्रीमती नीलिमा द्विवेदी, श्री हैली थियोफिलस, बलदाऊ, प्रकाश, नरेश मानिकपुरी, राकेश स्याम एवं समस्त स्टॉफ का हार्दिक आभार व्यक्त करती हूं।

इस पुस्तक के अध्ययनोपरांत इसमें पायी गई कमियाँ एवं दृष्टिकोण पर आप विद्वतजनों के अमूल्य सुझावों का हमेशा स्वागत है, जिससे इस पुस्तक की समृद्धता में वृद्धि हो सकेगी, यही मेरी अपेक्षा है।

अंतत:, मेरी आशा है कि यह पुस्तक हमें हमारी जीवंत परम्परा के महत्वपूर्ण संदेशों और सिद्धांतों के साथ परिचित कराने के साथ-साथ, हमारे समृद्ध ज्ञान परम्परा और गरिमामय विरासत का एक संपूर्ण और गहन विश्लेषण प्रदान करने में सफलता प्राप्त करेगी।

'सिन्धु की लहरों में बसता सबेरा, वेदों का गूंजता था हरित संदेशा।

गंगा की धारा में ज्ञान बहता, योग और ध्यान से मन पल-छिन जुड़ता।

संस्कृति की माटी, सुगंधित धरोहर, भारत की परंपरा, अमरित का सागर।'

इन्ही शुभकामनाओं के साथ ... ! ...

✎ - डॉ उमा अरमो

प्रस्तावना

प्राचीन भारत एक समृद्ध और जीवंत सभ्यता का केंद्र था, जहाँ धर्म, राजनीति, शिक्षा और ज्ञान आपस में गहरे जुड़े हुए थे। भारतीय ज्ञान परंपरा ने इन सभी क्षेत्रों को एक व्यापक दार्शनिक और व्यावहारिक आधार प्रदान किया, जिससे समाज के प्रत्येक वर्ग को दिशा और प्रेरणा मिली। वेद, उपनिषद, रामायण, महाभारत, बौद्ध एवं जैन ग्रंथों सहित अनेक शास्त्रों ने धर्म और नैतिकता के सिद्धांतों को स्थापित किया, जो राजनीति और शासन व्यवस्था के मूलभूत आधार बने। राजनीति में धर्म और नैतिकता का समावेश 'राजधर्म' के रूप में हुआ, जो आदर्श शासकों के लिए नीति-निर्देशक सिद्धांतों का समूह था। चाणक्य के 'अर्थशास्त्र' और मनुस्मृति जैसे ग्रंथों में शासकीय व्यवस्था, न्याय और नीतियों का विस्तार से वर्णन किया गया है। भारतीय ज्ञान परंपरा केवल धार्मिक या आध्यात्मिक चिंतन तक सीमित नहीं थी, बल्कि विज्ञान, चिकित्सा, भाषा-विज्ञान, स्थापत्य और साहित्य के विविध आयामों तक फैली हुई थी। यह समग्र दृष्टिकोण ही भारतीय सभ्यता की विशेषता थी, जिसने न केवल भारतीय समाज को दिशा दी, बल्कि संपूर्ण विश्व को ज्ञान का प्रकाश प्रदान किया।

भारत अपने गौरवशाली इतिहास, सांस्कृतिक विरासत और अपार समृद्धि के लिए विश्वभर में प्रसिद्ध रहा है। प्राचीन काल से ही यह देश ज्ञान, विज्ञान, धर्म, दर्शन, कला और व्यापार का केंद्र रहा है। प्राचीन भारत को 'सोने की चिड़िया' कहा जाता था क्योंकि यहाँ अपार प्राकृतिक संसाधन, उन्नत कृषि, समृद्ध व्यापार, सुव्यवस्थित प्रशासन और उच्चस्तरीय शिक्षा व्यवस्था थी। तक्षशिला और नालंदा जैसे विश्वविख्यात विश्वविद्यालयों में विभिन्न देशों से विद्यार्थी अध्ययन करने आते थे।

भारत की आर्थिक समृद्धि का प्रमाण यह है कि प्राचीन समय में यह विश्व की सबसे बड़ी अर्थव्यवस्थाओं में से एक था। यहाँ के मसाले, वस्त्र, हीरे, सोना और अन्य वस्तुएँ यूरोप, अरब और एशियाई देशों में निर्यात की जाती थीं। शक्तिशाली मौर्य, गुप्त, चोल और विजयनगर साम्राज्यों ने न केवल भारत को एक सशक्त राष्ट्र बनाया, बल्कि इसे सांस्कृतिक और बौद्धिक रूप से भी समृद्ध किया। लेकिन समय के साथ विदेशी आक्रमणों और औपनिवेशिक शोषण ने

भारत की इस समृद्धि को प्रभावित किया। ब्रिटिश शासन के दौरान भारत की अपार संपत्ति लूटी गई, जिससे यह आर्थिक रूप से कमजोर हुआ। बावजूद इसके, भारत ने स्वतंत्रता संग्राम के बाद फिर से विकास की राह पकड़ी और आज विश्व में एक प्रमुख आर्थिक और सांस्कृतिक शक्ति के रूप में उभर रहा है।

भारत का गौरवशाली इतिहास न केवल हमें प्रेरित करता है, बल्कि यह हमारी संस्कृति और पहचान का आधार भी है। यह राष्ट्र अपने प्राचीन मूल्यों, आध्यात्मिकता और वैज्ञानिक उपलब्धियों के साथ आगे बढ़ते हुए पुनः 'विश्वगुरु' बनने की दिशा में अग्रसर है।

प्राचीन भारत में गुरु-शिष्य परंपरा शिक्षा और ज्ञान के आदान-प्रदान की आधारशिला थी। यह केवल शैक्षणिक ज्ञान तक सीमित नहीं थी, बल्कि नैतिकता, अनुशासन, आध्यात्मिकता और जीवन मूल्यों को भी समाहित करती थी। गुरु (आचार्य) अपने शिष्यों को न केवल वेद, उपनिषद, महाकाव्य, आयुर्वेद, खगोलशास्त्र, राजनीति और शास्त्रों का ज्ञान देते थे, बल्कि उन्हें चरित्रवान और जिम्मेदार नागरिक बनने की शिक्षा भी प्रदान करते थे।

प्राचीन शिक्षा व्यवस्था में गुरुकुल एक महत्वपूर्ण संस्था थी, जहाँ शिष्य अपने गुरु के आश्रम में रहकर शिक्षा प्राप्त करते थे। इसमें समानता और समर्पण का भाव था- राजकुमार से लेकर सामान्य विद्यार्थी तक समान रूप से शिक्षा ग्रहण करते थे। तक्षशिला, नालंदा, विक्रमशिला जैसे प्रतिष्ठित विश्वविद्यालय भी इसी परंपरा का विस्तार थे। भारतीय संस्कृति में गुरु को सर्वोच्च स्थान दिया गया है- 'गुरुर्ब्रह्मा गुरुर्विष्णुः गुरुर्देवो महेश्वरः' अर्थात गुरु सृजन, पालन और संहार की शक्ति का प्रतीक होता है। शिष्य का कर्तव्य था कि वह श्रद्धा, समर्पण और विनम्रता से ज्ञान अर्जित करे। गुरु-शिष्य परंपरा ने न केवल भारत की सांस्कृतिक और शैक्षिक विरासत को मजबूत किया, बल्कि यह आज भी शिक्षा और आध्यात्मिक मार्गदर्शन का आदर्श बनी हुई है।

भौगोलिक विविधताओं के होते हुए भी भारत सदा से ही भौगोलिक दृष्टि से एक देश रहा है जो हिमालय पर्वत से लेकर कन्याकुमारी तक फैला है। इस सम्पूर्ण क्षेत्र को ही प्राचीन समय में भारतवर्ष कहा गया था। भारत की 'एडवान्सड हिस्ट्री' के लेखकों के अनुसार भारत की भौगोलिक एकता का विचार प्राचीन काल से ही दार्शनिकों, कवियों, राजनीतिज्ञों एवं धर्मशास्त्रियों के मस्तिष्क में विद्यमान रहा और सभी ने हिमालय से लेकर समुद्र तक फैले हुए क्षेत्र को एक देश समझा और स्वीकार किया। भारत की कुछ नदियों को प्राचीन काल से दैवी रूप दिया गया है और हर भारतीय इन्हें पवित्र मानता है। उदाहरण के लिए गंगा भारत की चारों दिशाओं में पूजी जाती है। सम्पूर्ण देश के तीर्थयात्री गंगा के किनारे बसे विभिन्न नगरों की यात्रा करने आते हैं। अन्य नदियाँ जैसे यमुना और सरस्वती को भी पूरे देश में पवित्र माना जाता है।

संक्षेप में हम कह सकते हैं कि भौगोलिक विविधताओं के होते हुए भी भारत भौगोलिक दृष्टि से एकता के सूत्र में बँधा है।

डॉ.वी.ए. स्मिथ का कहना है कि 'भारत की वास्तविक एकता इस तथ्य में निहित है कि भारत में एक विशिष्ट प्रकार की संस्कृति और सभ्यता विकसित हुई जो संसार के अन्य देशों से पूर्णतया भिन्न है और जिसे हिन्दुस्तानी संस्कृति और सभ्यता का नाम दिया जा सकता है।' वह आगे कहते हैं, उसकी सभ्यता में ऐसी अनेक विशिष्टताएँ हैं जो उसे संसार के अन्य क्षेत्रों से अलग करती है। अतः भारत की एक पृथक उपमहाद्वीपीय इकाई माना जा सकता है जो एक विशिष्ट सामाजिक, धार्मिक और बुद्धिजीवी रूप में संसार के अन्य क्षेत्रों से पृथक इकाई के रूप में विकसित हुई। भारत के विभिन्न धार्मिक मतावलम्बियों में समान पहनावा तथा समान भोज्य पदार्थों का प्रयोग देखने को मिलता है।

भारत के विभिन्न धार्मिक मतावलम्बियों में भी एकता देखी जाती है। भारत मुख्य रूप से एक विधि राष्ट्र था और इसकी संस्कृति वर्ण-आश्रम पर आधारित थी। देश के चारों कोनों हिन्दू राषाले लोग धर्म-व्यवस्था अर्थात जाति, आश्रम और धर्म का पालन करते थे। पूरे देश के लोग समान हिन्दु देवताओं की पूजा करते थे हालाँकि मिन्न-भिन्न क्षेत्रों में उनके वाम भिन्न-भिन्न थे। हिन्दू धार्मिक रचनाएँ रामायण और महाभारत पूरे देश में प्रचलित थे और भारत के उत्तर दक्षिण, पश्चिम तथा पूर्व सभी दिशाओं में इन रचनाओं को बहुत महत्त्व दिया जाता था। इसी प्रकार देश के सभी भागों के लोग वेदों, उपनिषदों और पुराणों को समान सम्मान देते थे। इसी प्रकार प्रत्येक भारतीय चाहे वह किसी भी नस्ल, जाति या वर्ग से सम्बन्धित हो, पुर्नजन्म, आत्मा, कर्म तथा मोक्ष में विश्वास करता है। विभिन्न क्षेत्रों में रहने वाले लोग समान धार्मिक कर्मकाण्डों में विश्वास रखते हैं। भारत के हिन्दू धार्मिक स्थल जैसे अयोध्या, अवन्तिका, मथुरा, गया, काशी, सांची और पुरी भारत के चारों दिशाओं में स्थित हैं। हिन्दू त्यौहार जैसे होली, दिवाली देश के सभी भागों में मनाये जाते हैं। वास्तव में सभी धर्मों के लोग इनमें सम्मिलित होते हैं। इस प्रकार हम देखते हैं कि धार्मिक विभिन्नता के बावजूद भारत में एक समान धार्मिक एवं सांस्कृतिक एकता देखी जा सकती है।

इसी प्रकार भारत विभिन्न राजनीतिक इकाइयों में बँटा था परन्तु शक्तिशाली सम्राट सदा सभी क्षेत्रों को अपने अधीन करने के इच्छुक रहते थे। वे चक्रवर्ती सम्राट की उपाधि ग्रहण करने के इच्छुक रहते थे। कौटिल्य के अनुसार, चक्रवर्ती सम्राट उसी को कहा जाता था जिसका शासन देश के चारों कोनों में हिमालय से लेकर समुद्र तक फैला होता था। साधारणतया सम्राट को यह उपाधि कुछ कर्मकाण्ड तथा बलिदान आदि क्रियाएँ करने पर मिलती थी। प्राचीन काल में चन्द्रगुप्त मौर्य, अशोक और समुद्रगुप्त ने सम्पूर्ण भारत के साम्राज्य की सीमाएं निर्धारित की थी। इन शासकों ने अपने अपने अपने शासन कालों में अपने प्रशासनिक ढाँचें, सिक्के, कानून आदि

का विकास करके भारत को एक राजनीतिक सूत्रा में बाँधने का प्रयास किया। अतः हम देखते हैं कि भारत में अनेक विभिन्नताएँ होते हुए भी एकता दृष्टिगोचर होती है। यही कारण है कि भारत को 'अनेकताओं में एकता' वाला देश कहा जाता है।

भारत की कला, ज्ञान और विज्ञान परंपरा प्राचीन काल से ही समृद्ध रही है। यहाँ की कला में चित्रकला, मूर्तिकला, नृत्य, संगीत और वास्तुकला शामिल हैं। अजंता-एलोरा की गुफाएँ, खजुराहो और कोणार्क के मंदिर, भरतनाट्यम, कथक, ओडिसी जैसे नृत्य, तथा शास्त्रीय संगीत की परंपरा भारतीय सांस्कृतिक वैभव को दर्शाती है।

भारतीय मंदिर केवल पूजा स्थल नहीं हैं, बल्कि वे ज्ञान, विज्ञान, कला और आध्यात्मिक परंपरा के जीवंत केंद्र भी हैं। प्राचीन काल से ही भारतीय मंदिरों में धार्मिक अनुष्ठानों के साथ-साथ शिक्षा, खगोलशास्त्र, वास्तुशास्त्र, संगीत और शिल्पकला का समावेश रहा है। भारतीय मंदिरों की वास्तुकला अत्यंत वैज्ञानिक और भव्य होती थी। कोणार्क का सूर्य मंदिर खगोलीय गणनाओं पर आधारित है, जबकि मदुरै का मीनाक्षी मंदिर और खजुराहो के मंदिर शिल्प और स्थापत्य कला के उत्कृष्ट उदाहरण हैं। दक्षिण भारत के बृहदेश्वर, रामेश्वरम, कोणार्क का सूर्य मंदिर और चिदंबरम मंदिरों में नृत्य, संगीत और वेदाध्ययन की परंपरा रही है।

मंदिरों में मूर्तियाँ केवल धार्मिक प्रतीक नहीं, बल्कि दार्शनिक और वैज्ञानिक अवधारणाओं का भी प्रतिनिधित्व करती हैं। नटराज की मूर्ति ब्रह्मांडीय ऊर्जा और भौतिकी के सिद्धांतों को दर्शाती है। मंदिरों के गर्भगृह में स्थित यंत्र और ध्वनि विज्ञान का प्रयोग, सकारात्मक ऊर्जा को बढ़ाने के लिए किया जाता था। भारतीय मंदिरों ने ज्ञान और संस्कृति के संवाहक के रूप में कार्य किया है। आज भी ये न केवल आध्यात्मिक प्रेरणा देते हैं, बल्कि भारतीय सभ्यता और ज्ञान परंपरा की गौरवशाली विरासत को जीवंत बनाए रखते हैं।

ज्ञान-विज्ञान के क्षेत्र में भारत ने वेद, उपनिषद, आयुर्वेद, योग, खगोलशास्त्र, गणित और चिकित्सा में महान योगदान दिया। तक्षशिला और नालंदा विश्वविद्यालय वैश्विक शिक्षा केंद्र थे। आर्यभट्ट ने शून्य और ग्रहों की गति का अध्ययन किया, चरक और सुश्रुत ने आयुर्वेद और शल्य चिकित्सा को विकसित किया, जबकि वास्तुशास्त्र और धातु विज्ञान में भी भारत अग्रणी रहा। विदेशों में भारतीय ज्ञान और कला का प्रसार प्राचीन काल से होता आया है। बौद्ध धर्म और योग चीन, जापान, तिब्बत और दक्षिण-पूर्व एशिया तक पहुँचे। अरब व्यापारियों ने भारतीय गणित और विज्ञान को यूरोप तक पहुँचाया। आज भी योग, आयुर्वेद, भारतीय नृत्य और संगीत पूरे विश्व में लोकप्रिय हैं। भारतीय कला और विज्ञान ने न केवल देश को गौरवान्वित किया, बल्कि संपूर्ण विश्व को भी प्रेरित किया है।

प्राचीन भारत में पर्यावरण संरक्षण केवल एक आवश्यकता नहीं, बल्कि धार्मिक, सांस्कृतिक और नैतिक कर्तव्य माना जाता था। भारतीय ग्रंथों, वेदों, उपनिषदों, पुराणों और

धर्मशास्त्रों में प्रकृति के प्रति श्रद्धा और उसके संरक्षण की भावना स्पष्ट रूप से दिखाई देती है। प्राचीन भारत की जीवन शैली पर दृष्टिपात करें तो एक आश्चर्यजनक बात निकलकर सामने आती है कि प्राचीन भारत में लोग पर्यावरण के प्रति कितने संवेदनशील थे। लोग तत्कालीन समय में प्रकृति को अपने धार्मिक एवं नैतिक जीवन का आवश्यक अंग मान लिया था यही कारण है कि वृक्षों, नदिओं, पर्वतों, हवा, सूर्य, आकाश आदि को पूजनीय माना। पीपल, बरगद, तुलसी और नीम जैसे वृक्षों को विशेष सम्मान दिया जाता था। वृक्षदेवता की अवधारणा के कारण लोग पेड़ों को काटने के बजाय उनकी पूजा करते थे। जंगलों की रक्षा के लिए अरण्यक परंपरा थी, जिसमें ऋषि-मुनि वनों में रहकर अध्ययन और साधना करते थे। जल को देवत्व प्रदान किया गया था, जैसे गंगा, यमुना, सरस्वती आदि नदियों की पूजा की जाती थी। बावड़ियाँ, तालाब, कुएँ और जलाशय बनाना पुण्य कार्य माना जाता था।

सिंधु घाटी सभ्यता में उन्नत जल निकासी और संचयन प्रणाली थी। पशु-पक्षियों को देवताओं का वाहन माना गया, जिससे उनके संरक्षण की भावना विकसित हुई। गाय, नाग, हाथी, मोर, और हंस को विशेष महत्व दिया गया। शिकारी प्रथाओं पर नियंत्रण के लिए नियम बनाए गए थे। कृषि में रासायनिक उर्वरकों की जगह गोबर खाद और जैविक विधियों का प्रयोग किया जाता था। भूमि की उर्वरता बनाए रखने के लिए फसल चक्र और मिश्रित खेती की परंपरा थी। यज्ञों में औषधीय वनस्पतियों का उपयोग कर वातावरण को शुद्ध किया जाता था। हवन और अग्निहोत्र जैसी परंपराएँ वायुमंडल को शुद्ध रखने में सहायक थीं। प्राचीन भारत में पर्यावरण संरक्षण जीवन का अभिन्न हिस्सा था।

संक्षेप में, प्राचीन भारत की परंपराएँ केवल अतीत की धरोहर नहीं हैं, बल्कि वे वर्तमान समय में भी जीवन को संतुलित, समृद्ध और सशक्त बनाने की दिशा में मार्गदर्शन प्रदान करती हैं। यदि हम अपनी इन महान परंपराओं को पुनर्जीवित करें, तो भारत फिर से 'विश्वगुरु' बनने की दिशा में अग्रसर हो सकता है।

***

भारत में जीवंत परम्पराऐं एवं उनके प्रकार

भारतीय ज्ञान की गौरवशाली जीवंत परंपराएँ अत्यंत प्राचीन और समृद्धशाली धरोहर के रूप में जानी जाती हैं, जो सहस्राब्दियों से मानवता को मार्गदर्शन प्रदान करती आई है। भारत की जीवंत परम्पराओं का सूक्ष्मतम विहंगावलोकन करने से स्पष्ट होता है कि भारतीय सभ्यता और परम्पराओं में विविधता, समरसता और अद्वितीयता है। भारतीय संस्कृति में अनेक समाज, धर्म, भाषा, कला, साहित्य, विज्ञान इत्यादि की स्पष्ट छाप दिखाई देती है। इन जीवंत परम्पराओं को भारतीय जीवन शैली के विविध रूपों में देखा जा सकता है। इसका आरंभ प्रथम सभ्यता सिंधु-सरस्वती से लेकर वैदिक काल मानी जाती है। आगे वेदों, उपनिषदों और ब्राह्मण ग्रंथों के माध्यम से ज्ञान का संचरण हुआ। जो विभिन्न कालखंडों से होते हुये वर्तमान तक न केवल धर्म और अध्यात्म से जुड़ी रहीं, अपितु विभिन्न क्षेत्रों विज्ञान, गणित, खगोलशास्त्र, चिकित्सा और तर्कशास्त्र जैसे अनेक विषयों में आर्यभट्ट, चरक, सुश्रुत, भास्कराचार्य और पतंजलि जैसे महान विद्वानों ने भारतीय ज्ञान परंपरा में अभूतपूर्व योगदान दिये हैं। तर्कशास्त्र, न्यायशास्त्र, नाट्यशास्त्र और सांख्य जैसे भारतीय दर्शन ने तर्क और विवेक की शक्ति को बढ़ावा दिया। यह सर्वविदित है कि भारतीय मनीषीयों द्वारा गणित और खगोलशास्त्र में शून्य और दशमलव प्रणाली का आविष्कार वैश्विक स्तर पर युग परिवर्तनकारी योगदान है।

जहां भारतीय दर्शन में अद्वैत वेदांत, सांख्य, न्याय और बौद्ध दर्शन ने भारतीय सोच को गहन और व्यापक रूप प्रदान किया, वहीं योग और ध्यान की पद्धतियों ने आत्मा, शरीर और मन की एकता को स्थापित किया, जो आज भी विश्वभर में लोकप्रिय हैं। उसी तरह आयुर्वेद, जो संपूर्ण स्वास्थ्य पर आधारित चिकित्सा प्रणाली है, इसी परंपरा का एक महत्वपूर्ण अंग है।

भारतीय साहित्य की गौरवशाली परम्परा में महाकाव्यों- रामायण और महाभारत से लेकर कालिदास, बाणभट्ट और तुलसीदास जैसे कवियों के कृतियों तक फैली हुई है। भक्ति और सूफी आंदोलन ने साहित्य और समाज में आध्यात्मिकता और प्रेम का संदेश फैलाया। भारतीय साहित्य और कला भारतीय परम्पराओं का अभिन्न अंग हैं। संस्कृत साहित्य, वेद, उपनिषद,

रामायण, महाभारत, पुराण और अनेक भारतीय भाषाओं में लिखी गई साहित्यिक रचनाऐं भारतीय संस्कृति और ज्ञान की गहराई को दर्शाती हैं।

भारतीय ज्ञान की कला परंपरा में उसकी जीवंतता को मंदिर, मूर्तिकला, फ्रेस्को, कविता, नृत्य, संगीत, शिल्प और चित्रकला आदि अनेक क्षेत्रों में देखा जा सकता है। इन जीवंत परंपराओं में ये कला, संगीत, नृत्य और शिल्प भी अहम भूमिका निभाते हैं। चाहे वह शास्त्रीय नृत्य, संगीत हो या, मंदिर वास्तुकला ये सभी समग्र रूप से भारत की सांस्कृतिक धरोहर के अभिन्न अंग एवं मूल आत्मा हैं। भारत की यह परंपराएँ आज भी अपनी विविधता और समृद्धता से आधुनिक दुनिया में अपनी प्रासंगिकता बनाए हुए विश्व को सतत प्रेरणा दे रही हैं।

भारतीय परम्परा में प्राचीनता का महत्वपूर्ण स्थान है। यह भारतीय संस्कृति की मौलिकता को बखूबी दर्शाता है और भारत को भविष्य के लिए दिग्दर्शन प्रदान करता है। इसी प्रकार भारतीय समाज में धर्म और आध्यात्मिकता का महत्वपूर्ण योगदान है। सनातन धर्म, जैन धर्म, बौद्ध धर्म, सिख धर्म और इस्लाम धर्म के धार्मिक संप्रदायों का भारतीय समाज में महत्वपूर्ण स्थान है।

सामाजिक संरचना और सांस्कृतिक संगठन भारतीय समाज की परंपराएं को सुंदरता से प्रस्तुत करती हैं। गाँवों की सामाजिक संरचना, जाति व्यवस्था, परिवार संगठन, समुदायिक उत्सव और समाज की अनेक गतिविधियां भारतीय संस्कृति का अमूल्य अंग हैं।

भारत की जीवंत परंपरा शिक्षा, राजनीति और ज्ञान के क्षेत्र में एक गहन और प्राचीन धरोहर है, जिसने विश्वभर में अपनी अलग पहचान बनाई है। शिक्षा की परंपरा प्राचीन गुरुकुलों और विश्वविद्यालयों से प्रारंभ होती है, जहां तक्षशिला, नालंदा और विक्रमशिला जैसे विश्वप्रसिद्ध शिक्षा केंद्रों ने दर्शन, विज्ञान, गणित, चिकित्सा और तर्कशास्त्र की शिक्षा दी। इन केंद्रों ने केवल भारतीय छात्रों को ही नहीं, बल्कि दूर-दूर से आए विदेशी विद्वानों को भी ज्ञान प्रदान किया। भारतीय परम्परा में विज्ञान और प्रौद्योगिकी का भी योगदान रहा है। गणित, विज्ञान, चिकित्सा, खगोलशास्त्र, ज्योतिष और अन्य क्षेत्रों में भारत की योगदान की उच्चस्तरीय ऐतिहासिक ज्ञान परंपरा रही हैं।

भारतीय राजनीति में विचारधारा का आधार कौटिल्य का 'अर्थशास्त्र' और महाभारत का 'राजधर्म' रहा है, जो शासन, नैतिकता और कूटनीति की विस्तृत समझ देते हैं। 'अर्थशास्त्र' ने राज्य-प्रबंधन, युद्धनीति और आर्थिक नीति पर ठोस सिद्धांत प्रस्तुत किए, जो आज भी प्रासंगिक माने जाते हैं। धर्म और राजनीति के बीच संतुलन स्थापित करने की भारतीय परंपरा ने

सत्ता के दुरुपयोग को रोकने और न्यायपूर्ण शासन को बढ़ावा देने में सदियों से दिशानिर्देश प्रदान की हैं।

मुख्य रूप से कहा जा सकता है कि जन्म से लेकर मृत्यु तक के काल में व्यक्ति के जीवन में परिवार, समाज, सम्प्रदाय, जाति, धर्म, कला एवं संस्कृति, भाषा, क्षेत्र, त्योहार, धार्मिक क्रिया-कलाप, मान्यताएं इत्यादि का गहरा प्रभाव पड़ता है। ये सभी कारक एक सांस्कृतिक विरासत के रुप एक पीढ़ी से दूसरी पीढ़ी तक सहज ढंग से पहुंचती हैं जिससे सम्बंधित व्यक्ति अथवा समुदाय को विशेष पहचान मिलती है। उदाहरण के तौर पर देखा जाए तो भारत के पूर्वोत्तर राज्यों में निवासरत आदिवासियों और देश के अन्य हिस्सों में रहने वाले आदिवासियों के बीच अंतर का मूल कारण दोनों ही क्षेत्रों की विविध और विशिष्ट सांस्कृतिक विरासत तथा जीवंत परम्पराऐं हैं जो उनकी मूल पहचान से जुड़ी हुई हैं। भारतीय जीवंत परंपराओं का अवलोकन करते हुए विभिन्न विद्वानों ने इस संबंध में अनेक परिभाषाएं प्रस्तुत किए हैं।

जीवंत परम्परा की परिभाषा: जीवंत परम्परा को अनेक विद्वानों ने परिभाषित किया है। कुछ प्रमुख परिभाषाऐं निम्नलिखित हैं-

मुकर्जी के अनुसार- 'परम्परा वह है जो भूतकाल से कुछ प्राप्त कर उससे अपने संबंध बनाए रखती है। इसके अतिरिक्त यह नयी चीजों को भी ग्रहण करती है। इस प्रकार जीवंत परम्परा में पुराने और नए तत्वों का मिश्रण है।'

राधाकमल मुखर्जी ने जीवंत परंपराओं को एक समाज के सांस्कृतिक धरोहर के रूप में देखा। उनके अनुसार- 'जीवंत परंपराएं उन सांस्कृतिक प्रथाओं और मान्यताओं का निरंतर प्रवाह हैं जो एक समाज की आत्मा और पहचान को बनाए रखते हैं।'

धर्मपाल ने भारतीय परंपराओं को ग्रामीण और स्थानीय स्तर पर महत्वपूर्ण माना। उनके अनुसार- 'जीवंत परंपराएं स्थानीय ज्ञान, कौशल और सांस्कृतिक धरोहर का जीवंत संग्रह हैं, जो समाज के विकास और निरंतरता में महत्वपूर्ण भूमिका निभाती हैं।'

स्वामी दयानंद सरस्वती ने परंपराओं को धार्मिक और सामाजिक सुधार के संदर्भ में देखा। उनके अनुसार, 'जीवंत परंपराएं उन प्रथाओं का समुच्चय हैं जो समय के साथ धर्म और समाज की शुद्धि और पुनरुत्थान की दिशा में योगदान करती हैं।'

गोपीनाथ कविराज ने परंपराओं को सांस्कृतिक पुनरुत्थान के रूप में परिभाषित किया। उन्होंने कहा कि 'जीवंत परंपराएं सांस्कृतिक पुनरुत्थान की प्रक्रियाएं हैं जो समाज की आध्यात्मिक और नैतिक धरोहर को पुनः जागृत करती हैं।'

दामोदर धर्मानंद कोसांबी ने परंपराओं को सामाजिक और ऐतिहासिक संदर्भों में देखा। उनके अनुसार, 'जीवंत परंपराएं ऐतिहासिक विकास और सामाजिक संरचनाओं का परिणाम हैं, जो समय के साथ बदलती रहती हैं लेकिन अपनी मौलिक विशेषताओं को बनाए रखती हैं।'

रामचंद्र गुहा ने परंपराओं को सामाजिक और सांस्कृतिक गतिशीलता के संदर्भ में देखा। उन्होंने कहा कि 'जीवंत परंपराएं समाज की सांस्कृतिक धरोहर का एक सक्रिय और परिवर्तनशील हिस्सा हैं, जो सामाजिक और ऐतिहासिक परिस्थितियों के अनुसार निरंतर अनुकूलित होती रहती हैं।'

ए.के. रामानुजन ने परंपराओं को बहुस्तरीय और विविधता में देखा। उनके अनुसार, 'जीवंत परंपराएं विभिन्न सांस्कृतिक, धार्मिक और सामाजिक तत्वों का समुच्चय हैं, जो एक समाज की बहुसांस्कृतिक और बहुधार्मिक पहचान को दर्शाती हैं।'

उपरोक्त परिभाषाएं जीवंत परंपराओं की भारतीय संदर्भ में विशेषताओं को प्रकट करती हैं। इन विद्वानों के दृष्टिकोण से यह स्पष्ट होता है कि भारतीय समाज में जीवंत परंपराएं सांस्कृतिक निरंतरता, सामाजिक पहचान और सामूहिक स्मृति को बनाए रखने में महत्वपूर्ण भूमिका निभाती हैं। इन परंपराओं की गतिशीलता और अनुकूलनशीलता उन्हें समय के साथ प्रासंगिक बनाए रखती हैं।

इस प्रकार जीवित परम्परा एक गतिशील और विकसित सांस्कृतिक अभ्यास, विश्वास, कला या ज्ञान प्रणाली है जो एक पीढ़ी से दूसरी पीढ़ी तक सक्रिय रूप से प्रसारित, सीखी और अभ्यास की जाती है। इसमें रीति-रिवाजों, रीति-रिवाजों, त्योहारों, शिल्प, प्रदर्शन कलाओं और समाज की विरासत के अन्य पहलुओं को शामिल किया जाता है, जो वर्तमान समय में भी प्रासंगिक और मूल्यवान हैं। जीवित परंपराएँ किसी समुदाय की सांस्कृतिक पहचान को संरक्षित करने, अतीत को वर्तमान से जोड़ने और भविष्य की पीढ़ियों के लिए सांस्कृतिक प्रथाओं और ज्ञान की निरंतरता सुनिश्चित करने में महत्वपूर्ण भूमिका निभाती हैं। ये परंपराएँ स्थिर नहीं हैं बल्कि समय के साथ अनुकूलित और विकसित होती हैं तथा अपने संबंधित समुदायों के भीतर जीवंत और सार्थक बनी रहती हैं।

जीवंत परम्परा के प्रकार :

जीवित परम्पराओं में सांस्कृतिक प्रथाओं, विश्वासों, कलाओं और ज्ञान प्रणलियों की एक विस्तृत श्रृंखला शामिल है जो समकालीन समय में सक्रिय और प्रचलित हैं। इन परम्पराओं को उनकी प्रकृति और विशेषताओं के आधार पर मोटे तौर पर वर्गीकृत किया जा सकता है। जीवित परंपराएं के कुछ सामान्य प्रकारों को निम्नानुसार रेखांकित किया जा सकता है-

- अनुष्ठान और समारोह- ये पारंपरिक रीति-रिवाज और धार्मिक प्रथाएं हैं जो विशिष्ट अवसरों या आयोजनों जैसे विवाह, अंत्येष्टि, धार्मिक त्योहारों और मौसमी समारोहों के दौरान की जाती हैं।

- प्रदर्शन कलाएँ- इसके अंतर्गत विभिन्न नृत्य रूप, संगीत शैलियाँ, रंगमंच और कहानी सुनाना इत्यादि शामिल हैं जिन्हें उनके सांस्कृतिक संदर्भों में सिखाया, प्रदर्शित और सराहा जाता है।

- त्यौहार और उत्सव- सांस्कृतिक और धार्मिक त्यौहार जैसे दिवाली, क्रिसमस, ईद, होली, लोकोत्सव इत्यादि इसके उदाहरण हैं जिन्हें दुनिया भर के समुदायों द्वारा मनाया जाता है।

- हस्तशिल्प और कारीगर कौशल- पारंपरिक शिल्प जैसे मिट्टी के बर्तन, बुनाई, कढ़ाई, लकड़ी का काम, प्रस्तर एवं धातु का काम और चित्रकारी आदि जीवित परंपराएं हैं जो कुशल कारीगरों की पीढ़ियों के माध्यम से चली आ रही हैं।

- पारंपरिक ज्ञान प्रणालियाँ- वास्तुकला, चिकित्सा, कृषि, पर्यावरण और पारिस्थितिकी से संबंधित स्वदेशी ज्ञान और प्रथाएँ, जीवित परंपराएँ हैं जिन्हें मौखिक रूप से या प्रशिक्षुता के माध्यम से संरक्षित और प्रसारित किया गया है।

- आध्यात्मिक और दार्शनिक परम्पराएं- इस श्रेणी में आध्यात्मिक परम्पराएं, ध्यान विधि, दार्शनिक शिक्षाएँ और विश्वास प्रणालियाँ शामिल हैं जिनका अनुयायियों द्वारा भावात्मक रूप से पालन किया जाता है।

- लोककथाएँ और पौराणिक कथाएँ- लोककथाएँ, मिथक और किंवदंतियाँ जो विभिन्न संस्कृतियों में मौखिक कहानी कहने की परम्परा का हिस्सा हैं, जीवित परम्पराओं के अंतर्गत सांस्कृतिक पहचान और मान्यताओं को आकार देती हैं।

- पारंपरिक कपड़े और पोशाक- कपड़ों और पोशाक की शैलियाँ जो सांस्कृतिक विरासत में गहराई से निहित हैं और अभी भी अपने-अपने क्षेत्रों में पहनी जाती हैं और सराही जाती हैं।

- पारंपरिक खेल- प्राचीन युद्ध तकनीकें, मार्शल आर्ट और पारंपरिक खेल जीवित परंपराएँ हैं जिनके ऐतिहासिक और सांस्कृतिक महत्व को संरक्षित करते हुए अभ्यास कर सिखाया जाता है, भाषा और मौखिक परंपराएँ- बोली जाने वाली भाषा, बोलियाँ और मौखिक कहानी कहने की प्रथाएँ किसी समुदाय की सांस्कृतिक पहचान और इतिहास को बनाए रखने में महत्वपूर्ण भूमिका निभाती हैं।

उपरोक्त सभी विभिन्न समाजों और क्षेत्रों में पाई जाने वाली विविध प्रकार की जीवित परम्पराओं के कुछ उदाहरण हैं। जीवित परंपराएँ सांस्कृतिक विरासत को संरक्षित करने, पहचान

और निरंतरता की भावना को बढ़ावा देने और हमारी जीवन शैली की सांस्कृतिक विविधता और समृद्धि में योगदान करने में महत्वपूर्ण भूमिका निभाती हैं।

जिस प्रकार से पवित्र अनुष्ठान हमें हमारी आध्यात्मिक जड़ों से जोड़ते हैं। मंत्रमुग्ध कर देने वाले नृत्य एवं सगीत रूप जो जीवन की लय को प्रतिध्वनित करते हैं, प्रत्येक जीवित परम्परा जिसका हमने अनुभव करते हुए सामना किया है वह मानवता के विविधता और सरलता का प्रमाण है। ये पूरे विश्व में लगातार विकसित और बदलती रहती हैं। जीवित परंपराएं सुदृढ़ आधार के रूप में काम करती हैं। जीवित परंपराएं हमें उन कालातीत मूल्यों और ज्ञान की याद दिलाती हैं जिन्होंने सदियों से सभ्यताओं का मार्गदर्शन किया है। वे किसी बीते युग के अवशेष नहीं हैं, बल्कि जीवित संस्थाएं हैं जो हमारे समाज में जीवन फूंकती रहती हैं, उन्हें सुंदर, अर्थपूर्ण और उद्देश्यमयी बनाती हैं।

हम सभी ने परंपराओं के कुशल कारीगरों के हाथों को परम्परा की जटिल कशीदे बुनते हुए देखा है, जो कच्चे माल को कला के आकर्षक कलाकृतियों में बदलते हैं, जो मानव रचनात्मकता के लिए श्रद्धांजलि के रूप में खड़े हैं। हमने प्राचीन लय और तानों पर नृत्य किया है, उस एकता और आनंद को महसूस किया है जो एक-दूसरे के साथ मिलजुल कर उत्सव मनाने से आती है। इसके अलावा, जीवित परंपराएँ सीमाओं और भाषा की बाधाओं को पार कर हमें एक वैश्विक परिवार के रूप में एकजुट करती हैं। वे हमें याद दिलाते हैं कि हमारे सतही मतभेदों के बावजूद, हम एक समान सूत्र साझा करते हैं, जो मानवता के समृद्ध ताने-बाने में बुना गया है।

यहाँ यह आग्रह है कि हम जीवित परम्पराओं की भावना को अपने हृदय और स्मृति में रखें। हम उन विविध संस्कृतियों का आदर करें जो हमारी दुनिया को सुशोभित करती हैं, उन रीति-रिवाजों और प्रथाओं को संजोकर रखें जो हमें परिभाषित करती हैं। इन जीवंत खजानों को संरक्षित करके, हम न केवल अपने अतीत को बल्कि अपने भविष्य को भी सुरक्षित रखते हैं, पीढ़ियों के बीच एक पुल प्रदान करते हैं और आने वाली पीढ़ियों के लिए एकता और प्रशंसा की विरासत को बढ़ावा देते हैं। हम समस्त उन जीवित परम्पराओं का महोत्सव मनाऐं, उनकी रक्षा करना और उन्हें बढ़ावा देना जारी रखें जो हमारी पहचान को आकार प्रदान करती हैं और हमें बताती हैं कि हम कौन हैं? ऐसा करते हुए, हम यह सुनिश्चित करते हैं कि हमारी सांस्कृतिक विरासत की जीवंत परम्पराएं परिवर्तन की स्थिति में भी जीवित, फलती-फूलती और हमेशा प्रेरणादायक बनी रहे। अतीत के प्रति श्रद्धा और भविष्य की आशा के साथ, हम इन जीवित परम्पराओं के संरक्षक के रूप में खड़े हों, अपनी विरासत की मशाल को गर्व और कृतज्ञता के साथ अगली पीढ़ियों तक पहुँचाऐं। तभी स्व की निरन्तरता बनी रहेगी।

***

धर्म परम्परा और इसकी निरंतरता

भारत में धर्म परम्परा और इसकी निरन्तरता- भारत में धार्मिक परम्परा देश के सामाजिक और सांस्कृतिक ताने-बाने में एक केंद्रीय और गहरा महत्व रखती है। पूरी दुनिया में भारत अपनी धार्मिक विविधता के लिए जाना जाता है। यह सनातन धर्म, बौद्ध धर्म, जैन धर्म, सिख धर्म, पारसी धर्म, आदिधर्म, इस्लाम धर्म और ईसाई धर्म सहित कई प्रमुख धर्मों का घर है। प्रत्येक धर्म की अपनी मान्यताएं, अनुष्ठान विधि, रीति-रिवाज, धार्मिक परम्पराएं और प्रथाएं हैं। उपरोक्त सभी धर्म भारत के धार्मिक परिदृश्य की जीवंत छवि में योगदान देते हैं। भारत में धार्मिक निरंतरता के लिए उत्तरदायी कारणों को निम्नानुसार चिन्हित किया जा सकता है-

- प्राचीनता - भारत के कई धर्मों की उत्पत्ति बहुत प्राचीन है, जो हजारों साल पुरानी है। विशेष रूप से सनातन धर्म दुनिया के सबसे पुराने जीवित एवं समृद्ध धर्मों में से एक है, जिसकी जड़ें सिंधु घाटी सभ्यता से जुड़ी हैं। भारत में बौद्ध धर्म और जैन धर्म की उत्पत्ति छठी शताब्दी ईसा पूर्व के दौरान हुई। इन प्राचीन धार्मिक परम्पराओं की निरंतरता उन विश्वास प्रणालियों की स्थायी प्रकृति को दर्शाती है जो अनगिनत पीढ़ियों से चली आ रही हैं।

- जीवित अनुष्ठान और त्यौहार- भारत में धार्मिक परंपराएँ विभिन्न अनुष्ठानों और त्यौहारों के माध्यम से मनाई जाती हैं जिन्हें सदियों से संरक्षित और प्रचलित किया गया है। दिवाली (प्रकाश का त्योहार), ईद, क्रिसमस, होली (रंगों का त्योहार), दुर्गा पूजा, नवरात्रि इत्यादि इस बात के जीवंत उदाहरण हैं कि कैसे धार्मिक रीति-रिवाज और उत्सव समकालीन समय में भी फलते-फूलते और विकसित होते रहते हैं।

- आध्यात्मिक प्रथाएँ- उन स्थायी आध्यात्मिक प्रथाओं और शिक्षाओं में भी धार्मिक निरंतरता दिखाई देती है जहाँ धार्मिक संस्थानों, आध्यात्मिक गुरुओं और शिक्षकों के माध्यम से योग और ध्यान जैसी प्रथाएं, जिनकी प्राचीन जड़ें सनातनी और बौद्ध परम्पराओं में हैं। ये प्रथाएं सांस्कृतिक सीमाओं को पार करते हुए, दुनिया भर में लाखों लोगों द्वारा अपनाई जा रही हैं।

- पवित्र स्थल और मंदिर- भारत कई पवित्र स्थलों, मंदिरों, मस्जिदों, चर्चों, गुरुद्वारों और अन्य पूजा स्थलों से भरा हुआ है जो अत्यधिक धार्मिक और ऐतिहासिक महत्व रखते हैं। ये स्थान धार्मिक निरंतरता के लिए केंद्र बिंदु के रूप में काम करते हैं तथा विभिन्न स्थानों से आने वाले तीर्थयात्रियों और भक्तों को पूजा के कार्यों में शामिल होने और आध्यात्मिक शांति पाने के लिए आकर्षित करते हैं।

- धार्मिक ग्रंथ- विभिन्न धर्मों के पवित्र ग्रंथ धार्मिक निरंतरता का एक महत्वपूर्ण पहलू हैं। वेद, पुराण, रामायण, महाभारत, उपनिषद, भगवद गीता, कुरान, बाइबिल, गुरु ग्रंथ साहिब और त्रिपिटक, आगम जैसे महान ग्रंथ अपने संबंधित अनुयायियों की मान्यताओं और प्रथाओं का मार्गदर्शन करते हैं।

- सह-अस्तित्व और सहिष्णुता- भारत की धार्मिक निरंतरता की विशेषता धार्मिक सह-अस्तित्व और सहिष्णुता का एक लंबा इतिहास है। मान्यताओं की विविधता के बावजूद, विभिन्न धार्मिक समुदायों के बीच आपसी सम्मान और सद्भाव की व्यापक भावना है, जो देश की बहुलवादी पहचान को समृद्ध करती है। हालाँकि भारत में धार्मिक परंपराएँ अतीत में गहराई से निहित हैं, फिर भी वे स्थिर नहीं हैं। वे देश की धार्मिक विरासत के लचीलेपन और अनुकूलनशीलता को दर्शाते हुए, बदलते समय के साथ विकसित और अनुकूलित होते रहते हैं। भारत में धार्मिक निरंतरता आस्था की स्थायी शक्ति, सांस्कृतिक संरक्षण के महत्व और पीढ़ियों से आध्यात्मिक ज्ञान की खोज के प्रमाण के रूप में देखी जाती हैं।

भारत में धर्म परंपरा- भारतीय परम्परा में 'धर्म' शब्द अत्यन्त व्यापक अर्थों में प्रयुक्त हुआ है। सामान्यतः यह सामाजिक व्यवस्था के नियामक तत्त्व के अर्थ में अधिक प्रचलित है। समाज-निर्माण के मूल में मानव एवं उसके अन्तःसम्बन्ध होते हैं। मानव के रक्षणार्थ एवं कल्याणार्थ सामाजिक विधियां बनती हैं। इन विधियों को प्राचीन भारतीय परम्परा में धर्म की संज्ञा दी गयी है। मानवतावाद के मूल में 'मानव' का कल्याण निहित होता है। अतः धर्म एवं मानवतावाद के सम्बन्ध में मीमांसा अत्यन्त प्रासंगिक है। भारतीय संस्कृति, एकता, अखण्डता एवं सहिष्णुता का संदेश देती है। धर्म का आत्मसातीकरण हमारी संस्कृति का विलक्षण गुण है।

'एकं सद्विप्रा बहुधा वदन्ति' हमारा आदर्श रहा है। 'सर्वे भवन्तु सुखिनः सर्वे सन्तु निरामयः तथा वसुधैव कुटुम्बकम्' हमारे आचारिक सिद्धांत हैं। इन सबके मूल में है- हमारी धार्मिक भावना। दुर्भाग्य से कालान्तर में धर्म की मिथ्या एवं संकीर्ण व्याख्या प्रारंभ कर दिया और धर्म में पाखंडता समाहित होती चली गई; जिससे हमारी सामाजिक समरसता संकट में पड़ी।

'धर्म' संस्कृत शब्द है, जिसका प्रयोग कई अर्थों में होता आया है। यह शब्द 'धृ' धातु से बना है जिसका अर्थ है- धारण करना, आलम्बन देना, पालन करना। ऋग्वेद की ऋचाओं में यह शब्द लगभग 56 बार प्रयुक्त है। जहाँ इसे विशेषण या संज्ञा के रूप में प्रयोग किया है। ऋग्वेद की कुछ ऋचाओं में यह शब्द पुलिंग में प्रयुक्त हुआ है। अन्य स्थानों पर नपुंसक लिंग के रुप में भी प्रयुक्त हुआ है। अधिक स्थानों पर यह धार्मिक विधि या 'धार्मिक क्रिया संस्कार' के रूप में प्रयुक्त हुआ है। कहीं-कहीं इसे निश्चित नियम या आचरण नियम के अर्थ में भी प्रयोग किया गया है। धर्म शब्द के उपर्युक्त अर्थ वाजसनेयी संहिता में भी मिलते हैं। अथर्ववेद में 'धर्म' शब्द का प्रयोग 'धार्मिक क्रिया- संस्कार करने से अर्जित गुण' के अर्थ में हुआ है। ऐतरेय ब्राह्मण में धर्म शब्द सकल धार्मिक कर्तव्य के अर्थ में प्रयुक्त हुआ है।

धर्म की परिभाषा– धर्म न केवल धार्मिक कर्तव्यों को दर्शाता है, बल्कि नैतिकता, सामाजिक उत्तरदायित्व और जीवन के शाश्वत नियमों का पालन करने को भी परिभाषित करता है। भारत के मनीषियों ने धर्म की परिभाषा निम्नांकित रूपों में दिए हैं-

- महाभारत (भीष्म पितामह)- महाभारत में धर्म को 'धारण करना' कहा गया है, अर्थात जो समाज, प्राणी मात्र और विश्व को धारण करता है, वही धर्म है। धर्म का संबंध व्यक्तिगत कर्तव्यों, सामाजिक न्याय और नैतिकता से है। भीष्म पितामह के अनुसार, धर्म की सबसे उच्चतम अवस्था वह है जिसमें दूसरों का कल्याण निहित हो।

- मनु (मनुस्मृति)- मनु के अनुसार धर्म वह मार्ग है जो सत्य और नैतिकता पर आधारित है। उन्होंने धर्म को जीवन के चार मुख्य पुरुषार्थों (धर्म, अर्थ, काम, मोक्ष) में से एक माना है, जो समाज और व्यक्ति के जीवन को संतुलित और न्यायपूर्ण बनाए रखने में सहायक है।

- भगवद गीता (कृष्ण)- भगवद गीता में श्रीकृष्ण ने धर्म को व्यक्तिगत और सामाजिक कर्तव्यों के रूप में परिभाषित किया है। गीता के अनुसार, धर्म का पालन व्यक्ति के स्वधर्म (अपना धर्म) पर निर्भर है, जो उसके जीवन में निर्धारित कर्तव्यों का पालन करता है। कृष्ण कहते हैं, 'स्वधर्मे निधनं श्रेयः', यानी अपने धर्म का पालन करना ही श्रेयस्कर है।

- गौतम बुद्ध- बुद्ध के अनुसार धर्म वह मार्ग है जो दुखों के निवारण और मोक्ष की ओर ले जाता है। उन्होंने 'धम्म' को नैतिक आचरण, ध्यान और प्रज्ञा के रूप में परिभाषित किया। उनके लिए धर्म सत्य की खोज और मानवता की सेवा का माध्यम था।

- शंकराचार्य- अद्वैत वेदांत के प्रवर्तक शंकराचार्य के अनुसार, धर्म का सर्वोच्च लक्ष्य आत्म- साक्षात्कार और मोक्ष है। धर्म उन नियमों और आचारों का समुच्चय है जो व्यक्ति को सांसारिक बंधनों से मुक्त कर, आत्मा और ब्रह्म के साथ एकता की ओर ले जाते हैं।

- महात्मा गांधी- महात्मा गांधी ने धर्म को सत्य और अहिंसा से जोड़ा। उनके लिए धर्म का अर्थ किसी एक विशेष धर्म से नहीं, बल्कि मानवता और सत्य के सिद्धांतों का पालन करने से था। उन्होंने धर्म को नैतिकता और ईमानदारी के साथ जोड़ा है।

- स्वामी विवेकानंद - स्वामी विवेकानंद ने धर्म को व्यक्तिगत और सामाजिक उत्थान का साधन माना है। उनके अनुसार, धर्म वह शक्ति है जो आत्मज्ञान प्राप्त करने के साथ-साथ मानवता की सेवा का मार्ग प्रशस्त करता है।

- डॉ. बी. आर. अंबेडकर के अनुसार- धर्म एक नैतिक और सामाजिक व्यवस्था है जिसका उद्देश्य सामाजिक न्याय, समानता, स्वतंत्रता और बंधुत्व की स्थापना करना है। उनके अनुसार, धर्म का आधार नैतिकता होना चाहिए, न कि अंधविश्वास या अन्यायपूर्ण सामाजिक व्यवस्थाएँ।

- अंबेडकर ने धर्म को मानवता और नैतिकता से जोड़ा और कहा कि सच्चा धर्म वही है जो मनुष्य को आत्म-सम्मान, स्वतंत्रता और गरिमा प्रदान करे। उन्होंने धर्म को सामाजिक परिवर्तन और शोषण से मुक्ति का साधन माना। उनके अनुसार- धर्म का मूल उद्देश्य मानव जीवन को गरिमापूर्ण और न्यायपूर्ण बनाना होना चाहिए और जो धर्म इन मूल्यों का पालन नहीं करता, वह सच्चा धर्म नहीं है।

- डॉ. सर्वपल्ली राधाकृष्णन के अनुसार- धर्म एक ऐसा नैतिक और आध्यात्मिक मार्ग है जो व्यक्ति को आत्म-प्राप्ति और समाज को नैतिकता और समृद्धि की ओर ले जाता है। उनके अनुसार धर्म जीवन का आदर्श मार्गदर्शन है जो विश्व कल्याण का आधार बनता है।

भारत में 'धर्म' केवल पूजा-पद्धति या आस्था का नाम नहीं है, बल्कि यह जीवन के सभी पहलुओं को संचालित करने वाली नैतिक और सामाजिक प्रणाली है। भारत अपनी 'विविधता में एकता' के लिए जाना जाता है। यह समन्वय से युक्त सिद्धांत विभिन्न भाषाओं, धर्मों, रीति-रिवाजों, अनुष्ठानों आदि के द्वारा निर्मित हुआ है। भारत के संविधान का अनुच्छेद 27 स्पष्ट रूप से भारत के धर्मनिरपेक्ष व पंथनिरपेक्ष चरित्र की परिकल्पना करता है। भारत का कोई आधिकारिक धर्म नहीं है। हालाँकि, राज्य धर्म-विरोधी, अधार्मिक या धार्मिक नहीं है। यह गैर-धार्मिक है। भारत सरकार सर्व धर्म समभाव (सभी धर्म समान हैं) के सिद्धांत का पालन करती है। इसलिए भारत में अनेक धर्म के अनुयायी देखने को मिलते हैं।

सर्वेक्षण के आधार पर- सन 2001 की जनगणना के अनुसार भारत में सभी धर्मों को मानने वाले लोगों की कुल जनसंख्या- 1,028,610,328100.00 है।

धर्म	जनसंख्या	प्रतिशत
हिन्दू	827,578,868	(80.5%)
मुसलमान	138,188,240	(13.4%)
सिक्ख	19,215,730	(1.9%)
बौद्ध	7,955,207	(0.8%)
जैन	4,225,053	(0.4%)
ईसाई	24,080,016	(2.3%)
बहाई	1,953,112	(0.18%)
धर्म का खुलासा नहीं किया	727,588	(0.1%)

भारत में धर्मों का वर्गीकरण: भारत में धर्म का वर्गीकरण एक प्राचीन और गहन विषय है, जिसमें विभिन्न सांस्कृतिक, ऐतिहासिक और सामाजिक परम्पराओं का संघर्ष और सम्मिश्रण दिखाई देता है। भारतीय वांगमय में अनेक धार्मिक धाराओं, आचार्यों, और तात्त्विक विचारकों के विचार और अभिव्यक्तियों के आधार पर विभिन्न धर्मों का वर्गीकरण किया जा सकता है।

वास्तव में, भारत में धर्म का वर्गीकरण अधिकांश धार्मिक परम्पराओं और समुदायों के आधार पर हुआ है। प्रमुख धर्मों में सनातन धर्म, जैन धर्म, बौद्ध धर्म, इस्लाम, सिख धर्म, आदिवासी धर्म और विभिन्न स्थानीय और अस्थायी धार्मिक समुदाय शामिल हैं। भारतीय समाज में धर्म का वर्गीकरण इतिहास, स्थानीय परंपराएं और राजनीतिक तथा सामाजिक अवस्थाओं के अनुसार बदलता रहा है। यह वर्गीकरण लोगों के जीवन, विचारधारा और सामाजिक संगठन में गहरा प्रभाव डालता है।

भारत में धर्म का वर्गीकरण कई विवादों का केंद्र भी रहा है, जैसे कि अल्पसंख्यक समुदायों के अधिकार, धार्मिक स्वतंत्रता और धर्मनिरपेक्षता के मुद्दे। इसमें धर्मनिरपेक्षता का सिद्धांत एक महत्वपूर्ण कारक है, जो धर्म के वर्गीकरण को न्यायिक और सामाजिक दृष्टिकोण से निराधार मानता है।

इस प्रकार, भारत में धर्म का वर्गीकरण एक गहन और समृद्ध विषय है, जो समाज की रचना और विकास में महत्वपूर्ण भूमिका निभाता है। मानव सभ्यता के विकास एवं उसके आचार में अगर देखा जाए तो जो मानव द्वारा धारण किया जा सके वही धर्म है। प्राचीन धर्म ग्रंथों के

जाने माने टीकाकार देवदत्त पटनायक बताते हैं कि– 'हड़प्पा सभ्यता का धर्म एवं आदिवासी धर्म में समानता थी जो कि प्रकृति के बेहद करीब थी। ये लोग प्रकृति पूजक होते थे और बाद में हिन्दू धर्म इनसे प्रभावित हुआ था।' परंतु फिर भी भारत में धर्म और इसके वर्गीकरण को निम्न बिंदुओं के आधार पर देखा जा सकता है-

सनातन धर्म (हिन्दू धर्म)- 'हिन्दू' शब्द 'सिन्धु' से बना माना जाता है। संस्कृत में सिन्धु शब्द के दो मुख्य अर्थ हैं: पहला- सिन्धु नदी जो मानसरोवर के पास से निकल कर लद्दाख होते हुये पाकिस्तान से गुजरकर समुद्र में मिलती है, दूसरा- कोई समुद्र या जलराशि। ऋग्वेद की नदी स्तुति के अनुसार वे सात नदियाँ थीं: सिन्धु, सरस्वती, वितस्ता (झेलम), शुतुद्रि (सतलुज), विपाशा (व्यास), परुषिणी (रावी) और अस्किनी (चेनाब)। एक अन्य मान्यता के अनुसार हिमालय के प्रथम अक्षर 'हि' एवं इन्दु का अन्तिम अक्षर 'न्दु', इन दोनों अक्षरों को मिलाकर शब्द बना 'हिन्दु' और यह भू-भाग हिन्दुस्थान कहलाया। भारत में हिन्दू शब्द तत्कालीन भारत में धर्म के बजाय राष्ट्रीयता के रूप में प्रयुक्त होता था। चूँकि उस समय भारत में केवल वैदिक धर्म को ही मानने वाले लोग थे। अन्य किसी धर्म का उदय नहीं हुआ था। इसलिए 'हिन्दु' शब्द सभी भारतीयों के लिए प्रयुक्त होता था। भारत में केवल वैदिक धर्मावलम्बियों (हिन्दुओं) के बसने के कारण कालान्तर में विदेशियों ने इस शब्द को धर्म के सन्दर्भ में प्रयोग करना शुरु कर दिया।

हिन्दू धर्म को सनातन धर्म या वैदिक सनातन वर्णाश्रम धर्म भी कहा जाता है। ऋग्वेद में सप्तसिन्धु का उल्लेख मिलता है- वो भूमि जहाँ आर्य सबसे पहले बसे थे। भाषाविदों के अनुसार हिन्द आर्य भाषाओं की 'स्' ध्वनि (संस्कृत का व्यंजन 'स्') ईरानी भाषाओं की 'ह्' ध्वनि में बदल जाती है। इसलिए सप्त सिन्धु अवेस्तन भाषा (पारसियों की धर्मभाषा) में जाकर हफ्त हिन्दु में परिवर्तित हो गया (अवेस्ता: वेन्दीदाद, फ़र्गर्द 1.18)। इसके बाद ईरानियों ने सिन्धु नदी के पूर्व में रहने वालों को हिन्दू नाम दिया। अरब से मुस्लिम हमलावर भारत में आए, तो उन्होंने भारत के मूल धर्मावलम्बियों को हिन्दू कहना शुरू कर दिया। चारों वेदों में, पुराणों में, महाभारत में, स्मृतियों में हिन्दु धर्म के स्थान पर वैदिक सनातन वर्णाश्रम धर्म शब्द का उल्लेख मिलता है।

इस प्रकार हिन्दू धर्म का अर्थ 'जीवन शैली' से है। हिन्दू धर्म का पालन करने वाले लोगों को हिन्दू कहा जाता है। हिन्दू शब्द सिंधु नदी से लिया गया है (प्राचीन नाम- सिंधु)। हिन्दू धर्म का कोई एक संस्थापक नहीं है। यह पूर्व-वैदिक (सिंधु घाटी के लोगों द्वारा लगभग 3000 ईसा पूर्व) और वैदिक काल (1500 ईसा पूर्व के आसपास आर्य लोगों द्वारा) के बुनियादी मूल्यों पर आधारित है। जिसका उदाहरण बोगजकोइ अभिलेख टर्की में खोजा गया। प्राचीन अभिलेख मध्य एशिया के बोगजकोई नामक स्थान से लगभग 1400 ई० पू० का प्राप्त हुआ है। इस अभिलेख पर राजाओं के मध्य एक संधि का उल्लेख है जिसमे राजाओं ने वैदिक युगीन देवताओं को साक्षी माना था। इसमें इंद्र, वरुण, मित्र, नास्त्य चार देवताओं के नाम है। आर्यों ने

सबसे पहले प्राकृतिक शक्तियों जैसे आदित्य (सूर्य), उषा, वरुण आदि की पूजा प्रारंभ की। जैसे कालांतर में, ब्रह्मा-विष्णु-महेश (शिव) त्रिमूर्ति की पूजा की जाने लगी जिन्हे क्रमशः प्रकृति के निर्माता, संरक्षक और विनाशक माना जाता हैं।

वैदिक धर्म: सिंधु -सरस्वती सभ्यता में उपलब्ध साक्ष्य एवं वैदिक साहित्यों से ज्ञात होता है कि प्राचीन भारत में भारतीय लोगों के जीवन में धर्म का महत्वपूर्ण स्थान था। आर्य विभिन्न देवताओं के अस्तित्व में विश्वास करते थे। उनके अधिकांश देवता प्रकृति की विविध शक्तियों के प्रतीक है जिनका मानवीकरण किया गया है तथा यह माना गया है कि देवताओं की कृपा से ही संसार के कार्य-कलाप संचालित होते हैं। प्रत्येक देवता को संसार के सृष्टा एवं नियंता के रूप में दर्शाया गया है। वैदिक धर्म भी प्रकृति के द्वारा प्रेरित था।

मुख्यतः वैदिक देवताओं के तीन वर्ग देखने को मिलते हैं –

- सुस्थान (आकाश) के देवता- इनमें वरुण, पूषन्, मित्र, सूर्य, विष्णु, अश्विन, उषा आदि हैं।

- अंतरिक्ष के देवता- इनमें इन्द्र, अपाम, पर्जन्य, आप, रुद्र , मरुत आदि की गणना की गयी है।

- पृथ्वी के देवता- इनमें अग्नि, वृहस्पति, सोम, इत्यादि सम्मिलित है।

ऋग्वेद में वर्णित अधिकांश देवता पुरुष हैं तथा देवियों का स्थान गौण है। अदिति ही इस काल की महत्वपूर्ण देवी है। कुछ देवता अमूर्त भावनाओं के द्योतक है जैसे- श्रद्धा, मन्यु, धातु, प्राण, काल आदि। देवताओं की उपासना यज्ञों द्वारा की जाती थी। इस अवसर पर मन्त्रों द्वारा देवताओं का आह्वान किया जाता था। ऋग्वेद में विभिन्न देवताओं के प्रति कहे जाने वाले मन्त्रों का उल्लेख मिलता है। यज्ञों में अग्नि, घृत, अन्न आदि की आहुतियाँ दी जाती थी। ऐसी मान्यता थी कि अग्नि द्वारा आहुति देवता तक पहुंचती है। देवता स्वयं उपस्थित होकर आहुतियां ग्रहण करते है तथा मनोवांछित फल प्रदान करते हैं। ब्राह्मण ग्रन्थों में यज्ञ का विस्तृत विवेचन मिलता है।

प्रमुख यज्ञ थे-सोमयज्ञ, अग्नि होत्र, पुरुषमेध, पञ्चमहायज्ञ, वाजपेय, राजसूय अश्वमेध आदि। ऋग्वेद में सोमयज्ञ का विस्तृत विवरण मिलता है। यह एक व्यापक यज्ञ था जिसमें तीन-तीन वेदियों, तीन-तीन अग्नियों तथा बहुसंख्यक पुजारियों के साथ-साथ चार प्रधान पुरोहित भाग लेते थे। स्पष्टत इसमें बहुत अधिक धन व्यय होता होगा। अतः यह सामान्य जन की पहुँच के बाहर था। अग्निहोत्र प्रात: एवं संध्याकाल में अग्नि की पूजा के साथ सम्पन्न होता था। पितृयज्ञ में पितरों की तुष्टि के लिये बलि दी जाती थी। सोमयज्ञ के अन्तर्गत ही पुरुषमेध आता था।

ऋग्वेद में परमतत्व सम्बन्धी विचार दो रूपों में प्राप्त होते हैं-

- सर्वेश्वरवाद (Pantheism)- इसका विवेचन ऋग्वेद के नासदीय सूक्त में मिलता है जिसमें कहा गया है कि सृष्टि के आदि में एक ही परमतत्व था। उसी से सृष्टि की उत्पत्ति हुई। वही पूर्णरूपेण सृष्टि में व्याप्त है।

- एकत्ववाद (Monism)- इसका विवेचन पुरुष सूक्त में हुआ है जहाँ बताया गया कि सृष्टि का मूल तत्व विराट् पुरुष है। वह विश्व में व्याप्त होते हुये भी उससे कुछ अंशों में परे हैं।

इस प्रकार प्राचीन ग्रंथों में उल्लेखित धर्म के सार एवं उसके उद्देश्यों को निम्नांकित रूप से पंक्तिबद्ध किया जा सकता है -

ऋग्वैदिक धर्म का मुख्य उद्देश्य—

- लौकिक सुखों की प्राप्ति के लिए।

- देवताओं की उपासना युद्ध में विजय प्राप्ति के लिए।

- अच्छी खेती करने के लिए।

- संतान प्राप्ति के लिए।

- यज्ञों द्वारा स्वर्ग की प्राप्ति के लिए।

महाकाव्य काल में धर्म: पूर्व वैदिककालीन कर्मकाण्ड प्रधान तथा उत्तरवैदिक कालीन ज्ञानमार्गी धर्मों का समन्वय कर महाकाव्यों के समय में एक लोकधर्म का विकास किया गया जो सर्वसाधारण के लिए सुलभ था। कुछ वैदिक देवताओं का महत्व घट गया जबकि कुछ देवताओं के प्रभाव में वृद्धि कर दी गयी। देवसमूह में ब्रह्मा, विष्णु तथा शिव को सर्वोच्च प्रतिष्ठा दी गयी। इनमें भी विष्णु तथा शिव की लोकप्रियता अधिक थी। अन्य देवताओं की औपचारिक मान्यता थी। इन देवताओं की कल्पना मनुष्य रूप में की गयी तथा प्रत्येक में कुछ विशिष्ट गुणों को आरोपित कर दिया गया। दैवी शक्ति से विशिष्ट होने पर भी वे मनुष्यों की भाँति पृथ्वी पर निवास करते तथा लीलायें किया करते थे। शीघ्र ही ब्रह्मा का महत्व समाप्त हो गया तथा शिव और विष्णु ही महाकाव्य कालीन धर्म के प्रमुख देवता रह गये। राम तथा कृष्ण को विष्णु का ही अवतार माना गया तथा उनमें समस्त गुणों को प्रतिष्ठित कर दिया गया। इस प्रकार अवतारवाद का विकास हुआ।

रामायण में चरित्र पर विशेष बल दिया गया है। चरित्र ही मनुष्य को देवता बनाता है। यही धर्म है। नैतिकता, सत्यनिष्ठा, सदाचरण आदि रामायण के अनुसार धर्म के गुण है। राम के चरित्र में सभी गुण विद्यमान है, अतः वे महामानव है। बाद में उन्हें देवता माना गया है। महाभारत में भी लोकधर्म की प्रतिष्ठा है तथा कृष्ण को विष्णु का अवतार बताया गया है। इन महाकाव्यों की लोकप्रियता का प्रधान कारण यह था कि इन्होंने सामान्य जनता के मोक्ष प्राप्ति के लिए एक सरल उपाय बताया। यह उपाय है भक्ति अथवा उपासना का जो सभी के लिए समान रूप से सुलभ था। ईश्वर भक्ति से प्रसन्न होकर उपासक को उसके पापों से मुक्ति दिलाते हैं। गीता में कृष्ण अर्जुन से कहते हैं-

'सभी धर्मों को छोड़कर केवल मेरी शरण में जाओ। मैं तुम्हें सभी पापों से मुक्त करूंगा, शोक मत करो।'

श्रीमदभागवत गीता कृष्ण का चित्रण सर्वशक्तिमान ब्रह्म के रूप में करती है जो जगत् के निर्माता एवं अधीश्वर है। उनमें उपनिषदों के 'ब्रह्म' तथा लोकधर्म के वासुदेव दोनों के रूपों का समन्वय है। कृष्ण भक्ति-आन्दोलन के केन्द्र-बिन्दु बन गये तथा जन- मानस पर उनके व्यक्तित्व का व्यापक प्रभाव पड़ा। उपनिषद् दर्शन अपनी गूढ़ता के कारण सभी के लिये बोधगम्य न था तथा सामान्य जनता के लिये उपयोगी धर्म की महती आवश्यकता थी। जनता को एक ऐसे देवता की आवश्यकता थी जिस पर वह भरोसा कर सकती तथा जो संकट के समय उसकी सहायता कर सकता। महाकाव्यों ने ऐसा लोकधर्म प्रस्तुत कर दिया। भागवद्गीता हमारे समक्ष ऐसे ईश्वर का जीवित व्यक्तित्व प्रस्तुत करती है जो अपने भक्तों की सहायता के लिए पृथ्वी पर अवतार लेता है, धर्म की स्थापना करता है, सज्जनों की रक्षा करता है तथा दुष्टों का विनाश करता है। गीता में औपनिषेदिक ज्ञान के महत्व को स्वीकार करते हुए भी भक्ति को प्रमुखता प्रदान की गयी है। यही मोक्ष प्राप्त करने का सर्वसुलभ साधन है।

महाकाव्य कालीन धर्म में वैदिक तथा अवैदिक विश्वासों का समावेश दिखाई देता है। यज्ञों, शिव, कृष्ण, दुर्गा, इन्द्र आदि देवी-देवताओं की पूजा की गयी है। पर्वत, नाग, राक्षस, यक्ष पूजा का भी उल्लेख प्राप्त होता है। विभिन्न प्रकार के यज्ञों का विस्तारपूर्वक उल्लेख मिलता है। राजाओं द्वारा अश्वमेध तथा राजसूय जैसे विशाल यज्ञ किये जाते थे। महाकाव्यों का मुख्य लक्ष्य समाज में सत्य और न्याय की प्रतिष्ठा करना था। इनमें विभिन्न कथाओं तथा चरित्रों के माध्यम से असत्य पर सत्य की तथा अन्याय पर न्याय की विजय प्रदर्शित की गयी है।

पौराणिक धर्म: हिन्दू-धर्म का व्यापक प्रचार-प्रसार पुराणों के माध्यम से सम्भव हुआ। पौराणिक धर्म में हमें वैदिक, अवैदिक तथा जन-साधारण के धार्मिक विश्वासों का समन्वय मिलता है। पुराण अपनी सरल एवं सुन्दर शैली में हिन्दू-धर्म का सर्वाङ्गीण चित्रण प्रस्तुत करते हैं। पौराणिक धर्म का उद्देश्य वैदिक धर्म को सरलता से आम जनता के समक्ष प्रस्तुत करना है।

शिव, विष्णु आदि वैदिक देवताओं को ग्रहण कर पुराणों ने उन्हें नवीन रूप दिया। पुराणों में जिन विभिन्न देवी-देवताओं का उल्लेख मिलता है उनसे सम्बन्धित अनेक स्वतन्त्र सम्प्रदायों का हिन्दू-धर्म में विकास हुआ। विष्णु से वैष्णव, शिव से शैव, शक्ति उपासना से शाक्त आदि सम्प्रदायों का उद्भव हुआ जिनकी उपासना पद्धतियाँ अलग-अलग थीं। ये हिन्दू-धर्म के प्रमुख सम्प्रदाय है। आगे चलकर इनके भी कई उप-सम्प्रदाय बन गये।

प्रमुख सिद्धांत- सनातन धर्म के अनुसार संसार के सभी प्राणियों में आत्मा होती है। मनुष्य ही ऐसा प्राणी है जो इस लोक में पाप और पुण्य, दोनो कर्म को भोग सकते है और मोक्ष प्राप्त कर सकते है।

सनातन धर्म की कुछ प्रमुख विशेषताऐं निम्नलिखित हैं-

- ईश्वर एक नाम अनेक।

- ब्रह्म या परम तत्त्व सर्वव्यापी है।

- ईश्वर से डरें नहीं, प्रेम करें और प्रेरणा लें।

- हिन्दुत्व का लक्ष्य स्वर्ग-नरक से ऊपर मोक्ष की प्राप्ति करना है।

- हिन्दुओं में कोई एक पैगम्बर नहीं है।।

- धर्म की रक्षा के लिए ईश्वर बार-बार जन्म लेते हैं।

- परोपकार पुण्य है, दूसरों को कष्ट देना पाप है।

- जीवमात्र की सेवा ही परमात्मा की सेवा है।

- स्त्री आदरणीय है।

- सती का अर्थ पति के प्रति सत्यनिष्ठा है।

- हिन्दुत्व का वास हिन्दू के मन, संस्कार और परम्पराओं में होता है।

- पर्यावरण की रक्षा को उच्च प्राथमिकता।

- हिन्दू दृष्टि समतावादी एवं समन्वयवादी होता है।

- आत्मा अजर-अमर है।

- सबसे बड़ा मंत्र गायत्री मंत्र।

- हिन्दुओं के पर्व और त्योहार खुशियों से जुड़े हैं।

- हिन्दुत्व का लक्ष्य पुरुषार्थ है और मध्य मार्ग को सर्वोत्तम माना गया है।

- हिन्दुत्व एकत्व का दर्शन है इत्यादि।

इस प्रकार भारत में कई समुदाय आपस में मिल-जुल एवं सदभावपूर्वक रहते हैं। यही भारत की सांकृतिक एवं धार्मिक समरसता की सुंदरता है। तभी तो सितम्बर 1893 में स्वामी विवेकानंद ने शिकागो के विश्व धर्म संसद में प्रसिद्ध उद्बोधन दिया था- 'मुझे उस धर्म का अनुयायी होने पर गर्व है, जिसने सम्पूर्ण विश्व को सहिष्णुता तथा वैश्विक मैत्री का पाठ पढ़ाया है और हम केवल सार्वभौमिक सहिष्णुता में ही विश्वास नहीं करते, बल्कि हम सभी धर्मों की सत्यता को स्वीकार भी करते हैं।' भारतवर्ष साम्प्रदायिक तनावों की तुलना में धार्मिक शान्ति का साक्षी रहा है।

सनातन धर्म (हिंदू धर्म) के अंतर्गत चार प्रमुख पंथ :सनातन धर्म में चार मुख्य सम्प्रदाय हैं :

- वैष्णव (जो विष्णु को परमेश्वर मानते हैं)

- शैव (जो शिव को परमेश्वर मानते हैं)

- शक्ति (जो देवी को परमशक्ति मानते हैं)

- स्मार्त (जो परमेश्वर के विभिन्न रूपों को एक ही समान मानते हैं)

वैष्णववाद- वैष्णववाद भागवत धर्म से हुआ। इस परम्परा के अनुसार इसके प्रवर्तक वृष्णि (सात्वत) वंशी कृष्ण थे जिन्हें वसुदेव का पुत्र होने के कारण वासुदेव कृष्ण कहा जाता है। वे मूलत मथुरा के निवासी थे। छान्दोग्य उपनिषद् में उन्हें देवकी-पुत्र कहा गया है तथा घोर अंगिरस का शिष्य बताया गया है। कृष्ण के अनुयायी उन्हें 'भगवत्' (पूज्य) कहते थे।

इस कारण उनके द्वारा प्रवर्तित धर्म की संज्ञा भागवत हो गयी। महाभारत काल में वासुदेव कृष्ण का समीकरण विष्णु से किया गया तथा भागवत धर्म वैष्णव धर्म बन गया। विष्णु एक ऋग्वैदिक देवता हैं तथा अन्य देवताओं के समान प्रकृति के देवता हैं। वे सूर्य के क्रियाशील रूप का प्रतिनिधित्व करते हैं। विष्णु का सर्वाधिक महत्व इस कारण है कि उन्होंने तीन पगों से सम्पूर्ण

पृथ्वी को नाप डाला है। इसके अनुयायी विष्णु को सर्वोच्च भगवान मानते हैं। इस परम्परा की उत्पति ईसा पूर्व पहली शताब्दी में भगवद्वाद के रूप में हुई थी एवं इसे कृष्णवाद भी कहा जाता है। प्राचीन भागवत धर्म ही कालांतर में वैष्णव धर्म में परिवर्तित हो गया। कृष्ण- विष्णु से ही नारायण स्थापित हुआ तब वैष्णव धर्म की एक संज्ञा 'पाँचरात्र धर्म' हो गयी।

महर्षि पाणिनी ने भागवत धर्म तथा वासुदेव की पूजा का उल्लेख किया है। इस प्रकार देखा जाए तो भागवत धर्म की प्राचीनता ईसा पूर्व 5 वीं शदी तक जाती है। यूनानी राजदूत मेगास्थनीज ने शूरशेन (मथुरा) के लोगों कॉ 'हेराक्लीज' का उपासक बताया है जिसका तात्पर्य वासुदेव कृष्ण से है। मथुरा से भागवत धर्म धीरे-धीरे भारत के अन्य भागों में फैलने लगा। भागवत धर्म का चरमोत्कर्ष गुप्त राजाओं के शासनकाल (319-550 ई.) में हुआ। इसके पश्चात हर्षकाल में भी वैष्णव धर्म का उत्थान होता रहा। इसके अतिरिक्त अनेक शासकों जैसे चंदेल, चेदी, परमार, पाल और सेन राजाओं के शासन में भी विष्णु के अनेक मंदिर बनवाए गए। ये साक्ष्य इस बात की पुष्टि करते हैं।

दक्षिण भारत में भी वैष्णव धर्म का प्रसार व्यापक रूप से हुआ। पल्लव, चेर, चोल शासकों ने इस धर्म को संरक्षण प्रदान किया। संगम साहित्यों से ज्ञात होता है कि ईसा की प्रथम शती में यह धर्म लोकप्रिय था। तमिल प्रदेशों में वैष्णव धर्म का प्रसार 'अलवार' (ज्ञानी व्यक्ति) संतों के द्वारा किया गया था। पुराणों में विष्णु के दस अवतारों का विवरण प्राप्त होता है जो इस प्रकार है-

1. मत्स्य- कथा के अनुसार जब पृथ्वी महान् जल-प्लावन से भयभीत हो गयी तब विष्णु ने मत्स्य के रूप में अवतार लेकर मनु, उनके परिवार तथा सात ऋषियों को एक जलपोत में बैठाकर जिसकी किस्ती मत्स्य की सींग से बंधी हुई थी, उसने रक्षा की। उन्होंने प्रलय से वेदो की भी रक्षा की थी।

2. कूर्म अथवा कच्छप- जल प्लावन के समय अमृत तथा रत्न आदि समस्त बहुमूल्य पदार्थ समुद्र में विलीन हो गये। विष्णु ने अपने को एक बड़े कूर्म (कच्छप) के रूप में अवतरित किया तथा समुद्रतल में प्रवेश कर गये। देवताओं ने उनकी पीठ पर मन्दराचल पर्वत रखा तथा नागवासुकि को डोरी बनाकर समुद्र मन्थन किया। परिणामस्वरूप अमृत तथा लक्ष्मी सहित चौदह रत्नों की प्राप्ति हुई।

3. वराह- हिरण्यकश्यप नामक राक्षस ने एक बार पृथ्वी को विश्व सिन्धु के तल में ले जाकर छिपा दिया। पृथ्वी की रक्षा के लिये विष्णु ने एक विशाल वराह (सूकर) का रूप धारण किया। उन्होंने राक्षस का वध किया तथा पृथ्वी को अपने दांतों से उठाकर यथास्थान स्थापित कर दिया।

4. नृसिंह -प्राचीन समय में हिरण्यकश्यप नामक महान् असुर हुआ। ब्रह्मा से उसने यह वरदान प्राप्त किया कि वह न तो दिन में मरे न रात में, न उसे देवता मार सकें न मनुष्य। अब उसने देवताओं तथा मनुष्यों पर अत्याचार करना प्रारम्भ किया। यहाँ तक कि उसने अपने पुत्र प्रहलाद को भी अनेक प्रकार से प्रताड़ित किया। प्रहलाद की पुकार पर विष्णु ने नृसिंह (आधा मनुष्य तथा आधा सिंह) अवतार लिया। हिरण्यकश्यप को गोधूलि के समय मार डाला तथा प्रहलाद को राजा बनाया।

5. वामन- बलि नामक राक्षस हुआ जिसने संसार पर अधिकार करने के बाद तपस्या करना प्रारम्भ किया। उसकी शक्ति इतनी बढ़ी कि देवता घबरा गये तथा विष्णु से प्रार्थना की। फलस्वरूप वे एक बौने का रूप धारण कर राक्षस के सम्मुख उपस्थित हुए। उन्होंने दान में तीन पग भूमि मांगी। बलि ने यह स्वीकार कर लिया। तत्पश्चात् उनका आकार अत्यन्त विशाल हो गया तथा दो ही पग में पृथ्वी, आकाश तथा अन्तरिक्ष को नाप दिया। तीसरा पग नहीं उठाया तथा बलि के लिये पाताल छोड़ दिया। अतः वह पृथ्वी छोड़कर पाताल लोक चला गया।

6. परशुराम- यमदग्नि नामक ब्राह्मण के पुत्र के रूप में विष्णु ने परशुरामावतार लिया। एक बार यमदग्नि को कीर्त्तवीर्य नामक राजा ने लूटा। परशुराम ने उसे मार अत्यन्त कुद्ध हुये और उन्होंने समस्त क्षत्रिय राजाओं का विनाश कर डाला। ऐसा इक्कीस बार किया रामावतार में उनका गर्व पूर्ण हुआ और वे वन में तपस्या हेतु चले गये।

7. रामावतार- अयोध्या में राजा दशरथ के पुत्र के रूप में विष्णु ने अवतार लिया तथा 'राम' नाम से विख्यात हुए। उन्होंने रावण सहित कई राक्षसों का संहार किया। विष्णु का यह अवतार उत्तर भारत में सर्वाधिक लोकप्रिय है।

8. कृष्ण- मथुरा के राजा कंस के अत्याचारों से प्रजा की रक्षा करने के लिये वसुदेव तथा देवकी के पुत्र रूप में संज्ञा से विष्णु का कृष्णावतार हुआ। कृष्ण भी राम के ही समान लोकप्रिय है। विदेशों में भी उनकी पूजा की जाती है। तरिका अन्तिम अवतार माना गया है।

9. बुद्ध- जयदेव कृत 'गीतगोविन्द' से पता चलता है कि प्राणियों प्रति दया दिखाने तथा रक्तरंजित पशुबलि जैसी प्रथाओं को रोकने के उद्देश्य से विष्णु ने बुद्ध के रूप में अवतार ग्रहण किया। कालान्तर में हिन्दुओं ने अपनी उपासना पद्धति में बुद्ध को देवता के रूप में मान्यता प्रदान कर दी। विष्णु का यह अवतार अभी वर्तमान में है।

10. कल्कि (कलि)- यह भविष्य में होने वाला है। तलवार लेकर श्वेत अश्व पर सवार हो पृथ्वी पर स्थापित होगा। कल्पना की गयी है कि कलियुग के अन्त में विष्णु अवतरित होंगे।

इस प्रकार विष्णु के विभिन्न अवतारों को मूर्त रूप देने के लिए वैष्णव धर्म में मूर्ति पूजा तथा मन्दिरों आदि का महत्वपूर्ण स्थान है। मूर्ति को ईश्वर का प्रत्यक्ष रूप माना जाता है। भक्त मन्दिर में जाकर उसकी पूजा करते हैं। दशहरा, जन्माष्टमी जैसे पर्व वासुदेव-विष्णु के प्रति श्रद्धा प्रकट करते हैं। वे प्रतीक है। वैष्णव उपासक भगवान का कीर्तन करते हैं तथा पवित्र तीर्थों पर एकत्रित होकर स्थान-ध्यान करते है। वैजवरत में कि धर्म के प्रमुख आचार्यों में रामानुज, मध्व, वल्लभ, चैतन्य आदि के नाम उल्लेखनीय हैं जिन्होंने इस धर्म का अधिकाधिक प्रचार किया। बाद में चलकर विष्णु का रामावतार सबसे अधिक व्यापक तथा लोकप्रिय हो गया। मध्यकाल में रामकथा का खूब विकास हुआ। गोस्वामी तुलसीदास ने 'रामचरितमानस' की रचना कर समाज में रामभक्ति को महत्ता प्राप्त कर प्रतिष्ठित कर दिया। आज भी करोड़ों सनातनी राम की सगुणोपासना करते हैं।

वैष्णव वाद के तहत प्रमुख उप-संप्रदाय निम्नलिखित हैं-

वरकरी संप्रदाय: वरकारी संप्रदाय महाराष्ट्र का एक भक्ति आंदोलन है, जिसकी स्थापना संत ज्ञानेश्वर और संत तुकाराम ने की थी। यह संप्रदाय विठोबा (विट्ठल) की भक्ति पर केंद्रित है, जो पंढरपुर में पूजनीय हैं। हर वर्ष आषाढ़ और कार्तिक एकादशी पर भक्त पैदल यात्रा (वारी) करते हैं, जिसे 'पंढरपुर वारी' कहा जाता है। इस संप्रदाय का मुख्य उद्देश्य भक्ति, समता, और समाज सुधार है। संतों की रचनाएँ जैसे ज्ञानेश्वरी और तुकाराम गाथा, वरकारी संप्रदाय के आध्यात्मिक ग्रंथ हैं। यह संप्रदाय आज भी महाराष्ट्र में अत्यंत लोकप्रिय और प्रभावशाली है।

वरकारी संप्रदाय के महत्वपूर्ण व्यक्तित्वः वरकारी संप्रदाय के महत्वपूर्ण व्यक्तित्व में संत ज्ञानेश्वर (महाराष्ट्र में भक्ति आंदोलन के संस्थापक, 13वीं शताब्दी), नामदेव (13वीं शताब्दी), एकनाथ (16 वीं शताब्दी), तुकाराम (17 वीं शताब्दी, छत्रपति शिवाजी महाराज के समकालीन) इत्यादि शामिल हैं। इस सम्प्रदाय की प्रमुख विशेषताऐं निम्नलिखित हैं-

- भगवान विठोबा (विष्णु का रूप) की पूजा।

- वारीः वार्षिक तीर्थयात्रा।

- वारकरीः वह व्यक्ति जो वारी करता है।

- रिंगन (पवित्र घोड़े की दौड़) और धावा महत्वपूर्ण आयोजन है।

रामानंदी संप्रदाय : रामानंदी संप्रदाय, जिसे रामावत भी कहा जाता है। भगवान राम के भक्तों का एक यह प्रमुख संप्रदाय है। इसकी स्थापना संत रामानंद ने की थी। इस संप्रदाय के दो प्रमुख उप-समूह हैं: त्यागी और नागा। त्यागी उप-समूह साधु-संतों का समूह है जो सांसारिक भोग-

विलास से दूर रहते हैं और जीवन को पूर्णतः भक्ति और साधना में समर्पित करते हैं। नागा उप-समूह योद्धा साधुओं का समूह है, जो आत्म-संयम के साथ-साथ शारीरिक बल और युद्ध कौशल में निपुण होते हैं। ये कुंभ मेले में विशेष रूप से सक्रिय रहते हैं। दोनों उप-समूह रामभक्ति और वैष्णव परम्पराओं का पालन करते हैं।

इसकी प्रमुख विशेषताऐं इस प्रकार हैं-

- क्षेत्रः इसका क्षेत्र गंगा का मैदान मुख्यतया है।

- अद्वैत विद्वान रामानंद की शिक्षाओं का सख्ती से पालन किया जाता है।

- सबसे बड़ा मठवासी समूह है।

- इस शाखा में राम की पूजा की जाती है।

- वैष्णव भिक्षुओं को रामानंदी, वैरागी या बैरागी के रूप में जाना जाता है।

- ध्यान और तपस्वी प्रथाओं का कड़ाई से पालन किया जाता है।

ब्रह्मा संप्रदाय : इसे माध्व संप्रदाय भी कहा जाता है। जिसकी स्थापना 13वीं शताब्दी में संत माध्वाचार्य ने की थी। यह संप्रदाय भगवान विष्णु को सर्वोच्च ईश्वर मानता है और द्वैतवाद (द्वैत दर्शन) का पालन करता है। जिसमें आत्मा और परमात्मा को अलग-अलग माना जाता है। ब्रह्मा संप्रदाय का मुख्य ग्रंथ माध्वाचार्य द्वारा रचित 'महाभारततात्पर्यनिर्णय' और अन्य वेदांत ग्रंथ हैं। इस संप्रदाय का मुख्य केंद्र उडुपी, कर्नाटक में स्थित है, जहाँ उडुपी श्री कृष्ण मठ प्रमुख तीर्थस्थल है। अनुयायी भक्ति, सेवा और वेदांत अध्ययन में लिप्त रहते हैं।

इसके मुख्य सार तत्व इस प्रकार हैं -

- संस्थापक-माधवाचार्य।

- चैतन्य महाप्रभु ने गौड़ीय वैष्णववाद को बढ़ावा दिया।

- इस्कॉन इस संप्रदाय से संबंधित है।

- भगवान विष्णु की पूजा की जाती है।

पुष्टिमार्ग संप्रदाय: यह संप्रदाय श्रीकृष्ण की प्रेममयी भक्ति पर आधारित है, जिसे 'पुष्टि' (ईश्वर की कृपा) कहा जाता है। इसके अनुयायी श्रीनाथजी (श्रीनाथद्वारा, राजस्थान) की उपासना करते

हैं। पुष्टिमार्ग में सेवाकर्म (भगवान की सेवा) का विशेष महत्व है, जिसमें भोग, श्रृंगार और कीर्तन शामिल हैं। यह संप्रदाय वेदांत दर्शन का पालन करता है और 'शुद्धाद्वैत' (निर्मल अद्वैत) सिद्धांत को मानता है। वल्लभाचार्य द्वारा रचित 'श्रीमत् भागवत' इस संप्रदाय का प्रमुख ग्रंथ है।

इसके प्रमुख सार तत्व हैं-

- संस्थापक :वल्लभाचार्य (1500 ईस्वी)।

- उनका दर्शन है- परम सत्य केवल एकमात्र ब्रम्हा है।

- केवल भगवान कृष्ण की पूजा होती है।

- यह संप्रदाय मुख्यतः गुजरात और राजस्थान में प्रचलित है।

निम्बार्क संप्रदाय : निम्बार्क संप्रदाय, जिसे हंस संप्रदाय भी कहा जाता है, वैष्णव धर्म का एक प्रमुख संप्रदाय है। इसकी स्थापना 11वीं शताब्दी में आचार्य निम्बार्क ने की थी। यह संप्रदाय राधा-कृष्ण की भक्ति पर आधारित है और द्वैताद्वैत (द्वैत और अद्वैत का समन्वय) दर्शन का पालन करता है। इसके प्रमुख ग्रंथ 'वेदा-रथन-माला' और 'वेदांत-कामधेनु' हैं। निम्बार्क संप्रदाय के अनुयायी भगवान को जीव और जगत से भिन्न मानते हैं, लेकिन उनकी एकता को भी स्वीकार करते हैं। इस संप्रदाय का प्रमुख केंद्र राजस्थान के सलेमाबाद में स्थित है।

इसके प्रमुख बिन्दु तत्व हैं-

- इसमें राधा और कृष्ण की पूजा होती है।

- इसे सनक संप्रदाय/सनकादि/ कुमार संप्रदाय आदि नामों से भी जाना जाता है।

- भक्ति, सेवा और वेदांत अध्ययन इसकी मुख्य विशेषताएँ हैं।

शैववाद- इसे शैव धर्म के नाम से भी जाना जाता है। इसमें शिव को सर्वोच्च भगवान माना जाता है। शैववाद की उत्पत्ति, वैष्णवाद से पहले ईसा पूर्व दूसरी शताब्दी में वैदिक देवता रुद्र के रूप में मानी जाती है। उत्पत्ति तथा विकास 'शिव' से सम्बद्ध धर्म को **'शैव'** कहा जाता है जिसमें **'शिव'** को इष्टदेव मानकर उनको उपासना किये जाने का विधान है। शिव के उपासक **'शैव'** कहे जाते हैं। शिव तथा उनसे सम्बन्धित धर्म की प्राचीनता एवं साक्ष्य प्रागैतिहासिक युग तक जाती है। सैन्धव सभ्यता की खुदाई में मोहेनजोदड़ो से एक मुद्रा पर पद्मासन में विराजमान एक योगी का चित्र मिलता है। उसके सिर पर त्रिशूल जैसा आभूषण तथा तीन मुख है। सर जॉन मार्शल ने

इस देवता की पहचान ऐतिहासिक काल के शिव से स्थापित की है। अनेक स्थलों से कई शिवलिंग भी प्राप्त होते हैं। इससे सूचित होता है कि यह भारत का प्राचीनतम धर्म था।

ऋग्वेद में शिव को 'रुद्र' कहा गया है जो अपनी उग्रता के लिये प्रख्यात है। क्रोध होने पर वे मानव तथा पशु जाति का संहार करते थे अथवा महामारी फैला देते थे। अतः ऋग्वैदिक काल में रुद्र की उपासना उनके क्रोध से बचने के निमित्त किया करते थे। वस्तुतः रुद्र में विनाशकारी तथा मंगलकारी दोनों ही प्रकार की शक्तियाँ निहित थीं। बताया गया है वे प्राणियों के रक्षक तथा संसार के न मानने वाले मनुष्यों को वे अपने बाणों से छिन्न-भिन्न कर डालते हैं किन्तु अपने भक्तों के प्रति वे अत्यन्त उपकारी स्वामी है।

उपनिषद काल में रुद्र की प्रतिष्ठा में और अधिक प्रतिष्ठा बढ़ गई। महाकाव्य काल के आते -आते शैव धर्म सर्वव्यापक हो गया। शिव की उपासना अनेक रूपों में की जाने लगी। आगे गुप्त राजाओं के द्वारा वैष्णव धर्म के साथ-साथ शैव धर्म को भी प्राथमिकता दी गई। राजपूत शासक (700-1200 ई.) शिव के अनन्य भक्त थे। दक्षिण भारत में भी शैव धर्म को 'नयनार' संतों (संख्या-63) ने प्रसारित करने में अपनी महत्वपूर्ण भूमिका निभाई। दक्षिण भारत के प्रमुख शासकों चालुक्य, राष्ट्रकूट, पल्लव, चोल आदि ने शैव धर्म को संरक्षण प्रदान किया। राष्ट्रकूटों के समय में 'एलोरा का कैलाशनाथ मंदिर' इसका सबसे बड़ा उदाहरण है।

शैव धर्म के तहत: प्रमुख उप-संप्रदाय निम्नलिखित हैं-

नाथपंथी : नाथपंथी संप्रदाय एक योगी परम्परा है जिसकी स्थापना गुरु मत्स्येंद्रनाथ और उनके शिष्य गुरु गोरखनाथ ने की थी। यह संप्रदाय हठयोग और कठोर तपस्या के माध्यम से आत्म-साक्षात्कार और मुक्ति का मार्ग प्रशस्त करता है। नाथपंथी योगियों का मुख्य उद्देश्य शरीर और मन को नियंत्रित कर सिद्धि प्राप्त करना है। इनके प्रमुख ग्रंथ 'गोरखबाणी' और 'सिद्ध सिद्धांत पद्धति' हैं। नाथपंथी साधु समाज में व्यापक रूप से भ्रमण करते हैं और भिक्षा के माध्यम से जीवन यापन करते हैं। यह संप्रदाय विशेष रूप से उत्तर भारत और नेपाल में प्रचलित है, और इसके अनुयायी शिवभक्त होते हैं।

प्रमुख विशेषताएं -

- आदिनाथ (शिव का एक रूप) की पूजा की जाती है।

- गोरखनाथ और मत्स्येंद्रनाथ की शिक्षाओं पर आधारित है।

- हठ-योग (शरीर-मन युति) की साधना व्यापक रूप में किया जाता है।

- हमेशा भ्रमण करने वाले भिक्षुओं का समूह (कभी भी एक ही स्थान पर नहीं रहते) है।

लिंगायत (वीर शैववाद) : लिंगायत, जिसे वीर शैववाद भी कहा जाता है। 12वीं शताब्दी में कर्नाटक के समाज सुधारक और संत बसवेश्वर द्वारा स्थापित एक धार्मिक संप्रदाय है। यह संप्रदाय शिव की आराधना करता है और 'इष्टलिंग' को धारण करने पर जोर देता है। यह व्यक्तिगत ईश्वर का प्रतीक है। लिंगायत दर्शन में जाति प्रथा और अनुष्ठानिक भेदभाव का विरोध किया गया है। इसके अनुयायी कर्मकांडों के बजाय व्यक्तिगत भक्ति और सामाजिक समानता पर बल देते हैं। प्रमुख ग्रंथों में 'वचनों' का संग्रह शामिल है, जो कि संतों की शिक्षाओं का संकलन है। लिंगायत धर्म का मुख्य केंद्र कर्नाटक है और यह सामाजिक सुधार एवं भक्ति का प्रतीक है।

प्रमुख बिन्दु -

- बसव (कन्नड़ कवि) द्वारा 12वीं ईस्वी में स्थापित किया गया है।

- लिंग रूप में शिव की पूजा होती है।

- विशेष शैव परंपरा में -

- एकेश्वरवाद में विश्वास करते हैं।

- वेदों की प्रमाणिकता और जाति व्यवस्था को अस्वीकार किया जाता है।

दशनामी संन्यासी : दशनामी संन्यासी संप्रदाय की स्थापना आदि शंकराचार्य ने 8वीं शताब्दी में की थी। यह संप्रदाय दस उप-समुदायों (दश-नाम) में विभाजित है, जो योग, ज्ञान, और भक्ति के मार्ग पर चलते हैं। इन उप-समुदायों में गिरि, पुरी, भारती, अरण्य, तीर्थ, सागर, आश्रम, सरस्वती, वन और पर्वत शामिल हैं। दशनामी संन्यासी अद्वैत वेदांत का पालन करते हैं, जिसमें आत्मा और ब्रह्म को एक माना जाता है। इनके प्रमुख आश्रम चार धामों (बद्रीनाथ, द्वारका, पुरी, और रामेश्वरम) में स्थित हैं। दशनामी संन्यासी सांसारिक जीवन का त्याग कर मोक्ष प्राप्ति के लिए साधना करते हैं और भारतीय समाज में धार्मिक और आध्यात्मिक मार्गदर्शन प्रदान करते हैं।

प्रमुख बिन्दु-

- यह दस नाम 10 (दस) समूहों में विभाजित है।

- आदि शंकराचार्य के शिष्य (अद्वैत दर्शन) पर विश्वास करते हैं।

अघोरी : अघोरी संप्रदाय तांत्रिक और तपस्वी संप्रदाय है, इसके अनुयायी शिव के भक्त होते हैं। ये संन्यासी मृत्यु और मोक्ष के देवता महाकाल (शिव) की उपासना करते हैं। अघोरी सामान्य

सामाजिक नियमों और परम्पराओं को त्यागकर शमशानों में साधना करते हैं और विभिन्न तांत्रिक क्रियाओं का पालन करते हैं। वे अपनी साधना में शारीरिक के साथ मानसिक और आध्यात्मिक शक्तियों को विकसित करने का प्रयास करते हैं। अघोरी साधु आमतौर पर साधारण वेशभूषा में रहते हैं और भस्म (राख) से अपने शरीर को ढकते हैं। उनका जीवन माया-मोह से मुक्त होकर आत्मज्ञान और मुक्ति की खोज में समर्पित होता है।

प्रमुख बिन्दु-

- इस परंपरा में भैरव के भक्त (शिव का एक रूप) अनुयायी होते हैं।

- साधना का अभ्यास (कठोर और तामसिक अनुष्ठान) अत्यंत कठोर होता है।

सिध्दर या सिध्द : सिध्दर या सिद्ध, तामिलनाडु के प्राचीन योगी और साधक थे, जिन्होंने तपस्या और साधना के माध्यम से उच्चतम आध्यात्मिक और अलौकिक शक्तियाँ प्राप्त कीं थीं। ये साधक अपनी सिद्ध, तपस्या, योग, और चिकित्सा ज्ञान के लिए प्रसिद्ध थे। उन्होंने 'सिद्ध वैध्यम' चिकित्सा पद्धति विकसित की। सिद्धरों की रचनाएँ तमिल साहित्य में महत्वपूर्ण स्थान रखती हैं, जिनमें 'सिद्धर पदालग' प्रमुख हैं। ये रचनाएँ भक्ति, योग और दार्शनिक शिक्षाओं का संकलन हैं। सिद्धर संप्रदाय में सांसारिक सुखों से दूर रहकर आत्मज्ञान, शांति और मोक्ष प्राप्ति का मार्ग अपनाया जाता है। इनकी शिक्षाएँ ध्यान, योग और नैतिक जीवन पर आधारित होते हैं।

सार बिन्दु -

- इसमें तमिलनाडु के कुशल व्यक्तियों (संतों, चिकित्सकों, रसायनविदों और रहस्यवादियों) का समूह गुप्त रसायनों द्वारा आध्यात्मिक पूर्णता प्राप्त करते हैं।

- वरम के संस्थापक (आत्मरक्षा और स्वास्थ्य उपचार की कला) इसमें शामिल होते हैं।

शाक्तवाद- शाक्तवाद सनातन धर्म (हिंदू धर्म) का एक प्रमुख संप्रदाय है। देवी की उपासना तीन रूपों में की जाती थी-

- शान्त या सौम्य रूप में।

- उग्र या प्रचण्ड रूप में।

- कामप्रधान रूप में।

उपर्युक्त तीनों के अन्तर्गत अनेक देवियों की कल्पना की गयी है। सामान्यत देवी के सौम्य रूप की उपासना की जाती थी। उमा, पार्वती, लक्ष्मी आदि नाम उसके सौम्य रूप के ही

प्रतीक है। दुर्गा, चण्डी, कापाली, भैरवी आदि उग्र रूप प्रकट करते हैं। कापालिक तथा कालमुख सम्प्रदाय के लोग इसी रूप की आराधना करते हैं। इसमें करने के लिये पशुओं की बलि दी जाती है तथा सुरा, मांस आदि का प्रयोग मुख्य रूप से होते हैं। इसमें देवी की उपासना शाक्त लोगों द्वारा की जाती है जो उसे आनन्द भैरवी, त्रिपुरसुन्दरी, ललिता आदि नाम प्रधान हैं। देवी के तीनों रूपों के मन्दिर भारत के विभिन्न भागों में आज भी विद्यमान हैं। सौम्य रूप का मन्दिर जम्मू के निकट वैष्णोदेवी का है जहाँ शारदा की मूर्ति है। इसी प्रकार का एक मन्दिर सतना (म० प्र०) के समीप मैहर में ऊँची पहाड़ी घर स्थित है। कलकत्ता स्थित काली का मन्दिर देवी के उग्र रूप का है तथा असम का 'कामाख्या मन्दिर' देवी के कामप्रधान रूप का प्रतिनिधित्व करता है।

शक्ति की पूजा प्रागैतिहासिक युग से लेकर आज तक अबाध गति से होती आयी है तथा सनातनी लोगों में काफी लोकप्रिय है। शक्ति-पूजा का प्रथम ऐतिहासिक पुरातात्विक प्रमाण कुषाण शासक हुविष्क के सिक्कों पर अंकित देवी के चित्रों में मिलता है। इससे पता चलता है कि ईसा की प्रथम शती तक देवी की मूर्तियाँ बनने लगी थीं। गुप्तकाल में पौराणिक हिन्दू धर्म की उन्नति हुई। इस समय विभिन्न देवताओं के साथ-साथ देवियों की उपासना भी व्यापक रूप से की जाती थी। नचना-कुठार में इस समय पार्वती के मन्दिर का निर्माण हुआ। दुर्गा, गंगा, यमुना आदि की बहुसंख्यक मूर्तियाँ इस काल में विभिन्न स्थलों से मिलती है। गंगा तथा यमुना का अंकन गुप्तकालीन मन्दिरों के चौखटों पर मिलता है। हर्षकाल में भी शक्ति पूजा का खूब प्रचलन था। हर्षचरित में कई स्थानों पर देवी की पूजा का उल्लेख मिलता है।

हवेनसांग के विवरण से पता चलता है कि उस समय दुर्गा देवी को मनुष्यों की भी बलि दी जाती थी। वह लिखता है कि एक बार समुद्र से यात्रा करते हुए उसे डाकुओं ने पकड़ लिया तथा दुर्गा देवी की बलि चढ़ाने के निमित्त उसे ले गये थे, किन्तु तूफान ने उसकी जान बचाई। पूर्व मध्यकाल में देवी की उपासना अत्यधिक लोकप्रिय हो गयी। देवी के अधिकांश मन्दिर इसी युग के बने हैं। मध्य प्रदेश के जबलपुर में भेड़ाघाट के पास चौसठ योगिनी का मन्दिर है जहाँ नवी-दसवीं शताब्दियों में कई देवी मूर्तियों का निर्माण किया गया था। इनमें दुर्गा और ससमात्रिकाओं की चौवालीस मूर्तियाँ हैं। खुजराहों में भी इसी प्रकार की मूर्तियाँ मिलती हैं। उड़ीसा, राजस्थान आदि के विभिन्न भागों से देवी की मूर्तियों तथा उसकी पूजा से सम्बन्धित लेख प्राप्त होते हैं। प्रतिहार महेन्द्रपाल के लेखों में दुर्गा की महिषासुरमर्दिनी, काञ्चनदेवी, अम्बा आदि नामों की स्तुति मिलती है।

राष्ट्रकूट अमोघवर्ष महालक्ष्मी का अनन्य भक्त था। संजन लेख से पता लगता है कि उसने एक बार अपने बायें हाथ की अंगुली काटकर देवी को चढ़ा दिया था। पूर्व मध्यकाल के साहित्यकारों तथा विदेशी लेखकों ने देवी के मन्दिरों तथा उसकी उपासना का उल्लेख किया है। इसके अनुयायी देवी शक्ति या आदिशक्ति की उपासना करते हैं। इसे तांत्रिक परम्पराओं से

भी जोड़ा जाता है। शाक्त अनुयायी देवी को सृष्टि की सर्वोच्च शक्ति मानते हैं और देवी को दुर्गा, काली, लक्ष्मी, सरस्वती आदि रूपों में पूजा करते हैं। इस संप्रदाय का मुख्य ग्रंथ 'देवीमहात्म्य' है। शाक्त साधना में तांत्रिक विधियों, मंत्रों, यंत्रों और पूजा का महत्वपूर्ण स्थान है। नवरात्रि, दुर्गापूजा और काली पूजा शाक्त त्योहारों के प्रमुख उदाहरण हैं। शाक्तवाद में भक्ति, योग और तंत्र के माध्यम से आत्मा की मुक्ति और आत्म-साक्षात्कार की साधना की जाती है।

प्रमुख बिन्दु-

- इसमें स्त्री या देवी को सर्वोच्च शक्ति माना जाता है।

- इसे तन्त्र की विभिन्न उप-परम्पराओं के लिए जाना जाता है।

- शाक्त प्रायः दुर्गा के उपासक होते है।

- पूजा अनुष्ठान पद्धति दो प्रकार की है- दक्षिणाचार और वामाचार।

स्मार्तवाद- स्मार्तवाद हिंदू धर्म का एक परंपरावादी संप्रदाय है। इस सम्प्रदाय में प्रमुख देवताओं शिव, विष्णु, शक्ति, गणेश और सूर्य की पूजा समान रूप से किया जाता है। यह संप्रदाय वेदों, उपनिषदों और स्मृतियों का पालन करता है और अद्वैत वेदांत (गैर-द्वैतवाद) पर आधारित है, जिसे आदि शंकराचार्य ने प्रचारित किया। स्मार्त अनुयायी धार्मिक कर्तव्यों, अनुष्ठानों और नैतिकता पर जोर देते हैं। वे पंचायतन पूजा करते हैं, जिसमें पांच प्रमुख देवताओं की आराधना की जाती है। स्मार्तवाद में व्यक्ति की आत्मा और ब्रह्म (सर्वोच्च आत्मा) की एकता पर विश्वास किया जाता है, जिससे मोक्ष की प्राप्ति होती है।

सार बिन्दु-

- यह पुराणों की शिक्षाओं पर आधारित है।

- ये पाँच देवताओं के साथ पाँच धार्मिक स्थलों की घर में ही पूजा पर विश्वास करते हैं और सभी को समान माना जाता है।

- ये देवता हैं- शिव, विष्णु, शक्ति, गणेश और सूर्य । इसमें ब्रह्म की दो अवधारणाओं को स्वीकार किया जाता है।

- ये दो अवधारणाएं हैं –

- सगुण ब्रह्म यानी गुणयुक्त ब्रह्म।

● और निर्गुण अर्थात गुणों से रहित ब्रम्हा।

अन्य प्रमुख हिंदू आंदोलन अथवा वैष्णववाद / शैववाद से संबंधित सम्प्रदाय:

पंचरात्र- पंचरात्र हिंदू धार्मिक आंदोलन था और इस सिद्धांत को शांडिल्य द्वारा व्यवस्थित रूप दिया गया था। इसका उद्भव तीसरी शताब्दी ईसा पूर्व के अंत में हुआ था। इसके सदस्य नारायण और विष्णु के विभिन्न अवतारों की पूजा करते थे। बाद में इसका भागवत परंपरा में विलय हो गया और उसके बाद वैष्णववाद का विकास हुआ।

तंत्रवाद- यह हिंदू धर्म और बौद्ध धर्म के भीतर एक आंदोलन था और इसमें जादू-टोनों और रहस्यवाद पर बल दिया जाता था। यह भारत में प्रथम सहस्राब्दी ईस्वी से विकसित हुआ था। बौद्ध धर्म की वज्रयान परंपरा में तांत्रिक विचार और प्रथाएँ शामिल हैं। ब्राह्मणों ने भी तांत्रिक अनुष्ठानों को अपनाया। इसके अलावा, जैन धर्म में भी तंत्रवाद की घुसपैठ हुई है।

पाशुपत शैववाद- यह प्रमुख शैव संप्रदायों में सबसे पुराना है। इसे द्वितीय शताब्दी ईस्वी में लकुलीश द्वारा व्यवस्थित रूप दिया गया था। इस सम्प्रदाय के मुख्य ग्रंथ पाशुपतसूत्र और गणकारिका हैं। यह भक्ति और संन्यासी आंदोलन था।

कश्मीरी शैववाद (या त्राइका शैववाद)- कश्मीर में शैववाद 4 वीं शताब्दी ईस्वी के बाद विकसित हुआ और यह पूरे भारत में फला-फूला। शिव सूत्र और उसका भाष्य स्पन्दकारिका वसुगुप्त द्वारा लिखे गये थे। ये कश्मीरी शैव धर्म के महत्त्वपूर्ण ग्रंथ हैं। यह दर्शन कश्मीरी शैव धर्म से निकला अद्वैतवादी और आस्तिक सम्प्रदाय है।

अन्य हिंदू परंपराएँ -

श्रौतवाद- इस दुर्लभ समुदाय में केरल के अति-रूढ़िवादी नम्बूदिरी ब्राह्मण सम्मिलित हैं। अन्य ब्राह्मणों द्वारा पालन किए जाने वाले वेदांत दर्शन के विपरीत ये दर्शन की 'पूर्व-मीमांसा' पद्धति का पालन करते हैं। ये वैदिक बलि (यज्ञ) के निष्पादन की महत्ता पर बल देते हैं। नम्बूदिरी ब्राह्मण अपने उन प्राचीन सोमयाज्ञ अग्निकायन अतिरात्रम् अनुष्ठानों को संरक्षित करने के लिए प्रसिद्ध हैं, जो भारत के अन्य भागों से लुप्त हो चुके हैं।

मध्ययुगीन काल में, हिंदू धर्म उत्तर भारत में भक्ति आंदोलन से गुजरा जहाँ संतों ने संस्कृत ग्रंथों को स्थानीय भाषाओं में अनुवादित किया और भक्ति या देवताओं के प्रति समर्पण का संदेश जन-जन तक पहुँचाया। दक्षिण भारत में, वैष्णव आंदोलन बहुत सशक्त अवस्था में था तथा इसका प्रभाव 13वीं शताब्दी तक रहा। 'आलवार' (भगवान में डूबा हुआ) कहलाने वाले ये संत विष्णु के भक्त थे तथा उनके गाए गीतों को 'प्रबन्ध' नाम से संकलित किया गया।

दक्षिण में एक और शक्तिशाली समूह शैव मत के लोगों का था, जो शिव की उपासना करते थे। इस परम्परा का पालन करने वाले संतों को 'नयनार' कहा गया।

आधुनिक काल में, हिंदू धर्म की उच्च आनुष्ठानिक प्रकृति को परिवर्तित करने की आवश्यकता पड़ी। ब्राह्मणों का वर्चस्व, सती प्रथा, बाल विवाह इत्यादि अनेक कुप्रथाएँ हिंदू धर्म का अंग बन चुके थे तथा जाति प्रथा के कारण बड़े पैमाने पर भेद-भाव होने लगे थे। ब्रिटिशों के आगमन तथा समानता के पश्चिमी आदर्शों के प्रकट होने के पश्चात् कई विचारक इस स्थिति को परिवर्तित करने हेतु प्रेरित हुए तथा उन्होंने हिंदू धर्म में व्याप्त समस्याओं से मुक्ति पाने के लिए आन्दोलनों का सूत्रपात किया, उनमें से कुछ प्रमुख हैं-ब्रह्म समाज, आर्य समाज आदि।

अन्य नास्तिक दर्शन एवं परंपराएँ:

श्रमण परंपराः यह वह भारतीय धार्मिक आंदोलन हैं जिसमें सनातन धर्म (हिन्दूधर्म) की ब्राह्मणवादी विचारधारा का विरोध किया जाता है। श्रमण वह व्यक्ति/साधक है जो नेक या धार्मिक कार्य के लिए तप करता है। वेदों को प्रमाणित न मानकर स्वयं के आत्मज्ञान, आत्मविजय एवं आत्म-साक्षात्कार पर विशेष बल दिया जाता है। विभिन्न श्रमण परंपरायें (सभी नास्तिक या हेटरोडॉक्स हैं) जो इस प्रकार हैं:

आजीवक दर्शन :

- संस्थापक - मक्खली गोशाल

- आजीविकों का क्षेत्र-विस्तारः श्रावस्ती (उत्तर प्रदेश)

- बिंदुसार (मौर्य राजा) - प्रमुख अनुयायी, अशोक के सातवें स्तंभ आदेशों में अजीविकों का उल्लेख है।

- विषय-वस्तुः नियति (भाग्य), इसलिए कर्म के सिद्धांत को अस्वीकार कर दिया (जैन धर्म और बौद्ध धर्म ने कर्म के सिद्धांत को स्वीकार किया है)।

- वेदों की प्रमाणिकता को अस्वीकृत किया (ध्यान देने योग्य बिन्दु -जैन धर्म और बौद्ध धर्म ने भी वेदों की प्रमाणिकता को अस्वीकृत किया)।

- परमाणु सिद्धांत पर आधारित (ब्रह्मांड में सब कुछ परमाणुओं से बना है)

- आजीवक संप्रदाय लगभग 1002 ईस्वी तक बना रहा।

- इनके अनुसार संसार की प्रत्येक वस्तु भाग्य द्वारा पूर्व नियंत्रित एवं संचालित होती है। इन्हे नियतिवाद अथवा भाग्यवाद भी कहा जाता है।

अजानन दर्शन :

- जैन धर्म और बौद्ध धर्म के घोर विरोधी।

- विषय- 'अज्ञानता सबसे अच्छी है। (क्योंकि ज्ञान प्राप्त करना असंभव है)।

- यह संप्रदाय जैन एवं बौद्ध धर्मों का प्रमुख प्रतिद्वंदी था।

- इनका मानना था कि 'प्रकृति के संबंध में ज्ञान प्राप्त करना असंभव है और यदि संभव हुआ भी तो मोक्ष प्राप्ति असंभव है।'

चार्वाक (लोकायत दर्शन):

- संस्थापक- बृहस्पति, वेदों और बृहस्पत्य उपनिषद में भी इनका उल्लेख मिलता है।

- विषयः मोक्ष प्राप्त करने के लिए भौतिकवादी (लोक-भौतिक दुनिया/ भौतिकवादी दुनिया) दृष्टिकोण को अपनाया गया है।

- 'खाओ, पीओ और आनंद करो' का सिद्धांत इसी दर्शन में निहीत है।

- 'आकाश' को ब्रह्मांड का पाँचवां तत्व न मानना। केवल चार तत्वों की मान्यता अग्नि, पृथ्वी, जल और वायु।

जैन धर्म: यह दुनिया के सबसे पुराने धर्मों में से एक है, जो कम से कम 2,500 साल पहले भारत में उत्पन्न हुआ था। जैन धर्म का आध्यात्मिक लक्ष्य पुनर्जन्म के अंतहीन चक्र से मुक्त होना और मोक्ष की सर्वज्ञ अवस्था को प्राप्त करना है।

जैन धर्म की उत्पत्ति और संक्षिप्त इतिहास: 'जैन' शब्द जिन या जैन से लिया गया है जिसका अर्थ है 'विजेता'। महावीर जैन धर्म में अंतिम और 24वें तीर्थंकर थे। महावीर को मूल रूप से वर्धमान के नाम से भी जाना जाता है।

वर्धमान, जो बाद में महावीर (महान नायक) या जिन (विजेता) बन गए, का जन्म 540 ईसा पूर्व में वैशाली के पास कुंडलग्राम में पिता राजा सिद्धार्थ (क्षत्रिय वंश के प्रमुख राजा) और माता रानी त्रिशला (लिच्छवी राजकुमारी और वैशाली के शासक) के घर हुआ था। उनका विवाह यशोदा से हुआ था और उनकी एक पुत्री थी जिसका नाम अंजजा था।

30 साल की उम्र में, वह तपस्वी बन गये। शुरुआती दो वर्षों के लिए, वह पार्श्वनाथ (23वें तीर्थंकर) द्वारा स्थापित संघ के सदस्य रहे, लेकिन बाद में इसे छोड़ दिया और उन्होंने मक्खली गोसाल (आजीवक संप्रदाय के संस्थापक) के साथ छह साल बिताए। 42 वर्ष की आयु में महावीर स्वामी को पूर्वी भारत के त्रिम्भि ग्राम में एक साल के पेड़ के नीचे कैवल्य (पूर्ण ज्ञान) प्राप्त किया। 468 ईसा पूर्व में, 72 वर्ष की आयु में पावापुरी (राजगृह के पास) में उनकी मृत्यु हुई।

आधारभूत सिद्धांत: जैन धर्म में तीन रत्नों (रत्नत्रय) का पालन करके मोक्ष प्राप्त किया जा सकता है जो इस निम्नलिखित हैं:

- सही ज्ञान (सम्यक ज्ञान)

- सही आस्था (सम्यक दर्शन)

- सही आचरण (सम्यक चरित्र)

जैनियों को जीवन में पाँच नियमों का पालन करने की आवश्यकता होती है जिन्हें जैन धर्म के पाँच आधारभूत सिद्धांतों (महाव्रत) के रूप में जाना जाता है:

- अहिंसा (अहिंसा)

- सत्य (सच्चाई)

- अस्तेय (चोरी न करना)

- अपरिग्रह (संग्रह न करना)

- ब्रह्मचर्य (इंद्रियों पर संयम) का सिद्धांत महावीर द्वारा जोड़ा गया है।

जैन धर्म की शाखाएं- भद्रबाहुकृत जैनकल्पसूत्र से पता चलता है कि महावीर के 20 वर्षों बाद सुधर्मन् की मृत्यु हुई तथा उसके बाद जम्बू 44 वर्षों तक संघ का अध्यक्ष रहा। अन्तिम नन्द राजा के समय में सम्भूतविजय तथा भद्रबाहु संघ के अध्यक्ष थे। ये दोनों महावीर द्वारा प्रदत्त 14 'पूर्वो' (प्राचीनतम जैन ग्रन्थों) के विषय में जानने वाले अन्तिम व्यक्ति थे। सम्भूतविजय की मृत्यु चन्द्रगुप्त मौर्य के राज्यारोहण के समय ही हुई। उनके शिष्य स्थूलभद्र हुए। इसी समय मगध में 12 वर्षों का भीषण अकाल पड़ा जिसके फलस्वरूप भद्रबाहु अपने शिष्यों सहित कर्नाटक में चले गये। किन्तु कुछ अनुयायी स्थूलभद्र के साथ मगध में ही रुक गये। भद्रबाहु के वापस लौटने पर मगध के साधुओं से उनका गहरा मतभेद हो गया जिसके परिणामस्वरूप जैन मत इस

समय (लगभग 300 ईसा पूर्व) श्वेताम्बर तथा दिगम्बर नामक दो सम्प्रदायों में बँट गया। जो लोग मगध में रह गये थे, श्वेताम्बर कहलाये। वे श्वेत वस्त्र धारण करते थे।

भद्रबाहु और उनके समर्थक, जो वस्त्रहीन रहने में विश्वास करते थे, दिगम्बर कहे गये। उनके अनुसार प्राचीन जैन-शास्त्रों का पूर्ण ज्ञान केवल भद्रबाहु को ही था। प्राचीन जैन शास्त्र चूँकि नष्ट हो गये थे अतः उन्हें पुनः एकत्र करने तथा उनका स्वरूप निर्धारित करने के लिये चतुर्थ शताब्दी ईसा पूर्व में पाटलिपुत्र में जैन धर्म की प्रथम महासभा आयोजित की गयी। किन्तु भद्रबाहु के अनुयायियों ने इसमें भाग नहीं लिया। परिणामस्वरूप दोनों सम्प्रदायों में मतभेद बढ़ता गया। पाटलिपुत्र की सभा में जो सिद्धान्त निर्धारित किये गये वे श्वेताम्बर सम्प्रदाय के मूल सिद्धान्त बन गये।

जैन धर्म का समाज को देन -भाषा के क्षेत्र में- जैन धर्म का प्रभाव भारत में उतना व्यापक नहीं हुआ जितना कि बौद्धधर्म का तथा यह कुछ ही भागों तक सीमित रहा, तथापि भारत के सांस्कृतिक जीवन में इसका योगदान महत्वपूर्ण रहा। जैनियों की विशेष देन साहित्य एवं कला के सूत्र में रही। जैन विद्वानों ने विभिन्न कालों में लोक भाषाओं के माध्यम से अपनी कृतियों की रचना करके इनके विकास में महत्वपूर्ण योगदान दिया। प्राकृत, अपभ्रंश, कन्नड़, तमिल, तेलगू आदि में जैन-साहित्य मिलते हैं। प्राकृत भाषा को विकसित करने में जैन लेखकों के कार्य सराहनीय हैं।

साहित्य के क्षेत्र में- पूर्व मध्यकाल में हेमचन्द्र आदि विद्वानों ने काव्य, व्याकरण, ज्योतिष, छन्दशास्त्र आदि विविध विषयों पर प्राकृत तथा अपभ्रंश भाषाओं में साहित्य लिखकर इनका बहुमुखी विकास किया। दक्षिण में कन्नड़ एवं तेलगू में भी इनके साहित्य है। तमिल ग्रन्थ 'कुरल' के कुछ भाग भी जैनियों द्वारा रचे गये है। इसके अतिरिक्त कुछ जैन ग्रन्थ संस्कृत में भी मिलते हैं। इस प्रकार प्रादेशिक भाषाओं का विकास जैनियों ने किया।

स्थापत्य के क्षेत्र में - प्राचीन भारतीय कला एवं स्थापत्य को विकसित करने में भी जैनियों का योगदान महत्वपूर्ण है। हस्तलिखित जैन-ग्रन्थों पर खींचे हुये चित्र पूर्व मध्य-युगीन चित्रकला के सुन्दर नमूने हैं। मध्यभारत, उड़ीसा, गुजरात, राजस्थान आदि से अनेक जैन-मन्दिर, मूर्तियाँ, गुहास्थापत्य आदि के उत्कृष्ट नमूने मिलते हैं। उड़ीसा की उदयगिरि पहाड़ी से अनेक जैन गुफायें मिलती हैं। खजुराहों, सौराष्ट्र, राजस्थान से भव्य जैन-मन्दिर प्राप्त होते हैं। खजुराहों में कई जैन तीर्थंकरों जैसे-पार्श्वनाथ, आदिनाथ आदि के मन्दिर हैं। राजस्थान के आबू पर्वत पर निर्मित जैन-मन्दिर कला की दृष्टि से उत्कृष्ट है। कर्नाटक स्थित श्रवणबेलगोला नामक स्थान से भी कई जैन-मन्दिर मिलते हैं। इन सबसे स्पष्ट है कि भारतीय कला को समृद्धशाली बनाने में जैन धर्म ने उल्लेखनीय योगदान दिया है।

जैन धर्म सिद्धांत के क्षेत्र में- जैनधर्म ने लोगों में अहिंसा एवं सदाचार का प्रचार किया तथा संयमित जीवन व्यतीत करने का उपदेश दिया। अनेकान्तवाद (स्यादवाद) का सिद्धान्त विभिन्न मतों एवं सम्प्रदायों के बीच भेदभाव मिटाकर समन्वयवादी दृष्टिकोण अपनाने की दिशा में एक महत्वपूर्ण प्रयास माना जा सकता है। ऐसा करके उसने समन्वय एवं सहिष्णुता के भारतीय दृष्टिकोण को सुदृढ़ आधार प्रदान किया है। यदि आज भी हम इन सिद्धान्तों का अनुकरण करें तो आपसी भेदभाव एवं धार्मिक कलह बहुत सीमा तक दूर हो जायेगा तथा संसार में शान्ति, बन्धुत्व, प्रेम एवं सहिष्णुता का साम्राज्य स्थापित होगा। इस प्रकार महावीर की शिक्षायें कुछ अंशों में आधुनिक युग में भी समान रूप से श्रद्धेय एवं अनुकरणीय हैं।

बौद्ध धर्म: बौद्ध धर्म दुनिया के सबसे बड़े धर्मों में से एक है जिसकी उत्पत्ति 2,500 साल पहले भारत में हुई थी। बौद्ध आत्मा के पुनर्जन्म में विश्वास करते हैं, और बुद्ध या धर्म की शिक्षाओं का पालन करके, लोग निर्वाण नामक प्रबुद्ध अवस्था तक पहुँच सकते हैं और पुनर्जन्म के चक्र को रोक सकते हैं। बौद्धों का मानना है कि मानव जीवन में करुणा का अत्यधिक महत्व है। ध्यान, आध्यात्मिक, शारीरिक श्रम और अच्छा व्यवहार आत्मज्ञान या निर्वाण प्राप्त करने के लिए महत्वपूर्ण है।

गौतम बुद्ध - गौतम बुद्ध जिसे मूल रूप से सिद्धार्थ के नाम से जाना जाता है। उन्होंने बौद्ध धर्म की स्थापना की। इस धर्म की उत्पत्ति प्राचीन भारत में 6वीं और 4वीं शताब्दी ईसा पूर्व के बीच एक श्रमण परम्परा के रूप में हुई थी, जो धीरे-धीरे पूरे एशिया में फैल गयी। यह दुनिया का चौथा सबसे बड़ा धर्म है, जिसके 520 मिलियन से अधिक अनुयायी हैं। जो कि कुल वैश्विक आबादी के लगभग 7% से अधिक है।

गौतम बुद्ध का जन्म 563 ईसा पूर्व में लुंबिनी (वर्तमान नेपाल) में अपनी मां रानी माया और पिता राजा शुद्धोदन के घर हुआ था। वह शाक्य (गणतांत्रिक आदिवासी राज्य) से संबंधित थे। इसलिए, बुद्ध को शाक्यमुनि के नाम से भी जाना जाता था। उनका विवाह राजकुमारी यशोधरा से हुआ था। उनका राहुल नाम का एक पुत्र था। ऐसा कहा जाता है कि उन्होंने 29 वर्ष की आयु में संसार (महाभिनिष्क्रमण) का त्याग कर दिया। भिक्षा मांगने, तप और ध्यान का जीवन व्यतीत करते हुए, उन्होंने 35 साल की उम्र में बोधगया में पीपल के पेड़ के नीचे ज्ञान (निर्वाण) प्राप्त किया। इस प्रकार ज्ञान प्राप्ति के बाद गौतम बुद्ध से सिद्धार्थ बुद्ध/प्रबुद्ध कहलाने लगे। उन्होंने सारनाथ में अपना पहला उपदेश (धर्म-चक्र-परिवर्तन) दिया। उसके बाद बुद्ध निचले गंगा के मैदानी क्षेत्रों में उपदेश देते हुये काफी समय व्यतीत किये और भिक्षु परम्परा प्रारंभ किया। उन्होंने इंद्रीयजनित भोग और गंभीर तपस्या के बीच मध्य मार्ग पर चलने के लिए बल दिया। जिसमें प्रमुख रुप से नैतिक प्रशिक्षण और ध्यान अभ्यास जैसे प्रयास, शमथा (mindfulness)

और ज्ञान शामिल थे। 483 ईसा पूर्व में 80 वर्ष की आयु में कुशीनगर (उत्तर प्रदेश) में उनकी मृत्यु (महापरिनिर्वाण) हुई।

महात्मा बुद्ध अपने जीवनकाल में दो राज्यों का भ्रमण किये –

● कोसल

● मगध

उनकी मृत्यु के कई शताब्दियों बाद, उनकी शिक्षाओं को बौद्ध समुदाय द्वारा मठवासी आचरण के लिए उनके प्रवचनों पर आधारित तीन ग्रंथों को संकलित किया गया। जो निम्नवत है-

सुत पिटक (Sutta Pitaka)- बौद्ध धर्म के त्रिपिटक (पाली कैनन) का एक महत्वपूर्ण हिस्सा है। यह ग्रंथ बौद्ध धर्म के प्रमुख ग्रंथों में से एक है, जिसमें भगवान गौतम बुद्ध के उपदेश, शिक्षाएँ और संवाद संकलित हैं। सुत पिटक का अर्थ है 'सूत्रों की टोकरी' (बौद्ध धर्म में सूत्र = उपदेश) और इसमें बुद्ध द्वारा दिए गए उपदेशों का संग्रह है।

सुत पिटक के पांच निकाय (विभाजन)- सुत पिटक को पाँच मुख्य भागों में विभाजित किया गया है, जिन्हें निकाय कहा जाता है:

● दीघ निकाय (Digha Nikaya)- इसमें 34 लंबे उपदेश या प्रवचन शामिल हैं, जिन्हें दीर्घसूत्र कहा जाता है। ये प्रवचन सामान्यत: विस्तार से जीवन, ध्यान और आध्यात्मिक अभ्यास के बारे में बताते हैं।

● मज्झिम निकाय (Majjhima Nikaya)- इसमें 152 मध्यम आकार के उपदेश शामिल हैं। ये सूत्र बौद्ध धर्म के सिद्धांतों और आचरण के बारे में व्यावहारिक शिक्षा प्रदान करते हैं।

● संयुक्त निकाय (Samyutta Nikaya)- इसमें 7,762 छोटे सूत्र या प्रवचन संकलित हैं। ये सूत्र विषयों के आधार पर व्यवस्थित हैं, जैसे कि ध्यान, ज्ञान, नैतिकता और बोधि के तत्व।

● अंगुत्तर निकाय (Anguttara Nikaya)- इसमें 9,557 सूत्र हैं, जो संख्या या श्रेणी के आधार पर वर्गीकृत हैं। इसमें बौद्ध शिक्षाओं को संख्याओं के माध्यम से समझाया गया है, जैसे एक से दस तक की सूचीबद्ध अवधारणाएँ।

- खुद्दक निकाय (Khuddaka Nikaya)- यह निकाय छोटे और विविध प्रकार के उपदेशों का संग्रह है, जिसमें धम्मपद, उदान, थेरगाथा, जातक कथाएँ और बौद्ध धर्म की अन्य महत्वपूर्ण शिक्षाएँ शामिल हैं।

विनय पिटक (Vinaya Pitaka)- बौद्ध धर्म के त्रिपिटक का एक प्रमुख हिस्सा है। 'विनय' का अर्थ है अनुशासन या नियम अर्थात् विनय पिटक वह ग्रंथ है जिसमें बौद्ध संघ (भिक्षु और भिक्षुणियों) के लिए अनुशासन संबंधी नियमों और आचार-संहिताओं का विवरण दिया गया है। इसे बौद्ध मठों में भिक्षुओं और भिक्षुणियों के जीवन को सुचारु रूप से चलाने के लिए नियमों का संग्रह माना जाता है।

विनय पिटक की संरचना- इसे तीन मुख्य भागों में विभाजित किया गया है:

- सुत्तविभंग (Suttavibhanga)- इसमें भिक्षुओं और भिक्षुणियों के लिए निर्धारित पातिमोक्ख (नियमों की सूची) का विस्तृत वर्णन है। भिक्षुओं के लिए 227 और भिक्षुणियों के लिए 311 नियमों का संग्रह है, जिसमें उनके दैनिक जीवन, आचार-व्यवहार और संघ के अनुशासन की चर्चा की गई है। नियमों के साथ-साथ, नियमों का उल्लंघन करने पर होने वाले परिणामों और दंड का भी उल्लेख किया गया है।

- खंडक (Khandhaka)- खंडक में 22 खंड होते हैं, जिनमें संघ के आंतरिक संगठन, भिक्षु और भिक्षुणियों के प्रवेश के नियम, संघ में निर्णय लेने की प्रक्रिया और संघ के भीतर होने वाली दिनचर्या के नियमों का उल्लेख किया गया है। इसमें संघ के जीवन से संबंधित विशेष अवसरों, जैसे प्रव्रज्या (दीक्षा) और वास (वर्षा ऋतु में निवास) के नियमों की भी व्याख्या की गई है।

- परिवार (Parivara)- यह विनय पिटक का अंतिम भाग है, जो मुख्य रूप से भिक्षुओं और भिक्षुणियों द्वारा पालन किए जाने वाले नियमों का सारांश और विश्लेषण है। यह भाग इन नियमों को एक शैक्षिक और व्यावहारिक संदर्भ में व्यवस्थित करता है, ताकि भिक्षु और भिक्षुणियाँ इन्हें समझ सकें और ठीक से पालन कर सकें।

अभिधम्म पिटक (Abhidhamma Pitaka) - बौद्ध धर्म के त्रिपिटक (पाली कैनन) का तीसरा और अंतिम हिस्सा है। यह बौद्ध दर्शन और मनोविज्ञान का गहन विश्लेषण प्रस्तुत करता है। 'अभिधम्म' का अर्थ है 'धम्म का उच्चतम या विशेष शिक्षण' अर्थात् यह बुद्ध के उपदेशों का गहन दार्शनिक और मनोवैज्ञानिक दृष्टिकोण से अध्ययन और विश्लेषण करता है। अभिधम्म पिटक की संरचना- अभिधम्म पिटक में सात ग्रंथ (पुस्तकें) शामिल हैं, जो निम्नलिखित हैं:

- धम्मसंगणी (Dhammasangani)- इसमें मानसिक और भौतिक तत्वों (धम्मों) का वर्गीकरण और विश्लेषण किया गया है। यह ग्रंथ मन और पदार्थ के तत्वों की विस्तार से व्याख्या करता है और यह बताता है कि ये कैसे परस्पर जुड़े होते हैं।

- विभंग (Vibhanga)- यह पुस्तक विशिष्ट विषयों पर ध्यान केंद्रित करती है, जैसे कि चार आर्य सत्य, पांच स्कंध (अवयव) और ध्यान की अवस्थाएँ। इसमें विभिन्न मानसिक और भौतिक घटनाओं का विभाजन और उनका विश्लेषण प्रस्तुत किया गया है।

- धातुकथा (Dhatukatha)- इसमें विभिन्न तत्वों (धातुओं) का वर्गीकरण और उनके आपसी संबंधों की चर्चा की गई है। इसमें विचार, तत्व और धम्म के आपसी संबंधों का विश्लेषण किया गया है।

- पुग्गलपंत्ति (Puggalapannatti)- यह ग्रंथ विभिन्न व्यक्तित्वों (पुग्गल) और उनके मानसिक गुणों का वर्णन करता है। इसमें व्यक्तियों की विभिन्न श्रेणियों का विश्लेषण किया गया है, जैसे बुद्ध, अरहत, साधक आदि।

- कथावत्थु (Kathavatthu)- यह ग्रंथ बौद्ध धर्म के विभिन्न मतों और विचारधाराओं के बीच हुए वाद-विवाद का संग्रह है। इसमें 500 से अधिक प्रश्नों और उत्तरों के माध्यम से बौद्ध मतभेदों का विवेचन किया गया है।

- यमक (Yamaka)- यह ग्रंथ मानसिक और भौतिक घटनाओं का द्वंद्वात्मक विश्लेषण प्रस्तुत करता है। इसमें विरोधाभास और द्वैत के आधार पर तर्कशास्त्र की व्याख्या की गई है।

- पट्ठान (Patthana)- यह अभिधम्म पिटक का सबसे बड़ा और महत्वपूर्ण ग्रंथ है, जिसमें कारण और प्रभाव के सिद्धांत पर गहन चर्चा की गई है। यह मन और पदार्थ के बीच के संबंधों को समझाने के लिए विस्तृत विश्लेषण प्रदान करता है।

बौद्ध धर्म के आधारभूत सिद्धांत:

- बौद्ध धर्म के मूल सिद्धांतों को चार महान सत्यों यानी आर्य सत्य के माध्यम से समझाया गया है:

- दुख : संसार दुःखों से भरा हुआ है।

- तृष्णा : दुःख का कारण कामना (तृष्णा) है।

- विजय: यदि इच्छाओं पर विजय प्राप्त कर ली जाए, तो सभी दुख दूर हो सकते हैं।

- मार्ग (अष्टांग पथ): इच्छाओं पर विजय प्राप्त करने का मार्ग 'आर्य अष्टांग पथ' है।

अष्टांग मार्ग (अष्टांग पथ): मुख्य विशेषताएँ: बुद्धि, नैतिकता और एकाग्रता अष्टांग मार्ग के आधारभूत तत्व हैं। बुद्ध के अनुसार, मध्य पथ (मध्यम मार्ग) आर्य अष्टांग पथ की विशेषता का वर्णन करता है, जो मुक्ति की ओर ले जाता है।

अष्टांग पथ निम्नानुसार है:

बुद्धि (प्रज्ञा स्कंद):

- सम्यक समझ।

- सम्यक विचार।

- सम्यक वाक्।

नैतिकता (शील स्कंद):

- सम्यक आचरण।

- सम्यक आजीविका।

एकाग्रता (समाधि स्कंद):

- सम्यक प्रयास।

- सम्यक चेतना।

- सम्यक एकाग्रता।

बौद्ध धर्म के तीन रत्न (त्रिरत्न) : बौद्ध धर्म के आदर्शों को सामूहिक रूप से त्रिरत्न की संज्ञा दी गई है। इनको 'तीन खजाने' के रूप में भी जाना जाता है। ये बुद्ध (पीला रत्न), धम्म (नीला रत्न), और संघ (लाल रत्न) हैं। बुद्ध का अर्थ है प्रबुद्ध। धम्म में बुद्ध के सिद्धांत शामिल हैं और संघ मठवासी व्यवस्था है। इन्हें अपने जीवन का केंद्रीय आदर्श बनाकर कोई व्यक्ति बौद्ध बन जाता है।

बौद्ध धर्म के सम्प्रदाय- बाद में बौद्ध धर्म को निम्न समुदायों में विभाजित किया गया था जो इस प्रकार हैं -

कनिष्क के समय में बौद्ध धर्म स्पष्टतः दो सम्प्रदायों में विभक्त हो गया- हीनयान और महायान । इस समय तक बौद्ध मतानुयायियों की संख्या बहुत अधिक बढ़ गयी थी। अनेक लोग इस धर्म में नवीन विचारों एवं भावनाओं के साथ प्रविष्ट हुये थे। अतः बौद्ध धर्म के प्राचीन स्वरूप में समयानुसार परिवर्तन लाना जरूरी था। अतः इसमें सुधार की माँग होने लगी। इसके विपरीत कुछ रूढ़िवादी लोग बौद्ध धर्म के प्राचीन आदर्शों को ज्यों-का-त्यों बनाये रखना चाहते थे और वे उसके स्वरूप में किसी प्रकार का परिवर्तन अथवा सुधार नहीं चाहते थे। ऐसे लोगों का सम्प्रदाय 'हीनयान' कहा गया।

हीनयान का शाब्दिक अर्थ है- निम्न मार्ग। यह मार्ग केवल भिक्षुओं के लिये ही सम्भव था। बौद्ध धर्म का सुधारवादी सम्प्रदाय 'महायान' कहा गया।

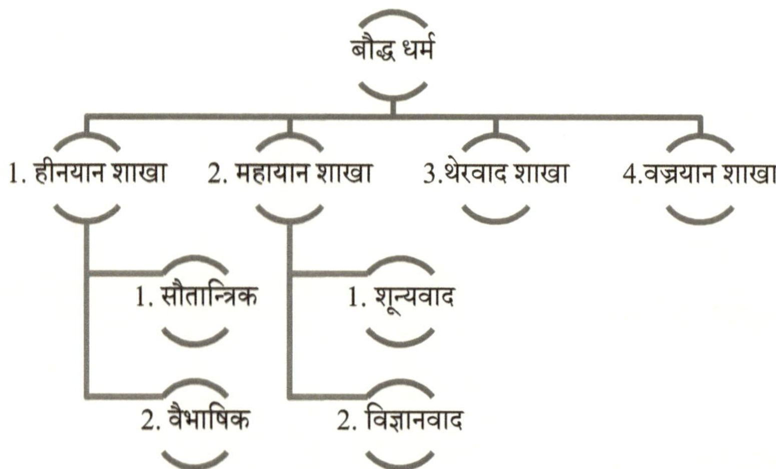

महायान का अर्थ है- उत्कृष्ट मार्ग। इसमें परसेवा तथा परोपकार पर विशेष बल दिया गया। बुद्ध की मूर्ति के रूप में पूजा होने लगी। यह मार्ग सर्वसाधारण के लिये सुलभ था। इसकी व्यापकता एवं उदारता को देखते हुये इसका 'महायान' नाम सर्वथा उपयुक्त लगता है। इसके द्वारा अधिक लोग मोक्ष प्राप्त कर सकते थे। आगे चलकर उपर्युक्त दोनों सम्प्रदायों के अन्तर्गत भी दो-दो सम्प्रदाय बन गये।

हीनयान के प्रमुख सम्प्रदाय है-

- वैभाषिक: इनके अनुसार बाह्य वस्तु के अस्तित्व को स्वीकार करते हुए यह प्रतिपादित करते हैं कि वस्तुओं का ज्ञान केवल प्रत्यक्ष से संभव है।

- सौत्रान्तिक: चित्त और बाह्य जगत दोनों की सत्ता में विश्वास करते हैं।

महायान के सम्प्रदाय है-

- शून्यवाद (माध्यमिक) : इन्हे सापेक्षवाद भी कहा जाता है। इनके अनुसार प्रत्येक वस्तु किसी न किसी कारण से उत्पन्न हुई है।

- विज्ञानवाद (योगाचार): चित्त या विज्ञान के अतिरिक्त संसार में किसी भी वस्तु के अस्तित्व को स्वीकार नहीं करता है।

थेरवाद बौद्ध धर्म- यह वयस्क भिक्षुओं को संदर्भित करता है। यह सम्प्रदाय पालि सिद्धांत (अस्तित्व में एकमात्र पूर्ण बौद्ध सिद्धांत) में संरक्षित बुद्ध के उपदेशों को अपने सिद्धांत के मर्म के रूप में मानता है। थेरवाद में अंतिम लक्ष्य क्लेशों की समाप्ति और निर्वाण की उत्कृष्ट स्थिति (अवस्था) को प्राप्त करना है अर्थात् पुनर्जन्म एवं दुःख के चक्र से निकलने हेतु सर्वोत्तम आठ-सूत्री अष्टांगिक मार्ग का अभ्यास किया जाता है। क्लेशों में विभिन्न मानसिक स्थितियाँ सम्मिलित हैं, जैसे चिंता, भय, क्रोध, ईर्ष्या, लालसा, अवसाद आदि।

थेरवाद परम्परा के अनुसार, समता और विपस्सना (ध्यान विधि) बुद्ध के द्वारा वर्णित आठ-सूत्री श्रेष्ठ मार्ग के अभिन्न अंग हैं। समता मन को शांत करती है और विपस्सना का अर्थ है (विशेष प्रकार से देखना) अस्तित्व के तीन गुणों की अंतःदृष्टिः अस्थायित्व, दुःख और गैर-आत्मा की अनुभूति।

- थेरवाद विभाज्जवाद अर्थात 'विश्लेषण का शिक्षण' की अवधारणा में विश्वास करता है।

- विशुद्धिमार्ग (शुद्धिकरण का मार्ग) बौद्ध धर्म की थेरवाद शाखा का सबसे बड़ा ग्रन्थ है।

- इसकी रचना बुद्धघोष ने पाँचवीं शताब्दी में श्रीलंका में की थी।

- इसमें शुद्धिकरण के सात चरणों (सत्त-विशुद्धि) की चर्चा की गयी है। थेरवाद के अंतर्गत निर्वाण प्राप्ति हेतु इनका पालन करना पड़ता है।

- पालि थेरवाद बौद्ध धर्म के लिए पवित्र भाषा है।

- थेरवाद को हीनयान सम्प्रदाय का परवर्ती माना जाता है।

- विश्व के लगभग 35.8 प्रतिशत बौद्ध थेरवाद परम्परा से संबंधित हैं।

● इसे मानने वाले देशों में श्रीलंका, कम्बोडिया, लाओस, थाईलैंड, म्यांमार आदि हैं।

वज्रयान शाखा- (सातवी-आठवीं शताब्दी में वज्रयान नामक एक अन्य सम्प्रदाय का उदय हुआ।) ईसा की 5वी या छठी शताब्दी से बौद्धधर्म के ऊपर तंत्र-मंत्रों का प्रभाव बढ़ने लगा, जिसके फलस्वरूप वज्रयान नामक नये सम्प्रदाय का जन्म हुआ।

वज्रयानी 'वज्र' को एक अलौकिक तत्व के रूप में मानते हैं। इसका तादात्म्य 'धर्म' के साथ स्थापित किया गया है। इसकी प्राप्ति के लिए भिक्षा, तप आदि के स्थान पर मैथुन, मांस आदि के सेवन पर जोर दिया गया। वज्रयानियों की क्रियाएँ शाक्त मतावलम्बियों से मिलती-जुलती है। इसमें तारा आदि देवियों को महत्व प्रदान किया गया है। यह प्रतिपादित किया गया है कि रूप, शब्द, स्पर्श आदि भोगों से बुद्ध की पूजा की जानी चाहिये। रागचर्या को सर्वोत्तम बताया गया है। वज्रयान का सबसे अधिक विकास आठवीं शताब्दी में हुआ। इसके सिद्धान्त मंजुश्रीमूलकल्प तथा गुह्यसमाज नामक ग्रन्थों में मिलते हैं। इस प्रकार वज्रयान ने भारत से बौद्धधर्म के पतन का मार्ग प्रशस्त कर दिया।

बौद्धधर्म की देन:

लोक कल्याण के क्षेत्र में- बौद्धधर्म ने ही सर्वप्रथम भारतीयों को एक सरल तथा आडम्बररहित धर्म प्रदान किया जिसका अनुसरण राजा-रंक, ऊँच-नीच सभी कर सकते थे। धर्म के क्षेत्र में इसने अहिंसा एवं सहिष्णुता का पाठ पढ़ाया। अशोक, कनिष्क, हर्ष आदि राजाओं में जो धार्मिक सहिष्णुता देखने को मिलती है। वह बौद्धधर्म के प्रभाव का ही परिणाम थी। अशोक ने युद्ध विजय की नीति का परित्याग कर धम्मविजय की नीति को अपनाया तथा लोककल्याण का आदर्श समस्त विश्व के समक्ष प्रस्तुत किया।

भाषा एवं दर्शन के क्षेत्र में- बौद्धधर्म के उपदेश तथा सिद्धान्त पाली भाषा में लिखे गये जिससे पाली भाषा एवं साहित्य का विकास हुआ। बौद्ध संघों की व्यवस्था जनतन्त्रात्मक प्रणाली पर आधारित थी। इसके तत्वों को हिन्दू मठों तथा बाद में राजशासन में ग्रहण किया गया। भारतीय दर्शन में तर्कशास्त्र की प्रगति बौद्धधर्म के प्रभाव से ही हुई। बौद्ध दर्शन में शून्यवाद तथा विज्ञानवाद की जिन दार्शनिक पद्धतियों का उदय हुआ उनका प्रभाव शंकराचार्य के दर्शन पर पड़ा। यही कारण है कि शंकराचार्य को कभी-कभी प्रच्छन्न-बौद्ध भी कहा जाता है।

सदाचार एवं नैतिक नियम के क्षेत्र में- बौद्धधर्म ने लोगों के जीवन का नैतिक स्तर ऊँचा उठाने में महत्वपूर्ण योगदान दिया। जन-जीवन में सदाचार एवं सच्चरित्रता की भावनाओं का विकास हुआ। बुद्ध स्वयं नैतिकता को सर्वोच्च प्राथमिकता देते थे तथा ज्ञान से भी इसे बढ़कर मानते थे। बौद्धधर्म ने न केवल भारत अपितु विश्व के देशों को अहिंसा, शान्ति, बन्धुत्व, सह-

अस्तित्व आदि का आदर्श बताया। इसके कारण ही भारत का विश्व के देशों पर नैतिक आधिपत्य कायम हुआ। बुद्ध ने मानव जाति की समानता का आदर्श प्रस्तुत किया था।

विदेशों में भारत की लोकप्रियता बढ़ाने के क्षेत्र में- बौद्धधर्म के माध्यम से भारत का सांस्कृतिक सम्पर्क विश्व के विभिन्न देशों के साथ स्थापित हुआ। भारत के भिक्षुओं ने विश्व के विभिन्न भागों में जाकर अपने सिद्धान्तों का प्रचार किया। महात्मा बुद्ध की शिक्षाओं से आकर्षित होकर शक, पार्थियन, कुषाण आदि विदेशी जातियों ने बौद्धधर्म को ग्रहण कर लिया। यवन-शासक मिनाण्डर तथा कुषाण शासक कनिष्क ने इसे राजधर्म बनाया और अपने साम्राज्य के साधनों को इसके प्रचार में लगा दिया। अनेक विदेशी यात्री तथा विद्वान् बौद्धधर्म का अध्ययन करने तथा पवित्र बौद्धस्थलों को देखने की लालसा से भारत की यात्रा में आये। फाहियान, हवेंसांग तथा इत्सिंग जैसे चीनी यात्रियों ने भारत में वर्षों तक निवास कर इस धर्म का प्रत्यक्ष ज्ञान प्राप्त किया।

स्थापत्य, कला एवं संस्कृति के क्षेत्र में- आज भी विश्व की एक तिहाई जनता बौद्धधर्म तथा उसके आदर्शों में अपनी श्रद्धा रखती है। बौद्धधर्म की सर्वाधिक महत्वपूर्ण देन भारतीय कला एवं स्थापत्य के विकास में रही। इस धर्म की प्रेरणा पाकर शासकों एवं श्रद्धालु जनता द्वारा अनेक स्तूप, विहार, चैत्यगृह, गुहायें, मूर्तियाँ आदि निर्मित की गयी जिन्होंने भारतीय कला को समृद्धशाली बनाया। सांची, सारनाथ, भरहुत आदि के स्तूप, अजन्ता की गुफायें एवं उनकी चित्रकारियाँ, अनेक स्थानों से प्राप्त एवं संग्रहालयों में सुरक्षित बुद्ध एवं बोधिसत्वों की मूर्तियाँ आदि बौद्धधर्म की भारतीय संस्कृति को अनुपम देन है। गन्धार, मधुरा, अमरावती, नासिक, कार्ले आदि बौद्धकला के प्रमुख केन्द्र थे। गन्धार शैली के अन्तर्गत ही सर्वप्रथम बुद्ध मूर्तियों का निर्माण किया गया। आज भी भारत के कई स्थानों पर बौद्ध स्मारक विद्यमान है तथा श्रद्धालुओं के आकर्षण के केन्द्र बने हुए हैं। विश्व के देशों को अहिंसा, करुणा, प्राणि मात्र पर दया आदि का सन्देश भारत ने बौद्धधर्म के माध्यम से ही दिया।

इस प्रकार यह स्पष्ट है कि शताब्दियों पूर्व महात्मा बुद्ध ने जिन सिद्धान्तों एवं आदर्शों का प्रतिपादन किया वे आज के वैज्ञानिक युग में भी अपनी मान्यता बनाये हुए हैं तथा संसार के देश उन्हें कार्यान्वित करने का प्रयास कर रहे हैं। भारत ने अपने राजचिह्न (अशोक चक्र) के रूप में बौद्ध प्रतीक को ही ग्रहण किया है तथा वह शान्ति एवं सह-अस्तित्व के सिद्धान्तों का पोषक बना हुआ है। पंचशील का सिद्धान्त बौद्धधर्म की ही देन है। आधुनिक संघर्षशील युग में यदि हम बुद्ध के सिद्धान्तों का अनुसरण करें तो निःसन्देह शान्ति एवं सद्भाव स्थापित हो सकती है।

सिख धर्म- सिख धर्म का आधार गुरु नानक और उनके उत्तराधिकारियों की शिक्षाओं में निहित है। सिख धर्म नैतिकता, आध्यात्मिक विकास, त्याग, सेवा और रोजमर्रे के आचरण के बीच सामजस्य पर जोर देती है

उत्पत्ति और संक्षिप्त इतिहास: सिख धर्म को सिखी के नाम से भी जाना जाता है। इसका शाब्दिक अर्थ 'शिष्य', 'साधक' या 'शिक्षार्थी' है। इस धर्म की स्थापना 15 वीं शताब्दी में गुरु नानक द्वारा की गई थी। कबीर के विचारों से मिलते-जुलते विचार सिक्खों के धर्म-गुरु नानक (1469-1538) के भी थे। उनका जन्म पंजाब के गुजरानवाला जिले में रावी नदी के तट पर स्थित तलबन्डी (आधुनिक ननकाना साहिब) नामक ग्राम में हुआ था। बचपन से ही वे साधु प्रकृति के थे। युवावस्था में गृहस्थ जीवन त्यागकर उन्होंने संन्यास ग्रहण कर लिया। ज्ञान प्राप्ति की लालसा से उन्होंने व्यापक भ्रमण किया। भारत के अतिरिक्त वे अफगानिस्तान, मिस्र, तुर्किस्तान, लंका, चीन, वर्मा आदि देशों की यात्रा पर भी गये। अपनी यात्रा के दौरान उन्होंने अनेक जैन साधुओं, मुसलमान फकीरों, हिन्दू योगियों, सन्तों आदि के साथ सत्संग किया। रैदास तथा नामदेव से भी उनकी भेंट हुई। नानक को पंजाबी, हिन्दी, फारसी तथा संस्कृत आदि भाषाओं का ज्ञान था। अन्ततोगत्वा वे करतारपुर में रहकर उपदेश करने लगे। यहीं इनका निधन हुआ। अपने विचारों को स्थायित्व प्रदान करने के लिये नानक ने सिक्ख धर्म की स्थापना की।

आधारभूत सिद्धांत: गुरु नानक ने अत्यंत ईमानदारी और दयालुता के साथ लोगों की सेवा करने पर जोर दिया। गुरु नानक और उनके उत्तराधिकारियों की शिक्षाओं (सिख धर्म के तीन स्वर्ण स्तंभों) को अब 'नाम जपो, कीरत करो और वंड चखो' के नाम से जाना जाता है।

- नाम जपनाः ध्यान के माध्यम से भगवान के नाम का स्मरण और पाठ करना।

- कीरत-करनाः ईमानदारी और कड़ी मेहनत करके जीविकोपार्जन करना।

- बंड-चकनाः निस्वार्थ भाव से सेवा करना और अपनी चीजों (आय, संसाधन, आदि) को सभी के साथ साझा करना जिसमें कम भाग्यशाली लोग भी शामिल हैं।

सिख धर्म के अनुसार, भगवान वाहेगुरु (दिव्य संदेश देने वाले गुरू) हैं। एक प्रसिद्ध गायन है, 'एक ओंकार सतनाम' जिसका अर्थ है कि केवल एक भगवान या एक निर्माता (करता पुरख) है। ईश्वर कालातीत या अमर (अकाल मूरत) है। भगवान निर्भय है। ईश्वर निर्वैद (शत्रुता रहित) है।

समाज को देन- गुरु नानक ने सरल तथा व्यवहारिक भाषा में अपने उपदेश दिये। उन्होंने भी धार्मिक आडम्बरों, कर्मकाण्डों, अवतारवाद, मूर्तिपूजा, ऊँच-नीच आदि का विरोध करते हुए निर्गुण एवं निराकार ईश्वर की पूजा करने का उपदेश दिया। उनका ईश्वर सत्य का रूप था (सत-श्री-अकाल)। उनका कहना था कि सत्य मार्ग का अनुसरण करने वाला व्यक्ति ब्रह्म तक पहुँच सकता है। कबीर के समान नानक भी हिन्दू-मुस्लिम एकता के प्रबल हिमायती थे।' उन्होंने अपने समय की सामाजिक बुराईयों के विरुद्ध आवाज उठाई। तत्कालीन भारत में हिन्दू धर्म में प्रचलित

जाति-प्रथा के वे विरोधी थे। उनका धर्म मानवमात्र के कल्याण के लिये था। उन्होंने हिन्दू तथा मुसलमानों को प्रेम पूर्वक समझाने का प्रयास किया। कबीर के विपरीत उनकी वाणी में मधुरता थी। उनमें कहीं भी वक्रता अथवा खण्डन-मण्डन की प्रवृत्ति नहीं दिखाई देती। उनकी वाणी में भक्ति, सरलता, दीनता तथा आत्मसमर्पण की भावनायें मिलती है। नानक ने हिन्दू तथा मुसलमान, दोनों धर्मों में अन्तर्निहित सच्चाई को ग्रहण कर बाह्याडम्बरों का त्याग करने पर जोर दिया। क्रमशः यह गुरु नानक और उनके नौ उत्तराधिकारी सिख गुरुओं की आध्यात्मिक शिक्षाओं से विकसित हुआ। दसवें गुरु गोबिंद सिंह (1666-1708) ने सिख ग्रंथ 'गुरु ग्रंथ साहिब' को अपने उत्तराधिकारी के रूप में नामित किया, मानव गुरुओं की प्रथा को बंद कर दिया और पवित्र ग्रंथ को 11वें और अंतिम शाश्वत जीवित गुरु के रूप में स्थापित किया, जो सिख अनुयायियों के लिए धार्मिक और आध्यात्मिक जीवन का मार्गदर्शक है।

इस्लाम धर्म: यह ईसाई धर्म के बाद विश्व का दूसरा सबसे बड़ा धर्म है जिसके दो अरब से अधिक अनुयायी है जो कि वैश्विक आबादी का लगभग 25 प्रतिशत के बराबर है। इस्लाम धर्म में ईश्वर (अल्लाह) दयालु, देने वाले सर्वशक्तिमान और अद्वितीय है। ईश्वर या अल्लाह ने विभिन्न नबियों प्राकट्य (revealed) शास्त्रों और प्राकृतिक संकेतों के माध्यम से मानवता का मार्गदर्शन किया है। जिसमें कुरान अंतिम सार्वभौमिक इल्हाम है।

उत्पत्ति और संक्षिप्त इतिहास: इस्लाम की उत्पत्ति वर्तमान सऊदी अरब (मक्का) में 632 ईस्वी में हुई थी। 'इस्लाम' शब्द का अर्थ है 'ईश्वर के प्रति समर्पण'। मान्यता है कि मुसलमान वे लोग हैं जो इस्लाम और पैगंबर मुहम्मद की शिक्षाओं का पालन करते हैं। विश्व के प्राचीन धर्मों में इस्लाम धर्म का एक अत्यन्त महत्वपूर्ण स्थान है। इसके प्रवर्तक पैगम्बर मुहम्मद थे। उनका जन्म 570-71 ई. के लगभग अरब प्रायद्वीप के मक्का नगर में हुआ। उनके पिता अब्दुल्ला तथा माता आमिना, कुरैश नामक कबीले से सम्बन्धित थे। मुहम्मद के बचपन में ही उनके माता-पिता का निधन हो गया जिससे उनका पालन-पोषण उनके चाचा अबू तालिब के द्वारा किया गया। उनका प्रारंम्भिक जीवन लौकिक सुख-सुविधाओं से वंचित रहा। बचपन में वे ऊँट तथा बकरियाँ चराया करते थे। बड़े होने पर उन्होने व्यापार करना प्रारम्भ किया। वे अपनी ईमानदारी के लिये प्रसिद्ध थे। वे खदीजा नामक व्यापारिक महिला के सम्पर्क में आये जो आर्थिक दृष्टि से अत्यन्त सम्पन्न थी। कालान्तर में मुहम्मद से उसने विवाह कर लिया। इस प्रकार अब वे एक समृद्ध सौदागर बन गये तथा लौकिक सुख-सुविधा की सारी वस्तुयें उन्हें सुलभ हो गयीं।

किन्तु मुहम्मद का मन सांसारिक विषय-भोगों में वास्तविक सन्तोष नहीं प्राप्त कर सका। वे धार्मिक चिन्तन की ओर प्रवृत्त हुए। मक्का के समीप हीरा की पहाड़ी गुफा में बैठकर वे ध्यान लगाते तथा अलौकिक सत्ता के विषय में घण्टों सोचा करते थे। यहीं ध्यान करते हुए मुहम्मद को जिब्राईल के माध्यम से अल्लाह का पैगाम मिला कि वे सत्य का प्रचार करें। अब वे पैगम्बर

तथा नवी (सिद्ध पुरुष) के रूप में विख्यात हो गये। उन्हें अल्लाह का आनीम पैगम्बर माना जाता है।

पैगाम प्राप्ति के बाद उन्होंने अपने मत का व्यापक प्रचार-प्रसार किया। उन्होंने स्वयं यह अनुभव किया कि वे ईश्वर के महानतम पैगम्बर है जिन्हें उसने पृथ्वी पर अपना सन्देश प्रचारित करने के उद्देश्य से प्रेषित किया है। मुहम्मद ने शक्ति द्वारा इस्लाम का प्रचार किया। पैगंबर मुहम्मद ईश्वर के अंतिम दूत थे। ऐसा माना जाता है कि देवदूत ने पैगंबर मुहम्मद को ईश्वरीय संदेश दिया था। उन्होंने इस ज्ञान/ सार को अपने अनुयायियों तक पहुँचाया। उनका निवास स्थान मक्का में था। परंतु थोड़े समय के लिए उन्हें मक्का से मदीना पलायन के लिए बाध्य किया गया था। यही कारण है कि मक्का और मदीना मुसलमानों के लिए पवित्र स्थान हैं।

आधारभूत सिद्धांत: हर धर्म का अपना दर्शन होता है। इस्लाम में भी पाँच स्तंभ हैं। इस्लाम को मानने वालों को निम्नलिखित पाँच सिद्धांतों का पालन करना चाहिए:

- शहादाः आस्था का पेशा।

- सलात या नमाजः मक्का की ओर मुहं कर दिन में पाँच बार प्रार्थना करना और एक उपदेश (खुतबा) सुनना ।

- सौम या रोजाः स्वस्थ मुसलमानों द्वारा रमजान के पवित्र महीने के दौरान उपवास रखना।

- जकातः जरुरतमंद लोगों को भिक्षा देना या दान देना।

- हजः जीवन में कम से कम एक बार मक्का की यात्रा करना।

ध्यान देने योग्य बिन्दु:

- जुमा नमाज शुक्रवार की नमाज या सामूहिक प्रार्थना (सलात) है जो हर शुक्रवार को मस्जिद में आयोजित होती है।

- पवित्र ग्रंथ या पुस्तकें: कुरान (पैगंबर मुहम्मद की मृत्यु से पहले संकलित): यह इस्लाम का केंद्रीय धार्मिक ग्रंथ है।

ईसाई धर्म: यह एक ऐसा धर्म है जो यीशु के जीवन, शिक्षाओं और मृत्यु से उपजा है। यह दुनिया का सबसे बड़ा धर्म है, जिसके लगभग 2.8 बिलियन अनुयायी हैं, जो वैश्विक आबादी का लगभग एक तिहाई है। जो एक ईश्वर को मानते हैं एवं इब्राहिम को ईश्वर का पैगम्बर (ईश्वर

का संदेशवाहक) मानते हैं। इसमें ईसाई धर्म, बहाई धर्म, इस्लाम और यहूदी धर्म आदि शामिल हैं। ये धर्म मध्य पूर्व में पनपे थे। इन्हें इब्राहीमी पंथ भी कहा जाता है।

उत्पत्ति और संक्षिप्त इतिहास: ईसाई धर्म की स्थापना ईसा मसीह ने यरूशलेम में की थी। इसके अनुयायियों को ईसाई के रूप में जाना जाता है। ऐसा माना जाता है कि यीशु परमेश्वर के पुत्र है, जिसके मसीहा के रूप में आने की भविष्यवाणी हिब्रू बाइबिल में की गई थी। भारत में ईसाई धर्म का प्रसार दो चरणों में हुआ।

भारत में ईसाई धर्म का विकास एवं प्रभाव :

प्रथम चरण 1: सेंट थॉमस प्रथम शताब्दी में भारत आए, इनके आगमन से तमिलनाडु और केरल के तटीय इलाकों में ईसाई धर्म फैलना शुरू हुआ। बाद में, पुर्तगाली व्यापारियों के साथ आए ईसाई मिशनरियों ने इसका प्रचार किया। हालाँकि यह पश्चिमी भारत के तटीय इलाकों तक सीमित था।

द्वितीय चरण 2: ब्रिटिश शासन के तहत 18वीं शताब्दी में मिशनरी कार्यों पर गतिशीलता मिली। सन 1813 के चार्टर अधिनियम ने ईसाई मिशनरियों के कार्य को गति प्रदान की। मिशनरियों ने धर्म परिवर्तन करने वालों की शिक्षा और उन्हें चिकित्सा सहायता प्रदान करने पर ध्यान केंद्रित किया।

आधारभूत सिद्धांत: ईसाई धर्म पवित्र त्रिमूर्ति- पिता-पुत्र-पवित्र आत्मा की अवधारणा में विश्वास करता है। ईश्वर एक है जिसने ब्रह्मांड को बनाया है। जब भी आवश्यक होता है, परमेश्वर एक दूत या मसीहा भेजता है। यीशु की मृत्यु के बाद, परमेश्वर पवित्र आत्मा के रूप में अपनी उपस्थिति बनाए रखा है। पवित्र त्रिमूर्ति से आशय है- पिता (परमेश्वर), पुत्र (यीशु) एवं पवित्र आत्मा (परमेश्वर की अदृश्य शक्ति)।

पवित्र पुस्तकः बाइबल ईसाई धर्म का पवित्र ग्रंथ का एक संग्रह है। बाइबल एक संकलन है जिसमें विभिन्न प्रकार के धार्मिक संकलन मूल रूप से हिब्रू, अरमाइक और ग्रीक में लिखा गया है।

क्रॉस ईसाई धर्म का प्रतीक है। नये विधान के अनुसार, यीशु का जन्म यरुशलम के दक्षिण में वेस्ट बैंक में बेथलहम में मरियम नामक एक युवा यहूदी कुंवारी से हुआ था।

धर्मशास्त्रों से पता चलता है कि वह नासरत में बड़े हुए थे और उनका परिवार राजा हेरोद के उत्पीड़न से बचने के लिए मिस्र पलायन कर गया और उनके 'सांसारिक' पिता, आलोक एक बढ़ई थे।

यीशु ने अपनी शिक्षाओं में नीति कथाओं (छिपे हुए संदेशों वाली लघु कथाएँ) का उपयोग किया। प्रारम्भिक ईसाइयों को यहूदी और रोमन दोनों नेताओं द्वारा उनकी आस्था के लिए सताया गया। हालांकि, जब प्रारंभिक चौथी शताब्दी ईस्वी में रोमन सम्राट कॉन्सटेंटाइन ने ईसाई धर्म को अपनाया, तो रोमन साम्राज्य में धार्मिक सहिष्णुता स्थानांतरित हो गई।

वर्तमान में, ईसाई धर्म प्रमुख रूप से तीन शाखाओं में विभाजित है:

- कैथोलिक

- प्रोटेस्टेंट

- (पूर्वी) रूढ़िवादी।

कैथोलिक शाखा सारे विश्व में पोप और कैथोलिक बिशपों द्वारा नियंत्रित है। रूढ़िवादी (या पूर्वी रूढ़िवादी) स्वतंत्र इकाइयों में विभाजित हैं, जिनमें से प्रत्येक को एक पवित्र धर्मसभा द्वारा नियंत्रित किया जाता है और इसके संचालन के लिए कोई केंद्रीय शासी संरचना नहीं है। प्रोटेस्टेंटों में कई संप्रदाय हैं, जिनमें से कई बाइबिल की अपनी व्याख्या और चर्च की समझ में भिन्नता रखते हैं। ये कई संप्रदायों में शामिल हैं: बैपटिस्ट, एपिस्कोपेलियन, इवेंजलवादी, मेथोडिस्ट, असेंबली ऑफ गॉड, सेवेंथ डे एडवेंटिस्ट, एंग्लिकन, आदि।

ईसाई धर्म, हिंदू धर्म और इस्लाम के बाद, भारत का तीसरा सबसे बड़ा धर्म है और भारत में लगभग 3 करोड़ आबादी इसको मानती है। इनमें से अधिकांश रोमन कैथोलिक हैं, जिसके बाद प्रोटेस्टेंट हैं। राज्यवार, अधिकांश ईसाई आबादी केरल में है। प्रतिशत की दृष्टि से, ईसाई नागालैंड में 87.9%, मिजोरम में 87.2% और फिर मेघालय में 74.6% के साथ बहुमत में है।

महत्वपूर्ण शब्दावली:

- बपतिस्मा (धार्मिक स्नान): जब एक बच्चा अथवा कोई भी बाँधि चर्च की सेवा में प्रवेश करता है।

- यूचरिस्ट (अंतिम भोज का संस्कार): भगवान के साथ एकता दिखाने के लिए रोटी और शराब ग्रहण अथवा सेवन करना।

पारसी धर्म: यह धर्म प्राचीन ईरान में विकसित हुआ। यह भगवान के बीच निरंतर लड़ाई के विचार पर आधारित है जहाँ एक अच्छे (अहुर मज्दा) का प्रतिनिधित्व करता है और एक बुराई (अंगिरा मैन्यु) का प्रतिनिधित्व करता है।

उत्पत्ति और संक्षिप्त इतिहास- पारसी/ जरथुस्त्र धर्म या मजदायसन एक ईरानी धर्म है और ईरानी भाषी पैगंबर जोरास्टर (जरथुस्त्र) की शिक्षाओं के आधार पर दुनिया के सबसे पुराने संगठित धर्मों में से एक है।

इस्लाम के आक्रमण के कारण, पारसी धर्म के अनुयायियों (जोरोस्ट्रियन्स) को ईरान छोड़ना पड़ा। लगभग 8 वीं -10 वीं शताब्दी ईस्वी के बीच वे भारत आए। भारत में, इन्हें आमतौर पर पारसी और ईरानी के रूप में जाना जाता है। इनकी ज्यादातर आबादी मुंबई, गोवा और अहमदाबाद में हैं। भारत में पारसियों की आबादी कम होती जा रही है। अल्पसंख्यक मामलों के मंत्रालय ने भारत में पारसी समुदाय की आबादी में गिरावट को रोकने के लिए 2013 में 'जियो पारसी' योजना शुरू की थी। पारसी धर्म के लोग एकेश्वरवादी होते हैं। वे एक अमर भगवान में विश्वास करते हैं जिसका नाम अहुर मजदा है।

इस धर्म के प्रमुख सिद्धांत इस प्रकार हैं:

- अहुरा मज़्दा की उपासना- पारसी धर्म में अहुरा मज़्दा को सर्वोच्च ईश्वर माना जाता है, जो सत्य और प्रकाश का प्रतीक है।

- अच्छे विचार, अच्छे शब्द, और अच्छे कर्म- पारसी धर्म का मूलमंत्र है 'हमता, हुकता, हुवर्शता' जिसका अर्थ है 'अच्छे विचार, अच्छे शब्द, और अच्छे कर्म।'

- अग्नि पूजा- अग्नि को पवित्र माना जाता है और इसे ईश्वर का प्रतीक समझा जाता है। पारसी मंदिरों में अग्नि हमेशा जलती रहती है।

- नैतिकता और न्याय- पारसी धर्म में नैतिकता, सच्चाई और न्याय पर विशेष बल दिया जाता है।

- अंतिम संस्कार - शवों को गिद्धों के लिए खुली जगहों पर रखा जाता हैं। इन खुले स्थानों को 'दखमा' या टॉवर्स ऑफ साइलेंस (निस्तब्धता का दुर्ग) कहा जाता है।

- पवित्र ग्रंथ- जेंद अवेस्ता (17 पवित्र गीतों से मिलकर बना है जिन्हें 'गाथा' और अहुना वैर्य) कहा जाता है।

'जेन्द अवेस्ता' (Zend Avesta) प्राचीन अवेस्तन में लिखा गया है तथा उसमें 17 पवित्र गीत (गाथा) तथा अहुना वैर्य (पवित्र मन्त्र) हैं। माना जाता है कि ये जरथुस्त्र द्वारा ही रचित हैं। इन मूल पाठों के अनुवाद तथा शब्दावली 'जेंद' कहलाते हैं।

यह संकलन पाँच भागों में विभाजित है:

- यश्न: आयोजन तथा नैवेद्यों के साथ आराधना।

- वेंदिदाद: दैत्यों तथा बुरी शक्तियों के विरुद्ध नियम।

- यशत्: प्रशंसा के माध्यम से आराधना करना।

- खोर्देह अवेस्ता: नित्य की प्रार्थनाओं की पुस्तक।

- गाथा: ये यास्ना ग्रंथ के भाग हैं और यह पाँच अन्य भागों में विभक्त है। इन्हें अहुनावैती, उश्तावैती, स्पेन्ता-मैन्यु, वोहू-खशाथरा तथा वहिश्तोइश्ति कहा जाता है।

प्रमुख व्यक्तित्व:

- पारसी और ईरानी आबादी ने भारतीय अर्थव्यवस्था में रचनात्मक भूमिका निभाई है, व्यापार और उद्योग का नेतृत्व प्रदान किया है। कुछ महत्वपूर्ण व्यक्तित्व हैं:

- होमी जहाँगीर भाभा: भारतीय परमाणु कार्यक्रम के जनक और TIFR (टाटा इंस्टीट्यूट ऑफ फंडामेंटल रिसर्च) और BARC (भाभा परमाणु अनुसंधान केंद्र) के संस्थापक निदेशक।

- फील्ड मार्शल सैम मानेकशॉ: फील्ड मार्शल के रूप में पदोन्नत होने वाले पहले भारतीय सेना अधिकारी।

- रतन टाटा: प्रसिद्ध उद्योगपति और परोपकारी।

- अर्देशिर गोदरेज: 1897 में गोदरेज ग्रुप ऑफ कंपनीज के संस्थापक।

- डॉ साइरस पूनावाला: सीरम इंस्टीट्यूट ऑफ इंडिया के संस्थापक। (कोविशील्ड वैक्सीन के निर्माता)

महत्वपूर्ण शब्दावली-

- नवरोज: ईरानी नव वर्ष पारसी समुदाय द्वारा भारत में मनाया जाता है।

- वेंडीवाव: यह बुरी आत्माओं की विभिन्न अभिव्यक्तियों और उन्हें भ्रमित करने के तरीकों की गणना है।

- खोरवेह अवेस्ताः यह आम प्रार्थनाओं पर एक पुस्तक है। खोरदेह अवेस्ता का अर्थ है: छोटा अवेस्ता।

- किस्सा-ए-संजानः यह पारसियों के प्रवास और भारतीय उप-महाद्वीप में उनकी बसावट का लेखा-जोखा है।

पारसी धर्म के अनुयायी मुख्य रूप से भारत और ईरान में पाए जाते हैं। भारत में, पारसी समुदाय मुख्य रूप से मुंबई और गुजरात में बसे हुए हैं। यह समुदाय अपनी सांस्कृतिक और धार्मिक परंपराओं को संजोए हुए है और भारतीय समाज का महत्वपूर्ण हिस्सा है।

यहूदी धर्म- यह प्राचीन यहूदियों के बीच विकसित एक एकेश्वरवादी धर्म है। यहूदी धर्म यहूदी लोगों की जीवन पद्धति का सार अथवा दर्शन है जिसमें सांस्कृतिक परंपराएँ शामिल हैं।

संक्षिप्त इतिहास- यहूदी धर्म का उद्भव पूर्वी भूमध्य सागर (दक्षिणी लेवेंट) में हुआ। इस धर्म के अनुयायियों को यहूदी कहा जाता है। यहूदी दर्शन का प्रभाव ईसाई और इस्लाम धर्म में भी देखा जा सकता है। यहूदी कानून, जिसे हलाखा कहा जाता है- सहस्राब्दियों से जारी व्याख्याओं और पुनर्व्याख्याओं के कारण हलाखा में समय के साथ बदलाव आया है। यहूदी यहोवा या सच्चे परमेश्वर में विश्वास करते हैं।

प्रमुख सिद्धांत- यहूदी अब्राहम के द्वारा प्रचलित यहोवा या एक सत्य ईश्वर में विश्वास करते हैं। उनके पवित्र ग्रन्थ को 'तोराह' कहा जाता है, जो कि बड़े पाठ तनख (Tanakh) के पहले पाँच ग्रंथ भी हैं। इनके अलावा, कानूनी तथा आचार संबंधी लेखन तथा संक्षिप्त यहूदी इतिहास को तालमुत कहा जाता है। उनके पृथक् प्रार्थना कक्ष सिनेगॉग (Synagogue) (आराधना स्थल) होते हैं। ये ऐलियाहु हनावी या पैग़म्बर एलिजा को धन्यवाद आयोजन नामक धार्मिक अनुष्ठानों का पालन करते हैं।

ऐसी मान्यता है कि इसाक याकूब अब्राहम सभी यहूदियों के पूर्वज थे तथा उन्होंने प्रस्तावित किया कि ईश्वर के निर्देशों का पालन करने वालों पर उनकी कृपा बरसेगी। इनके बेटे Isaac (आईसैक) तथा पोते जैकब, जिसे इन्नाइल भी कहा जाता है, उन्हें भी ईश्वर का आशीर्वाद प्राप्त हुआ था।

ईश्वर ने मूसा को धरती पर भेजा तथा उसे सिनाई पर्वत पर धर्मादेश दिये, जिन्हें 'सफर तोराह' भी कहा जाता है। इसमें स्पष्ट किया गया है इन्नाईलियों (जैब या इजाइल के बच्चे रहे यहूदियों के लिए प्रयुक्त) को किस प्रकार जीवन व्यतीत करना चाहिए। जैकब के 12 बच्चे थे, जो इज़रायल की जनजातियों के नाम से चर्चित 12 जनजातियों के पूर्वज बन गए।

प्रार्थना के दौरान, सभी यहूदी पुरुषों को सिसिथ या प्रार्थना के लिए प्रयुक्त दुशाले (शॉल) को पहनना पड़ता है। यहूदी फैसले के दिन में भी विश्वास करते हैं, जब मसीहा पवित्र लोगों को स्वर्ग ले जाने तथा दुष्टों को नरक भेजने आएगा।

- पवित्र ग्रंथ या पुस्तकें: तोराह या तौरैत जिसका शाब्दिक अर्थ है 'निर्देश', 'शिक्षण' या 'कानून' है और हिब्रू बाइबिल की पहली पाँच पुस्तकों का संकलन है। तोराह यहूदी उपदेशों, संस्कृति और प्रथाओं पर एक समग्र ग्रंथ है।

- प्रमुख उप-संप्रदाय- सर्वप्रथम यहूदी शरणार्थी भारत के पश्चिमी तट पर आकर बसे थे। आबादी में काफी कम होने के वावजूद भारत में पाँच यहूदी समुदाय हैं जो निम्नवत रूपों में देखे जा सकते हैं-

- बगदादी यहूदीः इसके अनुयायी पश्चिम एशिया से आए थे। वर्तमान में वे मुंबई और कोलकाता में पाए जाते हैं।

- बेने (Bene) यहूदीः मराठी भाषी यहूदी, भारत में सबसे बड़ा यहूदी समुदाय।

- बेने एफ्रेंम (Bene Ephraim): तेलुगु भाषी यहूदी।

- कोचीन यहूदीः मलयालम भाषी यहूदी।

- बेनेई मेनाशे (Bnei Menashe): भारत और म्यांमार की सीमा पर मणिपुर और मिजोरम राज्य में बस गए। मिजो, कुकी और चिन जनजातियों में शामिल हो चुके हैं।

आदिवासी धर्म: सरना वाद- सरना वाद आदिवासी धर्म का एक महत्वपूर्ण संप्रदाय है, जो झारखंड, ओडिशा, छत्तीसगढ़ और पश्चिम बंगाल के आदिवासी समुदायों में प्रचलित है। 'सरना' का अर्थ है 'पवित्र ग्रोव' या 'पवित्र वन'। इस संप्रदाय के अनुयायी प्रकृति पूजा करते हैं और पेड़-पौधों, नदियों, पहाड़ों को पवित्र मानते हैं। सरना धर्म में 'जाहेर थान' (पवित्र स्थल) में अनुष्ठान और त्यौहार मनाए जाते हैं, जिसमें सरहुल और करमा प्रमुख हैं। इस धर्म के अनुयायी प्रकृति संतुलन, समुदायिक जीवन और पूर्वजों की पूजा पर जोर देते हैं। सरना वाद आदिवासी संस्कृति, परम्पराओं और पर्यावरण संरक्षण को महत्व देता है।

प्रमुख बिन्दु-

- उत्पत्ति : मध्यभारत , झारखंड

- आदिवासी समुदाय का धर्म (हो, मुंडा, बैगा, संथाल आदि) आदि धरम के नाम से भी जाना जाता है।

- प्रकृति की पूजा (मुख्यतः साल के पेड़ की), इसका आदर्श वाक्य है- जल, जंगल और जमीन है।

- सरना मंदिरों को जहेर थान कहा जाता है।

- झारखंड सरकार ने सरना को एक अलग धर्म के रूप में मान्यता दी है

- 2021 की जनगणना में इसे एक अलग कोड के रूप में शामिल करने की मांग की गई है।

गोंडी धर्म: गोंड जनजाति भारत की सबसे बड़ी एवं प्रसिद्ध आदिवासी जनजातियों में से एक है, जो मुख्य रूप से मध्य भारत के विभिन्न राज्यों में निवास करती है। यह जनजाति अपनी समृद्ध सांस्कृतिक धरोहर, परंपराओं और विशिष्ट सामाजिक व्यवस्था के लिए जानी जाती है। गोंड लोग मुख्य रूप से छत्तीसगढ़, मध्य प्रदेश, महाराष्ट्र, ओडिशा, आंध्र प्रदेश और तेलंगाना में पाए जाते हैं। गोंड जनजाति का इतिहास बहुत पुराना है और यह द्रविड़ नागवंशीय परिवार से संबंधित मानी जाती है। गोंड राजवंश ने 14वीं से 18वीं शताब्दी के बीच कई क्षेत्रों पर शासन किया। उनके शासनकाल के प्रमुख राज्य गोंडवाना क्षेत्र में थे, जिनमें प्रमुख रूप से गढ़-मंडला, देवगढ़ और चांदा के राज्य शामिल थे। गोंड जनजाति की अपनी भाषा है जिसे गोंडी भाषा कहते हैं। यह भाषा द्रविड़ भाषा परिवार से संबंधित है, हालांकि कई गोंड लोग अब हिंदी, मराठी और तेलुगु जैसी भाषाएँ भी बोलते हैं। गोंडी धर्म या गोंड धर्म गोंड आदिवासियों का प्राचीन और पारंपरिक धर्म है, जो मध्य भारत के गोंड जनजाति के लोग मानते हैं। यह धर्म प्रकृति की पूजा पर आधारित है और इसमें अद्वितीय लोक परंपराएं, मान्यताएँ और अनुष्ठान सम्मिलित हैं।

मुख्य विशेषताएँ:

गोंडी धर्म में प्रकृति का अत्यधिक महत्व है। गोंड लोग पृथ्वी, जल, अग्नि, वायु और वनस्पति जैसे प्राकृतिक तत्वों की पूजा करते हैं। विशेष रूप से साजा पेड़, पर्वत, नदियों और जीव-जंतुओं को पवित्र माना जाता है।

कोया पुनेम का अंतिम लक्ष्य सगा जन कल्याण साध्य करना है। उसके लिए उसने जय सेवा मंत्र का मार्ग बताया है। जय सेवा याने सेवा का भाव जयजयकार करना अर्थात एक दूसरे की सेवा करके सगा कल्याण साध्य करना। उसके लिए उसने मूंदमुन्सूल सर्री (त्रैगुण मार्ग) बताया है, जो हमारे बौद्धिक मानसिक और शारीरिक कर्म इन्द्रियों से संबंधित है। मनुष्य इस प्रकृति का

ही अंग है। अत: प्रकृति की सेवा उसे हर वक्त प्राप्त होती रहे, इसलिये प्रकृतिक संतुलन बनाए रखना अनिवार्य होता है। उसके लिए प्राकृतिक सत्वो का कोई पालनकर्ता होना चाहिए।

कोया वंशीय गोंड सगा समाज में जो 750 कुल गोत्र है, उन प्रत्येक गोत्र के लिए एक पशु, एक पक्षी तथा एक वनस्पति कुल चिन्हों के रूप में निश्चित कर दिया है। प्रत्येक कुल गोत्र धारक का कुल चिन्ह है, वह उनकी रक्षा करता है और अतिरिक्त प्राकृतिक सत्व हैं, उनका भक्षण या संहार करता है। इस तरह 750 कुल गोत्र धारण कोया वंशीय गोंड समाज के लोग एक साथ 2250 प्राकृतिक सत्वों का एक ओर सुरक्षा भी करते हैं, दूसरी ओर संहार भी। जिससे प्राकृतिक संतुलन बना रहता है और उन्हें प्रकृति की सेवा निरंतर प्राप्त होती है। गोंडी धर्म में कई देवी-देवताओं की पूजा की जाती है, जैसे कि बूढ़ादेव, जिन्हें सर्वोच्च देवता माना जाता है। इसके अलावा, फड़ापेन, पारी कुपार लिंगोंपेन और कोटगुडिन पेन जैसे देवी-देवताओं की भी उपासना होती है।

गोंडी धर्म में पूर्वजों की पूजा का भी महत्वपूर्ण स्थान है। पूर्वजों को 'पेन' कहा जाता है और उनकी आत्माओं को संतुष्ट करने के लिए विशेष अनुष्ठानों का आयोजन किया जाता है। गोंड समुदाय में टोटेमवाद प्रचलित है, जहाँ हर गोंड परिवार या कबीले का एक विशिष्ट टोटेम (चिन्ह) होता है, जिसे वे पूजते हैं और संरक्षक मानते हैं। यह टोटेम अक्सर जानवर या पेड़ होते हैं। गोंडी धर्म में कई त्यौहार और अनुष्ठान होते हैं जो कृषि, वन्य जीवन और प्राकृतिक चक्र से जुड़े होते हैं। हरियाली, पोला, कर्मा, चैत्र नवरात्र और नवा खाई जैसे त्यौहार विशेष रूप से महत्वपूर्ण हैं, जो फसल कटाई और प्रकृति के प्रति कृतज्ञता प्रकट करने के प्रतीक हैं। गोंड धर्म के अनुयायी अपने देवी-देवताओं के प्रति गहरी श्रद्धा रखते हैं और हर धार्मिक कार्य से पहले उनकी उपासना करते हैं। उनका मानना है कि ये देवता उनके जीवन और प्रकृति को संतुलित रखते हैं और उनकी रक्षा करते हैं।

इस प्रकार भारत की जीवंत परंपराओं का निर्वहन करते हुए इस समुदाय ने धर्म को प्रकृति के बहुत करीब रखकर जिया है, यही कारण है कि इसमें धार्मिक सिद्धांतों का प्रतिपादन मौखिक रूप से एक पीढ़ी से दूसरी पीढ़ी तक चलायमान होते रहते हैं। इसके मूल सिद्धांतों को किसी धर्म ग्रंथों में संकलित नहीं किया गया है।

आधुनिक प्रभाव- आधुनिक समय में, गोंडी धर्म पर हिंदू धर्म, ईसाई धर्म और इस्लाम का प्रभाव पड़ा है, जिसके कारण कुछ गोंड समुदायों ने इन धर्मों को अपनाया है। फिर भी, गोंडी धर्म की पारंपरिक मान्यताएँ और रीति-रिवाज अभी भी मूल रूप से गोंड आदिवासियों द्वारा प्रचलित हैं। गोंडी धर्म की यह अद्वितीय प्रकृति पूजा और सांस्कृतिक एवं पर्यावरणीय संरक्षण को धरोहर के रूप में अपने जीवनशैली में अपनाते हैं। ये धरोहर आदिवासी समाज के लिए न केवल धार्मिक बल्कि सामाजिक और सांस्कृतिक पहचान का भी आधार है।

सनमाह वाद: सनमाह वाद मणिपुर के मैतेई समुदाय का एक पारंपरिक धर्म है। यह संप्रदाय 'सनमाही' देवता की पूजा पर केंद्रित है, जिन्हें सृष्टि के रचयिता माना जाता है। सनमाह वाद में प्रकृति और पूर्वजों की पूजा महत्वपूर्ण है, जिसमें पेड़, पहाड़, और नदियों को पवित्र माना जाता है। धार्मिक अनुष्ठान घरों में बने पवित्र स्थलों, जिसे 'संगल' कहा जाता है, पर संपन्न होते हैं। इस धर्म में 'लाई हराओबा' (देवताओं को प्रसन्न करने का त्योहार) प्रमुख है। सनमाह वाद का उद्देश्य जीवन का संतुलन बनाए रखना और समुदाय की समृद्धि के लिए देवताओं की कृपा प्राप्त करना है।

प्रमुख बिन्दु-

- उत्पत्ति : मणिपुर, मेतेई लोग इसके अनुयायी हैं।

- संबंधित त्योहारः लाई हराओबा

- पवित्र पुस्तकः पुया

अय्यावाजी: अय्यावाजी एक प्रसिद्ध संत थे, जो महाराष्ट्र के वर्धा जिले में वर्त्रपुर गाँव में जन्मे थे। उनका जन्म सन् 1810 में हुआ था। अय्यावाजी ने सामाजिक और धार्मिक सुधार की प्रेरणा दी। उन्होंने समाज में शिक्षा के महत्व को समझाया और उसका प्रचार- प्रसार किया। उनके उपदेशों में सामाजिक समरसता, धर्म और भारतीय संस्कृति के महत्व को बताया गया है। उन्होंने जीवन में सरलता और समझदारी का मार्ग प्रशस्त किया। अय्यावाजी के योगदानों में समाज सेवा और विद्यालय स्थापना महत्वपूर्ण है।

प्रमुख बिन्दु-

- उत्पत्ति: केरल और तमिलनाडु में हुआ और यह अय्या वैकुंदर की शिक्षाओं पर आधारित है।

- पवित्र ग्रंथः अकिलाथिड्डू अम्मानाई है।

बहाई धर्म: बहाई धर्म एक विश्वधर्म है जो समाज को एकता, सामंजस्य, और सामाजिक सुधार के माध्यम से जोड़ता है। उसके सिद्धांतों में सभी धर्मों का सम्मान, मानवता की एकता, सामान अधिकार, विज्ञान और धर्म के साथ विश्वास, और सभी मनुष्यों के एक ही परमेश्वर के प्रति प्रेम और श्रद्धा है। इसके प्रमुख सिद्धांतों में विश्व सामाजिक एकता, धर्म और विज्ञान की सामंजस्य, संसार के एक समान मुक्तिवाद, और संवेदनशीलता शामिल हैं। उसका मुख्य केंद्र बहाई भवन के नाम से जाना जाता है।

- उत्पत्ति: इसकी उत्पत्ति फ़ारस को माना जाता है। ।

- संस्थापक: बहाउल्लाह हैं।

- तीन प्रमुख सिद्धांत: ईश्वर की एकता, धर्म की एकता और मानवता की एकता के सिद्धांतों पर विश्वास किया जाता है।

- दिल्ली का कमल मंदिर: बहाई आस्था का केंद्र है।

निष्कर्ष- भारत में धर्म भारतीय ज्ञान परम्परा का अभिन्न अंग है, जो विविधता और सहिष्णुता की मिसाल है। प्राचीन वेदों, उपनिषदों और पुराणों से लेकर बौद्ध, जैन, सिख धर्म के ग्रंथों तक, साथ ही आदिधर्म लोक संस्कृति व जनजीवन में प्रचलित धार्मिक परम्पराएं, उनकी विविधता ने भारतीय ज्ञान परम्परा को धार्मिक और आध्यात्मिक विचारों से समृद्ध किया है। धर्म ने नैतिकता, सामाजिक न्याय, और आध्यात्मिक विकास में महत्वपूर्ण भूमिका निभाई है। विविध धार्मिक प्रथाएँ और मान्यताएं सह-अस्तित्व और सांस्कृतिक एकता को प्रोत्साहित करती हैं। भारतीय ज्ञान परम्परा में धर्म का अध्ययन और अभ्यास आत्मज्ञान और मानवता की सेवा के मार्ग को प्रशस्त करता है, जो आज भी प्रासंगिक और प्रेरणादायक है।

***

भारतीय परम्परा के संवाहक : मंदिर, मठ और घटिकायें

भारतीय परम्परा के संवाहक : मंदिर

भारत को मंदिरों का देश कहा जाता है वो इसलिए क्योंकि पूरे देश में विभिन्न देवी-देवताओं के मंदिर मिलते हैं। मंदिर भारतीय स्थापत्य कला का एक महत्त्वपूर्ण अंग हैं। मंदिर-निर्माण की परम्परा का प्रारूप बौद्ध स्तूपों और चैत्यों में मिलता है। गुप्तकाल में इन्हीं से प्रभावित होकर हिन्दू मंदिरों का विकास हुआ था। मनुष्य अपनी धार्मिक आस्थाओं को अभिव्यक्त करने के लिए जिन प्रतीकों का निर्माण किया कालांतर में उनसे मूर्ति पूजा आरंभ हुई। ईश्वर की विविध रूपों में कल्पना की गई। देवी-देवताओं के मूर्त स्वरूपों की पूजा हेतु सुन्दर भवन निर्मित किए गए, वही भवन 'मंदिर' कहलाये।

ऐतिहासिक पृष्ठभूमि- मन्दिर शब्द संस्कृत वांगमय में अधिक प्राचीन नहीं है। महाकाव्य और सूत्रग्रन्थों में मंदिर की अपेक्षा देवालय, देवायतन, देवकुल, देवगृह, देवस्थान आदि शब्दों का प्रयोग हुआ है। मंदिर का सर्वप्रथम उल्लेख शतपथ ब्राह्मण में मिलता है। अधिकांश प्रारंभिक ग्रंथों में मंदिर शब्द का निवास के अर्थ में प्रयोग किया गया है। वस्तुत: वैदिक युग में प्रकृति देवों की उपासना प्रमुख थी, जिसमें पूजन से अधिक यजन का विधान था। इसमें बल मूर्तिपूजा पर नहीं, यज्ञ पर था, इसलिए परंपरागत रूप से देवालय के रूप में मंदिर बनाने के स्पष्ट साक्ष्य नहीं मिलते।

कालांतर में महाकाव्य व पौराणिक युग में वैदिक देवता क्रमशः मूर्त होते गए और उनके साथ देवालय के रूप में मंदिर बनने प्रारंभ हो गए. फिर तो उनकी अगणित श्रृंखला बनती गई, जो रूप बदलते हुए आज तक अनवरत विद्यमान है।

शब्द व भाषीय उत्पत्ति- मंदिर शब्द संस्कृत का है, जो मूलतः मंद (मन्द् धातु+किरच् प्रत्यय) शब्द से बना माना जाता है। यह शब्द शिथिलन व विश्रांति का वाचक होने से मूलतः गृह के लिए प्रयुक्त होता था, जो कालांतर में अर्थांतरित होकर देवगृह के लिए रूढ हो गया । अनेक विचारक इसकी व्युत्पत्ति मन शब्द से निकालते हैं, जिसका आशय आध्यात्मिक मनन बताते हैं। पर यह बहुत व्याकरण सम्मत नहीं ।

मंदिर के पर्याय के लिए प्रयुक्त अंग्रेजी का टेम्पल (Temple) शब्द मूलतः लैटिन भाषा के टेम्पलम (Templum) शब्द से बना है। वहाँ प्राचीन यूनानी धर्म के देवालय रूपी उपासना स्थलों में मूर्तिपूजा का विधान था, जिन्हें टेम्पल कहा जाता था। कालांतर में वह परंपरा क्रमशः अब्राहमी धर्मों के प्रभाव के साथ विलुप्तप्राय हो गई।

अन्य भाषाओं में मंदिर के लिए अलग-अलग शब्द मिल जाते हैं। सामान्यत: तमिल भाषा में मन्दिर के लिए 'कोविल', कन्नड़ में 'देवस्थान' व 'गुडी', तेलुगू में 'आलयम्', मलयालम में 'क्षेत्रम्' शब्दों का प्रयोग होता है। अरबी-फारसी में 'माबद' शब्द है. चीनी में 'सिमिआओ' शब्द मंदिर का वाचक है । सिंहली में 'पांसल' शब्द का प्रयोग होता है । ऐसे ही हर भाषा में अलग शब्द मिल जाते हैं।

मठ और मंदिर अत्यधिक ऐतिहासिक, धार्मिक और सांस्कृतिक महत्व रखते हैं। देश की आध्यात्मिक परिदृश्य का एक अभिन्न अंग हैं। ये पवित्र स्थान पूजा, ध्यान और सामुदायिक समारोहों इत्यादि के केंद्र के रूप में काम करते हैं। दुनिया भर के लाखों भक्तों, तीर्थयात्रियों और पर्यटकों को आकर्षित करते हैं। भारत में अनेक धर्मों के अनुरूप पवित्र स्थलों को अनेक रूपों में देखा जा सकता है। इन पवित्र स्थानों का अवलोकन निम्नानुसार है:

- भारतीय मंदिर: हिंदू मंदिर भारत में सबसे प्रमुख धार्मिक संरचनाएं हैं। वे विभिन्न स्थापत्य शैलियों में बने हैं और विभिन्न क्षेत्र के इतिहास और सांस्कृतिक प्रभावों को दर्शाते हैं। हिंदू मंदिर विभिन्न देवताओं को समर्पित हैं। प्रत्येक मंदिर में आम तौर पर एक केंद्रीय गर्भगृह होता है जिसमें मुख्य देवता की मूर्ति या प्रतीक होता है। जटिल नक्काशीदार खंभे, विस्तृत मूर्तियां और जीवंत दीवारों पर चित्रकारी प्रायः अंदरूनी हिस्सों को सुशोभित करते हैं। भारत के कुछ प्रसिद्ध मंदिरों में प्रमुखतया तिरुपति में स्थित वेंकटेश्वर मंदिर, वाराणसी में स्थित काशी विश्वनाथ मंदिर और मदुरै में मीनाक्षी अम्मन मंदिर आदि शामिल हैं।

- बौद्ध मठ: बौद्ध मठ, जिन्हें विहार या गोम्पा के नाम से भी जाना जाता है। बौद्ध पूजा ध्यान और शिक्षा के केंद्र में होती है। वे अक्सर शांत स्थान जैसे पहाड़ या दूरदराज के इलाकों में स्थित होते हैं। बौद्ध मठों की वास्तुकला क्षेत्र के आधार पर भिन्न होती है। देश में स्थित प्रमुख बौद्ध मठ में लद्दाख में हेमिस मठ, हिमाचल प्रदेश में धनकर गोम्पा और अरुणाचल प्रदेश में तवांग मठ इत्यादि शामिल हैं।

- जैन मंदिर: भारत में जैन धर्म के अपने विशिष्ट मंदिर होते हैं। जैन मंदिर सादगी और अहिंसा पर जोर देने के लिए जाने जाते हैं। इनमें अक्सर जटिल नक्काशीदार संगमरमर की संरचनाएं और जैन तीर्थंकरों (आध्यात्मिक गुरुओं) की मूर्तियां होती हैं। राजस्थान के माउंट आबू में स्थित दिलवाड़ा मंदिर भारत के सबसे प्रसिद्ध जैन मंदिरों में से एक है।

- **सिख गुरुद्वारे:** गुरुद्वारे सिख धर्म के अनुयायियों सिखों के लिए पूजा स्थल हैं। उनकी एक विशिष्ट स्थापत्य शैली है और अक्सर एक ऊंचे मंच पर गुरु ग्रंथ साहिब (सिख पवित्र पुस्तक) के साथ एक केंद्रीय सभाकक्ष शामिल होता है। पंजाब के अमृतसर में स्वर्ण मंदिर (हरमंदिर साहिब) भारत में सबसे प्रतिष्ठित सिख गुरुद्वारा है।

- **इस्लामी तीर्थस्थल:** भारत में कई इस्लामी धार्मिक स्थल, दरगाह और मस्जिद हैं, जो मुसलमानों के लिए बहुत धार्मिक महत्व रखते हैं। राजस्थान में अजमेर शरीफ दरगाह, दिल्ली में जामा मस्जिद और मुंबई में हाजी अली दरगाह देश के कुछ प्रसिद्ध इस्लामी धार्मिक स्थल हैं।

उपरोक्त सभी पवित्र स्थान न केवल पूजा स्थलों के रूप में काम करते हैं, बल्कि सांस्कृतिक स्थलों के रूप में भी काम करते हैं। जो देश के समृद्ध इतिहास, वास्तुशिल्प प्रतिभा और धार्मिक बहुलवाद को दर्शाते हैं। इन विविध पूजा स्थलों का सह-अस्तित्व भारत की धार्मिक सहिष्णुता की परम्परा और इसके जीवंत बहुसांस्कृतिक लोकाचार का एक प्रमाण है।

भारतीय मंदिरों का विकास- मंदिर वास्तुकला एक ऐसी प्रक्रिया है जो प्राचीन काल से विभिन्न राजवंशों के अधीन धीरे-धीरे विकसित हुई। मौर्य काल के पश्चात गुप्त राजवंश ने भारत के उत्तरी भाग में अपना शासन स्थापित किया। उन्होंने कला, संस्कृति और वास्तुकला के विकास को प्रोत्साहित किया जिसे उस काल के मंदिरों, गुफाओं, मूर्तियों आदि में देखा जा सकता है। मंदिर वास्तुकला को निम्न दो भागों में वर्गीकृत किया जा सकता है-

मंदिर की प्रतीकात्मकता: कहा जाता है कि मंदिर की संकल्पना भवन के रूप में न करके वास्तु पुरुष अथवा देवता के रूप में की गई। इसीलिए मंदिर के विभिन्न अंग, पुरुष अंगों के समान कल्पित किये गये हैं। जैसे-चरण-चौकी (अधिष्ठान या चबूतरा),पाद, जंघा, कटि, वक्ष, स्कन्ध, ग्रीवा, ललाट, मुख, नासिका, शिखर आदि। जिस प्रकार जीवात्मा के बिना शरीर निष्प्राण होता है उसी प्रकार देवता (देवमूर्ति) की प्राण-प्रतिष्ठा के बाद ही मंदिर को देवालय समझा जाता है। मंदिर को राजराज भी कहा गया है। इसीलिए राजा के समान आसन, पादपीठ, छत्र, गर्भगृह, गूढ़गृह, सभागृह, परकोटे तथा देवोपासना की परम्परा मंदिरों से जुड़ गई है। मंदिर की परिक्रमा ब्रह्माण्ड की परिक्रमा के तुल्य मानी गई है, तभी अष्टदिक्पाल, देव, दनुज, मनुष्य, किन्नर, गन्धर्व, पशु, पक्षी तथा नाना प्रकार के जीव-जन्तु मंदिर की दीवारों पर विराजते हैं। इसी प्रकार मंदिर के पक्खों पर लगी गंगा-यमुना की मूर्तियाँ मंदिर में पवित्र होकर प्रवेश करने का प्रतीक है और चौड़े आधार के ऊपर नुकीला सूक्ष्म शिखर संभवतः जगत् की स्थूलता से ज्ञान की सूक्ष्मता की ओर जाने का संकेत है। इस प्रकार हिन्दू मंदिर एक जीवंत और अनन्त दैवी भावना का प्रतीक है। हिन्दू मंदिर की वास्तु-योजना तत्कालीन सामाजिक जीवन की एक महान

घटना थी, जिससे सम्पूर्ण जनमानस प्रेरित और प्रभावित होता रहा है। अतः मंदिर केवल पूजागृह ही नहीं, सांस्कृतिक और अध्यात्मिक विकास के केन्द्र भी बने।

मंदिर वास्तु का उद्भव एवं विकास: डॉ. वासुदेवशरण अग्रवाल ने भारत में मंदिरवास्तु के उद्भव और विकास पर महत्त्वपूर्ण प्रकाश डाला है। उनके मतानुसार- भारत में हिन्दू मंदिरों का विकास कई चरणों में हुआ है। भारतीय इतिहास में वास्तविक रूप से गुप्त काल को मंदिर वास्तुकला की शुरुआत माना जाता है। इस काल में पहली बार देवताओं के लिए अलग-अलग संरचनाओं के मंदिरों का निर्माण किया गया था। इस प्रकार मंदिर वास्तु के विकास को तीन चरणों में देखा जा सकता है -

प्रथम चरण- मंदिर वास्तु विकास के प्रथम चरण के प्रारम्भ में केवल खुले स्थान में प्रायः 'वृक्ष के नीचे केवल एक 'चत्वर' या 'चबूतरा' ही पूजा स्थल हुआ करता था, जहाँ मंत्र अथवा पुष्प, जल, मिष्ठान, धूप-दीप इत्यादि से देव-पूजा की जाती थी। प्रारम्भ में पृथ्वी माता, यक्षों अथवा नागों के मंदिर ही रहे होंगे। यक्ष-सदन का उल्लेख 'ऋग्वेद' में पाया गया है।

वैदिक युग में यज्ञ वेदियाँ बनाई जाती थीं। शतपथ ब्राह्मण के अनुसार यज्ञशालाओं को चारों ओर से चटाई से ढका जाता था और प्रवेशार्थ पूर्व से खुला रखा जाता था। 'तैत्तिरीयसंहिता' में, इस झोपड़ी सदृश्य संरचना को 'गर्भगृह' कहा गया है। 'आप स्तम्ब श्रौतसूत्र' के अनुसार यह संरचना वेदिका को शेष स्थल से अलग करती थी। यज्ञशाला के इस स्वरूप से ही संभवतः मंदिर वास्तु के विकास को प्रेरणा मिली।

अशोक द्वारा 'लुम्बिनी' में पूजा स्थल के चारो ओर दीवार बनवाई गई। तीसरी-चौथी शताब्दी ई.पू. के कुछ रजत मुद्राओं पर अंकित वृक्ष, चैत्य के लांछन, अहिच्छत्रा (रामनगर, जिला बरेली) के आसपास मिले हैं। पांचाल शासकों के ताँबे के सिक्कों पर उत्कीर्ण चबूतरे पर विष्णु एवं वेदिका से आवृत चबूतरे पर अन्य देवताओं के अंकन मिले हैं। पांचाल क्षेत्र से ही जयगुप्त, इन्द्रगुप्त आदि की मुद्राओं पर उत्कीर्ण उन्नत चबूतरे पर वर्तुलाकार छतयुक्त कक्ष एवं उसके ऊपर उभरा कलश जैसा एवं छत के दोनों ओर आगे को निकले छज्जों आदि की आकृतियों ने मंदिरवास्तु के स्वरूप निर्धारण एवं विकास को प्रेरित किया होगा।

द्वितीय चरण- विकास के द्वितीय चरण में चबूतरे को एक वेदिका से घेर दिया गया था। यह वेदिका प्रारम्भ में बाँस और लकड़ी से तथा बाद में पत्थर से बनाई गई थी। चबूतरे तथा वेदिका वाले मंदिरों की पहचान तृतीय शताब्दी ई.पू. के नागरी की नारायण वाटिका (विष्णु मंदिर) से हो सकती है, जिसमें 'पूजा शिला प्राकार' था। इसी की प्रेरणा से कालान्तर में बौद्ध तथा जैन स्तूपों में वेदिका का प्रयोग हुआ था। जैन आयागपट्ट भी वेदिका युक्त चबूतरों पर ही अर्हतों की पूजा के लिए स्थापित किये जाते थे।

मौर्यकालीन मंदिरों के अवशेष बैराठ तथा साँची (मंदिर संख्या 18 और 40) से भी पाये गये हैं। द्वितीय शताब्दी ई.पू. में बेसनगर में एक विष्णु मंदिर था, जिसके समक्ष हेलियोडोरस ने गरुड़ ध्वज स्तम्भ स्थापित करवाया था। मथुरा के अभिलेखों में 'वासुदेव' तथा 'पंचवीरों' के मंदिरों का उल्लेख मिलता है। ये मंदिर 'शक क्षत्रप सोडाष' के शासनकाल (प्रथम सदी ई.पू.) में बनाये गये थे।

तृतीय चरण— मंदिर के 'विकास के तीसरे चरण' में 'इष्टदेवों की प्रतिमाओं' का अंकन प्रारम्भ हुआ। बुद्ध बोधिसत्व, जैन तीर्थंकर तथा शिव, विष्णु, वासुदेव की प्रतिमाओं को अर्चना के निमित्त गढ़ा जाने लगा और वर्षा व धूप से बचाने हेतु इन पर छत्र लगाया जाने लगा। बौद्धों ने भी इन्हीं कारणों से अपने स्तूपों के ऊपर चैत्यागृहों का निर्माण किया था। स्तम्भों के ऊपर टिके माँगलिक चिह्नों तथा पद्यदलों से अलंकृत इस मण्डप-स्वरूप ने ही 'गर्भगृह' को जन्म दिया और स्तम्भों का स्थान दीवारों ने ले लिया। इस प्रकार चबूतरे पर एक कक्ष के रूप में मंदिर हुये जिसके भीतर देव-प्रतिमा की प्रतिष्ठा थी। इसके बाद गुप्तकाल में (चतुर्थ से छठी शताब्दी ई.पू.) मंदिर के विभिन्न अंगों का विस्तार और विकास हुआ। उपर्युक्त विभिन्न विकासक्रम एवं इनकी प्रमुख विशेषताओं को रेखांकित किया जा सकता है—

गुप्तकाल के मंदिरों के मुख्य अंग: गुप्तकाल में जगती, गर्भगृह, प्रवेशद्वार मण्डप और शिखर, मंदिर के मुख्य अंग होते थे-

जगती: यह वह चबूतरा होता है, जिसके ऊपर मंदिर का निर्माण किया जाता था। यह दो-ढाई फीट से बढ़ते-बढ़ते 25 फीट हो गया। उदाहरण के लिए 'एलोरा का कैलाश मंदिर'।

गर्भगृह: यह मंदिर का मुख्य कक्ष होता था, जिसमें देव-प्रतिमा की स्थापना की जाती थी। यह गर्भगृह तीनों ओर दीवारों से बन्द होता था तथा एक ओर मुख्य प्रवेश द्वार रहता था। गुप्तकाल में गर्भगृह चौकोर होते थे। प्रारम्भ में ये दीवारें सादी होती थीं, किन्तु समय के बदलाव के साथ-साथ भीतरी व बाहरी ताकों में देवी-देवताओं की प्रतिमाएँ रखी जाने लगीं और बाहरी दीवारों को अलंकृत किया जाने लगा। जिनमें किन्नर, गन्धर्व, अप्सराएँ मांगलिक मिथुन, पशु, पक्षी और लता-गुल्म आदि मुख्य अलंकरण थे। 'देवगढ़ के दशावतार मंदिर' के गर्भगृह की तीनों दीवारों पर विशाल कक्षों में नर-नारायण, शेषशायी विष्णु तथा गजेन्द्र मोक्ष के सुन्दर दृश्य अंकित हैं। कालान्तर में बाहर की दीवारों में अनेक मोड़ दिये जाने लगे। कई-कई मोड़ की दीवारों वाले गर्भगृह अथवा शिखर को उन मोड़ों की संख्या के आधार पर 'त्रिरथ', 'पंचरथ' अथवा 'सप्तरथ' कहा जाने लगा।

प्रवेश द्वार: प्राचीन काल में प्रवेश द्वारों का अंकन साधारण होता था, किन्तु दोनों पक्खों में गंगा और यमुना की मूर्तियाँ स्थापित रहती थीं। अहिच्छत्रा में बने गुप्तकालीन शिव मंदिर के पक्खों पर मकरवाहिनी गंगा और कच्छपवाहिनी यमुना की आदमकद विशाल मृण्मूर्तियाँ मिली

हैं, जो वर्तमान में राष्ट्रीय संग्रहालय, नई दिल्ली में हैं। आगे चलकर प्रवेश द्वारों का भव्य निर्माण होने लगा। इनमें कई द्वार शाखाएँ बनाई जाने लगीं, जैसे-प्रतिहारी शाखा, प्रमथ शाखा (गणों का अंकन), मिथुन या दम्पति शाखा, पत्रलता शाखा आदि। कालीदास ने अपनी कृति 'मेघदूत' में पद्य और शंख जैसे मांगलिक चिन्हों को प्रवेश द्वार पर बनाने का उल्लेख किया है।

मण्डप: प्रारम्भ में गर्भगृह के सामने एक छोटा सा स्तम्भयुक्त मण्डप होता था, जो प्रायः तीनों ओर से खुला रहता था। साँची के मंदिर संख्या 17 में उपरोक्त प्रकार का बरामदा मिलता है। आगे चलकर यह बरामदा गर्भगृह के चारों ओर भी बनाया जाने लगा। संभवतः इसका मुख्य कारण मंदिर की प्रदक्षिणा को सुविधाजनक एवं सुगम बनाने के लिए किया गया हो और फिर बाद में गर्भगृह के आगे विशाल मण्डप, जो सभा कक्ष के रूप में या फिर पूजा के समय भक्तगणों को उस मण्डप में एकत्र होने के लिए निर्माण किया जाने लगा।

शिखर: गर्भगृह की बाहरी दीवारों पर कोणों के अनुरूप शिखर बनाया जाने लगा। प्रारम्भ में यह शिखर छोटा बनता था, बाद में यह अधिक ऊँचा होता गया। मंदिर पर दो शिखर बनाने का रिवाज़ था। एक गर्भगृह के ऊपर अधिक ऊँचा और दूसरा मण्डप के ऊपर थोड़ा कम ऊँचा। गर्भगृह के ऊपर वाला शिखर शीर्ष पर जाकर आमलक, कलश और पताकायुक्त छत्र से अलंकृत किया जाता था। वास्तुकला के मूर्धन्य विद्वान 'कृष्णदेव' की मान्यता है कि चौड़े आधार और नुकीले सूक्ष्म शिखर वाले मंदिर जगत की स्थूलता और ज्ञान की सूक्ष्मता के सम्मिलित स्वरूप हैं। यह शिखर हमें सांसारिकता से ऊपर उठने का उपदेश देता है।

श्री करुणा शंकर शुक्ल' ने 'कांसेप्ट ऑफ इंडियन टेम्पुल एण्ड इट्स एवोल्यूशन" 'Concept of Indian Temple and its Evolution' में कहा है कि शिखर की कल्पना मनुष्य को पर्वतों की चोटियों, सघन वृक्षों और समाधिस्थ ऋषि-मुनियों की आकृतियों से प्राप्त हुई है। कन्दराओं में रहने वाले प्रारंभिक मानव ने पर्वत की गगनचुम्बी चोटियों को ही ईश्वर का निवास स्थान समझा था। कालान्तर में जब मनुष्य पर्वत की कन्दराओं को छोड़कर मैदानों में आया, तो देवी सत्ता का आकार उसे उन सघन वृक्षों की शिखाकार ऊँचाई में दिखाई दिया, जिसके स्वादिष्ट फल उसके आहार बने और जिसकी शीतल छाया में उसने तपती धूप में शरण पाई। इसी प्रकार सभ्यता के अगले विकास-चरण में पालथी मारकर तपस्या में लीन ऋषि-मुनियों के तेज से प्रकाशित मुखों के ऊपर नुकीले जटाजूट में मनुष्य ने अपने इष्टदेव का निवास परिकल्पित किया।

गुप्तकालीन प्रमुख मंदिर: गुप्तकालीन मंदिरों को दो कोटियों में रखा जा सकता है-

गुहा मंदिर : पहाड़ी चट्टानों को काट तराशकर आवास के लिए गुफाएँ बनाने का प्रचलन मौर्य काल से मिलता था। शुंग सातवाहन काल में पश्चिमी घाट में नासिक, कार्ले, बेडेसा, भाजा आदि में बौद्धों ने चैत्य तथा विहारों का निर्माण किया था। इसके पश्चात् 8वीं शताब्दी तक महाराष्ट्र के

'अजन्ता', 'ऐलिफैन्टा' एवं 'ऐलोरा' में अनेक बौद्ध, हिन्दू तथा जैन गुफा मंदिरों का निर्माण हुआ। दक्षिण भारत में भी संकाराम, गुण्टपल्ली तथा नागार्जुनकोण्ड में ऐसे ही गुहा चैत्यों का निर्माण हुआ था। मध्यप्रदेश में विदिशा के निकट उदयगिरी की पहाड़ी पर भी गुप्तकालीन मंदिर मिले हैं।

संरचनात्मक मंदिर : संरचनात्मक मंदिर गुप्तकाल में उत्तरप्रदेश, मध्यप्रदेश तथा आन्ध्रप्रदेश में मिलते हैं। ये मंदिर अनेक चरणों में विकसित हुए हैं। डॉ. आनन्द कुमारस्वामी ने आकार और शैली की दृष्टि से इन्हें तीन कोटियों में विभाजित किया है-

- सपाट छतों वाले मंदिर

- शिखर मंदिर

- चैत्यनुमा, अर्द्धवृत्ताकार मंदिर।

गुप्तकाल के प्रारम्भिक मंदिरों में छोटे आकार के सपाट छत वाले मंदिर बने थे। इनमें साँची का बौद्ध मंदिर, संख्या 17, मुकुन्दरा का मंदिर, मध्यप्रदेश में (जबलपुर के निकट) तिगवा का विष्णु मंदिर प्रमुख हैं। (चित्र- तिगवा का विष्णु मंदिर, जबलपुर के निकट) गुप्तकालीन मंदिरों के द्वितीय चरण में गर्भगृह के चारों ओर बन्द प्रदक्षिणापथ तथा ऊँची जगती का निर्माण हुआ। इसमें नचना का पार्वती मंदिर, भुमरा का शिव मंदिर, पिपरिया का विष्णु मंदिर, सतना जिले में खोह, ऊँचेहरा, नागौद तथा मढ़िया नामक स्थानों पर भी प्रारम्भिक गुप्तकालीन मंदिर मिले हैं।

गुप्तकालीन शिखर मंदिर: गुप्तकाल में बने मंदिरों का अगला विकास उनके गर्भगृह के ऊपर सपाट छत के स्थान पर शिखर के रूप में आया, जो ऊँचे और नुकीले अथवा पिरामिडनुमा थे। इस प्रकार के मंदिरों में झांसी के निकट 'देवगढ़ का दशावतार मंदिर', कानपुर जिले का 'भीतरगाँव का इष्टिका मंदिर', 'बोधगया का बुद्ध मंदिर' तथा छत्तीसगढ़ के रायपुर जिले में 'सिरपुर का लक्ष्मण मंदिर' विशेष रूप से उल्लेखनीय हैं।

दक्षिण में मुख्य झाँसी राजमार्ग पर बेतवा नदी के एक तरफ 'देवगढ़' (देवों का दुर्ग) और दूसरी तरफ 'चन्देरी का किला' स्थित है। 9वीं शताब्दी तक यहाँ पर सेनाओं के काफिलों का आना-जाना रहा। सत्ता कभी हिन्दुओं के हाथ में, तो कभी मुसलमानों के हाथ में रही। विध्वंस और निर्माण दोनों का सिलसिला यहाँ चलता रहा।

देवगढ़ के किले के अन्दर प्राचीन जैन मंदिर हैं, जिनमें से ज्यादातर मंदिर नवीं और दसवीं शताब्दी के आसपास निर्मित हैं। पाँचवीं शताब्दी के एक मंदिर में वराह अवतार की मूर्ति प्रतिष्ठापित है। मुख्य मंदिर की सम्पूर्ण बाहरी सतह पर देवी-देवताओं की मूर्तियाँ उकेरी हुई हैं।

कुछ आकृतियाँ खड़ी स्थिति में हैं, तो कुछ नृत्य की मुद्रा में, तो कुछ कमल स्थिति रूप में हैं। सभी मूर्तियों की साज-सज्जा, केश-सज्जा इत्यादि एक-दूसरे से भिन्न हैं। गुप्तकाल में मूर्तियाँ लाल बलुए पत्थर से निर्मित हैं। इन मूर्तियों में रमणीयता, सुन्दरता, शुद्धता व शिष्टता है, जो देवगढ़ की विशेषता है।

विष्णु दशावतार मंदिर : देवगढ़ के दुर्ग के नीचे कुएँ के पास एक मैदान में 'विष्णु दशावतार मंदिर' स्थित है, जिसका निर्माण काल पाँचवीं या छठी शताब्दी माना जाता है। यह बेतवा नदी के किनारे से थोड़ी दूर पर स्थित है। यह मंदिर गर्भगृह शिखर, प्रस्तर स्थापत्य से युक्त है।

अतः देवगढ़ मंदिर इससे पहले का है या बाद का, यह कहना कठिन है, क्योंकि देवगढ़ के विष्णु मंदिर को 'दयाराम साहनी' ने आरंभिक गुप्तकाल में रखने की चेष्टा की है और 'पृथ्वी कुमार' ने उसका समय 400 से 430 ई. बीच अनुमान किया है।

गुप्त काल में मंदिर-वास्तु का जो स्वरूप विकसित हुआ, वह आगे चलकर मध्यकाल में उत्तरोत्तर विकसित होता गया। इस युग में वास्तुशिल्प पर आधारित अनेक ग्रंथों की रचना हुई (मानसोल्लास, समरांगणसूत्रधार, शिल्प प्रकाश, अपराजितपृच्छा, मानसार आदि) और उपरोक्त शिल्प ग्रंथों की शास्त्रीय पद्धति पर मंदिरों का निर्माण किया जाने लगा।

मध्य प्रदेश के मंदिर: गुप्तकाल के बाद मध्य प्रदेश के प्रतिहार, परमार, कल्चरि, कच्छपघात आदि विभिन्न राजवंशों के राजाओं द्वारा मंदिर निर्माण की परम्परा का निरन्तर विकास होता रहा। विभिन्न प्रकार के मंदिरों का निर्माण हुआ, जिनमें 'नरेसर', 'ग्वालियर', 'बरूआ सागर', 'खरोद', 'ग्यारसपुर', 'नोहटा', 'सोहागपुर', 'सुरवाया', 'सुहनिया, मितावली', 'छत्तीसगढ़' और 'खजुराहो' प्रमुख हैं।

नरेसर (जिला मौरैना) में 20 मंदिरों का समूह : यह ग्वालियर से लगभग 18 किलोमीटर दूर घने जंगलों में स्थित है। ये मंदिर प्रारम्भिक प्रतिहार कला के उत्तम उदाहरण हैं।

इन मंदिरों में चौकोर गर्भगृह है, जिसके ऊपर चापदार त्रिरथ शिखर है। प्रवेश द्वार लतागुल्मों तथा सर्पकुंडलियों से सजे हैं और दीवारों के आलों पर शैव धर्म के देवी-देवताओं की प्रतिमाएँ हैं, जैसे-कार्तिकेय, गणेश, मातृदेवियाँ, शिव-पार्वती विवाह, पार्वती आदि।

तेली का मंदिर: ग्वालियर में स्थित तेली का मंदिर ग्वालियर के प्रतिहार स्थापत्य का सुन्दर नमूना है। इसमें आयताकार गर्भगृह और ढोलकाकार छत है। दीवारों पर पाँच- पाँच उभार हैं, जो ऊपर से चापदार मेहराब से ढके हैं।

प्रवेशद्वार पर पाँच द्वार शाखाओं तथा गंगा-यमुना की प्रतिमाएँ हैं। मंदिर से प्राप्त अभिलेख की लिपि के आधार पर इसका निर्माण मिहिर भोज के काल में 850 ई. में हुआ था।

सास-बहू का मंदिर: ग्वालियर में ही कच्छपघात वंश के राजा महीपाल ने दो विष्णु मंदिरों का निर्माण करवाया था, जिसे सास-बहू का मंदिर कहा जाता है। इस मंदिर में तिमंजिला मण्डप, दो मंजिला अन्तराल तथा तीन अर्द्धमण्डप हैं। मंदिर बाहर एवं अंदर से मूर्तियों और अलंकरणों से सजा है।

बरूआ सागर विष्णु मंदिर- झाँसी से लगभग तीन किलोमीटर दूर झाँसी मऊ-रानीपुर मार्ग पर 'बरूआ सागर विष्णु मंदिर' है। दो छोटे मंदिर पंचायतन शैली में निर्मित हैं। मुख्य मंदिर चौकोर गर्भगृह के ऊपर पंचरथ शैली में शिखर से मुक्त है। प्रवेश द्वार का ललाटबिम्ब गजलक्ष्मी के रूप में है। गंगा-यमुना की मूर्तियों के साथ कतिपय मिथुन मूर्तियाँ भी उत्कीर्ण हैं। उसके ऊपर विष्णु, अगल-बगल ब्रह्मा और शिव हैं। नीचे नवग्रह की आकृतियाँ हैं। चार घोड़ों से जुड़े रथ पर सूर्य की प्रतिमा उकेरी गई है।

मालादेवी मंदिर : 9वीं शताब्दी में बना विदिशा जिले में ग्यारसपुर का मालादेवी मंदिर प्रतिहार शैली का है। यह मंदिर आधा चट्टान तराशकर एवं आधा पत्थर से निर्मित है। इसका गर्भगृह त्रिरथ तल योजना और शिखर पंचरथ है। साथ में मण्डप, अन्तराल एवं अर्द्धमण्डप सभी अंग निरूपित हैं। इस मंदिर में यक्ष-यक्षियों की अत्यन्त सुन्दर प्रतिमाएँ पाई गई हैं।

महादेव मंदिर: जबलपुर से 22 किलोमीटर दूर दमोह की दिशा में 'नोहटा का महादेव मंदिर' है, जो 10वीं शताब्दी ई. में निर्मित है।

मंदिर में ऊँचे अधिष्ठान के ऊपर चौकोर गर्भगृह है। उसके ऊपर चाप की आकृति का ऊँचा पंचरथ शिखर, जिसकी ग्रीवा के ऊपर दोहरा आमलक है।

भारतीय स्तूप, मठ एवं घटिकाएं- स्तूप का शाब्दिक अर्थ ढेर होता है। यह एक टीले नुमा आकृति होती है। जिसमें पवित्र बौद्ध अवशेष रखे जाते हैं। ऐसी मान्यता है कि यह स्थान बौद्ध प्रार्थना स्थल होते थे जहाँ मृत्यु उपरांत शवों के अवशेष रखे जाते थे। इन्हें स्मृति स्वरूप बनाया जाता था। स्तूप 4 प्रकार के होते हैं शारीरिक स्तूप, परिभोगिक स्तूप, उद्देशिका स्तूप, पूजार्थक स्तूप। भारत में विश्व का सबसे बड़ा स्तूप केसरिया स्तूप है जो बिहार में है और 1400 फुट में फैला है। सांची का स्तूप, सारनाथ का धमेख स्तूप, चौखंडी स्तूप, वैशाली स्तूप, धर्मराजेका स्तूप, जावा स्तूप आदि प्रमुख स्तूप हैं। भारत में बौद्ध धर्म की महान धरोहरों में स्तूपों का विशेष स्थान है। मौर्योत्तर काल में स्तूप, विशाल और अधिक अलंकृत होते गये। लकड़ी और ईंट के स्थान पर प्रस्तर का अधिक से अधिक उपयोग किया जाने लगा। शुंग राजवंश ने स्तूपों के सुंदरतापूर्वक अलंकृत प्रवेश द्वारों के रूप में तोरण का निर्माण आरंभ किया। तोरणों को जटिल आकृतियाँ और पैटर्नों के साथ उत्कीर्णित किया जाता था और जो हेलेनिस्टिक (Hellenistic or Greek) प्रभाव के साक्ष्य हैं। ये स्तूप न केवल धार्मिक स्थलों के रूप में पूजनीय हैं, बल्कि

भारतीय कला, संस्कृति और वास्तुकला के अद्भुत उदाहरण भी हैं। यहाँ भारत के प्रमुख स्तूपों का संक्षिप्त परिचय दिया गया है:

सांची का महान स्तूप: स्थान: मध्य प्रदेश निर्माण: सम्राट अशोक (लगभग 3वीं शताब्दी ई.पू.)

खोज: सांची 600 साल तक वीरान पड़ा था, जब भारत परतंत्रता के जंजीरों में जकड़ा हुआ था तब 1818 में जनरल टेलर ने इसे संज्ञान में लिया। भोपाल से 45 किलोमीटर दूर यह जगह वनस्पति से भरी हुई थी। खुदाई कुछ हद तक अव्यवस्थित तरीके से शुरू हुई, लेकिन भारतीय पुरातत्व सर्वेक्षण ने हस्तक्षेप करके नियंत्रण अपने हाथ में ले लिया।

विशेषताएँ: सांची, जिसे प्राचीन काल में काकनम, काकनाया, काकनवा, काकनादबोटा और बोटा-श्रीपर्वत के नाम से जाना जाता है, को मौर्य काल के शुरुआती दौर से ही बौद्ध कला और वास्तुकला के उल्लेखनीय नमूने होने का विलक्षण गौरव प्राप्त है। सांची का स्तूप सबसे बड़ा और सबसे पुराना है। इसके चारों ओर तोरण द्वार हैं, जिन पर बुद्ध के जीवन की घटनाओं का चित्रण है। सांची स्तूप का निर्माण मौर्य सम्राट अशोक के शासनकाल में तीसरी शताब्दी ईसा पूर्व में हुआ था। इस महान स्तूप को शुंग वंश के राजा पुष्यमित्र शुंग ने आंशिक रूप से दूसरी शताब्दी ईसा पूर्व में नष्ट कर दिया था, लेकिन बाद में उनके बेटे अग्निमित्र ने इसका पुनर्निर्माण करवाया। शुंग काल के दौरान मूल ईंट स्तूप को पत्थरों से ढक दिया गया था।

सांची स्तूप का व्यास 36.5 मीटर और ऊंचाई लगभग 21.64 मीटर है और यह सम्राट अशोक की विरासत है, चूंकि वह बौद्ध धर्म को राजधर्म घोषित कर चुके थे, इसलिए सांची स्तूप को बौद्ध धर्म से जोड़कर देखा जाता है। शुंग राजवंश ने स्तूपों के प्रवेश द्वार के रूप में खूबसूरती से सजाए गए तोरणों का द्वार पेश किया। तोरणों पर जटिल आकृतियाँ और नमूना उकेरे गए थे और वे हेलेनिस्टिक प्रभाव के प्रमाण थे। अशोक ने तीसरी सदी ईसा पूर्व में इसे बौद्ध अध्ययन और शिक्षा केंद्र के तौर पर बनवाया था। यह स्मारक 1989 में यूनेस्को द्वारा विश्व धरोहर स्थल घोषित हुआ है। निर्माण: मौर्य काल (लगभग 249 ई.पू.)

- विशेषता: यहां बुद्ध ने अपना पहला उपदेश दिया था। स्तूप के आधार पर जटिल नक्काशी है। (चित्र-अमरावती स्तूप: स्थान: आंध्र प्रदेश)

- निर्माण: सातवाहन काल (लगभग 2वीं शताब्दी ई.पू.)

- विशेषता: यह स्तूप अपनी सुंदर मूर्तिकला और शिल्पकला के लिए प्रसिद्ध है, जिसमें बुद्ध के जीवन और जातक कथाओं का चित्रण है।

- निर्माण: मौर्य काल के बाद (लगभग 2वीं शताब्दी ई.पू.)

विशेषता: यह सांची के मुख्य स्तूप से छोटा है, लेकिन इसकी वास्तुकला और सजावट उत्कृष्ट है।

- निर्माण: मौर्य काल (लगभग 3वीं शताब्दी ई.पू.)

- विशेषता: कुशीनगर भारत के उत्तर प्रदेश में एक प्रसिद्ध बौद्ध तीर्थ स्थल है।

यहाँ गौतम बुद्ध की मृत्यु और अंतिम संस्कार हुआ था। बौद्ध धर्म में बुद्ध लोगों के शरीर छोड़ने को परिनिर्वाण कहते हैं। यह छोटा किन्तु सुन्दर नगर बौद्ध मंदिरों और स्तूप के लिये जाना जाता है। यहां बुद्ध ने महापरिनिर्वाण प्राप्त किया था। यह स्थल बौद्ध तीर्थयात्रियों के लिए अत्यंत पवित्र है। इस मंदिर में भगवान बुद्ध की 6.1 मीटर ऊंची मूर्ति लेटी हुई मुद्रा में रखी है। यह मूर्ति उस काल को दर्शाती है जब 80 वर्ष की आयु में भगवान बुद्ध ने अपने पार्थिव शरीर को छोड़ दिया था और सदा-सदा के लिए जन्म और मृत्यु के बंधन से मुक्त हो गए थे, यानि उन्हे मोक्ष की प्राप्ति हो गई थी। भगवान बुद्ध की इस मूर्ति को लाल बलुआ पत्थर के एक ही टुकड़ें से बनाया गया था। इस मूर्ति में भगवान को पश्चिम दिशा की तरफ देखते हुए दर्शाया गया है, यह मुद्रा, महापरिनिर्वाण के लिए सही आसन माना जाता है। इस मूर्ति को एक बड़े पत्थर वाले प्लेटफॉर्म के सपोर्ट से कोनों पर पत्थरों के खंभे पर स्थापित किया गया है। इस प्लेटफॉर्म या मंच पर, भगवान बुद्ध के एक शिष्य हरिबाला ने 5 वीं सदी में एक शिलालेख बनवाया था। मंदिर और विहार दोनों ही एक शिष्य की तरफ से गुरू को दिया जाने वाला उपहार था। इस बौद्ध स्थल में हर साल, पूरी दुनिया से हजारों पर्यटक और तीर्थयात्री भारी संख्या में आते है।

भरहुत स्तूप:

प्रमुख विशेषताएँ : मध्य प्रदेश के सतना में भरहुत स्तूप के चारों ओर ये उथली नक्काशी की गई थी। इसकी रेलिंग और तोरण द्वारों पर बौद्ध मूर्तिकला और जातक कथाओं का उत्कृष्ट चित्रण है और कथात्मक बौद्ध कला के कुछ शुरुआती उदाहरण हैं। वे बुद्ध की शिक्षाओं, जातक के दृश्यों और ऐतिहासिक बुद्ध शाक्यमुनि के जीवन की कहानियों को प्रतीकात्मकता के माध्यम से दर्शाति हैं। भरहुत शुंग काल (मध्य-दूसरी शताब्दी ईसा पूर्व) की भरहुत मूर्तिकला से संबंधित है। भरहुत स्तूप शुरू में अशोक द्वारा बनवाया गया था और बाद में शुंगों द्वारा इसका पुनर्निर्माण किया गया था। भरहुत स्तूप बौद्ध कला के प्राचीन चरण का प्रतिनिधित्व करता है। यहाँ बुद्ध को प्रतीकों के रूप में दर्शाया गया है। भारतीय पुरातत्व सर्वेक्षण के प्रथम महानिदेशक सर अलेक्जेंडर कनिंघम ने 1873 में स्तूप के अवशेषों को देखा और भारत की मूर्तिकला कला के इतिहास में एक महत्वपूर्ण अध्याय जोड़ा।

नालंदा स्तूप: नालंदा का मुख्य स्तूप, सारिपुत्र स्तूप के रूप में भी जाना जाता है. यह स्तूप, नालंदा विश्व धरोहर स्थल पर बचे हुए स्मारकों में से सबसे खास है. भगवान बुद्ध के अनुयायी सारिपुत्र के सम्मान में मौर्य सम्राट अशोक ने तीसरी सदी में नालंदा स्तूप बनवाया था। इस स्तूप के ऊपरी हिस्से को पिरामिड की तरह आकार दिया गया है

● स्थान: बिहार

● निर्माण: गुप्त और पाल काल।

● विशेषता: यह नालंदा विश्वविद्यालय का हिस्सा था, जो प्राचीन काल का प्रमुख शिक्षा केंद्र था। यहाँ बुद्ध और बोधिसत्वों की मूर्तियाँ हैं।

नालंदा- नालंदा विश्वविद्यालय के खंडहर, मुख्य मंदिर और स्तूप (5वीं शताब्दी) प्राचीन नालंदा विश्वविद्यालय की स्थापना 5वीं शताब्दी में हुई थी और 12वीं शताब्दी तक ज्ञान का यह पीठ स्थान अपने चरमोत्कर्ष की अवस्था में था। इसका निर्माण 'राजा कुमारगुप्त' ने करवाया था। यह विश्व का प्रथम आवासीय अन्तर्राष्ट्रीय विश्वविद्यालय था और इसे राष्ट्रीय महत्त्व का अन्तर्राष्ट्रीय विश्वविद्यालय नामित किया गया। नालंदा (वर्तमान बिहार में स्थित) 5वीं शताब्दी ईस्वी से 12 वीं शताब्दी ईस्वी तक उच्च अध्ययन का एक प्राचीन केंद्र था। इसे 'इतिहास में दर्ज पहले महान विश्वविद्यालयों में से एक' कहा गया है। नालंदा सारिपुत्त (बुद्ध के सबसे प्रिय शिष्यों में से एक) के जन्म और मृत्यु का स्थान था।

चीनी यात्री इत्सिंग और ह्वेनसांग ने 7वीं शताब्दी ई. में नालंदा की यात्रा की थी। बौद्ध धर्म और हिंदू धर्म, धार्मिक और धर्मनिरपेक्ष, विदेशी और देशी विभिन्न क्षेत्रों से पाठ्यक्रम लिये गये थे। छात्र विज्ञान, खगोल विज्ञान, चिकित्साशास्त्र और तर्कशास्त्र का अध्ययन उतनी ही लगन से किया करते थे, जितनी लगन से वे तत्व मीमांसा, दर्शन, सांख्य, योग-शास्त्र, वेद और बौद्ध धर्म के शास्त्रों का अध्ययन करते थे। साक्ष्यों और मान्यताओं के अनुसार इसमें 2000 से अधिक शिक्षकों और 10,000 से अधिक छात्रों को समायोजित किया गया था। कोरिया, जापान, चीन, तिब्बत, इंडोनेशिया, फारस और तुर्की तक के विद्वानों और छात्रों ने यहाँ अध्ययन किया था। अलेक्जेंडर कनिंघम ने 1861-62 में नालंदा महाविहार की पहचान की थी।

इसमें स्तूप, मंदिर, विहार तथा प्लास्टर, पत्थर और धातुओं पर उत्कीर्ण महत्त्वपूर्ण कलाकृतियाँ शामिल हैं। यहाँ के कई विहार अवशेषों के प्रवेश द्वार को धनुष के निशान वाले फर्श के साथ देखा जा सकता है (धनुष गुप्त शासकों का शाही प्रतीक था)। नालंदा महाविहार के पुस्तकालय को 'धर्मगंज' (सत्य की निधि या खज़ाना) के रूप में जाना जाता था। यह उस काल में विश्व में बौद्ध ज्ञान का सबसे प्रसिद्ध भंडार था और इसकी तीन मुख्य इमारतें थीं - रत्न

सागर, रत्नदधि और रत्नरंजिका। हर्षवर्धन के शासनकाल के दौरान, मठ को अनुदान के रूप में 200 गाँवों का स्वामित्व दिये जाने के प्रमाण हैं। 12वीं-13वीं शताब्दी में बख्तियार ख़िलजी ने इस महाविहार को नष्ट कर दिया था। वर्तमान में, यह स्थल यूनेस्को के विश्व धरोहर स्थल की सूची में शामिल है।

भौगोलिक स्थिति- नालंदा 62 किलोमीटर बोधगया से, 90 किलोमीटर पटना के दक्षिण पूर्व में स्थित है। यह राजगीर से 12 किलोमीटर और दिल्ली हावड़ा मुख्य रेल्वे लाइन से जुड़ा है। यहीं से दक्षिण-पूर्व में एक गाँव है जिसे 'वडा गाँव' कहकर पुकारते हैं। यहीं पर विश्वविख्यात नालंदा विश्वविद्यालय के अवशेष हैं।

प्रमुख विशेषताएं–

- नालंदा विश्व के विद्यार्थियों को आकर्षित करता था।

- प्रवेश परीक्षा अत्यंत कठिन होती थी और उसके कारण प्रतिभाशाली विद्यार्थी ही प्रवेश पा सकते थे। उन्हें तीन कठिन परीक्षा स्तरों को उत्तीर्ण करना होता था। यह विश्व का प्रथम ऐसा दृष्टांत है। शुद्ध आचरण और संघ के नियमों का पालन करना अत्यंत आवश्यक था।

- इस विश्वविद्यालय में आचार्य छात्रों को मौखिक व्याख्यान द्वारा शिक्षा देते थे। इसके अतिरिक्त पुस्तकों की व्याख्या भी होती थी। शास्त्रार्थ होता रहता था। दिन के हर पहर में अध्ययन तथा शंका समाधान चलता रहता था।

- इस विश्वविद्यालय में तीन श्रेणियों के आचार्य थे जो अपनी योग्यतानुसार प्रथम, द्वितीय और तृतीय श्रेणी में आते थे। नालंदा के प्रसिद्ध आचार्यों में शीलभद्र, धर्मपाल, चंद्रपाल, गुणमति और स्थिरमति प्रमुख थे। 7वीं सदी में ह्वेनसांग के समय इस विश्वविद्यालय के प्रमुख शीलभद्र थे जो एक महान आचार्य, शिक्षक और विद्वान थे।

यहाँ महायान के प्रवर्तक नागार्जुन, वसुबन्धु, असंग तथा धर्मकीर्ति की रचनाओं का सविस्तार अध्ययन होता था। वेद, वेदांत और सांख्य भी पढ़ाये जाते थे। व्याकरण, दर्शन, शल्यविद्या, ज्योतिष, योगशास्त्र तथा चिकित्साशास्त्र भी पाठ्यक्रम के अन्तर्गत थे। नालंदा की खुदाई में मिली अनेक काँसे की मूर्तियो के आधार पर कुछ विद्वानों का मत है कि कदाचित् धातु की मूर्तियाँ बनाने के विज्ञान का भी अध्ययन होता था। यहाँ खगोलशास्त्र अध्ययन के लिए एक विशेष विभाग था। यहाँ पर तिब्बत, चीन, कोरिया और मध्य एशिया से छात्र पढ़ने आते थे। विद्यार्थियों को पढ़ाये जाने वाले विषयों में बौद्ध धर्म के शास्त्र, बुद्ध के महायान व हीनयान स्कूल, वेद, हेतु विद्या, संस्कृत, सामाख्य, तर्क, शब्द विद्या, चिकित्सा विद्या और व्याकरण थे।

विश्वविद्यालय को हर्षवर्धन और पाल राजाओं का राजसी आश्रय प्राप्त था। नालंदा महाविहार 5वीं और 6वीं शताब्दी में गुप्त साम्राज्य के सान्निध्य में निखरा व इसका विकास हुआ। नालंदा, बुद्ध का स्मरणीय स्थल है। सर्वप्रथम पालि भाषा में इसका साहित्य मिलता है।

जैन तीर्थंकर महावीर वर्धमान ने वर्षा के 14 वर्ष नालंदा में बिताये थे। गौतम बुद्ध के बारे में भी यही कहा जाता है कि उन्होंने आम के पेड़ के नीचे जिसे 'पावारिका' कहा जाता है, में अपने उद्बोधन दिये थे।

बताया जाता है कि तीसरी शताब्दी में मौर्य और बौद्ध राजा सम्राट अशोक ने नालंदा में अनेकों मंदिर विहार और मठों का निर्माण करवाया था। साथ ही एक विशाल मंदिर का निर्माण सारिपुत्र चैत्य की जगह भी कराया था।

नालंदा में सहस्रों विद्यार्थियों और आचार्यों के अध्ययन के लिए, नौ तल का एक विराट पुस्तकालय था जिसमें 3 लाख से अधिक पुस्तकों का अनुपम संग्रह था। इस पुस्तकालय में सभी विषयों से संबंधित पुस्तकें थी। जैसा कि यह पूर्व में उल्लेखित है- 'रत्नरंजक' 'रत्नोदधि' 'रत्नसागर' नामक तीन विशाल भवनों में स्थित था। 'रत्नोदधि' पुस्तकालय में अनेक अप्राप्य हस्तलिखित पुस्तकें संग्रहीत थी। इनमें से अनेक पुस्तकों की प्रतिलिपियाँ चीनी यात्री अपने साथ ले गये थे।

उत्खनन से प्राप्त तथ्य : नालंदा में उत्खनन का कार्य दो बार चला। 1915 से 1937 और 1974 से 1982 तक। सन् 1915 में भली प्रकार से उत्खन्न कार्य प्रारम्भ हुआ जिसमें 11 मठ और 6 ईंटों से निर्मित विहार मिले हैं जो 12 हैक्टेयर जमीन पर स्थित हैं। उत्खनन में प्राप्त संरचनाएँ 488 मीटर उत्तर से दक्षिण और 244 मीटर पूर्व से पश्चिम में हैं।

- मंदिर-3 नालंदा की संरचनाओं में से सबसे प्रतिष्ठित एवं भव्य है।

- यह 13.14.15 मठों के समक्ष है और पूर्व दिशा में स्थित है। इसकी सीढ़ियों की कई उड़ानें हैं जो ऊपर तक जाती हैं।

- टावर्स और सीढ़ियों के अधिग्रहण पर गुप्तकाल के पैनल सज्जित हैं जहाँ प्लास्टर में बनी विविध आकृतियाँ दर्शित हैं।

- प्रमुख रूप से बुद्ध और बोधिसत्व एवं जातक कथाओं के दृश्य अंकित हैं। मंदिर दालान के बीचों बीच स्थित है और इसके चारों तरफ अनेक स्तूप ही स्तूप हैं जिनमें ज्यादातर स्तूप मुख्य स्तूप के ऊपर दूसरी या तीसरी बार बनाये गये हैं।

- नालंदा में प्राप्त सभी मठ दिखावट में एक समान हैं।

- यह भी कहा गया है कि बहुत संभावना है कि नालंदा की तोड़-फोड़ की गई और इसे नष्ट किया गया।

- दिल्ली सल्तनत की मामलुक वंश की सेना जो बख्तियार खिलजी के अधीन थी, ने इसे 12वीं शताब्दी में नष्ट किया और भारत के उत्तर से पूर्व तक का हिस्सा अपने अधीन कर लिया।

- इसे नष्ट करने का मुख्य ध्येय बौद्धिक और आध्यात्मिक परम्पराओं को खत्म करना था, जो इस्लाम की प्रतिस्पर्धा में था।

- 1235 में तिब्बती तीर्थयात्री 'छाग लोतसावा' को 90 वर्ष का बुजुर्ग शिक्षक 'राहुल श्रीभद्र' मिला जो 70 विद्यार्थियों की कक्षा लेता था।

- श्रीभद्र स्थानीय ब्राह्मण के सहयोग से वहीं रहा और आखिरी तिब्बती विद्यार्थी को पढ़ाता रहा जब तक उसकी पढ़ाई पूरी खत्म नहीं हुई।

- हाल ही में एक युवा 'श्री गोपालजी' दावे के साथ आगे बढ़कर आये हैं और नालंदा विश्वविद्यालय को उसके वर्तमान खण्डहर पर दुबारा निर्माण करने की ठानी है।

- 'लाल सिंह त्यागी' एक बुजुर्ग स्वतंत्रता सेनानी जो बिहार सरकार में पंचायत मंत्री थे ने वैदिक मंत्रों के बीच इसकी नींव रखी है।

भारतीय ज्ञान परंपरा में विहार और स्तूप का महत्वपूर्ण स्थान है। विहार बौद्ध भिक्षुओं के आवास और ध्यान स्थल थे, जो प्रमुख शैक्षिक और आध्यात्मिक केंद्रों के रूप में कार्य करते थे। तक्षशिला, नालंदा और विक्रमशिला जैसे विहारों में न केवल बौद्ध धर्म, बल्कि दर्शन, तर्कशास्त्र, गणित और चिकित्सा जैसी विविध विद्याओं का अध्ययन होता था। विहार ज्ञान के प्रसार और साधकों के नैतिक व आध्यात्मिक विकास के केंद्र थे। स्तूप, बौद्ध स्थापत्य कला के अद्वितीय प्रतीक, बौद्ध धर्म के महापुरुषों के अवशेषों और उनके उपदेशों के स्मृति-स्थल के रूप में निर्मित किए जाते थे। ये बौद्ध धर्म के मूलभूत सिद्धांतों, जैसे ध्यान, करुणा, और अहिंसा के प्रतीक थे। स्तूपों का धार्मिक और सांस्कृतिक महत्व था और ये तीर्थयात्रा के प्रमुख केंद्र भी बने। इनका निर्माण भारतीय स्थापत्य कला और आध्यात्मिक धरोहर का प्रमाण है। वर्तमान में यूनेस्को ने इसे 'वर्ल्ड हैरिटेज सेन्टर' घोषित किया है।

भारतीय मठ– भारतीय सनातन परम्परा को पूरे देश में फैलाने के लिए भारत के चारों कोनों में चार शंकराचार्य मठों की स्थापना की गई थी। ये चारों मठ आज भी चार शंकराचार्यों के नेतृत्व में सनातन परम्परा का प्रचार व प्रसार कर रहे हैं। हिंदू धर्म में मठों की परंपरा लाने का श्रेय आदि

शंकराचार्य को जाता है भारत में कई प्रमुख मठ हैं, जिनमें शैव, वैष्णव, शाक्त और अन्य संप्रदायों के मठ शामिल हैं। मठ का अर्थ ऐसे संस्थानों से है जहां इसके गुरू अपने शिष्यों को शिक्षा, उपदेश इत्यादि प्रदान करते हैं। ये गुरू प्रायः धर्म गुरु होते है इनके द्वारा दी गई शिक्षा मुख्यतः आध्यात्मिक होती है पर ऐसा हमेशा नही होता। एक मठ में इन कार्यों के अतिरिक्त सामाजिक सेवा, साहित्य से सम्बन्धित कार्य भी होते हैं। मठ एक ऐसा शब्द है जिसके बहुधार्मिक अर्थ हैं। बौद्ध मठों को विहार कहते है। ईसाई धर्म में इन्हें मॉनेट्री, प्रायरी, चार्टरहाउस, एब्बे इत्यादि नामों से जाना जाता है। तवांग मठ भारत के अरुणाचल प्रदेश में स्थित एक बौद्ध मठ है। यह भारत का सबसे बड़ा बौद्ध मठ है और ल्हासा के पोताला महल के बाद विश्व का दूसरा सबसे बड़ा मठ है। यह तवांग नदी की घाटी में तवांग कस्बे के निकट स्थित है। 300 साल पहले बने इस मठ को बौद्ध भिक्षु अंतर्राष्ट्रीय धरोहर मानते हैं ये मठ भारतीय संस्कृति और धार्मिकता के महत्वपूर्ण केंद्र हैं और अक्सर उनके प्रमुख संत और आचार्यों के नाम पर स्थापित किए जाते हैं।

भारत में मठों का महत्व- भारत में मठों का धार्मिक, सांस्कृतिक और सामाजिक स्तर पर महत्वपूर्ण स्थान है। मठों का महत्व निम्नलिखित बिंदुओं में समझा जा सकता है:

- धार्मिक शिक्षा और साधना- मठों का मुख्य उद्देश्य धार्मिक शिक्षा और साधना का केंद्र होना है। यहाँ पर धर्म के ज्ञान, योग, ध्यान और भक्ति के मार्ग पर चलने की शिक्षा दी जाती है। विभिन्न धर्मों के मठ अपने-अपने धार्मिक ग्रंथों, परंपराओं और साधनाओं पर ध्यान केंद्रित करते हैं।

- संस्कृति और परंपरा का संरक्षण- मठ सांस्कृतिक और धार्मिक परंपराओं का संरक्षण करते हैं। ये स्थान प्राचीन धार्मिक ग्रंथों, कला, संगीत और नृत्य के संरक्षण और प्रसार में महत्वपूर्ण भूमिका निभाते हैं। मठों में आयोजित होने वाले उत्सव और अनुष्ठान स्थानीय संस्कृति को जीवित रखते हैं।

- समाज सेवा- मठ समाज सेवा के विभिन्न कार्यों में संलग्न होते हैं। इनमें शिक्षा संस्थान, अस्पताल, अनाथालय और वृद्धाश्रम शामिल हैं। मठ अक्सर प्राकृतिक आपदाओं के समय राहत कार्यों में भी योगदान देते हैं।

- धार्मिक पर्यटन- भारत के मठ धार्मिक पर्यटन का एक महत्वपूर्ण हिस्सा हैं। ये स्थान श्रद्धालुओं और पर्यटकों को आकर्षित करते हैं, जो धार्मिक और आध्यात्मिक अनुभव प्राप्त करने के लिए यहाँ आते हैं। इससे स्थानीय अर्थव्यवस्था को भी बढ़ावा मिलता है।

- शांति और साधना का केंद्र- मठों को शांति और साधना के केंद्र के रूप में जाना जाता है। यहाँ पर लोग मानसिक शांति और आध्यात्मिक जागरूकता प्राप्त करने के लिए आते हैं। मठों का वातावरण ध्यान और आत्मचिंतन के लिए उपयुक्त होता है।

आध्यात्मिक नेतृत्व- मठों में रहने वाले संत और साधु समाज को आध्यात्मिक मार्गदर्शन प्रदान करते हैं। वे धर्म और नैतिकता के उपदेश देते हैं और समाज को सही दिशा में चलने की प्रेरणा देते हैं। भारत में विभिन्न धर्मों के मठ, जैसे कि बौद्ध मठ, जैन मठ, हिंदू मठ और सिख मठ, अपने-अपने धर्मों की परंपराओं और सिद्धांतों के अनुसार कार्य करते हैं। इन मठों का समृद्ध इतिहास और योगदान भारत की धार्मिक और सांस्कृतिक धरोहर का अभिन्न हिस्सा है। आइए कुछ प्रमुख भारतीय मठों का अवलोकन करते है:

कांची कामकोटि मठ- यह मठ शैव संप्रदाय का एक प्रमुख केंद्र है और यह तमिलनाडु के कांची नगर में स्थित है। इस मठ का प्रमुख संत 'शंकराचार्य' के नाम से जाना जाता है। कांची कामकोटि पीठम की स्थापना का श्रेय पारंपरिक रूप से इसके अनुयायियों द्वारा आदि शंकराचार्य को दिया जाता है। कांची मठ की परंपरा के अनुसार, आदि शंकराचार्य का जन्म 509 ईसा पूर्व में हुआ था और उनकी मृत्यु 477 ईसा पूर्व में हुई थी और उन्होंने 482 ईसा पूर्व में कांची कामकोटि पीठम की स्थापना की थी। कांची मठ के ग्रंथों में वर्णित कालक्रम पाँच प्रमुख शंकराचार्यों को मान्यता देता है: आदि, कृपा, उज्ज्वला, मूका और अभिनव। कांची मठ परंपरा के अनुसार, यह 'अभिनव शंकराचार्य' है जिसे पश्चिमी विद्वान अद्वैत विद्वान आदि शंकराचार्य के रूप में मान्यता देते हैं।

शंकराचार्य के चार मठ- हिंदू धर्म का संत समाज शंकराचार्य द्वारा नियुक्त चार मठों के अधीन है। हिंदू धर्म की एकजुटता और व्यवस्था के लिए चार मठों की परम्परा को जानना आवश्यक है। चार मठों से ही गुरु-शिष्य परम्परा का निर्वाह होता है। चार मठों के संतों को छोड़कर अन्य किसी को गुरु बनाना हिंदू संत धारा के अंतर्गत नहीं आता।

आदि शंकराचार्यजी ने जो चार पीठ स्थापित किये जो निम्नवत हैं -

1. दक्षिण दिशा में रामेश्वरम् में श्रृंगेरी पीठ

2. पूर्व दिशा जगन्नाथपुरी में गोवर्द्धन पीठ

3. पश्चिम दिशा में द्वारिका में शारदा पीठ

4. उत्तर दिशा में बद्रीकाश्रम में ज्योतिपीठ

शंकराचार्य जी ने इन मठों की स्थापना के साथ-साथ उनके मठाधीशों की भी नियुक्ति की, जो बाद में स्वयं शंकराचार्य कहे जाते हैं। जो व्यक्ति किसी भी मठ के अंतर्गत संन्यास लेता हैं वह दसनामी संप्रदाय में से किसी एक सम्प्रदाय पद्धति की साधना करता है। ये चार मठ निम्न हैं:

श्रृंगेरी शारदा पीठ- श्रृंगेरी मठ भारत के दक्षिण में चिकमंगलुर में स्थित है। श्रृंगेरी मठ के अन्तर्गत दीक्षा प्राप्त करने वाले संन्यासियों के नाम के बाद सरस्वती, भारती तथा पुरी सम्प्रदाय नाम विशेषण लगाया जाता है जिससे उन्हें उक्त संप्रदाय का संन्यासी माना जाता है। इस मठ का महावाक्य 'अहं ब्रह्मास्मि' है तथा मठ के अन्तर्गत 'यजुर्वेद' को रखा गया है। इस मठ के प्रथम मठाधीश आचार्य सुरेश्वरजी थे, जिनका पूर्व में नाम मण्डन मिश्र था। वर्तमान में स्वामी भारती कृष्णतीर्थ इसके 36वें मठाधीश हैं।

गोवर्धन मठ- गोवर्धन मठ भारत के पूर्वी भाग में ओडिशा राज्य के जगन्नाथ पुरी में स्थित है। गोवर्धन मठ के अंतर्गत दीक्षा प्राप्त करने वाले संन्यासियों के नाम के बाद 'वन' व 'आरण्य' सम्प्रदाय नाम विशेषण लगाया जाता है जिससे उन्हें उक्त संप्रदाय का सन्यासी माना जाता है। इस मठ का महावाक्य है 'प्रज्ञानं ब्रह्म' तथा इस मठ के अंतर्गत 'ऋग्वेद' को रखा गया है। इस मठ के प्रथम मठाधीश आदि शंकराचार्य के प्रथम शिष्य पद्मपादाचार्य हुए। वर्तमान में निश्चलानन्द सरस्वती इस मठ के 145 वें मठाधीश हैं।

शारदा मठ- शारदा (कालिका) मठ गुजरात में द्वारकाधाम में स्थित है। शारदा मठ के अंतर्गत दीक्षा प्राप्त करने वाले संन्यासियों के नाम के बाद 'तीर्थ' और 'आश्रम' सम्प्रदाय नाम विशेषण लगाया जाता है जिससे उन्हें उक्त संप्रदाय का सन्यासी माना जाता है। इस मठ का महावाक्य है 'तत्त्वमसि' तथा इसके अंतर्गत 'सामवेद' को रखा गया है। शारदा मठ के प्रथम मठाधीश हस्तामलक (पृथ्वीधर) थे। हस्तामलक शंकराचार्य जी के प्रमुख चार शिष्यों में से एक थे। हस्तामलक आदि शंकराचार्य के प्रमुख चार शिष्यों में से एक थे। वर्तमान में पश्चिम द्वारका शारदापीठाधीश्वर जगद्गुरु शंकराचार्य स्वामी सदानन्द सरस्वती जी इसके 80 वें मठाधीश हैं।

ज्योतिर्मठ- उत्तरांचल के बद्रीनाथ में स्थित है ज्योतिर्मठ। ज्योतिर्मठ के अंतर्गत दीक्षा प्राप्त करने वाले संन्यासियों के नाम के बाद 'गिरि', 'पर्वत' एवं 'सागर' सम्प्रदाय नाम विशेषण लगाया जाता है जिससे उन्हें उक्त संप्रदाय का संन्यासी माना जाता है। इस मठ का महावाक्य 'अयमात्मा ब्रह्म' है। इस मठ के अंतर्गत अथर्ववेद को रखा गया है। ज्योतिर्मठ के प्रथम मठाधीश त्रोटकाचार्य बनाए गए थे। वर्तमान में 'परमाराध्य' परमधर्माधीश अनन्तश्रीविभूषित जगद्गुरु शंकराचार्य स्वामिश्री: अविमुक्तेश्वरानन्द सरस्वती महाराज '1008' जी इसके 53 वें मठाधीश हैं। उक्त मठों तथा इनके अधीन उपमठों के अंतर्गत सन्यस्त संतों को गुरु बनाना या उनसे दीक्षा लेना ही हिंदू धर्म के अंतर्गत माना जाता है। यही हिंदुओं की संत धारा मानी गई है।

पुरी जगन्नाथपुरी मठ-

विशेषताएं- यह वैष्णव संप्रदाय का प्रमुख मठ है और यह ओडिशा के पुरी नगर में स्थित है। यह मठ वैष्णव परम्पराओं और सन्त रामानन्द से जुड़ा हुआ है। यह गौड़ीय वैष्णव सम्प्रदाय के लिये खास महत्व रखता है। इस पन्थ के संस्थापक श्री चैतन्य महाप्रभु भगवान की ओर आकर्षित हुए थे और कई वर्षों तक पुरी में रहे भी थे। इस मठ का प्रमुख संत 'गजानन महाराज' के नाम से प्रसिद्ध हैं। मंदिर का वृहत क्षेत्र 400,000 वर्ग फुट (37,000 मी) में फैला है और चहारदीवारी से घिरा है।

कलिंग शैली के मंदिर स्थापत्यकला और शिल्प के आश्चर्यजनक प्रयोग से परिपूर्ण यह मंदिर, भारत के भव्यतम स्मारक स्थलों में से एक है। मुख्य मंदिर वक्ररेखीय आकार का है, जिसके शिखर पर विष्णु का श्री सुदर्शन चक्र (आठ आरों का चक्र) मंडित है। इसे नीलचक्र भी कहते हैं। यह अष्टधातु से निर्मित है और अति पावन और पवित्र माना जाता है। मंदिर का मुख्य ढांचा एक 214 फीट (65 मी०) ऊंचे पाषाण चबूतरे पर बना है। इसके भीतर आंतरिक गर्भगृह में मुख्य देवताओं की मूर्तियां स्थापित हैं। यह भाग इसे घेरे हुए अन्य भागों की अपेक्षा अधिक वर्चस्व वाला है। इससे लगे घेरदार मंदिर की पिरामिडाकार छत और लगे हुए मण्डप, अट्टालिका रूपी मुख्य मंदिर के निकट होते हुए ऊंचे होते गये हैं। यह एक पर्वत को घेरे हुए अन्य छोटे पहाड़ियों, फिर छोटे टीलों के समूह रूपी बना है। मुख्य मढ़ी (भवन) एक 20 फीट (6.1 मी०) ऊंची दीवार से घिरा हुआ है तथा दूसरी दीवार मुख्य मंदिर को घेरती है। एक भव्य सोलह किनारों वाला एकाश्म स्तंभ, मुख्य द्वार के ठीक सामने स्थित है। इसका द्वार दो सिंहों द्वारा रक्षित हैं।

वृंदावन मठ- यह वैष्णव संप्रदाय का महत्वपूर्ण मठ है और यह उत्तर प्रदेश के वृंदावन नगर में स्थित है। इस मठ के अंतर्गत कई उप-मठ हैं और इसका प्रमुख संत वृंदावन चरण महाराज हैं। वृंदावन में कृष्ण और उनकी मुख्य पत्नी राधा की पूजा के लिए समर्पित लगभग 5,500 मंदिर हैं। यह वैष्णव परंपराओं के लिए सबसे पवित्र स्थानों में से एक है। वृंदावन भारतीय पर्यटन मंत्रालय द्वारा विकसित 'कृष्ण तीर्थ सर्किट' का एक हिस्सा है।

उत्तराखंड चार धाम मठ- यह मठ हिमालय क्षेत्र में स्थित है और यह चार धामों (यमुनोत्री, गंगोत्री, केदारनाथ, और बद्रीनाथ) के पास है। यह मठ हिन्दू धर्म के एक प्रमुख धार्मिक स्थल के रूप में माना जाता है। चार धामों के रूप में पहचाने जाने वाले पवित्र स्थलों का विवरण कुछ इस प्रकार है-

यमुनोत्री- गढ़वाल क्षेत्र के पश्चिमी भाग में समुद्र तल से लगभग 3185 मीटर की ऊँचाई पर स्थित यमुनोत्री मंदिर देवी यमुना को समर्पित है और अपने गर्म पानी के झरने के लिए प्रसिद्ध है। इसे 19वीं शताब्दी में जयपुर की महारानी गुलेरिया ने बनवाया था और वर्तमान शताब्दी में इसे दो बार ध्वस्त किया गया और फिर से बनाया गया।

गंगोत्री- मूल गंगोत्री मंदिर 18वीं सदी का एक पुराना मंदिर है जो भागीरथी नदी के तट पर स्थित सफेद संगमरमर से बना है। नेपाली गोरखा जनरल अमर सिंह थापा द्वारा निर्मित। यह मंदिर नदी देवी को समर्पित है और पवित्र नदी का उद्गम गंगोत्री ग्लेशियर में स्थित गौमुख से है। यह अपने प्राचीन मंदिरों और धार्मिक महत्व के लिए प्रसिद्ध है।

केदारनाथ -उत्तराखंड के गढ़वाल क्षेत्र के रुद्रप्रयाग जिले में स्थित केदारनाथ हिंदुओं के बीच सबसे पवित्र और अत्यधिक पूजनीय स्थलों में से एक है। केदारनाथ मंदिर भगवान शिव को समर्पित है और पंच केदार में सबसे महत्वपूर्ण धामों में से एक है। विशाल हिमालय की पृष्ठभूमि में लगभग 3586 मीटर की ऊँचाई पर स्थित केदारनाथ भगवान शिव के बारह ज्योतिर्लिंगों में से एक है।

बद्रीनाथ- बद्रीनाथ अथवा बद्रीनारायण मन्दिर भारतीय राज्य उत्तराखण्ड के चमोली जनपद में अलकनन्दा नदी के तट पर स्थित एक हिन्दू मन्दिर है। यह हिंदू देवता विष्णु को समर्पित मंदिर है और यह स्थान इस धर्म में वर्णित सर्वाधिक पवित्र स्थानों, चार धामों, में से एक यह एक प्राचीन मंदिर है जिसका निर्माण 7वीं- 9वीं सदी में होने के प्रमाण मिलते हैं। मन्दिर के नाम पर ही इसके इर्द-गिर्द बसे नगर को भी बद्रीनाथ ही कहा जाता है। भौगोलिक दृष्टि से यह स्थान हिमालय पर्वतमाला के ऊँचे शिखरों के मध्य, गढ़वाल क्षेत्र में, समुद्र तल से 3133 मीटर (10,279 फ़ीट) की ऊँचाई पर स्थित है। जाड़ों की ऋतु में हिमालयी क्षेत्र की रूक्ष मौसमी दशाओं के कारण मन्दिर वर्ष के छह महीनों (अप्रैल के अंत से लेकर नवम्बर की शुरुआत तक) की सीमित अवधि के लिए ही खुला रहता है। यह भारत के कुछ सबसे व्यस्त तीर्थ स्थलों में से एक है।

उज्जैन महाकालेश्वर मठ- यह मठ मध्य प्रदेश के उज्जैन नगर में स्थित है और यह शैव संप्रदाय का एक महत्वपूर्ण केंद्र है। यहां प्रमुख संत 'महाकालेश्वर' के नाम से प्रसिद्ध हैं। महाकालेश्वर मंदिर की महिमा का विभिन्न पुराणों में विशद वर्णन किया गया है। कालिदास से शुरू करते हुए, कई संस्कृत कवियों ने इस मंदिर को भावनात्मक रूप से समृद्ध किया है। उज्जैन भारतीय समय की गणना के लिए केंद्रीय बिंदु हुआ करता था और महाकाल को उज्जैन का विशिष्ट पीठासीन देवता माना जाता था। समय के देवता, शिव अपने सभी वैभव में, उज्जैन में शाश्वत शासन करते हैं। भारत के 12 ज्योतिर्लिंगों में से एक, महाकाल में लिंगम (स्वयं से पैदा हुआ), स्वयं के भीतर से शक्ति (शक्ति) को प्राप्त करने के लिए माना जाता है, अन्य छवियों और लिंगों के खिलाफ, जो औपचारिक रूप से स्थापित हैं और मंत्र के साथ अभिषेक किए जाते हैं। महाकालेश्वर की मूर्ति दक्षिणमुखी होने के कारण दक्षिणामूर्ति मानी जाती है। यह एक अनूठी विशेषता है, जिसे तांत्रिक परंपरा द्वारा केवल 12 ज्योतिर्लिंगों में से महाकालेश्वर में पाया जाता है। महाकाल मंदिर के ऊपर गर्भगृह में ओंकारेश्वर शिव की मूर्ति प्रतिष्ठित है। गर्भगृह के पश्चिम, उत्तर और पूर्व में

गणेश, पार्वती और कार्तिकेय के चित्र स्थापित हैं। दक्षिण में नंदी की प्रतिमा है। तीसरी मंजिल पर नागचंद्रेश्वर की मूर्ति केवल नागपंचमी के दिन दर्शन के लिए खुली होती है। महाशिवरात्रि के दिन, मंदिर के पास एक विशाल मेला लगता है, और रात में पूजा होती है। ये कुछ प्रमुख भारतीय मठ हैं, लेकिन भारत में और भी अनेक मठ हैं जो अपने संगठनों और संतों के माध्यम से धार्मिक और सामाजिक सेवाएं प्रदान करते हैं।

भारत की प्रमुख घटिकाएं- प्राचीन भारत में घटिकाएं (घटिका) ज्योतिष और खगोल विज्ञान का अध्ययन करने के लिए स्थापित विशेष स्थान थीं। यहाँ घटिकाओं के बारे में कुछ महत्वपूर्ण जानकारी दी गई है:

घटिकाएं: विशेषताएँ और महत्व- घटिका एक प्रकार का खगोल शास्त्र केंद्र होता था, जहां ज्योतिषीय गणनाएँ और तारे, ग्रहों की स्थिति का अध्ययन किया जाता था। इसे ज्योतिष विद्या का महत्वपूर्ण हिस्सा माना जाता था।

उद्देश्य- घटिकाओं का मुख्य उद्देश्य समय की गणना करना, कैलेंडर बनाना और विभिन्न पर्वों तथा त्योहारों के सही समय का निर्धारण करना था। यहाँ पर आकाशीय पिंडों की गति और स्थिति का अवलोकन किया जाता था।

प्रमुख घटिकाएं:

- उज्जैन- उज्जैन की घटिका को प्राचीन काल में विश्व की सबसे प्रमुख घटिका माना जाता था। यहाँ 'गणित' और 'ज्योतिष' का अध्ययन होता था।

- कांची - यहाँ पर भी महत्वपूर्ण घटिकाएं थीं, जहाँ पर खगोलशास्त्र और ज्योतिष का अध्ययन किया जाता था।

- नालंदा- नालंदा विश्वविद्यालय में भी घटिका स्थापित थीं, जहां खगोल विज्ञान और गणित पर गहन अध्ययन होता था।

विज्ञान और गणित- घटिकाओं में गणितीय गणनाओं का भी गहरा अध्ययन होता था। यहाँ पर 'सिद्धांत' और 'प्रयोग' दोनों का प्रयोग किया जाता था। भारतीय गणितज्ञ जैसे आर्यभट्ट और वराहमिहिर ने इन स्थानों पर महत्वपूर्ण योगदान दिया।

सामाजिक और धार्मिक महत्व- घटिकाओं का सामाजिक और धार्मिक महत्व भी था। ये स्थान केवल ज्ञान की भंडार नहीं थे, बल्कि ये धर्म और संस्कृति के केंद्र भी थे, जहां लोग धार्मिक अनुष्ठान और संस्कार भी करते थे।

विज्ञान के लिए योगदान- घटिकाएं भारतीय विज्ञान की धरोहर थीं, जहाँ खगोल विज्ञान, ज्योतिष, गणित और अन्य विज्ञानों का समुचित अध्ययन होता था। यहाँ से निकलने वाले ज्ञान का उपयोग अन्य देशों में भी किया गया।

निष्कर्ष- घटिकाएं प्राचीन भारत में विज्ञान, गणित, और ज्योतिष के अध्ययन के महत्वपूर्ण केंद्र थीं। इनका धार्मिक, सामाजिक और शैक्षणिक महत्व था और ये भारतीय ज्ञान परंपरा का अभिन्न हिस्सा थीं। ये घटिकाएं न केवल भारतीय संस्कृति का प्रतीक थीं, बल्कि उन्होंने वैश्विक ज्ञान के विकास में भी महत्वपूर्ण योगदान दिया।

मंदिर वास्तुकला की विभिन्न शैलियाँ: भारतीय मंदिरों को मुख्य रूप से तीन शैलियों में विभाजित किया जा सकता है-

नागर शैली- यह मंदिर वास्तुकला की सबसे पुरानी शैली है। यह गुप्त काल में प्रारम्भ होकर धीरे-धीरे विकसित हुआ तथा कई अलग-अलग शैलियों में विभाजित हुआ। यह शैली भारतीय उपमहाद्वीप के उत्तरी भाग में विकसित हुआ। 'नागर' शब्द नगर से बना है। सर्वप्रथम नगर में निर्माण होने के कारण इन्हे नागर की संज्ञा प्रदान की गई। नागर शैली की बहुलता मुख्यतः उत्तर व मध्य भारतीय परिक्षेत्र में है। नागर शैली का प्रसार हिमालय से लेकर विंध्य पर्वत माला तक विशेषत: नर्मदा नदी के उत्तरी क्षेत्र तक देखा जा सकता है। यह शैली कहीं-कहीं अपनी सीमाओं से आगे भी विस्तारित हो गयी हैं।

प्रमुख शिल्पशास्त्रों के अनुसार नागर शैली के मंदिरों के आठ प्रमुख अंग है -

- अधिष्ठान- मूल आधार, जिस पर सम्पूर्ण भवन खड़ा किया जाता है।

- शिखर- यह मंदिर का शीर्ष भाग अथवा गर्भगृह का उपरी भाग होता है।

- कलश- शिखर का शीर्षभाग, जो कलश ही या कलशवत् होता है।

- आमलक- शिखर के शीर्ष पर कलश के नीचे का वर्तुलाकार भाग।

- ग्रीवा- शिखर का ऊपरी ढलवाँ भाग।

- कपोत-किसी द्वार, खिड़की, दीवार या स्तंभ का ऊपरी छत से जुड़ा भाग, कोर्निस।

- मसूरक- नींव और दीवारों के बीच का भाग।

- जंघा- दीवारें (विशेषकर गर्भगृह की दीवारें)।

परंतु ये आठ भी पूर्ण या पर्याप्त नहीं हैं। अधिष्ठान का ऊपरी प्लेटफार्म जगती कहलाता है। मूल मंदिर के शिखर के उपरांत एक अंतराल देकर स्तूपवत् मंडप भी बनते हैं। ये भी क्रमश: घटती ऊँचाई व विस्तार के साथ महामंडप, मंडप, अर्धमंडप कहलाते हैं। द्वार व स्तंभ बहुधा सर्पाकृति आरोह अवरोह लिए बनने लगे, तोरण द्वार के रूप में शिखर में जुड़ने वाले उपशिखर उरुश्रृंग कहे जाते हैं। शिखर को विमान भी कहा जाता है। मंदिर के विभिन्न स्थानों पर गवाक्ष भी दिख सकते हैं। इसका अवलोकन चित्र के माध्यम से निम्नवत किया जा सकता है –

वास्तुकला की नागर शैली की कुछ महत्वपूर्ण विशेषताएँ हैं-

- इस प्रकार के मंदिर एक ऊँचे चबूतरे पर बनाया जाता था जहाँ सीढ़ियों के द्वारा पहुँचा जा सकता था।

- चौकोर आकार की भू-योजना, जिसके तीन किनारों पर प्रक्षेपण बनाया गया, जिसने इसे क्रूस का आकार दिया।

- गर्भग्रह हमेशा सबसे ऊँचे शिखर के नीचे बनाया गया था।

- गर्भगृह, चारों ओर से चलने फिरने के मार्ग, या प्रदक्षिणा पथ, से घिरा होता था।

- इसमें विस्तृत चारदीवारी नहीं होती है।

- शिखर पर आमलक या कलश स्थापित किया गया।

- मंदिर के आसपास के क्षेत्र में पानी के टंकी या जलाशयों की अनुपस्थिति।

- मंदिर की दीवार को तीन ऊर्ध्वाधर विमानों में विभाजित किया गया था, जिन्हें रथ के नाम से जाना जाता था। इन्हें त्रिरथ मंदिर कहा जाता था।

- बाद के समय में पंचरथ, सप्तरथ और यहां तक कि नवरथ मंदिरों का भी निर्माण किया गया।

नागर शैली के प्रकार: शिखर के प्रकार के आधार पर, नागर शैली के मंदिरों को आगे तीन प्रकारों में विभाजित किया गया है:-

- रेखा प्रासाद या लैटिना-

- यह शिखर का सबसे सरल प्रकार है।

- इस शैली के तहत, शिखर आधार पर वर्गाकार और इसकी दीवारें शीर्ष पर एक बिंदु तक घुमावदार या अंदर की ओर झुकी हुई होती थीं।

- शीर्ष को 'लैटिना' कहा जाता है।

बाद में, जैसे-जैसे लैटिना संरचनाएं अधिक जटिल होती गई, मंदिर में कई छोटे स्तंभों का निर्माण होना शुरू हुआ, जिन्हें उभरते पहाड़ों की तरह एक साथ समूहीकृत किया जाता था। इनमें सबसे ऊंचा स्तम्भ केंद्र में स्थित होता था और हमेशा गर्भगृह से ऊपर होता था।

फमसाना -रेखा प्रासाद प्रकार की तुलना में वे संरचनाएँ होती हैं।

इसमें कई स्तरों वाली छतें शामिल हैं जो एक सीधी/मंद ढलान में ऊपर की ओर उठती हुई मंदिर के मध्य बिंदु पर एक ही बिंदु पर मिलती हैं। यह इसे पिरामिड का आकार देता है।

वल्लभी शिखर प्रकार-

- इस श्रेणी के वर्गाकार मंदिर में मेहराबदार छतों से शिखर का निर्माण होता है।

- मेहराबी कक्ष का किनारा गोल तथा यह शकटाकार होता है।

- उन्हें आमतौर पर अर्धगोल चापवितान (वैगन वॉल्ट) वाली इमारतों के रूप में जाना जाता है।

उदाहरण :- नंदी देवी या नव दुर्गा मंदिर जागेश्वर।

उपरोक्त के अलावा, नागर शैली को आगे कई उप शैलियों में विभाजित किया गया है, जैसे कि-

ओडिशा शैली- 11वीं और 13वीं शताब्दी के बीच, शिखर और भू-विन्याए में कुछ अनूठी शैलियों के साथ नागर शैली के तहत एक नई शैली उभरा।

ओडिशा शैली की कुछ मुख्य विशेषताएँ हैं-

- सबसे प्रमुख विशिष्ट विशेषता शिखर (देउल) है, जो शीर्ष तक तो बिल्कुल सीधा होता है, लेकिन चोटी पर जाकर अचानक तेजी से भीतर की ओर मुड़ जाता है।

- बरामदे में स्तंभों के स्थान पर लोहे की गर्डरों का प्रयोग सहारा देने के लिए किया जाता है।

- मण्डप को ओडिशा शैली में जगमोहन के नाम से जाना जाता था।

- विस्तृत चारदीवारी मंदिरों को घेरे हुए होते हैं।

- इन मंदिरों का बाहरी भाग जटिल रूप से तराशा गया है और आमतौर पर आंतरिक भाग खाली है।

- मुख्य मंदिर की भू-विन्यास लगभग हमेशा चौकोर होती है, जो इसकी अधिरचना के ऊपरी हिस्से में, मुकुट/मस्तक में गोलाकार हो जाती है।

उदाहरण :- कोणार्क मंदिर, जगन्नाथ मंदिर। कोणार्क सूर्य मंदिर के अलावा, कई सूर्य मंदिर भारत के विभिन्न हिस्सों में सूर्य को समर्पित हैं, जो पूर्व-मध्ययुगीन युग से आधुनिक और वर्तमान समय तक की हैं।

कोणार्क मंदिर- यह 13वीं शताब्दी का सनातन सूर्य मंदिर है जो भारत के ओडिशा के पुरी जिले में समुद्र तट पर पुरी शहर से लगभग 35 किलोमीटर (22 मील) उत्तर पूर्व में कोणार्क में स्थित है। मंदिर का निर्माण लगभग 1250 ई. में पूर्वी गंगा राजवंश के राजा नरसिंह देव प्रथम के द्वारा किया गया है। यह मंदिर सूर्य देवता सूर्य को समर्पित, मंदिर परिसर के अवशेषों में 100 फुट (30 मीटर) ऊंचे रथ की उपस्थिति है, जिसमें विशाल पहिए और घोड़े हैं, जो सभी पत्थर से उकेरे गए हैं। एक बार 200 फीट (61 मीटर) से अधिक ऊंचा, मंदिर का अधिकांश भाग अब खंडहर में है, विशेष रूप से गर्भगृह के ऊपर बड़ा शिकारा टॉवर, एक समय में यह बचे हुए मंडप से बहुत ऊंचा था। जो संरचनाएं और तत्व बच गए हैं वे अपनी जटिल कलाकृति, प्रतीकात्मकता और कामुक काम और मिथुन दृश्यों सहित विषयों के रूप में निर्मित की गई हैं। इसे सूर्य देवालय भी कहा जाता है, यह ओडिशा वास्तुकला शैली या कलिंग वास्तुकला का एक उत्कृष्ट उदाहरण है। यह उन कुछ सनातनी मंदिरों में से एक है, जिनके नियोजन और निर्माण के रिकॉर्ड उड़िया लिपि में एवं संस्कृत में लिखे गए हैं, जिन्हें ताड़ के पत्ते की पांडुलिपियों के रूप में संरक्षित किया गया है, जो 1960 के दशक में देखी गई थीं और बाद में उनका अनुवाद किया गया था। मंदिर को राजा द्वारा प्रायोजित किया गया था, और इसके निर्माण की देखरेख शिव सामंतराय महापात्र ने की थी। इसे एक पुराने सूर्य मंदिर के पास बनाया गया था। पुराने मंदिर के गर्भगृह में मूर्तिकला को फिर से प्रतिष्ठित किया गया और नए बड़े मंदिर में शामिल किया गया।

ध्यान देने योग्य बिन्दु- मंदिर स्थल के विकास का यह कालक्रम उस युग के कई ताम्रपत्र शिलालेखों द्वारा समर्थित है जिसमें कोणार्क मंदिर को 'महान कुटीर' कहा जाता है। कोणार्क, यह नाम कोण (कोना)+ अर्क (सूर्य) से लिया गया है, दोनों को संयुक्त रूप से मिलाने पर यह सूर्य का कोना (Sun Of The Corner) यानि कोणार्क कहा जाता है। इसे ब्लैक पैगोडा के नाम से भी जाना जाता है। यह 1984 में यूनेस्को का विश्व धरोहर स्थल के रूप में शामिल है।

वास्तुकलाः यह नागर शैली के ओडिशा/कलिंग शैली से संबंधित है। तेरहवीं सदी का मुख्य सूर्य मंदिर, एक महान रथ रूप में बना है, जिसके बारह जोड़ी सुसज्जित पहिए हैं, एवं सात घोड़ों द्वारा खींचा जाता है, इस मंदिर में मूर्ति के केंद्र में रखे हीरे से सूर्य की किरणें परावर्तित होती हैं।

वास्तुकला की योजना-

- विमान 70 मीटर ऊँचा है और भूरे-हरे क्लोराइट पत्थर से बना है। तीनों तरफ सूर्य देव के तीन चित्र हैं।

- विमान के नीचे देवालय है।

- जगमोहन, सभा कक्ष जिसे महामंडप के नाम से जाना जाता है।

- इसमें नट मंदिर या नृत्यशाला है।

- मुख्य मंदिर के एक तरफ भोग मंडप मौजूद है।

चंदेल शैली- चंदेल राजाओं ने खजुराहो में 84 मंदिरों का निर्माण कराया था, परंतु वर्तमान में केवल 30 मंदिर ही बचे हैं। इन मंदिरों में हिंदू धर्म के सभी मतों शैव, वैष्णव, शाक्त एवं जैन आदि से संबंधित मंदिर हैं परंतु उनमें शैलीगत कोई विशेष अंतर नहीं है। इन मंदिरों का काल प्रायः दसवीं से तेरहवीं शताब्दी के मध्य माना जाता है। खजुराहो मंदिरों को परम्परागत रूप से एक परकोटे द्वारा घिरा हुआ न बनाकर ऊंची 'आधार पीठिकाओं' पर बनाया गया है। पृथक् पीठिकाओं पर निर्मित प्रत्येक मंदिर अपने आप में एक संपूर्ण संयोजन है। इस शैली की प्रमुख निर्माण उपलब्धि मध्यप्रदेश के खजुराहो में बने सुंदर मंदिरों का समूह है। सबसे कलापूर्ण है एक शैव मंदिर, जिसे 'कंदरिया महादेव' के नाम से जागा जाता है। इसका निर्माण काल 1000 ई. का है।

अन्य मंदिर विष्णु और जैन धर्मगुरुओं को समर्पित हैं। ये मंदिर ऊंची वेदिकाओं पर बने हैं। खजुराहो के मंदिर में एक गर्भगृह, एक सभागार और एक मंडप है। इन सबको उनकी समग्रता में पूर्ण माना जाता था, जबकि ओडिशा के मंदिरों में उन्हें अलग-अलग अभिकल्पित कर बाद में गलियारों से जोड़ दिया जाता था। शिखर अपनी पूरी लम्बाई में वक्रता लिए होता है और मध्य शिखर से लघु शिखर निकलते हैं। इन प्रक्षेपों की शीर्ष चक्रिकाएं, जो ऊध्र्व गति को अवरुध्द करती दिखती हैं, जो इस कला की अद्वितीय विशेषता है। समानता के बावजूद पूरे मंदिर का सर्वांग प्रभाव एक व्यवस्थित नैसर्गिक अभिवृद्धि का है। मंदिर के कक्ष और द्वार मंडप भी लघुतर लाटों से मंडित हैं, जिनसे ऊपर उठती हुई दृष्टि मुख्य शिखर तक जाती है और इससे किसी पर्वतमाला जैसा आभास होता है। अलंकृत नक्काशीदार प्रस्तर भवनों की एकरसता भंग

होती है। इन मंदिरों को एक इकाई के रूप में माना जाता है, जिसमें शिखर नीचे से ऊपर की ओर घुमावदार होते हैं। इसके अलावा, केंद्रीय मीनार से कई लघु शिखर उपस्थित हैं। मंदिरों में, यहाँ तक कि सहायक मंदिर में रेखा प्रासाद प्रकार का शिखर है, जो इन मंदिरों को एक पर्वत श्रृंखला का रूप देता है।

कुछ महत्वपूर्ण विशेषताएँ हैं:

- ये मंदिर बलुआ पत्थर से निर्मित थे।

- उनमें कामुक विषय-आधारित मूर्तियाँ हैं जो वात्स्यायन के कामसूत्र से प्रेरित हैं, लेकिन कामुक चित्रण मंदिर की मूर्तिकला का केवल 10% है।

- इन मंदिरों में तीन कक्ष हैं: गर्भगृह, मण्डप और अर्ध-मंडप।

- बाहरी और आंतरिक दोनों दीवारों को समृद्ध रूप से उत्कीर्ण किया गया है।

- इन मंदिरों को उत्तर या पूर्व मुखी बनाया गया है।

- मंदिरों में भू-विन्यास की पंचायतन शैली का उपयोग किया गया था।

- कुछ मंदिरों में गर्भगृह तक जाने के लिए गलियारा होता था, जिसे अंतराल (vestibular entrance) कहा जाता था।

उदाहरण:- कन्दरिया महादेव मंदिर।

सोलंकी शैली (मारू-गुर्जर): मंदिर वास्तुकला की यह शैली भारत के पश्चिम भाग में मुख्य रूप से गुजरात और राजस्थान में विकसित हुई। इन मंदिरों की विशेषता सूक्ष्म और जटिल सजावटी रूपाँकन हैं। उनके पास नक्काशीदार छत है जो दिखने में एक वास्तविक गुंबद की तरह दिखती है।

कुछ महत्वपूर्ण विशेषताएँ हैं-

- इन मंदिरों में गर्भगृह और मण्डप आंतरिक और बाह्य रूप से जुड़े हुए थे।

- सीढ़ियों के साथ एक पानी की टंकी की उपस्थिति, जिसे सूर्य-कुंड के नाम से जाना जाता है, इस शैली की अनूठी विशेषता थी।

- इन मंदिरों में विभिन्न सामग्रियों का उपयोग किया गया था, जैसे कि बलुआ पत्थर, काला बेसाल्ट और नरम संगमरमर।

- मंदिर ज्यादातर पूर्वाभिमुख होते थे।

- वास्तुकला की इस शैली की विशेषता है कि हर साल विषुव के दिनों में, सूर्य की किरणें सीधे शिखर के रत्न में पड़ती हैं।

उदाहरण:- चित्र- मोढेरा में सूर्य मंदिर, गुजरात।

श्री राम मंदिर (अयोध्या)- श्री राम मंदिर की वास्तु शैली नगर शैली में है, जिसमें मुख्य गोपुरम और गोपुरमों के द्वारके होते हैं। मंदिर की आरक्षित स्थली मंदिर सभा में स्थित होती है, जो मूल देवालय के आगे होती है। इसमें मुख्य गोपुरम और ध्वज स्तम्भ होते हैं। मंदिर की प्रमुख भव्यता और आकर्षण को बढ़ाने के लिए विशेष ध्वज स्तम्भ लगाया जाता है। इस शैली में चौपायी और त्रिशूलाकार की विशेषताओं को ध्यान में रखी गई है। मंदिर के भवन की शिल्पकला में पांच महाभूत और नवग्रहों का प्रतिनिधित्व किया गया है। वास्तुकला में मंदिर की सीमा, संरचना, और सम्मान का महत्वपूर्ण ध्यान रखा गया है, जो धार्मिक और आध्यात्मिक महत्ता को प्रकट करता है।

वास्तुकला की प्रमुख विशेषताएं-

- राम मंदिर का मूल डिज़ाइन 1988 में अहमदाबाद के सोमपुरा परिवार द्वारा तैयार किया गया था। सोमपुराओं ने कम से कम 15 पीढ़ियों से दुनिया भर में 100 से अधिक मंदिरों के डिज़ाइन में योगदान दिया है, जिसमें श्री राम मंदिर भी शामिल है।

- मंदिर के मुख्य वास्तुकार चंद्रकांत सोमपुरा थे, जिन्हें उनके दो बेटों, निखिल सोमपुरा और आशीष सोमपुरा ने सहायता प्रदान की, जो स्वयं भी वास्तुकार हैं।

- हिंदू ग्रंथों, वास्तु शास्त्र और शिल्प शास्त्रों के अनुसार, मूल में कुछ बदलावों के साथ एक नया डिज़ाइन, 2020 में सोमपुराओं द्वारा तैयार किया गया था। मंदिर 250 फीट (76 मीटर) चौड़ा, 380 फीट (120 मीटर) लंबा और 161 फीट (49 मीटर) ऊंचा होगा। पूरा होने पर, मंदिर परिसर दुनिया का तीसरा सबसे बड़ा हिंदू मंदिर बन गया।

- इसे नागर शैली के मारू-गुर्जर वास्तुकला में डिज़ाइन किया गया है, जो एक प्रकार का हिंदू मंदिर वास्तुकला है जो मुख्य रूप से उत्तरी भारत में पाया जाता है। प्रस्तावित मंदिर का एक मॉडल 2019 में प्रयाग कुंभ मेले के दौरान प्रदर्शित किया गया था।

- मंदिर की मुख्य संरचना तीन मंजिलों वाले एक ऊंचे मंच पर बनाई गई है। इसमें गर्भगृह के मध्य और प्रवेश मार्ग पर पाँच मंडप हैं।

- पहली मंजिल पर स्थित श्री राम दरबार में पाँच हॉल हैं- नृत्य मंडप, रंग मंडप, सभा मंडप, प्रार्थना मंडप और कीर्तन मंडप। नागर शैली में मंडपों को शिखरों से सजाया गया है। देवता की मूर्तियों से सुसज्जित इस मंदिर के कोनों में सूर्य, भगवती, गणेश और शिव के लिए समर्पित मंदिर हैं।

- अन्नपूर्णा और हनुमान मंदिर उत्तरी और दक्षिणी भुजाओं पर हैं। नींव में 14 मीटर (46 फीट) मोटी रोलर-कॉम्पैक्ट कांक्रीट की परत है जो कृत्रिम चट्टान से मिलती-जुलती है, जिसमें नमी से बचाव के लिए 21 फुट (6.4 मीटर) ग्रेनाइट का प्लिंथ है, जिससे लोहे का उपयोग नहीं होता है।

- बुजुर्गों और दिव्यांगों के लिए रैंप, लिफ्ट और सुविधाओं के साथ पहुंच सुनिश्चित की गई है। 25,000 लोगों के लिए तीर्थयात्रियों के लिए सुविधा केंद्र चिकित्सा और लॉकर सेवाएं प्रदान करता है। पर्यावरण पर ध्यान केंद्रित करते हुए 70 एकड़ (28 हेक्टेयर) क्षेत्र के 70% हिस्से को हरित क्षेत्र के रूप में संरक्षित किया गया है, जिसमें जल संरक्षण पर जोर दिया गया है।

- मंदिर में कुल 366 स्तंभ हैं। प्रत्येक स्तंभ में 16 मूर्तियाँ हैं जिनमें शिव के अवतार, 10 दशावतारे, चौसठ योगिनियाँ और देवी सरस्वती के 12 अवतार शामिल हैं। सीढ़ियों की चौड़ाई 16 फीट (4.9 मीटर) है।

- विष्णु को समर्पित मंदिरों के डिजाइन के लिए समर्पित शास्त्रों के अनुसार, गर्भगृह आकार में अष्टकोणीय है। मंदिर 4.0 हेक्टेयर (10 एकड़) के क्षेत्र में फैला हुआ है, जबकि शेष 23 हेक्टेयर (57 एकड़) भूमि को एक प्रार्थना कक्ष, एक व्याख्यान कक्ष, एक शैक्षिक सुविधा और एक संग्रहालय और एक कैफेटेरिया सहित अन्य सुविधाओं के साथ एक परिसर में विकसित किया गया है।

- मंदिर समिति के अनुसार, इस स्थल की क्षमता 70,000 आगंतुकों को संभालने की है। केंद्रीय भवन अनुसंधान संस्थान, राष्ट्रीय भूभौतिकीय अनुसंधान संस्थान और बॉम्बे, गुवाहाटी और मद्रास आईआईटी ने मिट्टी परीक्षण, कांक्रीट आपूर्ति और डिजाइन जैसे क्षेत्रों में सहायता की है।

- निर्माण कार्य राजस्थान के बांसी से 600,000 क्यूबिक फीट (17,000 मीटर 3) बलुआ पत्थर से पूरा किया गया है। मंदिर के निर्माण में किसी भी लोहे और स्टील का उपयोग नहीं किया गया है, और पत्थर के ब्लॉकों को जोड़ने के लिए दस हज़ार तांबे की प्लेटों की आवश्यकता पड़ी है।

- सांस्कृतिक रूप से महत्वपूर्ण कदम में, थाईलैंड ने भी प्रतीकात्मक रूप से राम मंदिर के उद्घाटन में योगदान दिया, राम जन्मभूमि को मिट्टी भेजकर, मंदिर के सम्मान में थाईलैंड की दो नदियों से पानी भेजने के अपने पिछले इशारे पर। मंदिर ट्रस्ट के अनुसार, राम मंदिर के अंतिम खाका में मंदिर परिसर में सूर्य, गणेश, शिव, दुर्गा, विष्णु और ब्रह्मा को समर्पित मंदिर शामिल थे।

द्रविड़ शैली- यह शैली दक्षिणी भारत में विकसित होकर विभिन्न राजवंशों, अर्थात् पल्लव, चालुक्य, राष्ट्रकूट, होयसल और चोल के तहत अलग-अलग शैलियों में स्थापित हुई। इसमें कई अनूठी विशेषताएँ हैं जो इसे उत्तरी भारत की नागर शैली से अलग करती हैं।

प्रमुख विशेषताएँ:-

- द्रविड़ शैली मंदिर एक विस्तृत परिसर दीवार से घिरा हुआ होता है।

- इन मंदिरों में, सामने की दीवार के केंद्र में एक विशाल प्रवेश द्वार होता है जिसे गोपुरम के नाम से जाना जाता है।

- मंदिर की मीनार/गुम्बद को विमान के रूप में जाना जाता है, जो नागर शैली के घुमावदार शिखर के बजाय एक सीढ़ीनुमा पिरामिड की आकृति का होता है।

- मंदिर के प्रवेश द्वार पर, हम मंदिर की रखवाली करने वाले भयंकर द्वारपाल या दरबानों की मूर्तियाँ पाते हैं।

- द्रविड़ शैली के तहत मंदिर परिसर के साथ जल भंडार भी एक आम विशेषता है।

नायक मंदिर वास्तुकला शैली: नायक शासकों के शासनकाल के दौरान 16वीं शताब्दी और 18वीं शताब्दी ईस्वी के बीच की अवधि में नायक वास्तुकला फली-फूली। इसे मदुरै शैली भी कहा जाता था। स्थापत्य की दृष्टि से यह द्रविड़ शैली से लगभग मिलती जुलती थी, परन्तु काफी अधिक व्यापक थी। यह इस्लामी प्रभावों को भी दर्शाती है।

प्रमुख विशेषताओं में शामिल हैं:

- गर्भगृह के चारों ओर प्रकर्म, या विशाल गलियारे का निर्माण, जिसे प्रकरण कहा जाता था, साथ ही छतदार प्रदक्षिणा पथ का निर्माण।

- नायक राजाओं के शासनकाल के दौरान कुछ सबसे बड़े गोपुरमों का निर्माण किया गया था।

- पूरे विश्व में सबसे ऊंचा गोपुरम मदुरै के मीनाक्षी मंदिर में देखा जाता है।

- नायक शैली में गोपुरम कला का उत्कृष्ट रूप दिखाई देता है।

- पूरे मंदिर की संरचना में उत्कृष्ट (बारीक नक्काशी युक्त) मूर्तियां देखी गई।

बेसर शैली- बेसर शैली को चालुक्य शैली के रूप में भी जाना जाता है क्योंकि यह चालुक्य वंश (543 ईस्वी से 757 ईस्वी) के तहत विकसित हुई थी। यह शैली नागर और द्रविड़ शैलियों की विशेषताओं को समाहित करती है जिससे मंदिर वास्तुकला की एक नई शैली विकसित हुई। नागर और द्रविड़ शैलियों के मिले-जुले रूप को बेसर शैली कहते हैं। इस शैली के मंदिर विंध्याचल पर्वत से लेकर कृष्णा नदी तक पाए जाते हैं। बेसर शैली के मंदिरों का आकार आधार से शिखर तक गोलाकार (वृत्ताकार) या अर्द्ध गोलाकार होता है। बेसर शैली का उदाहरण है- वृंदावन का वैष्णव मंदिर जिसमें गोपुरम बनाया गया है।

गोंडवाना काल में भी अधिकतर बेसर शैली का ही उपयोग हुआ है। गुप्त काल के बाद देश में स्थापत्य को लेकर क्षेत्रीय शैलियों के विकास में एक नया मोड़ आता है। इस काल में ओडिशा, गुजरात, राजस्थान एवं बुंदेलखंड का स्थापत्य ज़्यादा महत्त्वपूर्ण है। इन स्थानों में 8वीं से 13वीं सदी तक महत्त्वपूर्ण मंदिरों का निर्माण हुआ। इसी दौर में दक्षिण भारत में चालुक्य, पल्लव, राष्ट्रकूटकालीन और चोलयुगीन स्थापत्य अपने वैशिष्ट्य के साथ सामने आया।

विमान शिखर छोटा, फ़ैले कलश, मूर्तियों का आधिक्य, अलंकरण परम्परा का बाहुल्य ही इनकी विशेषता है। अधिकांशतः दक्षिण में मिलने वाले इन मन्दिरों के शिल्प को उन्नति के शिखर पर पहुंचाने का प्रयास चालुक्यों और होयसालों ने सर्वाधिक किया है।

प्रमुख विशेषताएँ:

- यह विमान और मण्डप पर विशेष महत्व रखता है।

- इसकी भू-विन्यास एक तारे के आकार, या ताराकार होता है।

- भारत की वास्तुकला की अनूठी विशेषताओं में से एक, वेसर में एक खुला प्रदक्षिणा पथ है।

- मीनार, वेसर शैली के तहत, चालुक्य निर्माणकर्ताओं ने प्रत्येक मंजिल की ऊंचाई को कम करके और प्रत्येक मंजिल में बहुत अलंकरण के साथ आधार से शीर्ष तक ऊंचाई के अवरोही क्रम में व्यवस्थित करके द्रविड़ विमानों को संशोधित किया

चालुक्य मंदिरों की दो अनूठी प्रमुख विशेषताएँ-

- मण्डपः मण्डप में दो प्रकार की छत होती हैं- गुम्बदाकार छत (चार स्तंभों पर खड़ी गुंबद जैसी छत बहुत आकर्षक होती है) या चौकोर छत (ये पौराणिक चित्रों के साथ अनिवार्य रूप से अलंकृत होती हैं)।

- स्तंभः चालुक्य मंदिरों के लघु सजावटी स्तंभों का अपना कलात्मक मूल्य है।

पल्लव मंदिर वास्तुकला शैली- दक्षिणी उपमहाद्वीप में पल्लव राजवंश चौथी शताब्दी ईस्वी में स्थापित हुआ था और लगभग 500 वर्षों तक शासन किया। वे चालुक्यों के साथ अपने निरंतर संघर्ष के लिए प्रसिद्ध हैं। इसके अलावा, पल्लव काल भारतीय वास्तुकला के इतिहास में बहुत महत्वपूर्ण है क्योंकि इस अवधि को आमतौर पर द्रविड़ शैली की वास्तुकला की शुरुआत माना जाता है।

उनके विभिन्न शासकों के तहत, पल्लव वास्तुकला से चार प्रमुख कला की शैलियां विकसित हुईं, जो शासक के नाम से प्रसिद्ध हैं-

- महेंद्रवर्मन शैली

- मामल्ल शैली

- राजसिंह शैली

- अपराजित शैली

चरण-1 महेंद्र समूह- महेंद्रवर्मन प्रथम के शासन में स्तम्भ युक्त मंडप बने। ये साधारण हॉल के समान है जिनकी पीछे की दिवार में एक कोठरियां बनाई गई हैं। हॉल के प्रवेश द्वार स्तंभ पंक्तियों से बनाए गए हैं। यह पहाड़ियों को काट-काट कर बनाई गई हैं। इसलिए इन्हे गुहा मंदिरों की कोटि में रखा जाता हैं।

- यह नाम उन सभी संरचनाओं को दिया गया है जो महेंद्रवर्मन-I (610-640 ईस्वी) के शासन के दौरान बनाई गई थीं।

- इन संरचनाओं में पहाड़ के अग्र भाग से बने स्तंभित हॉल (विशाल कक्ष) बने होते हैं।

वे उस अवधि के जैन मंदिरों से मिलते जुलते हैं।

चरण-2- नरसिम्हा समूहः(मामल्ल शैली)- इस शैली का प्रमुख केंद्र मामल्लपुरम था। मामल्ल शैली के मंडप अपने स्थापत्य के लिए भी प्रसिद्ध हैं। पहाड़ी की चट्टानों पर गंगावतरण, शेषशायी विष्णु, महिषासुर वध,वराह अवतार और गोवर्धन धारण के दृश्य बड़ी सजीवता और सुंदरता के साथ उत्कीर्ण किए गए हैं। मामल्ल शैली के रथ 'सप्त पैगोड़ा'के नाम से प्रख्यात हैं। रथों में कुछ की छत पिरामिड के आकार की है और कुछ के ऊपर शिखर हैं।

- मामल्ल समूह के रूप में भी जाना जाता है

- नरसिंहवर्मन (640-674 ईस्वी) के तहत निर्मित किए गए है।

- मंदिर अभी भी शैल कर्तित थे, लेकिन कई नई विशेषताएँ और सजावटी शैलियों को जोड़ा गया था।

- स्तंभित हॉल के साथ-साथ रथ नामक मुक्त-स्थायी एकाश्म मंदिरों का निर्माण किया गया था।

चरण-3- राजसिंह समूह:

- इन मंदिरों का निर्माण 674 ईस्वी से 800 ईस्वी के बीच किया गया था।

- इसके तहत चट्टानों को काटकर बनाए गए मंदिर की जगह पत्थर और गारे के स्वतंत्र रूप से खड़े मंदिर निर्मित किए गए।

- शैल कर्तित मंदिरों को संरचनात्मक मंदिरों में बदलने के कारण इस अवधि को परिवर्तनकारी अवधि के रूप में भी जाना जाता है।

- इस शैली में मुख्य रूप से सिंह स्तंभ, मंडप के सुदृढ़ स्तंभ, शिखर, चार दिवारी और उसमें भीतर की ओर बने हुए छोटे-छोटे कक्ष, अलंकरण इत्यादि। यह शैली कैलाश मंदिर में पाई जाती हैं। इस शैली का और भी अधिक विकसित मंदिर बैकुंठ पेरुमाल का हैं। इसमें गर्भ ग्रह

मंडप और प्रवेश द्वार सभी एक दूसरे से सम्बद्ध हैं। इस शैली का सर्वप्रथम उदाहरण 'शोर मंदिर' हैं।

चरण 4 - नंदीवर्मन समूहः (अपराजित शैली)-

- इन मंदिरों का निर्माण 800 ईस्वी से 900 ईस्वी के बीच किया गया था।

- इस अवधि के दौरान पल्लव वास्तुकला अपनी परिपक्वता तक पहुँच गई।

- इस अवधि को पतन के चरण के रूप में जाना जाता है क्योंकि इस अवधि के दौरान केवल छोटे अलंकरण वाले छोटे मंदिर बनाए गए थे।

- इस शैली का प्रमुख उदाहरण बाहूर का मंदिर है। पल्लव कला की इन शैलियों ने मंदिर कला के विकास में बढ़ा योगदान दिया। इनकी अनेक विशेषताएं दक्षिण पूर्वी एशिया में भी पहुंची। वृहत्तर भारत पर पल्लव कला का प्रभाव हैं।

होयसल मंदिर वास्तुकला शैली: होयसल राजवंश ज्यादातर कर्नाटक में केन्द्रित था, जिनका शासन 1050 ईस्वी और 1300 ईस्वी के मध्य था, दक्षिणी दक्कन के पठारी क्षेत्र में होयसल राजाओं का वर्चस्व था और उनकी वास्तुकला के अधिकांश नमूने वहाँ पाए जाते हैं। जो ज्यादातर दक्षिणी कर्नाटक में केंद्रित थी। होयसला मंदिरों को कभी-कभी संकर या वेसर कहा जाता है क्योंकि उनकी अनूठी शैली द्रविड़ और नागर शैलियों के बीच प्रतीत होती है। यहाँ चोल और चालुक्य कला का प्रभाव है। वे अपने शौर्य और प्रशासन के अतिरिक्त बड़े पैमाने पर मन्दिर भवनों का संरक्षण करते थे। उनके मंदिर बेसर शैली पर आधारित थे, जिसमें नागर और द्रविड़ दोनों शैलियों की विशेषताएँ थीं।

प्रमुख विशेषताएँ:-

- होयसल शैली में मंदिरों की भू-विन्यास ताराकार (एक तारे जैसी भू-विन्यास) थी।

- मुख्य मंदिर के चारों ओर कई मंदिर थे।

- उन्होंने अपनी निर्माण सामग्री में मुलायम बलुआ पत्थर का इस्तेमाल किया।

- केंद्रीय स्तंभ वाले हॉल के चारों ओर समूह में कई मंदिर शामिल होते हैं

- मंदिरों ऊँचे चबूतरे पर बने थे, जिन्हें जगती के नाम से जाना जाता है।

चोल मंदिर वास्तुकला शैली- शाही चोल राजवंश की स्थापना विजयालय द्वारा 850 ईस्वी में की गई थी और यह न केवल दक्षिणी भारत में बल्कि दक्षिण पूर्व एशिया और श्रीलंका में अपने प्रभाव और शक्ति के चरम पर पहुँच गया। चोलों के तहत, वास्तुकला की द्रविड़ शैली अपने चरम पर पहुँच गई, जिसमें सभी विशेषताओं को सावधानीपूर्वक और खूबसूरती से चित्रित किया गया था। चोल मंदिर वास्तुकला के विकास में हम मोटे तौर पर तीन प्रमुख चरण देख सकते हैं- प्रारंभिक चरण विजयालय चोल से शुरू होकर सुंदर चोल तक जारी रहा। प्रारंभिक चोलों ने अनेक मंदिर बनवाए। आदित्य प्रथम और परांतक प्रथम अपने धर्म के लिए विपुल निर्माणकर्ता थे। आदित्य प्रथम के शिलालेखों से पता चलता है कि उन्होंने कावेरी नदी के किनारे अनेक मंदिर बनवाए थे। ये मंदिर बाद के चोलों की विशाल स्मारकीय संरचनाओं की तुलना में बहुत छोटे थे और संभवतः पत्थर की बजाय ईंट की संरचनाएँ थीं। चोल स्थापत्य शैली में पूर्ववर्ती पल्लव और चालुक्य शैलियों के तत्वों के साथ-साथ दक्षिण-पूर्व एशिया का प्रभाव भी सम्मिलित था। निर्माण में ग्रेनाइट और बेसाल्ट के उपयोग से जटिल नक्काशी और स्थायित्व संभव हुआ, जिससे इनमें से कई मंदिर समय की कसौटी पर खरे उतरे हैं। विजयालय चोलेश्वरम मंदिर, तमिलनाडु (प्रारम्भिक चरण)

राजराजा चोल और राजेंद्र चोल का मध्य चरण जब उपलब्धियों ने ऐसी ऊंचाइयों को छुआ जो पहले या बाद में कभी नहीं पहुंची। मध्यवर्ती विकास के चरण में मंदिर निर्माण को राजराजा चोल और उनके बेटे राजेंद्र चोलI की विजय और प्रतिभा से बहुत प्रोत्साहन मिला। इस अवधि के शुरुआती चरण में कई छोटे मंदिर बनाए गए थे। इनमें से उल्लेखनीय है तिरुनेलवेली के पास तिरुवलीश्वरम मंदिर। मंदिर में बेहतरीन और अच्छी तरह से रची गई मूर्तियाँ हैं, जिनमें से कुछ में हास्य चित्र हैं। मंदिर के टॉवर का पूरा कंगनी लताओं और पत्तियों के डिजाइन से अलंकृत है। ऐसे मंदिरों के अन्य उदाहरण तिरुमलवाड़ी में वैद्यनाथ मंदिर और तंजावुर में उत्तर कैलास मंदिर में देखे जा सकते हैं। चोल वास्तुकला जिस परिपक्वता और भव्यता के साथ विकसित हुई थी, वह तंजावुर और गंगईकोंडचोलपुरम के दो भव्य मंदिरों में अभिव्यक्त हुई। तंजावुर का भव्य वृहदेश्वर शिव मंदिर, जो लगभग 1009 ई. में बनकर तैयार हुआ था, राजराजा के समय की भौतिक उपलब्धियों का एक उपयुक्त स्मारक है। सभी भारतीय मंदिरों में सबसे बड़ा और सबसे ऊँचा, यह दक्षिण भारतीय वास्तुकला का उच्चतम शिखर बनाने वाली उत्कृष्ट कृति है। उनके मंदिरों को कुछ किलोमीटर से देखा जा सकता है और यूनेस्को की विश्व धरोहर स्थलों में शामिल हैं। बृहदेश्वर मंदिर, तंजाऊर, तमिलनाडु (द्वितीय चरण)

बाद की अवधि चोल शैली एक शताब्दी तक फलती-फूलती रही और बहुत बड़ी संख्या में मंदिरों में अभिव्यक्त हुई। इनमें से दो बड़े मंदिर राजराज और राजेंद्र के मंदिरों से तुलना के योग्य हैं। तंजावुर के पास दारासुरम में राजाराज द्वितीय के शासनकाल के दौरान निर्मित ऐरावतेश्वर

मंदिर एक शानदार संरचना है जो 12वीं शताब्दी ई. में वास्तुकला के विकास के चरण की विशिष्टता है। इस मंदिर की दीवारों पर कलात्मक पत्थर के खंभे और सजावट है, जो इस शैली के करीब है, जिसमें लम्बी भुजाओं और पॉलिश की गई विशेषताओं पर जोर दिया गया है। उनमें से सबसे अच्छी दक्षिणामूर्ति के मंदिर के आलों में गहरे काले बेसाल्ट की आकृतियाँ हैं, जो एक शिक्षण मुद्रा में शिव की दक्षिणी ओर की छवि है, और पश्चिम में, ब्रह्मा और विष्णु को अपनी श्रेष्ठता का विश्वास दिलाने के लिए प्रकाश के स्तंभ से शिव का निकलना।

सामने का मंडप घोड़ों द्वारा खींचे जाने वाले एक विशाल रथ के रूप में है। इस अवधि का अंतिम उदाहरण कुंभकोणम के पास त्रिभुवनम में काम्पहेश्वर मंदिर है जो कुलोथुंगा तृतीय द्वारा निर्मित अच्छी मरम्मत के साथ बचा हुआ है। इस मंदिर की वास्तुकला तंजौर, गंगईकोंडचोलपुरम और दारासुरम के मंदिरों के समान हैं। (तृतीय चरण) काम्पहेश्वर मंदिर स्पोक रथ पहिया, ऐरावतेश्वर मंदिर के पहिये की संरचना 1200 ई स्पोक रथ पहिया, ऐरावतेश्वर मंदिर के पहिये की संरचना 1200 ई।

द्रविड़ शैली की बुनियादी विशेषताओं के अलावा, कुछ अन्य विशेषताएँ थीं:

- विमान की ऊँचाई और भी अधिक होने से मंदिर को एक विशाल रूप प्राप्त हुआ।

- मंदिर के चारों ओर बड़ा और विशाल आंगन का होना।

- गोपुरम को भी वृहद् आकृति का था, और उन पर गहन नक्काशी की गई थी।

- चोलों ने स्तंभ के आधार पर यली (पौराणिक जानवर) का इस्तेमाल किया।

प्रारंभिक मध्ययुगीन हिंदू वास्तुकला: भारत के जम्मू-कश्मीर के अनंतनाग जिले के अवंतीपुर में स्थित एक प्राचीन विष्णु मंदिर है। इस नगर की स्थापना का श्रेय उत्पल वंश के पहले राजा, अवंती वर्मन (855-883 ईसवी) को दिया जाता है। कश्मीर के कार्केट राजवंश एवं उत्पल राजवंश के संरक्षण में इन मंदिरों की वास्तुकला अपनी पराकाष्ठा पर पहुँची। 14वीं शताब्दी तक, कश्मीर मुस्लिम शासन के अधीन आ गया था, और इसके अधिकांश प्रारंभिक मंदिर 15वीं शताब्दी की शुरुआत में वीरान हो गए थे या लूट लिए गए थे। यहाँ दो मंदिरों का श्रेय उन्हें दिया जाता है। विष्णु को समर्पित अवंतिस्वामी मंदिर और शिव को समर्पित अवंतीश्वर मंदिर। अवंतिस्वामी मंदिर छोटा है, लेकिन पहले के मार्तंड सूर्य मंदिर की योजना के समान है।

प्रमुख विशेषताएँ-

- कोष्ठात्मक अभिन्यास की उपस्थिति।

- अधिकांश संरचनाओं में आंगन संलग्न थे।

- उनमें गांधार शैली से प्रभावित त्रिदली/त्रिपर्णी मेहराब थे।

- भवनों और इमारतों की छत के रूप में सीधे कोनों वाला पिरामिडीय छत का प्रयोग किया जाता था।

- इमारतों के अग्र भाग में त्रिकोणीय संरचना का निर्माण ग्रीक प्रेरणा थी।

राजा अवंती वर्मन ने अवन्तिपुर में दो भव्य मंदिरों की स्थापना की थी। एक भगवान विष्णु का मंदिर था जिसे अवंती स्वामी मंदिर कहते हैं और दूसरा भगवान शिव का मंदिर था जिसे अवंतीश्वर मंदिर कहते हैं। राजा ने, विष्णु मंदिर अपने राज्यारोहण से पहले बनवाया था और शिव मंदिर अधिराज्य प्राप्त करने के बाद बनवाया था। मध्यकाल में ये मंदिर खंडहरों में तबदील हो गए थे।

पाल और सेन मंदिर वास्तुकला शैली: पाल और सेन वास्तुकला स्कूल बंगाल क्षेत्र की स्थापत्य शैली को दिया गया नाम था। पाल वंश मुख्यतः बौद्ध राजा थे जो महायान परम्परा का पालन करते थे, हालांकि वे अन्य धर्मों के प्रति अत्यधिक सहिष्णु थे तथा उन दोनों को संरक्षण देते थे। पूर्व-मध्ययुगीन युग में बंगाल में विकसित हुई शैली को पाल और सेन शैली की वास्तुकला के रूप में जाना जाता है, जिसका नाम 8 वीं और 12 वीं शताब्दी के बीच यहाँ शासन करने वाले दो राजवंशों के नाम पर रखा गया है। पाल धर्म में बौद्ध थे, इसलिए उन्होंने कई चैत्य, विहार और स्तूपों का निर्माण किया। दूसरी ओर, सेन हिंदू थे और उन्होंने हिंदू मंदिरों का निर्माण किया।

मुख्य विशेषताएँ-

- पक्के ईंटों का उपयोग, जिसे टेराकोटा ईंटों के रूप में भी जाना जाता था।

- मंदिरों के लंबे शिखर थे, जिनमें शीर्ष पर बड़े आमलक थे, जो ओडिशा शैली के समान थे।

- इन संरचनाओं में समृद्ध नक्काशी थी।

- मूर्तियों के लिए पत्थर और धातुओं का उपयोग किया गया था।

- इमारतों में एक ढलान वाली छत थी।

- पाल संरचनाओं के उदाहरणः नालंदा, ओदंतपुरी, विक्रमशिला के विश्वविद्यालय शामिल हैं।

सेन वास्तुकला स्कूल ने पाल स्कूल का स्थान लिया और बंगाल में 12वीं से 19 वीं शताब्दी तक प्रमुख रहा। एक निर्माण सामग्री के रूप में ईंट के अभिनव उपयोग के लिए जाना जाता है, जिसके परिणामस्वरूप प्रभावशाली संरचनाओं का निर्माण हुआ।

पश्चिम बंगाल के बिष्णुपुर में बांग्ला मंदिर, सेना स्कूल के जटिल टेराकोटा कार्य और अनूठी स्थापत्य शैली को प्रदर्शित करता है। दोनों स्कूलों ने बंगाल की वास्तुकला विरासत में महत्वपूर्ण योगदान दिया और इस क्षेत्र पर एक स्थायी प्रभाव छोड़ा।

पाल और सेन स्कूलों की ये विशिष्ट वास्तुकला शैलियाँ उत्साही और इतिहासकारों को समान रूप से प्रेरित और मोहित करती हैं, जो बंगाल क्षेत्र की समृद्ध सांस्कृतिक और कलात्मक विरासत को प्रदर्शित करती हैं।

भारत के बाहर के मंदिर-

प्राचीनकाल में भारत के बाहर बनाए गए मंदिर भारतीय ज्ञान परंपरा के महत्वपूर्ण प्रतीक हैं। ये मंदिर भारतीय संस्कृति, धर्म और कला के विस्तार और प्रभाव को दर्शाते हैं। ये मंदिर व्यापार, सांस्कृतिक विनिमय और धर्म प्रचार के माध्यम से भारतीय सभ्यता के विश्वव्यापी प्रभाव को दर्शाते हैं। उदाहरणस्वरूप, कंबोडिया का अंगकोरवाट मंदिर (निर्माण काल -1112 - 1153 ई), भारतीय वास्तुकला और हिन्दू धर्म के अद्वितीय तत्वों को प्रस्तुत करता है।

इन मंदिरों में भारतीय स्थापत्य, मूर्तिकला और धार्मिक अनुष्ठानों की विशेषताएँ परिलक्षित होती हैं, जो भारतीय ज्ञान परंपरा के गहन प्रभाव को दिखाती हैं। ये मंदिर न केवल धार्मिक आस्था के केंद्र होते थे, बल्कि शिक्षा, कला और विज्ञान के अध्ययन के स्थल भी होते थे। भारतीय ऋषियों और विद्वानों द्वारा विकसित ज्ञान और शिक्षा का प्रसार इन मंदिरों के माध्यम से हुआ। इन मंदिरों के निर्माण ने स्थानीय संस्कृतियों पर भी गहरा प्रभाव डाला और उन्हें समृद्ध बनाया। भारतीय ज्ञान, योग, आयुर्वेद और दर्शन का प्रसार इन मंदिरों के माध्यम से हुआ, जिससे भारतीय संस्कृति और विचारधारा की वैश्विक पहचान बनी। इस प्रकार, प्राचीनकाल में भारत के बाहर बनाए गए मंदिर भारतीय ज्ञान परंपरा एवं संस्कृति के वैश्विक प्रसार और प्रभाव का प्रतीक हैं। भारत में समृद्ध मंदिर वास्तुकला के अलावा, प्राचीन काल से आधुनिक समय तक भारत के बाहर शानदार मंदिर संरचनाओं के निर्माण की समृद्ध संस्कृति भी है। आइए उनमें से कुछ पर एक नजर डालें-

मंदिर	देश	मुख्य देवता	द्वारा निर्मित
अँकोरवाट मंदिर	कंबोडिया	भगवान विष्णु	सम्राट सूर्यवर्मन द्वितीय
प्रम्बनन मंदिर	इंडोनेशिया	हिन्दू त्रिमूर्ति	राजा रकाई पिकाटन
श्री दुर्गा मंदिर	ऑस्ट्रेलिया	दुर्गा माता	श्री दुर्गादेवी देवस्थानम
तनाहलोत मंदिर	इंडोनेशिया	भगवान वरुण	डांग हयांग निरार्थ
पशुपतिनाथ मंदिर	नेपाल	भगवान शिव	प्रचंड देव
सागर शिव मंदिर	मॉरीशस	भगवान शिव	घुनोवा परिवार
ढाकेश्वरी मंदिर	बांग्लादेश	दुर्गा माता	बल्लालसेन
श्री काली मंदिर	म्यांमार	देवी काली	तमिल प्रवासी
नाथ लाउंग मंदिर	म्यांमार	भगवान विष्णु	राजा अनाव्रत
पुराबेसकिह मंदिर	इंडोनेशिया	भगवान शिव	पूर्व-ऐतिहासिक काल से अस्तित्व में था और धीरे-धीरे कई राजवंशों के तहत बनवाया गया।

निष्कर्ष- भारतीय मंदिर भारतीय ज्ञान परम्परा के प्रमुख संवाहक हैं, जो धार्मिक, सांस्कृतिक, और आध्यात्मिक धरोहर को संजोते हैं। ये मंदिर वास्तुकला, मूर्तिकला और धार्मिक अनुष्ठानों के माध्यम से भारतीय ज्ञान परम्परा को प्रकट करते हैं। वेदों, पुराणों और शास्त्रों में वर्णित ज्ञान और दर्शन मंदिरों की संरचना और कार्यों में प्रतिफलित होते हैं। मंदिर न केवल पूजा स्थलों के रूप में कार्य करते हैं, बल्कि शिक्षा, कला और सामाजिक समरसता के केंद्र भी हैं। भारतीय

मंदिरों ने सदियों से समाज को नैतिक और आध्यात्मिक मार्गदर्शन प्रदान किया है, जिससे भारतीय सभ्यता की निरंतरता और समृद्धि सुनिश्चित होती है। इसीलिए तत्कालीन भारत में मंदिरों, मठों, विहारों, महाविहारों जैसे धर्म, संस्कृति एवं ज्ञान के पवित्र स्थलों की स्थापना से भारतीय ज्ञान, संस्कृति एवं जीवंत परंपराओं का विश्व के कोने- कोने में प्रचार- प्रसार हुआ और भारत विश्व गुरु के रूप में स्थापित हो सका।

***

भारतीय परम्परा के संवाहक : भारत के तीर्थ

भारत के प्रमुख तीर्थ- भारत के संदर्भ में, शब्द 'तीर्थ' (जिसे 'तीर्थ' या 'तीरथ' भी कहा जाता है) बहुत धार्मिक और आध्यात्मिक महत्व रखता है। तीर्थ एक तीर्थ स्थल या पवित्र स्थान को संदर्भित करता है जो भारत में प्रचलित विभिन्न धर्मों, विशेष रूप से हिंदू, बौद्ध और जैन धर्म, सिख धर्म, मुस्लिम धर्म, पारसी एवं आदि धर्मों में एक विशेष धार्मिक महत्व है। इन तीर्थ स्थलों को पवित्र माना जाता है और माना जाता है कि इनमें आने वाले तीर्थयात्रियों को शुद्ध करने और आध्यात्मिक रूप से उत्थान करने की शक्ति होती है।

तीर्थ स्थल पूरे भारत में फैले हुए हैं, (जिनका उल्लेख पूर्व में भी किया जा चुका है) और वे जिस धर्म से जुड़े हैं, उसके आधार पर उनकी प्रकृति और महत्व अलग-अलग हैं। भारत के सबसे कुछ प्रसिद्ध तीर्थ स्थलों का वर्णन इस प्रकार है -

हिंदू तीर्थ:

भारत अनगिनत हिंदू तीर्थ स्थलों से भरा हुआ है, जिन्हें 'हिंदू तीर्थ' के नाम से जाना जाता है। इनमें चार धाम यात्रा (बद्रीनाथ, केदारनाथ, गंगोत्री और यमुनोत्री शामिल हैं), वाराणसी (काशी या बनारस के नाम से भी जाना जाता है), ऋषिकेश, हरिद्वार, अयोध्या, मथुरा और कई अन्य शामिल हैं। भारत में कई प्रमुख तीर्थ स्थल हैं जो धार्मिक, सांस्कृतिक और ऐतिहासिक महत्व रखते हैं। यहाँ कुछ प्रसिद्ध तीर्थ स्थलों की सूची दी गई है:

वाराणसी (काशी): राज्य-उत्तर प्रदेश, वाराणसी गंगा नदी के किनारे स्थित एक प्राचीन शहर है और हिंदू धर्म का एक प्रमुख तीर्थ स्थल है। यह भगवान शिव का निवास माना जाता है और यहाँ काशी विश्वनाथ मंदिर अत्यंत प्रसिद्ध है।

वृंदावन और मथुरा: राज्य- उत्तर प्रदेश, मथुरा भगवान श्रीकृष्ण का जन्म स्थान है और वृंदावन वह जगह है जहाँ उन्होंने अपना बचपन बिताया। यहाँ के कृष्ण मंदिर और धार्मिक स्थल देश भर से भक्तों को आकर्षित करते हैं।

हरिद्वार और ऋषिकेश: राज्य- उत्तराखंड, हरिद्वार गंगा नदी के किनारे स्थित है और यहाँ हर की पौड़ी घाट पर हरिद्वार कुंभ मेला आयोजित होता है। ऋषिकेश योग और अध्यात्म के लिए प्रसिद्ध है।

अमरनाथ गुफा: राज्य- जम्मू और कश्मीर, अमरनाथ गुफा भगवान शिव के हिमलिंग के रूप में पूजनीय है। इस तीर्थ स्थल की यात्रा को कठिन और पवित्र माना जाता है।

बद्रीनाथ: राज्य- उत्तराखंड, बद्रीनाथ भगवान विष्णु को समर्पित एक प्रमुख धाम है और चार धाम यात्रा का हिस्सा है।

केदारनाथ: राज्य- उत्तराखंड, केदारनाथ भगवान शिव को समर्पित है और यह चार धाम यात्रा के महत्वपूर्ण धामों में से एक है।

वैष्णो देवी: राज्य- जम्मू और कश्मीर, यह हिंदू देवी मां वैष्णो देवी का मंदिर है, जो त्रिकूट पहाड़ियों में स्थित है। यहाँ हर साल लाखों श्रद्धालु दर्शन के लिए आते हैं।

पुरी: राज्य- ओडिशा, पुरी जगन्नाथ मंदिर भगवान विष्णु के अवतार जगन्नाथ को समर्पित है और यह चार धाम यात्रा का हिस्सा है।

सोमनाथ: राज्य- गुजरात-सोमनाथ मंदिर भगवान शिव के बारह ज्योतिर्लिंगों में से एक है और एक प्रमुख तीर्थ स्थल है।

रामेश्वरम: राज्य- तमिलनाडु-रामेश्वरम भगवान शिव को समर्पित एक प्रमुख तीर्थ स्थल है और यह चार धाम यात्रा का दक्षिणी धाम है।

तिरुपति बालाजी: राज्य- आंध्र प्रदेश, तिरुपति में भगवान बेंकटेश्वर (बालाजी) का मंदिर स्थित है जो देश के सबसे समृद्ध और पवित्र मंदिरों में से एक है।

शिरडी: राज्य- महाराष्ट्र- शिरडी साईं बाबा का मंदिर है और यहाँ भक्तों की भारी भीड़ रहती है।

गंगोत्री और यमुनोत्री: राज्य- उत्तराखंड, गंगोत्री और यमुनोत्री क्रमशः गंगा और यमुना नदियों के उद्गम स्थल हैं और इन्हें धार्मिक महत्व प्राप्त है।

ये तीर्थ स्थल न केवल धार्मिक आस्था के केंद्र हैं, बल्कि भारतीय संस्कृति और सभ्यता की गहरी जड़ें भी यहां परिलक्षित होती हैं। ये स्थान विभिन्न देवताओं, पवित्र नदियों और हिंदू पौराणिक कथाओं की महत्वपूर्ण घटनाओं से जुड़े हैं।

बौद्ध तीर्थ:- भारत बौद्ध धर्म का जन्मस्थान है, और यह कई महत्वपूर्ण बौद्ध तीर्थ स्थलों का घर है। बोधगया, जहां माना जाता है कि गौतम बुद्ध को ज्ञान प्राप्त हुआ था, सारनाथ, जहां उन्होंने

अपना पहला उपदेश दिया था, और कुशीनगर, जहां उनका निधन हुआ, भारत के प्रमुख बौद्ध तीर्थस्थलों में से हैं। भारत में बौद्ध धर्म के कई प्रमुख तीर्थ स्थल हैं, जो भगवान बुद्ध के जीवन, उनके उपदेशों और बौद्ध धर्म के इतिहास से जुड़े हुए हैं। यहाँ कुछ प्रमुख बौद्ध तीर्थ स्थलों की सूची दी गई है:

बोधगया- राज्य: बिहार, बोधगया बौद्ध धर्म का सबसे महत्वपूर्ण तीर्थ स्थल है क्योंकि यहाँ महात्मा बुद्ध को ज्ञान की प्राप्ति हुई थी। यहाँ स्थित महाबोधि मंदिर और बोधि वृक्ष अत्यंत पवित्र माने जाते हैं।

सारनाथ- राज्य: उत्तर प्रदेश, सारनाथ वह स्थान है जहाँ भगवान बुद्ध ने अपने ज्ञान प्राप्ति के बाद पहला उपदेश दिया था। यहाँ स्थित धमेक स्तूप और मूलगंध कुटी विहार बौद्ध धर्म के अनुयायियों के लिए पवित्र स्थल हैं।

कुशीनगर- राज्य: उत्तर प्रदेश, कुशीनगर वह स्थान है जहाँ भगवान बुद्ध ने महापरिनिर्वाण (मोक्ष) प्राप्त किया था। यहाँ महापरिनिर्वाण स्तूप और रमाभार स्तूप प्रमुख आकर्षण हैं।

लुंबिनी- स्थान: नेपाल (भारत की सीमा के पास), लुंबिनी भगवान बुद्ध का जन्मस्थान है और इसे बौद्ध धर्म का अत्यंत महत्वपूर्ण तीर्थ स्थल माना जाता है। यहाँ स्थित मायादेवी मंदिर और अशोक स्तंभ बौद्ध तीर्थ यात्री आकर्षित करते हैं।

राजगीर- राज्य: बिहार, राजगीर भगवान बुद्ध का प्रवास स्थल था, जहाँ उन्होंने अपने अनेक उपदेश दिए। यहाँ स्थित गृद्धकूट पर्वत और विपुलगिरि बौद्ध धर्म के प्रमुख स्थल हैं।

श्रावस्ती- राज्य: उत्तर प्रदेश, श्रावस्ती वह स्थान है जहाँ भगवान बुद्ध ने अपने जीवन के सबसे अधिक वर्ष बिताए। यहाँ स्थित जेतवन मठ और आनंद बोधि वृक्ष महत्वपूर्ण तीर्थ स्थल हैं।

नालंदा- राज्य: बिहार, नालंदा प्राचीन काल में विश्व का प्रसिद्ध बौद्ध शिक्षण केंद्र था। यहाँ स्थित नालंदा विश्वविद्यालय के खंडहर और बौद्ध स्तूप बौद्ध धर्म के अनुयायियों के लिए ऐतिहासिक स्थल हैं।

सांची- राज्य: मध्य प्रदेश, सांची बौद्ध धर्म का एक प्रमुख तीर्थ स्थल है और यहाँ का सांची स्तूप बौद्ध वास्तुकला का उत्कृष्ट उदाहरण है। इसे सम्राट अशोक ने बनवाया था और यह विश्व धरोहर स्थल है।

विक्रमशिला- राज्य: बिहार, विक्रमशिला बौद्ध धर्म का एक प्राचीन शिक्षण केंद्र था और यहाँ बौद्ध धर्म की महायान शाखा का विकास हुआ। यह नालंदा विश्वविद्यालय के समान महत्वपूर्ण था।

अमरावती- राज्य: आंध्र प्रदेश, अमरावती बौद्ध धर्म के महत्वपूर्ण तीर्थ स्थलों में से एक है। यहाँ का अमरावती स्तूप और बौद्ध कला बौद्ध धर्म के इतिहास और संस्कृति का हिस्सा हैं।

कांचीपुरम- राज्य: तमिलनाडु, कांचीपुरम बौद्ध धर्म का एक प्राचीन केंद्र था। यहाँ भगवान बुद्ध के अनुयायियों और बौद्ध मठों के अवशेष देखे जा सकते हैं।

धौली- राज्य: ओडिशा, धौली बौद्ध धर्म के महत्वपूर्ण स्थलों में से एक है। यह वही स्थान है जहाँ सम्राट अशोक ने कलिंग युद्ध के बाद अहिंसा और बौद्ध धर्म को अपनाया था। यहाँ स्थित शांति स्तूप बौद्ध धर्म का प्रतीक है।

कुशीनगर -राज्य: उत्तर प्रदेश, यह स्थान भगवान बुद्ध के महापरिनिर्वाण स्थल के निकट स्थित है और इसे भी एक प्रमुख तीर्थ स्थल माना जाता है।

कपिलवस्तु- स्थान: उत्तर प्रदेश (भारत-नेपाल सीमा के निकट) कपिलवस्तु भगवान बुद्ध का बाल्यकाल और युवावस्था का स्थान है।

यहाँ से जुड़े ऐतिहासिक स्थल बौद्ध धर्म के अनुयायियों के लिए महत्वपूर्ण हैं। ये स्थल न केवल बौद्ध धर्म के अनुयायियों के लिए, बल्कि पूरे विश्व के लिए आध्यात्मिकता, शांति और अहिंसा के प्रतीक हैं। इन तीर्थ स्थलों का बौद्ध धर्म के इतिहास, कला और संस्कृति में विशेष स्थान है।

जैन तीर्थ:- जैन धर्म, भारत में महत्वपूर्ण अनुयायियों वाला एक प्राचीन धर्म है, जिसके अपने तीर्थस्थल हैं जिन्हें 'जैन तीर्थ' के नाम से जाना जाता है। कर्नाटक में श्रवणबेलगोला, गुजरात में पलिताना और झारखंड में शिखरजी कुछ प्रमुख जैन तीर्थ हैं जो आध्यात्मिक शांति चाहने वाले भक्तों को आकर्षित करते हैं। जैन धर्म के प्रमुख तीर्थ स्थल उनकी धार्मिक परंपराओं, तीर्थंकरों के जीवन और मोक्ष प्राप्ति की स्थानों से जुड़े हुए हैं। यहाँ कुछ महत्वपूर्ण जैन तीर्थ स्थलों की सूची दी गई है:

पलिताणा- राज्य: गुजरात, पलिताणा जैन धर्म का एक प्रमुख तीर्थ स्थल है। यह स्थान शत्रुंजय पर्वत पर स्थित है और यहाँ 900 से अधिक जैन मंदिर हैं। यह स्थान 23वें तीर्थंकर भगवान पार्श्वनाथ को समर्पित है और इसे जैन धर्म के पवित्रतम स्थलों में से एक माना जाता है।

श्रवणबेलगोला- राज्य: कर्नाटक, श्रवणबेलगोला जैन धर्म का एक प्रमुख तीर्थ स्थल है। यहाँ स्थित 58 फुट ऊँची भगवान गोमतेश्वर (बाहुबली) की प्रतिमा दुनिया की सबसे बड़ी एकाश्म प्रतिमाओं में से एक है। यहाँ हर 12 वर्ष में महामस्तकाभिषेक महोत्सव आयोजित किया जाता है।

समेत शिखर (श्री सम्मेद शिखरजी)- राज्य: झारखंड, सम्मेद शिखरजी जैन धर्म के सबसे पवित्र तीर्थ स्थलों में से एक है। यहाँ 20 तीर्थंकरों ने मोक्ष प्राप्त किया था। यह पर्वत जैन समुदाय के लिए अत्यंत महत्वपूर्ण धार्मिक स्थल है।

गिरनार- राज्य: गुजरात, गिरनार पर्वत जैन धर्म का एक और प्रमुख तीर्थ स्थल है। यहाँ 22वें तीर्थंकर भगवान नेमिनाथ को समर्पित एक महत्वपूर्ण मंदिर है। यह स्थान जैन धर्म के अनुयायियों के लिए एक पवित्र स्थल माना जाता है।

रणकपुर जैन मंदिर- राज्य: राजस्थान, रणकपुर का जैन मंदिर भगवान आदिनाथ को समर्पित है। यह मंदिर अपनी अद्भुत संगमरमर की नक्काशी और वास्तुकला के लिए प्रसिद्ध है और जैन धर्म के प्रमुख तीर्थ स्थलों में से एक है।

दिलवाड़ा मंदिर- राज्य: राजस्थान (माउंट आबू), माउंट आबू का दिलवाड़ा जैन मंदिर जैन धर्म की उत्कृष्ट वास्तुकला का प्रतीक है। यह मंदिर भी भगवान आदिनाथ को समर्पित है और अपनी नक्काशी और मूर्तिकला के लिए विश्व प्रसिद्ध है।

शत्रुंजय हिल्स- राज्य: गुजरात, शत्रुंजय हिल्स भी जैन धर्म के महत्वपूर्ण तीर्थ स्थलों में गिने जाते हैं। यहाँ भगवान ऋषभदेव के मंदिर और अन्य जैन मंदिर हैं। यह स्थान जैन धर्म के इतिहास और संस्कृति में विशेष महत्व रखता है।

पावापुरी- राज्य: बिहार, पावापुरी वह स्थान है जहाँ 24वें तीर्थंकर भगवान महावीर ने निर्वाण प्राप्त किया था। यहाँ स्थित जैन मंदिर जैन धर्म के अनुयायियों के लिए विशेष रूप से पवित्र है।

महावीर जी- राज्य: राजस्थान, महावीर जी का मंदिर भगवान महावीर को समर्पित है और यह राजस्थान के प्रमुख जैन तीर्थ स्थलों में से एक है। यहाँ हर साल बड़ी संख्या में श्रद्धालु आते हैं।

कुंथलगिरी- राज्य: महाराष्ट्र, कुंथलगिरी जैन तीर्थ स्थल है और इसे भगवान कुंथुनाथ से जोड़ा जाता है। यहाँ जैन धर्म के अनुयायी बड़ी संख्या में आते हैं और यहाँ का मंदिर विशेष रूप से महत्वपूर्ण माना जाता है।

सोनागिरि- राज्य: मध्य प्रदेश, सोनागिरि जैन धर्म के प्रमुख तीर्थ स्थलों में से एक है। यहाँ 77 से अधिक जैन मंदिर स्थित हैं और यह स्थल मोक्ष प्राप्ति के लिए महत्वपूर्ण माना जाता है।

चंद्रगिरि और इंद्रगिरि (विद्याधिरि)- राज्य: कर्नाटक (श्रवणबेलगोला के निकट), ये स्थान भगवान बाहुबली से जुड़े हुए हैं और यहाँ भी जैन धर्म के तीर्थ स्थल हैं। यह स्थल जैन धर्म के अनुयायियों के लिए आस्था का केंद्र है।

अयोध्या- राज्य: उत्तर प्रदेश, अयोध्या जैन धर्म के पांच तीर्थंकरों की जन्मस्थली है। यहाँ स्थित जैन मंदिर और तीर्थ स्थल जैन धर्म के अनुयायियों के लिए विशेष धार्मिक महत्व रखते हैं।

हस्तिनापुर- राज्य: उत्तर प्रदेश, हस्तिनापुर जैन धर्म के तीन तीर्थंकरों की जन्मस्थली है और यह जैन धर्म के महत्वपूर्ण तीर्थ स्थलों में से एक है। यहाँ कई जैन मंदिर स्थित हैं।

राजगढ़- राज्य: मध्य प्रदेश, राजगढ़ जैन धर्म का प्रमुख तीर्थ स्थल है और यहाँ जैन धर्म के अनुयायी बड़ी संख्या में आते हैं। यहाँ भगवान आदिनाथ के मंदिर विशेष रूप से प्रसिद्ध हैं।

ये तीर्थ स्थल जैन धर्म के अनुयायियों के लिए आध्यात्मिकता, तपस्या और मोक्ष के प्रतीक हैं। इन स्थानों का धार्मिक और ऐतिहासिक महत्व जैन धर्म की गहरी परंपराओं और सिद्धांतों में निहित है।

सिख तीर्थ:- सिख धर्म के प्रमुख तीर्थ स्थल उनकी धार्मिक परंपराओं, ऐतिहासिक घटनाओं और गुरुओं के जीवन से जुड़े स्थानों पर आधारित हैं। यहाँ कुछ प्रमुख सिख तीर्थ स्थलों की सूची दी गई है:-

श्री हरमंदिर साहिब (स्वर्ण मंदिर)- स्थान: अमृतसर, पंजाब, श्री हरमंदिर साहिब, जिसे स्वर्ण मंदिर भी कहा जाता है, सिख धर्म का सबसे पवित्र स्थल है। यह अमृतसर में स्थित है और यहाँ हर दिन हजारों श्रद्धालु दर्शन करने आते हैं।

तख्त श्री केसगढ़ साहिब- स्थान: आनंदपुर साहिब, पंजाब, यह सिखों के पाँच प्रमुख तख्तों (धार्मिक सीटों) में से एक है। यहाँ पर 1699 में सिखों के दसवें गुरु, गुरु गोबिंद सिंह जी ने खालसा पंथ की स्थापना की थी।

श्री अकाल तख्त साहिब- स्थान: अमृतसर, पंजाब, श्री अकाल तख्त सिख धर्म का सर्वोच्च तख्त माना जाता है। यह श्री हरमंदिर साहिब के सामने स्थित है और इसे सिख समुदाय की धार्मिक और राजनीतिक शक्ति का केंद्र माना जाता है।

गुरुद्वारा बंगला साहिब- स्थान: दिल्ली, यह गुरुद्वारा गुरु हरकृष्ण साहिब जी को समर्पित है और दिल्ली के प्रमुख सिख तीर्थ स्थलों में से एक है। यहाँ एक विशाल सरोवर भी है जो इसकी पवित्रता और सुंदरता को बढ़ाता है।

तख्त श्री पटना साहिब- स्थान: पटना, बिहार, यह तख्त गुरु गोबिंद सिंह जी की जन्मस्थली है। यह सिख धर्म के पाँच प्रमुख तख्तों में से एक है और अत्यंत महत्वपूर्ण धार्मिक स्थल है।

तख्त श्री दमदमा साहिब- स्थान: तलवंडी साबो, पंजाब, यह तख्त वह स्थान है जहाँ गुरु गोबिंद सिंह जी ने श्री गुरु ग्रंथ साहिब का अंतिम रूप तैयार किया था। इसे सिख धर्म में अत्यधिक पवित्र माना जाता है।

तख्त श्री हजूर साहिब- स्थान: नांदेड़, महाराष्ट्र, यह सिखों का एक और प्रमुख तख्त है। यह स्थान गुरु गोबिंद सिंह जी के निर्वाण स्थल के रूप में प्रसिद्ध है।

गुरुद्वारा हेमकुंड साहिब- स्थान: उत्तराखंड, यह गुरुद्वारा हिमालय की ऊँचाइयों में स्थित है और सिख धर्म का एक पवित्र तीर्थ स्थल है। इसे गुरु गोबिंद सिंह जी से जोड़ा जाता है और यह स्थान अपने धार्मिक महत्व के साथ-साथ प्राकृतिक सुंदरता के लिए भी प्रसिद्ध है।

गुरुद्वारा जन्म स्थान (ननकाना साहिब)- स्थान: ननकाना साहिब, पाकिस्तान, यह स्थान सिख धर्म के संस्थापक, गुरु नानक देव जी का जन्म स्थल है। ननकाना साहिब सिख धर्म के सबसे पवित्र तीर्थ स्थलों में से एक है।

गुरुद्वारा पंजा साहिब- स्थान: हसन अब्दाल, पाकिस्तान यह गुरुद्वारा उस स्थान पर स्थित है जहाँ गुरु नानक देव जी ने एक पत्थर पर अपना पंजा (हाथ का निशान) छोड़ा था। यह सिख इतिहास में महत्वपूर्ण स्थान रखता है।

गुरुद्वारा करतारपुर साहिब- स्थान: करतारपुर, पाकिस्तान, यह गुरुद्वारा गुरु नानक देव जी का अंतिम निवास स्थान है। हाल ही में करतारपुर कॉरिडोर के माध्यम से भारतीय श्रद्धालुओं को यहाँ जाने की अनुमति दी गई है।

गुरुद्वारा मंजी साहिब- स्थान: फतेहगढ़ साहिब, पंजाब, यह गुरुद्वारा सिख धर्म के नौवें गुरु, गुरु तेग बहादुर जी से संबंधित है और इसे एक प्रमुख धार्मिक स्थल माना जाता है।

ये सिख तीर्थ स्थल सिख धर्म की संस्कृति, इतिहास और धार्मिकता का प्रतीक हैं। प्रत्येक स्थान का अपना ऐतिहासिक और धार्मिक महत्व है, जो सिख समुदाय के लिए अत्यंत पवित्र और पूजनीय है।

मुस्लिम तीर्थ- इस्लाम धर्म के अनुयायियों के लिए तीर्थ स्थल (मक़ामात) धार्मिक, ऐतिहासिक और आध्यात्मिक महत्व रखते हैं। यहाँ कुछ प्रमुख मुस्लिम तीर्थ स्थलों की सूची दी गई है, जो भारत और विश्व में महत्वपूर्ण माने जाते हैं-

भारत में प्रमुख मुस्लिम तीर्थ स्थल:

दरगाह शरीफ- अजमेर- स्थान: राजस्थान, यह दरगाह सूफी संत ख़्वाजा मोईनुद्दीन चिश्ती का मज़ार है। इसे 'ग़रीब नवाज़' भी कहा जाता है और यहाँ हर साल लाखों श्रद्धालु आते हैं, खासकर उर्स के दौरान।

हज़रत निज़ामुद्दीन औलिया दरगाह- स्थान: दिल्ली, यह दरगाह प्रसिद्ध सूफी संत हज़रत निज़ामुद्दीन औलिया का मज़ार है। यहाँ संगीत और कव्वाली का विशेष स्थान है और श्रद्धालु यहां आकर अपनी मन्नतें पूरी करते हैं।

चारमीनार और मक्का मस्जिद -स्थान: हैदराबाद, तेलंगाना, चारमीनार हैदराबाद का प्रसिद्ध स्मारक है और इसके निकट स्थित मक्का मस्जिद एक ऐतिहासिक और पवित्र स्थल है। इसे मक्का की मिट्टी से बने पत्थरों से निर्मित किया गया है।

दरगाह हज़रत मीरां सय्यद हुसैन- गुलबर्गा, स्थान: कर्नाटक, यह दरगाह हज़रत मीरां सय्यद हुसैन शर्फुद्दीन का मक़ाम है। यह स्थान सूफी संतों के अनुयायियों और श्रद्धालुओं के लिए विशेष रूप से महत्वपूर्ण है।

दरगाह हज़रत सलीम चिश्ती- स्थान: फतेहपुर सीकरी, उत्तर प्रदेश, यह दरगाह सूफी संत हज़रत सलीम चिश्ती का मक़ाम है। यहाँ आने वाले लोग मन्नतें मांगते हैं और दरगाह को चादर चढ़ाते हैं।

हाजी अली दरगाह- स्थान: मुंबई, महाराष्ट्र, हाजी अली दरगाह एक समुद्र के बीच में स्थित है और हज़रत हाजी अली शाह बुखारी का मक़ाम है। यह भारत का एक प्रमुख सूफी तीर्थ स्थल है जहाँ हर धर्म के लोग आते हैं।

पिरान कलियर शरीफ- स्थान: उत्तराखंड, पिरान कलियर शरीफ एक प्रमुख सूफी तीर्थ स्थल है और हज़रत मखदूम अलाउद्दीन अली अहमद 'सबीर' का मक़ाम है। इसे उत्तर भारत के प्रमुख मुस्लिम तीर्थ स्थलों में गिना जाता है।

ताज-उल-मस्जिद- स्थान: भोपाल, मध्य प्रदेश, ताज-उल-मस्जिद भारत की सबसे बड़ी मस्जिदों में से एक है और इसे 'मस्जिदों का ताज' कहा जाता है। यहाँ हर साल कई धार्मिक उत्सव मनाए जाते हैं।

ईसाई धर्म तीर्थ- ईसाई धर्म में तीर्थ स्थल विशेष रूप से धार्मिक महत्व रखते हैं और उन्हें आध्यात्मिकता, विश्वास और श्रद्धा के प्रतीक माना जाता है। यहाँ कुछ प्रमुख ईसाई तीर्थ स्थलों की सूची दी गई है:

भारत में प्रमुख ईसाई तीर्थ स्थल:

वेलंकन्नी चर्च (बेसिलिका ऑफ अवर लेडी ऑफ गुड हेल्थ)- स्थान: वेलंकन्नी, तमिलनाडु, यह चर्च माता मरियम को समर्पित है और इसे 'पूर्व का लूर्द' भी कहा जाता है। यहाँ हर साल लाखों श्रद्धालु आते हैं, खासकर सितंबर में आयोजित वार्षिक उत्सव के दौरान।

सेंट थॉमस माउंट- स्थान: चेन्नई, तमिलनाडु, यह पर्वत स्थल वह स्थान है जहाँ विश्वास किया जाता है कि सेंट थॉमस को शहीद किया गया था। यहाँ एक चर्च भी स्थित है जो श्रद्धालुओं के लिए एक पवित्र स्थान है।

सेंट फ्रांसिस चर्च- स्थान: कोच्चि, केरल, यह चर्च भारत का सबसे पुराना यूरोपीय चर्च है। यहाँ पुर्तगाली खोजकर्ता वास्को डी गामा को पहले दफन किया गया था, और यह चर्च ऐतिहासिक और धार्मिक दृष्टि से महत्वपूर्ण है।

बोम जीसस बेसिलिका- स्थान: गोवा, यह चर्च सेंट फ्रांसिस जेवियर का मक़बरा है, जिन्हें ईसाई धर्म के सबसे प्रमुख संतों में से एक माना जाता है। यह गोवा का एक प्रमुख तीर्थ स्थल है और यहाँ सेंट फ्रांसिस के अवशेष सुरक्षित रखे गए हैं।

सेंट कैथेड्रल चर्च- स्थान: गोवा, यह चर्च भारत का सबसे बड़ा चर्च है और इसे पुर्तगाली वास्तुकला का एक अद्भुत उदाहरण माना जाता है। इसे सेंट कैथेड्रल को समर्पित किया गया है।

सेंट जोसेफ चर्च- स्थान: बंगलुरु, कर्नाटक, यह चर्च दक्षिण भारत का प्रमुख कैथोलिक चर्च है और इसे गॉथिक वास्तुकला का उत्कृष्ट उदाहरण माना जाता है। यह बंगलुरु के प्रमुख ईसाई तीर्थ स्थलों में से एक है।

सेंट थॉमस कैथेड्रल- स्थान: मुंबई, महाराष्ट्र, यह चर्च ब्रिटिश काल की ऐतिहासिक धरोहर है और इसे सेंट थॉमस को समर्पित किया गया है। इसे मुंबई का सबसे पुराना चर्च माना जाता है।

सेंट जॉर्ज फोराने चर्च- स्थान: एदापल्ली, केरल, यह चर्च एदापल्ली में स्थित है और ईसाई धर्म के प्राचीन चर्चों में से एक है। यहाँ कई धार्मिक और सांस्कृतिक कार्यक्रम आयोजित किए जाते हैं।

मनारकाडु चर्च- स्थान: केरल, यह चर्च सेंट मरियम को समर्पित है और यहाँ हर साल हजारों श्रद्धालु तीर्थ यात्रा के लिए आते हैं, विशेष रूप से 8 सितंबर को आयोजित वार्षिक उत्सव के दौरान।

माउंट मेरी चर्च- स्थान: मुंबई, महाराष्ट्र, माउंट मेरी चर्च, जिसे 'बांद्रा की माता' के नाम से भी जाना जाता है, एक प्रमुख कैथोलिक तीर्थ स्थल है। यहाँ सितंबर में माउंट मेरी फेयर के दौरान बड़ी संख्या में श्रद्धालु आते हैं।

देखा जाए तो भारत में सभी धर्मों से संबंधित अनेक तीर्थ स्थल मौजूद हैं। जिनमें सनातन धर्म, जैन, बौद्ध तीर्थ स्थल प्राचीन काल से ही स्थापित किए गए हैं जबकि मध्यकाल के बाद धीरे -धीरे सिख, मुस्लिम व ईसाई धर्म के पवित्र स्थल अस्तित्व में आए। इस प्रकार लाखों भारतीयों के लिए, तीर्थ यात्रा करना एक गहरा और पवित्र प्रयास है, क्योंकि ऐसा माना जाता है कि यह आत्मा को शुद्ध करता है, पिछले पापों से मुक्ति दिलाता है और आशीर्वाद और आध्यात्मिक विकास लाता है। इन तीर्थों की यात्रा न केवल एक धार्मिक अभ्यास है, बल्कि भक्ति, विनम्रता और उच्च आध्यात्मिक समझ की खोज की अभिव्यक्ति भी है। भारत के तीर्थ, अपने विविध धार्मिक और ऐतिहासिक महत्व के साथ, देश की विविध आबादी के बीच सांस्कृतिक और धार्मिक एकता को बढ़ावा देने में महत्वपूर्ण भूमिका निभाते हैं। ये पवित्र स्थल साझा विरासत और आध्यात्मिक ज्ञान का प्रतीक हैं जो पीढ़ियों से चले आ रहे हैं, जिससे तीर्थयात्रियों और आगंतुकों के बीच समान रूप से श्रद्धा और भक्ति की भावना पैदा होती है।

***

5

भगवद गीता और रामचरित मानस में सांस्कृतिक मूल्य

भागवत गीता में सांस्कृतिक मूल्य- श्रीमदभगवदगीता, जिसे अक्सर गीता भी कहा जाता है, 18 अध्याय व 700 श्लोक वाला सनातन धर्मग्रंथ है जो भारत और दुनिया भर में अत्यधिक सांस्कृतिक मूल्य रखता है। यह भारतीय महाकाव्य महाभारत का एक हिस्सा है और इसे सनातन धर्म दर्शन और आध्यात्मिकता में सबसे महत्वपूर्ण ग्रंथों में से एक माना जाता है। महाभारत युद्ध आरम्भ होने के ठीक पहले भगवान श्रीकृष्ण ने अर्जुन को जो उपदेश दिया वह श्रीमद्भगवद्गीता के नाम से प्रसिद्ध है। यह महाभारत के भीष्मपर्व का अंग है। आज से (सन 2024) लगभग 5168 वर्ष पूर्व (3145 ई.पू.) पहले गीता का ज्ञान बोला गया था। गीता की गणना प्रस्थानत्रयी में की जाती है, जिसमें उपनिषद् और ब्रह्मसूत्र भी सम्मिलित हैं। अतएव भारतीय परम्परा के अनुसार गीता का स्थान वही है जो उपनिषद् और धर्मसूत्रों का है। भारतीय मनीषियों ने उपनिषदों को गौ (गाय) और गीता को उसका दुग्ध कहा गया है। इसका तात्पर्य यह है कि उपनिषदों की जो अध्यात्म विद्या थी, उसको गीता सर्वांश में स्वीकार करती है। उपनिषदों की अनेक विद्याएँ गीता में हैं। जैसे संसार के स्वरूप के संबंध में अश्वत्थ विद्या, अनादि अजन्मा ब्रह्म के विषय में अव्यय पुरुष विद्या, परा प्रकृति या जीव के विषय में अक्षरपुरुष विद्या और अपरा प्रकृति या भौतिक जगत के विषय में क्षरपुरुष विद्या। इस प्रकार वेदों के ब्रह्मवाद और उपनिषदों के अध्यात्म, इन दोनों की विशिष्ट सामग्री गीता में संनिविष्ट है। उसे ही पुष्पिका के शब्दों में ब्रह्मविद्या कहा गया है।

महाभारत के युद्ध के समय जब अर्जुन युद्ध करने से मना करते हैं तब श्री कृष्ण उन्हें उपदेश देते हैं और कर्म व धर्म के सच्चे ज्ञान से अवगत कराते हैं। श्री कृष्ण के इन्हीं उपदेशों को महर्षि वेदव्यास (कृष्ण द्वैपायन) ने 'भगवत गीता' नामक ग्रंथ में संकलित किया गया है। गीता के 18 अध्यायों में वर्णित विषयों का सार संक्षिप्त रूप में एवं भागवत गीता में सांस्कृतिक मूल्यों का विवेचन कुछ इस प्रकार है-

अध्याय-01: प्रथम अध्याय का नाम अर्जुन विषाद योग है। वह गीता के उपदेश का विलक्षण रंगमंच प्रस्तुत करता है जिसमें श्रोता और वक्ता दोनों ही कुतूहल शांति के लिए नहीं वरन् जीवन की प्रगाढ़ समस्या के समाधान के लिये प्रवृत्त होते हैं। शौर्य और धैर्य, साहस और बल इन चारों गुणों की प्रभूत मात्रा से अर्जुन का व्यक्तित्व बना था और इन चारों के ऊपर दो गुण और थे एक क्षमा, दूसरी प्रज्ञा। बलप्रधान क्षात्रधर्म से प्राप्त होने वाली स्थिति में पहुँचकर सहसा अर्जुन के चित्त पर एक दूसरे ही प्रकार के मनोभाव का आक्रमण हुआ, कार्पण्य का। एक विचित्र प्रकार की करुणा उसके मन में भर गई और उसका क्षात्र स्वभाव लुप्त हो गया। जिस कर्तव्य के लिए वह कटिबद्ध हुआ था उससे वह विमुख हो गया। ऊपर से देखने पर तो इस स्थिति के पक्ष में उसके तर्क धर्मयुक्त जान पड़ते हैं, किंतु उसने स्वयं ही उसे कार्पण्य दोष कहा है और यही माना है कि मन की इस कायरता के कारण उसका जन्मसिद्ध स्वभाव उपहत या नष्ट हो गया था। वह निर्णय नहीं कर पा रहा था कि युद्ध करे अथवा वैराग्य ले ले। क्या करें, क्या न करें, कुछ समझ में नहीं आता था। इस मनोभाव की चरम स्थिति में पहुँचकर उसने धनुषबाण एक ओर डाल दिया।

कृष्ण ने अर्जुन की वह स्थिति देखकर जान लिया कि अर्जुन का शरीर ठीक है किंतु युद्ध आरंभ होने से पहले ही उस अद्भुत क्षत्रिय का मनोबल टूट चुका है। बिना मन के यह शरीर खड़ा नहीं रह सकता। अतएव कृष्ण के सामने एक गुरु कर्तव्य आ गया। अत: तर्क से, बुद्धि से, ज्ञान से, कर्म की चर्चा से, विश्व के स्वभाव से, उसमें जीवन की स्थिति से, दोनों के नियामक अव्यय पुरुष के परिचय से और उस सर्वोपरि परम सत्तावान ब्रह्म के साक्षात दर्शन से अर्जुन के मन का उद्धार करना, यही उनका लक्ष्य हुआ। इसी तत्व चर्चा का विषय गीता है। पहले अध्याय में सामान्य रीति से भूमिका रूप में अर्जुन ने भगवान से अपनी स्थिति कह दी।

प्रथम अध्याय में दोनों सेनाओं का वर्णन किया जाता है। शंख बजाने के पश्चात अर्जुन सेना को देखने के लिए रथ को सेनाओं के मध्य ले जाने के लिए कृष्ण से कहता है। तब मोहयुक्त हो अर्जुन कायरता तथा शोक युक्त वचन कहता है।

अध्याय-02: दूसरे अध्याय का नाम सांख्य योग है। इसमें जीवन की दो प्राचीन सम्मानित परंपराओं का तर्कों द्वारा वर्णन आया है। अर्जुन को उस कृपण स्थिति में रोते देखकर कृष्ण ने उनका ध्यान दिलाया है कि इस प्रकार का क्लैव्य और हृदय की क्षुद्र दुर्बलता अर्जुन जैसे वीर के लिए उचित नहीं। कृष्ण ने अर्जुन की अब तक दी हुई सब युक्तियों को प्रज्ञावाद का झूठा रूप कहा। उनकी युक्ति यह है कि प्रज्ञा दर्शन काल, कर्म और स्वभाव से होने वाले संसार की सब घटनाओं और स्थितियों को अनिवार्य रूप से स्वीकार करता है। जीना और मरना, जन्म लेना और बढ़ना, विषयों का आना और जाना, सुख और दुख का अनुभव, ये तो संसार में होते ही

हैं। इसी को प्राचीन आचार्य पर्यायवाद का नाम भी देते थे। काल की चक्रगति इन सब स्थितियों को लाती है और ले जाती है। जीवन के इस स्वभाव को जान लेने पर फिर शोक नहीं होता। यही भगवान का व्यंग्य है कि प्रज्ञा के दृष्टिकोण को मानते हुए भी अर्जुन इस प्रकार के मोह में क्यों पड़ गया है।

ऊपर के दृष्टिकोण का एक आवश्यक अंग जीवन की नित्यता और शरीर की अनित्यता था। नित्य जीव के लिए शोक करना उतना ही व्यर्थ है जितना अनित्य शरीर को बचाने की चिंता। ये दोनों अपरिहार्य हैं। जन्म और मृत्यु बारी-बारी से होते ही हैं, ऐसा समझकर शोक करना उचित नहीं है। फिर एक दूसरा दृष्टिकोण स्वधर्म का है। जन्म से ही प्रकृति ने सबके लिए एक धर्म नियत कर दिया है। उसमें जीवन का मार्ग, इच्छाओं की परिधि, कर्म की शक्ति सभी कुछ आ जाता है। इससे निकल कर नहीं भागा जा सकता। कोई भागे भी तो प्रकृति उसे फिर खींच लाती है।

इस प्रकार काल का परिवर्तन या परिमाण, जीव की नित्यता और अपना स्वधर्म या स्वभाव जिन युक्तियों से भगवान् ने अर्जुन को समझाया है उसे उन्होंने सांख्य की बुद्धि कहा है। इससे आगे अर्जुन के प्रश्न न करने पर भी उन्होंने योगमार्ग की बुद्धि का भी वर्णन किया। यह बुद्धि कर्म या प्रवृत्ति मार्ग के आग्रह की बुद्धि है इसमें कर्म करते हुए कर्म के फल की आसक्ति से अपने को बचाना आवश्यक है। कर्मयोगी के लिए सबसे बड़ा डर यही है कि वह फल की इच्छा के दलदल में फँस जाता है; उससे उसे बचना चाहिए।

अर्जुन को संदेह हुआ कि क्या इस प्रकार की बुद्धि प्राप्त करना संभव है। व्यक्ति कर्म करे और फल न चाहे तो उसकी क्या स्थिति होगी, यह एक व्यावहारिक शंका थी। उसने पूछा कि इस प्रकार का दृढ़ प्रज्ञावाला व्यक्ति जीवन का व्यवहार कैसे करता है? आना, जाना, खाना, पीना, कर्म करना, उनमें लिप्त होकर भी निर्लेप कैसे रहा जा सकता है? कृष्ण ने कितने ही प्रकार के बाह्य इंद्रियों की अपेक्षा मन के संयम की व्याख्या की है। काम, क्रोध, भय, राग, द्वेष के द्वारा मन का सौम्यभाव बिगड़ जाता है और इंद्रियाँ वश में नहीं रहतीं। इंद्रियजय ही सबसे बड़ी आत्मजय है। बाहर से कोई विषयों को छोड़ भी दे तो भी भीतर का मन नहीं मानता। विषयों का स्वाद जब मन से जाता है, तभी मन प्रफुल्लित, शांत और सुखी होता है। समुद्र में नदियाँ आकर मिलती हैं पर वह अपनी मर्यादा नहीं छोड़ता। ऐसे ही संसार में रहते हुए, उसके व्यवहारों को स्वीकारते हुए, अनेक कामनाओं का प्रवेश मन में होता रहता है। किंतु उनसे जिसका मन अपनी मर्यादा नहीं खोता उसे ही शांति मिलती हैं। इसे प्राचीन अध्यात्म परिभाषा में गीता में ब्राह्मी स्थिति कहा है। अर्जुन की कायरता के विषय में अर्जुन कृष्ण संवाद, सांख्य योग, कर्मयोग, स्थिर बुद्धि व्यक्ति के गुण आदि के बारे में कहा है।

अध्याय-03- इस प्रकार सांख्य की व्याख्या का उत्तर सुनकर कर्मयोग नामक तीसरे अध्याय में अर्जुन ने इस विषय में और गहरा उतरने के लिए स्पष्ट प्रश्न किया कि सांख्य और योग इन दोनों मार्गों में आप किसे अच्छा समझते हैं और क्यों नहीं यह निश्चित कहते कि मैं इन दोनों में से किसे अपनाऊँ? इस पर कृष्ण ने भी उतनी ही स्पष्टता से उत्तर दिया कि लोक में दो निष्ठाएँ या जीवन दृष्टियाँ हैं- सांख्यवादियों के लिए ज्ञानयोग है और कर्ममार्गियों के लिए कर्मयोग है। यहाँ कोई व्यक्ति कर्म छोड़ ही नहीं सकता। प्रकृति तीनों गुणों के प्रभाव से व्यक्ति को कर्म करने के लिए बाध्य करती है। कर्म से बचने वालों के प्रति एक बड़ी शंका है, वह यह कि वे ऊपर से तो कर्म छोड़ बैठते हैं पर मन ही मन उसमें डूबे रहते हैं। यह स्थिति असह्य है और इसे कृष्ण ने गीता में मिथ्याचार कहा है।

मन में कर्मेन्द्रियों को रोककर कर्म करना ही सरल मानवीय मार्ग है। कृष्ण ने चुनौती के रूप में यहाँ तक कह दिया कि कर्म के बिना तो खाने के लिए अन्न भी नहीं मिल सकता। फिर कृष्ण ने कर्म के विधान को चक्र के रूप में उपस्थित किया। न केवल सामाजिक धरातल पर भिन्न व्यक्तियों के कर्मचक्र माला की तरह आपस में पिरोए हुए हैं बल्कि पृथ्वी के मनुष्य और स्वर्ग के देवता दोनों का संबंध भी कर्मचक्र पर आश्रित है। प्रत्यक्ष है कि यहाँ मनुष्य कर्म करते हैं, कृषि करते हैं और दैवी शक्तियाँ वृष्टि का जल भेजती हैं। अन्न और पर्जन्य दोनों कर्म से उत्पन्न होते हैं। एक में मानवीय कर्म, दूसरे में दैवी कर्म। फिर कर्म के पक्ष में लोकसंग्रह की युक्ति दी गई है, अर्थात् कर्म के बिना समाज का ढाँचा खड़ा नहीं रह सकता। जो लोक के नेता हैं, जनक जैसे ज्ञानी हैं, वे भी कर्म में प्रवृत्ति रखते हैं। कृष्ण ने स्वयं अपना ही दृष्टांत देकर कहा कि मैं नारायण का रूप हूँ, मेरे लिए कुछ कर्म शेष नहीं है। फिर भी तंद्रारहित होकर कर्म करता हूँ और अन्य लोग मेरे मार्ग पर चलते हैं। अंतर इतना ही है कि जो मूर्ख हैं वे लिप्त होकर कर्म करते हैं पर ज्ञानी असंग भाव से कर्म करते हैं। गीता में यहीं एक साभिप्राय शब्द बुद्धिभेद है। अर्थात् जो साधारण समझ के लोग कर्म में लगे हैं उन्हें उस मार्ग से उखाड़ना उचित नहीं, क्योंकि वे ज्ञानवादी बन नहीं सकते, और यदि उनका कर्म भी छूट गया तो वे दोनों ओर से भटक गये। 'नित्य कर्म करने वाले की श्रेष्ठता। यज्ञादि कर्मों की आवश्यकता। अज्ञानी और ज्ञानी के लक्षण। काम के निरोध का विषय है।

अध्याय-04- चौथे अध्याय में, जिसका नाम ज्ञान-कर्म-संन्यास-योग है, यह बताया गया है कि ज्ञान प्राप्त करके कर्म करते हुए भी कर्म संन्यास का फल किस उपाय से प्राप्त किया जा सकता है। यहीं गीता का वह प्रसिद्ध आश्वासन है कि जब-जब धर्म की ग्लानि होती है तब-तब मनुष्यों के बीच भगवान का अवतार होता है, अर्थात् भगवान की शक्ति विशेष रूप से मूर्त होती है। यहीं पर एक वाक्य विशेष ध्यान देने योग्य है- क्षिप्रं हि मानुषे लोके सिद्धिर्भवति कर्मजा (412)। 'कर्म से सिद्धि'-इससे बड़ा प्रभावशाली जय सूत्र गीतादर्शन में नहीं है। किंतु गीतातत्त्व इस सूत्र में

इतना सुधार और करता है कि वह कर्म असंग भाव से अर्थात् फलासक्ति से बचकर करना चाहिए।

श्री कृष्ण बताते हैं कि सबसे पहले मैंने यह ज्ञान भगवान सूर्य को दिया था। सूर्य के पश्चात गुरु परंपरा द्वारा आगे बढ़ा। किन्तु अब यह लुप्तप्राय हो गया है। अब वही ज्ञान मैं तुम्हे बताने जा रहा हूँ। अर्जुन कहते हैं कि आपका तो जन्म हाल में ही हुआ है तो आपने यह सूर्य से कैसे कहा? तब श्री भगवान ने कहा है कि तेरे और मेरे अनेक जन्म हुए लेकिन तुम्हे याद नहीं पर मुझे याद है।

'यदा यदा हि धर्मस्य ग्लानिर्भवति भारत।

अभ्युत्थानमधर्मस्य तदात्मानं सृजाम्यहम् ॥४-७॥

परित्राणाय साधूनां विनाशाय च दुष्कृताम्।

धर्मसंस्थापनार्थाय सम्भवामि युगे युगे ॥४-८॥

श्री कृष्ण कहते हैं की जब जब धर्म की हानि और अधर्म की वृद्धि होती है तब-तब मैं अपने स्वरूप की रचना करता हूँ ॥४-७॥ साधुओं की रक्षा के लिए, दुष्कर्मियों का विनाश करने के लिए, धर्म की स्थापना के लिए मैं युग -युग में मानव के रूप में अवतार लेता हूँ ॥४-८॥

कर्म, अकर्म और विकर्म का वर्णन।

यज्ञके स्वरूप। ज्ञानयज्ञ का वर्णन।

अध्याय-05- पाँचवे अध्याय कर्म संन्यास योग में फिर वे ही युक्तियाँ और दृढ़ रूप में कहीं गई हैं। इसमें कर्म के साथ जो मन का संबंध है, उसके संस्कार पर या उसे विशुद्ध करने पर विशेष ध्यान दिलाया गया है। यह भी कहा गया है कि ऊँचे धरातल पर पहुँचकर सांख्य और योग में कोई भेद नहीं रह जाता है। किसी एक मार्ग पर ठीक प्रकार से चले तो समान फल प्राप्त होता है। जीवन के जितने कर्म हैं, सबको समर्पण कर देने से व्यक्ति एकदम शांति के ध्रुव बिंदु पर पहुँच जाता है और जल में खिले कमल के समान कर्म रूपी जल से लिप्त नहीं होता।

भगवान श्रीकृष्ण इस अध्याय में कर्मयोग और साधु पुरुष का वर्णन करते हैं। तथा बताते हैं कि मैं सृष्टि के हर जीव में समान रूप से रहता हूँ अतः प्राणी को किसी भी परिस्थिति में समदर्शी होना चाहिए।

'विद्याविनयसंपन्ने ब्राह्मणे गवि हस्तिनि।।

शुनि चैव श्वपाके च पंडिता: समदर्शिन:॥

'ज्ञानी महापुरुष विद्या-विनययुक्त ब्राह्मण में और चाण्डाल में तथा गाय, हाथी एवं कुत्ते में भी समरूप परमात्मा को देखने वाले होते हैं।'

अध्याय-06- छठा अध्याय आत्मसंयम योग है जिसका विषय नाम से ही प्रकट है। जितने विषय हैं उन सबसे इंद्रियों का संयम-यही कर्म और ज्ञान का निचोड़ है। सुख में और दुख में मन की समान स्थिति, इसे ही योग कहते हैं।

अध्याय-07- इस की संज्ञा ज्ञान -विज्ञान योग है। ये प्राचीन भारतीय दर्शन की दो परिभाषाएँ हैं। उनमें भी विज्ञान शब्द वैदिक दृष्टि से बहुत ही महत्वपूर्ण था। सृष्टि के नानात्व का ज्ञान, विज्ञान है और नानात्व से एकत्व की ओर प्रगति, ज्ञान है। ये दोनों दृष्टिकोण मानव के लिए उचित हैं। इस प्रसंग में विज्ञान की दृष्टि से अपरा और परा प्रकृति के इन दो रूपों की जो सुनिश्चित व्याख्या यहाँ गीता में दी है, वह अवश्य ध्यान देने योग्य है। अपरा प्रकृति में आठ तत्व हैं- पंचभूत, मन, बुद्धि और अहंकार। जिस अंड से मानव का जन्म होता है। उसमें ये आठों रहते हैं। किंतु यह प्राकृत सर्ग है अर्थात् यह जड़ है। इसमें ईश्वर की चेष्टा के संपर्क से जो चेतना आती है उसे परा प्रकृति कहते हैं; वही जीव है। आठ तत्वों के साथ मिलकर जीवन नवाँ तत्व हो जाता है। इस अध्याय में भगवान के अनेक रूपों का उल्लेख किया गया है जिनका और विस्तार विभूतियोग नामक दसवें अध्याय में आता है। यहीं विशेष भगवत दृष्टि का भी उल्लेख है जिसका सूत्र-वासुदेव: सर्वमिति, सब वसु या शरीरों में एक ही देवतत्व है, उसी की संज्ञा विष्णु है। किंतु लोक में अपनी-अपनी रुचि के अनुसार अनेक नामों और रूपों में उसी एक देवतत्व की उपासना की जाती है। वे सब ठीक हैं। किंतु अच्छा यही है कि बुद्धिमान मनुष्य उस ब्रह्मतत्व को पहचाने जो अध्यात्म विद्या का सर्वोच्च शिखर है। पंचतत्व, मन, बुद्धि भी मैं हूँ, मैं ही संसार की उत्पत्ति करता हूँ और विनाश भी मैं ही करता हूँ। मेरे भक्त चाहे जिस प्रकार भजें परन्तु अंततः मुझे ही प्राप्त होते हैं। मैं योग माया से अप्रकट रहता हूँ और मुर्ख मुझे केवल साधारण मनुष्य ही समझते हैं।

'यो यो यां यां तनुं भक्तः श्रद्धयार्चितुमिच्छति।

तस्य तस्याचलां श्रद्धां तामेव विदधाम्यहम्॥7.21॥

वेदाहं समतीतानि वर्तमानानि चार्जुन।

भविष्याणि च भूतानि मां तु वेद न कश्चन॥7.26॥

अध्याय-08- 8वें अध्याय की संज्ञा अक्षर ब्रह्मयोग है। उपनिषदों में अक्षर विद्या का विस्तार हुआ। गीता में उसे अक्षर विद्या का सार कह दिया गया है-अक्षर ब्रह्म परमं, अर्थात् परब्रह्म की संज्ञा अक्षर है। मनुष्य अर्थात् जीव और शरीर की संयुक्त रचना का ही नाम अध्यात्म है। जीव संयुक्त भौतिक देह की संज्ञा क्षर है और केवल शक्ति तत्व की संज्ञा आदिदैवक है। देह के भीतर

जीव, ईश्वर तथा भूत ये तीन शक्तियाँ मिलकर जिस प्रकार कार्य करती हैं उसे अधियज्ञ कहते हैं। गीताकार ने दो श्लोकों में (८।३-४) इन छह पारिभाषाओं का स्वरूप बाँध दिया है। गीता के शब्दों में ॐ एकाक्षर ब्रह्म है (८।१३)।

अध्याय-09- इसको राजगुह्ययोग कहा गया है, अर्थात् यह अध्यात्म विद्या विद्याराज्ञी है और यह गुह्य ज्ञान सबमें श्रेष्ठ है। राजा शब्द का एक अर्थ मन भी था। अतएव मन की दिव्य शक्तियों को किस प्रकार ब्रह्ममय बनाया जाय, इसकी युक्ति ही राजविद्या है। इस क्षेत्र में ब्रह्मतत्व का निरूपण ही प्रधान है, उसी से व्यक्त जगत का बारंबार निर्माण होता है। वेद का समस्त कर्मकांड यज्ञ, अमृत और मृत्यु, संत और असंत और जितने भी देवी- देवता हैं, सबका पर्यवसान ब्रह्म में है। इस लोक में जो अनेक प्रकार की देवपूजा प्रचलित है, वह भी अपने-अपने स्थान में ठीक हैं। समन्वय की यह दृष्टि भागवत आचार्यों को मान्य थी, वस्तुत: यह उनकी बड़ी शक्ति थी। इसी दृष्टिकोण का विचार या व्याख्या दसवें अध्याय में पाई जाती है।

अध्याय-10- दसवें अध्याय का नाम विभूति योग है। इसका सार यह है कि लोक में जितने देवता हैं, सब एक ही भगवान की विभूतियाँ हैं, मनुष्य के समस्त गुण और अवगुण भगवान की शक्ति के ही रूप हैं। कोई पीपल को पूज रहा है। कोई पहाड़ को कोई नदी या समुद्र को, कोई उनमें रहने वाले मछली, कछुओं को। इस प्रकार कितने ही देवता हैं, इसका कोई अंत नहीं। विश्व के इतिहास में देवताओं की यह भरमार सर्वत्र पाई जाती है। भागवतों ने इनकी सत्ता को स्वीकारते हुए सबको विष्णु का रूप मानकर समन्वय की एक नई दृष्टि प्रदान की। इसी का नाम विभूतियोग है। जो सत्व जीव बलयुक्त अथवा चमत्कारयुक्त है, वह सब भगवान का रूप है। इतना मान लेने मात्र से चित्त निर्विरोध स्थिति में पहुँच जाता है।

'सर्वभूतानि कौन्तेय प्रकृतिं यान्ति मामिकाम्।

कल्पक्षये पुनस्तानि कल्पादौ विसृजाम्यहम् ॥ ७ ॥

अध्याय- 11- 11वें अध्याय का नाम विश्वरूपदर्शन योग है। इसमें अर्जुन ने भगवान का विश्वरूप देखा। विराट रूप का अर्थ है मानवीय धरातल और परिधि के ऊपर जो अनंत विश्व का प्राणवंत रचनाविधान है, उसका साक्षात दर्शन। विष्णु का जो चतुर्भुज रूप है, वह मानवीय धरातल पर सौम्यरूप है।

जब अर्जुन ने भगवान का विराट रुप देखा तो उसके मस्तक का विस्फोटन होने लगा। 'दिशो न जाने न लभे च शर्म' ये ही घबराहट के वाक्य उनके मुख से निकले और उसने प्रार्थना की कि मानव के लिए जो स्वाभाविक स्थिति ईश्वर ने रखी है, वही दर्शन के लिए पर्याप्त हैं।

अध्याय-12- इस का नाम भक्ति योग है। जो जानने योग्य है। जिसको जानकर मनुष्य परमानन्द को प्राप्त हो जाता है अर्थात वो परमात्मा ही सत्य है ॥

अध्याय-13- इस अध्याय में एक सीधा विषय क्षेत्र और क्षेत्रज्ञ का विचार है। यह शरीर क्षेत्र है, उसका जानने वाला जीवात्मा क्षेत्रज्ञ है।

अध्याय-14- यह अध्याय नाम गुणत्रय विभाग योग है। यह विषय समस्त वैदिक, दार्शनिक और पौराणिक तत्वचिंतन का निचोड़ है-सत्व, रज, तम नामक तीन गुण-त्रिको की अनेक व्याख्याएँ हैं। गुणों की साम्यावस्था का नाम प्रधान या प्रकृति है। गुणों के वैषम्य से ही विकृत सृष्टि का जन्म होता है। अकेला सत्व शांत स्वभाव से निर्मल प्रकाश की तरह स्थिर रहता है और अकेला तम भी जड़वत निश्चेष्ट रहता है। किंतु दोनों के बीच में छाया हुआ रजोगुण उन्हें चेष्टा के धरातल पर खींच लाता है। गति तत्व का नाम ही रजस है।

अध्याय-15- इसका नाम पुरुषोत्तमयोग है। इसमें विश्व का अश्वत्थ के रूप में वर्णन किया गया है। यह अश्वत्थ रूपी संसार महान विस्तार वाला है। देश और काल में इसका कोई अंत नहीं है। किंतु इसका जो मूल या केंद्र है, जिसे ऊर्ध्व कहते हैं, वह ब्रह्म ही है एक ओर वह परम तेज, जो विश्वरूपी अश्वत्थ को जन्म देता है, सूर्य और चंद्र के रूप में प्रकट है, दूसरी ओर वही एक एक चैतन्य केंद्र में या प्राणि शरीर में आया हुआ है। जैसा गीता में स्पष्ट कहा है- अहं वैश्वानरो भूत्वा प्राणिनां देहमाश्रित: (१५.१४)। वैश्वानर या प्राणमयी चेतना से बढ़कर और दूसरा रहस्य नहीं है। नर या पुरुष तीन हैं-क्षर, अक्षर और अव्यय। पंचभूतों का नाम क्षर है, प्राण का नाम अक्षर है और मनस्तत्व या चेतना की संज्ञा अव्यय है। इन्हीं तीन नरों की एकत्र स्थिति से मानवी चेतना का जन्म होता है उसे ही ऋषियों ने वैश्वानर अग्नि कहा है।

अध्याय-16- इस अध्याय में देवासुर संपत्ति का विभाग बताया गया है। आरंभ से ही ऋग्वेद में सृष्टि की कल्पना दैवी और आसुरी शक्तियों के रूप में की गई है। यह सृष्टि के द्विविरुद्ध रूप की कल्पना है, एक अच्छा और दूसरा बुरा। एक प्रकाश में, दूसरा अंधकार में। एक अमृत, दूसरा मर्त्य। एक सत्य, दूसरा अनृत।

अध्याय 17- इसमें संज्ञा श्रद्धात्रय विभाग योग है। इसका संबंध सत, रज और तम, इन तीन गुणों से ही है, अर्थात् जिसमें जिस गुण का प्रादुर्भाव होता है, उसकी श्रद्धा या जीवन की निष्ठा वैसी ही बन जाती है। यज्ञ, तप, दान, कर्म ये सब तीन प्रकार की श्रद्धा से संचालित होते हैं। यहाँ तक कि आहार भी तीन प्रकार का है। उनके भेद और लक्षण गीता ने यहाँ बताए हैं।

अध्याय-18- इसमें बताया गया है कि मोक्ष संन्यास योग है। इसमें गीता के समस्त उपदेशों का सार एवं उपसंहार है। यहाँ पुन: बलपूर्वक मानव जीवन के लिए तीन गुणों का महत्व कहा गया है। पृथ्वी के मानवों में और स्वर्ग के देवताओं में कोई भी ऐसा नहीं जो प्रकृति के चलाए हुए इन तीन गुणों से बचा हो। मनुष्य को बहुत देखभाल कर चलना आवश्यक है जिससे वह अपनी बुद्धि और वृत्ति को बुराई से बचा सके और क्या कार्य है, क्या अकार्य है, इसको पहचान सके।

धर्म और अधर्म को, बंध और मोक्ष को, वृत्ति और निवृत्ति को जो बुद्धि ठीक से पहचानती है, वही सात्विकी बुद्धि है और वही मानव की सच्ची उपलब्धि है।

इस प्रकार भगवान ने जीवन के लिए व्यावहारिक मार्ग का उपदेश देकर अंत में यह कहा है कि मनुष्य को चाहिए कि संसार के सब व्यवहारों का सच्चाई से पालन करते हुए, जो अखंड चैतन्य तत्व है, जिसे ईश्वर कहते हैं, जो प्रत्येक प्राणी के हृदेश या केंद्र में विराजमान है, उसमें विश्वास रखें, उसका अनुभव करें। वही जीव की सत्ता है, वही चेतना है और वही सर्वोपरि आनंद का स्रोत है।

भागवत गीता सांस्कृतिक मूल्यों का अद्वितीय संग्रह है। इसमें जीवन के नैतिक और आध्यात्मिक मार्गदर्शन के अनमोल सिद्धांत हैं। यह धर्म, कर्म, भक्ति, और ज्ञान के महत्व को प्रस्तुत करती है। भागवत गीता में संजीवनी तत्व है, जो मनुष्य को धर्मपरायण और सच्चे जीवन की ओर दिशा प्रदान करता है। इसके माध्यम से, धार्मिक और आध्यात्मिक सिद्धांतों को अद्वितीय और संक्षिप्त रूप में समझाया गया है, जो व्यक्ति को समृद्ध, संतुलित और सफल जीवन की ओर ले जाते हैं। उपरोक्त विवेचन के आधार पर भगवद गीता में पाए गए कुछ प्रमुख सांस्कृतिक मूल्य इस प्रकार हैं:

धर्म (धार्मिक कर्तव्य)- गीता परिणाम की परवाह किए बिना किसी के कर्तव्य या धर्म का पालन करने के महत्व पर जोर देती है। यह सिखाता है कि व्यक्ति को अपने कार्यों के फल की चिंता किए बिना अपनी जिम्मेदारियों को ईमानदारी और समर्पण के साथ निभाना चाहिए। धर्म के इस मूल्य ने व्यक्तिगत और सामाजिक जीवन में कर्तव्य और नैतिक जिम्मेदारी की भारतीय अवधारणा को गहराई से प्रभावित किया है।

आत्म-साक्षात्कार और आध्यात्मिक पथ- गीता आत्म-साक्षात्कार और शाश्वत आत्मा (आत्मान) की प्राप्ति की यात्रा पर प्रकाश डालती है। यह व्यक्तियों को आंतरिक ज्ञान की तलाश करने, स्वयं की प्रकृति को समझने और परमात्मा से जुड़ने के लिए प्रोत्साहित करता है। यह आध्यात्मिक मार्ग आत्म-खोज और आत्मज्ञान की खोज में साधकों के लिए एक मार्गदर्शक सिद्धांत रहा है।

योग और ध्यान- गीता योग के विभिन्न मार्गों की रूपरेखा बताती है, जिनमें कर्म योग (निःस्वार्थ कर्म का मार्ग), भक्ति योग (भक्ति का मार्ग), और ज्ञान योग (ज्ञान का मार्ग) शामिल हैं। यह मानसिक स्पष्टता और आध्यात्मिक विकास प्राप्त करने के लिए ध्यान और चिंतन के महत्व को रेखांकित करता है, जो भारतीय आध्यात्मिक परंपराओं का अभिन्न अंग रहा है।

अनासक्ति- गीता भौतिक संसार और जीवन की नश्वरता के प्रति अनासक्ति का गुण सिखाती है। अनासक्ति को अपनाकर, व्यक्ति सफलता और असफलता दोनों के सामने समभाव बनाए

रख सकते हैं, भावनात्मक लचीलापन और सांसारिक इच्छाओं से वैराग्य को बढ़ावा दे सकते हैं।

सार्वभौमिक भाईचारा- गीता वसुधैव कुटुंबकम की अवधारणा को बढ़ावा देती है, जिसका अर्थ है 'दुनिया एक परिवार है।' यह सभी प्राणियों की एकता पर जोर देता है और जाति, पंथ या राष्ट्रीयता की परवाह किए बिना प्रत्येक जीवित इकाई के लिए सम्मान, करुणा और प्रेम की भावना को प्रदर्शित करता है।

साहस और शौर्य- युद्ध के मैदान में नैतिक दुविधा का सामना कर रहे एक योद्धा राजकुमार अर्जुन को गीता की शिक्षाएं प्रतिकूल परिस्थितियों में साहस और शौर्य के महत्व पर प्रकाश डालती हैं। दृढ़ संकल्प और ताकत के साथ चुनौतियों का सामना करने के इस मूल्य ने वीरता और धैर्य के भारतीय विचारों को प्रभावित किया है।

नैतिक नेतृत्व- गीता नैतिक और धार्मिक नेतृत्व के गुणों में अंतर्दृष्टि प्रदान करती है। यह नैतिक शासन के लिए एक आवश्यक मार्गदर्शक के रूप में कार्य करते हुए, ईमानदारी और निष्पक्षता के साथ जिम्मेदारी से कार्य करने के नेताओं के कर्तव्य पर जोर देता है।

निष्कर्ष- भगवद गीता का स्थायी सांस्कृतिक मूल्य इसके कालातीत ज्ञान, सार्वभौमिक सिद्धांतों और मानव स्थिति पर गहन शिक्षाओं में निहित है। इसने एक नैतिक दिशासूचक के रूप में कार्य किया है, व्यक्तियों और समुदायों को उद्देश्यपूर्ण, धार्मिकता और आध्यात्मिक विकास का जीवन जीने के लिए प्रेरित किया है, जिससे यह भारतीय सांस्कृतिक और दार्शनिक विरासत में एक पोषित और श्रद्धेय पाठ बन गया है।

रामचरित मानस' में सांस्कृतिक मूल्य- 'रामचरितमानस' सनातन संस्कृति में एक महत्वपूर्ण साहित्यिक कृति है, जिसकी रचना कवि तुलसीदास ने 16वीं शताब्दी में की थी। यह भगवान राम के जीवन और साहसिक कार्यों पर ध्यान केंद्रित करते हुए सनातन महाकाव्य रामायण की कहानी को दोबारा बताता है। यह पवित्र ग्रंथ भारतीय समाज में अत्यधिक पूजनीय और पोषित है, और इसमें विभिन्न सांस्कृतिक मूल्य शामिल हैं जिन्होंने भारतीय उपमहाद्वीप के नैतिक क्रियाकलापों को गहराई से प्रभावित किया है।

श्रीरामचरितमानस अवधी भाषा में तुलसीदास जी के द्वारा 16 वीं शताब्दी में रचित एक महाकाव्य है। श्रीरामचरितमानस भारतीय संस्कृति में एक विशेष व अनूठा स्थान रखता है। यह सत्य सनातन धर्म का द्योतक भी कहा जा सकता है। सनातन धर्मी किसी भी भारतीय के घर में श्रीरामचरितमानस उपलब्ध ना हो ऐसा हो ही नहीं सकता। रामचरितमानस ऐसा महाकाव्य है जो जीवन और संघर्ष का परिचायक है। इसलिए जीवन में 'जीवन्तता' बनाए रखते हुए संघर्ष की प्रेरणा देने हेतु श्रीरामचरितमानस जनमानस का मुक्ति मार्ग प्रशस्त करता है।

रचनाकाल- तुलसीदास जी ने रामचरितमानस के बालकांड में स्वयं लिखा है कि उन्होंने रामचरितमानस की रचना अयोध्या में रामनवमी के दिन मंगलवार को आरंभ की थी। गीता प्रेस गोरखपुर हनुमान प्रसाद पोद्दार के अनुसार 'रामचरितमानस लिखने में गोस्वामी तुलसीदास जी को 2 वर्ष 7 माह और 26 दिन का समय लगा था ,और उन्होंने इसे मार्गशीष शुक्ल पक्ष में श्री राम विवाह के दिन पूर्ण किया था।'

गोस्वामी तुलसीदास द्वारा रचित श्री रामचरितमानस केवल भक्तिमार्ग के साधकों का भाव ही पुष्ट नहीं करती, वरन उनका आध्यात्मिक, सामाजिक तथा व्यावहारिक जीवन का मार्गदर्शन भी करती है | एक सम्पूर्ण व्यावहारिक जीवन दर्शन को समेटे हुए एक ऐसा ग्रन्थ है जिसने हम संसारी जीवों के व्यक्तिगत, पारिवारिक, सामाजिक और राजनैतिक जीवन के विभिन्न अंगों के लिए आदर्श स्थापित किया है| भारतीय संस्कृति का चित्रण जितना मानस में किया गया है शायद ही किसी और ग्रंथ में हो, क्योंकि इसमें श्रीराम जी के माध्यम से ,लक्ष्मण जी के माध्यम से और अन्य चरित्रों के माध्यम से प्रत्येक स्थिति की चरम सीमा बताई गई है। जैसे मर्यादा की चरम सीमा, भ्रातृ प्रेम की चरम सीमा, भक्ति की चरम सीमा इत्यादि। 'रामचरितमानस' में दर्शाए गए कुछ महान सांस्कृतिक मूल्यों में शामिल हैं जिन्हे निम्नवत बिंदुओं के आधार पर देखा जा सकता है -

माता पिता की आज्ञा का पालन एवं उनको सर्वोच्च स्थान-

सनातन धर्म में माता को देवताओं से भी सर्वोच्च स्थान प्रदान किया गया है। माता और पिता पृथ्वी और आकाश के समतुल्य माने जाते हैं ,और मानस में श्रीराम के माध्यम से माता और पिता की आज्ञा को सर्वोपरि स्थान दिया गया है। उन्होंने वनगमन को जिस प्रकार शिरोधार्य किया, वह उस युग में भी आदरणीय था और आज के युग में भी आदरणीय है, और आगे भी आदरणीय और अनुकरणीय भी रहेगा। कितने भी दुख, कितनी तकलीफ ही क्यों न हो माता-पिता की आज्ञा हमेशा नतमस्तक होकर माननी चाहिए। माता- पिता की आज्ञा का इस तरह पालन करने वाले श्री राम की तरह शायद ही कोई और चरित्र हमें देखने को मिलता है। इसके साथ-साथ मानस में लगभग सभी पात्र अपने माता-पिता एवं गुरुजनों का एवं अपने अग्रजों का कहना बहुत ही शालीनता के साथ मानते हैं। यही सनातन धर्म की संस्कृति है। यही हमारी पहचान है जिसका निर्वाह श्रीरामचरितमानस में बखूबी किया गया है।

गुरुजनो की आज्ञा शिरोधार्य- जिस प्रकार श्री राम जी और अन्य पात्रों ने भी माता- पिता की आज्ञा को अपना धर्म समझा। इसी प्रकार उन्होंने गुरु वशिष्ट की आज्ञा को भी उतना ही सम्मान प्रदान किया। फिर चाहे वह राक्षसों का वध हो, शिव धनुष पर प्रत्यंचा चढ़ाने का कार्य हो या फिर कोई और। उन्होंने हमेशा सिर झुका कर अपने गुरुजनों की आज्ञा का पालन किया। इसी प्रकार उनकी आज्ञा का पालन श्री राम जी के अन्य भाइयों ने भी किया है।

भ्रातृ प्रेम- लक्ष्मण जी ने भ्रातृ (भाई) प्रेम की चरम सीमा को छुआ है। उन्होंने अपना जीवन, यहां तक कि प्राकृतिक क्रिया जैसे निद्रा का भी त्याग कर दिया था (वनवास के दौरान)। यह सर्वविदित है कि लक्ष्मण जी वनवास की अवधि पूरे 14 वर्ष तक नहीं सोए थे। इसलिए उन्होंने अपनी शारीरिक क्रियाओं को, प्राकृतिक क्रियाओं को भी अपने भाई के लिए त्याग दिया। अपने गृहस्थ जीवन को, अपना सर्वस्व अपने भाई पर न्यौछावर कर दिया। भ्रातृ प्रेम का इससे अधिक अच्छा उदाहरण देखने को मिल ही नहीं सकता। लक्ष्मण जी के त्याग को और भ्रातृ प्रेम को तो हर कोई जानता है परंतु भ्रातृ प्रेम की पराकाष्ठा तो देखने को मिलती है कुंभकरण में। जिन्होंने सब कुछ सामने देखते हुए भी अपने भाई का साथ, अपने भाई का साथ नहीं छोड़ा, एवं मृत्यु को गले लगाया। जिसमें उनका कोई भी स्वार्थ नहीं था। उन्होंने केवल अपने भाई के लिए अपने जीवन को त्याग दिया। यहां पर कुंभकरण का त्याग आदरणीय है। श्री राम जी के अन्य भाइयों में भी इसी प्रकार का त्याग देखने को मिलता है। चाहे वह भरत के द्वारा श्री राम जी की चरण पादुका को राज सिंहासन पर विराजित करके उन्हीं का आज्ञा का पालन करना आदि। भरत और शत्रुघ्न ने तथा लव- कुश ने भी भ्रातृ प्रेम बहुत ही सुंदर तरीके से निभाया है।

राजा : प्रजा का सेवक- जैसा कि हमने पूर्व में भी कहा है रामचरितमानस में हर प्रकार की भारतीय संस्कृति की चरम सीमा का उल्लेख मिलता है। राजा का कर्तव्य है प्रजा पालन या जनता की सेवा। रामायण में राजा का कर्तव्य जनता की सेवा करना है और यह कार्य सभी राजा लोग भली भांति निभाते हैं। चाहे वह राजा दशरथ हो, राजा जनक हों, बाली और सुग्रीव हो, या लंका के राजा रावण हों। उनकी प्रजा सुखी एवम संपन्न है और अपने राजा से बहुत अधिक प्रेम करती है, उनका सम्मान करती है। राजा भी अपनी प्रजा का अपने पुत्रों की भांति ही ध्यान रखते हैं। रामायण में एक जगह प्रसंग है जहां रावण अपनी प्रजा की मुक्ति के लिए (क्योंकि उनकी प्रजा राक्षस जाति की थी) भगवान से प्रार्थना करते हैं श्री रामचरित मानस में शिव भक्त श्री रावण के मन की बात जो उन्होंने न केवल स्वयं के मोक्ष के लिए सोची अपितु सारी राक्षस जाति के शुभ कल्याण के लिए भी इस पर विचार किया।

यथा ...

'सुर रंजन भंजन महि भारा। जौं भगवंत लीन्ह अवतारा॥

तौ मैं जाइ बैरु हठि करऊँ। प्रभु सर प्रान तजें भव तरऊँ॥

भावार्थ:- रावण ने विचार किया कि देवताओं को आनंद देने वाले और पृथ्वी का भार हरण करने वाले भगवान ने ही यदि अवतार लिया है, तो मैं जाकर उनसे हठपूर्वक बैर करूँगा और प्रभु के बाण (के आघात) से प्राण छोड़कर भवसागर से तर जाऊंगा। (इस प्रकार मैं तथा मेरी पूरी प्रजा ही श्री राम जी के हाथों मृत्यु को प्राप्त करके मोक्ष को प्राप्त कर लेगी।)

मर्यादा का चरम: 'अति सर्वत्र वर्जयेत'- यहां श्री राम जी ने मर्यादा के चरम को छू लिया है। माना कि राजा का धर्म है अपनी प्रजा की देखभाल करना, उनके सुख - दुख का ख्याल रखना। लेकिन इसका अर्थ यह नहीं है कि प्रजा के कुछ भी कहने पर अपने और अपने परिवार का ध्यान ना रखा जाए। श्री राम जी ने एक धोबी के कहने पर अपनी गर्भवती पत्नी सीता का त्याग कर दिया जो मर्यादा का चरम है। इसके बाद जो कुछ भी हुआ वह हम सभी जानते हैं। सीता जी ने किस प्रकार अपने आप की रक्षा की, लव कुश को जन्म दिया एवं जंगलों में रहकर ही उनका पालन-पोषण किया। क्या राजा का कर्तव्य यह नहीं है कि वह अपने प्रजा में ही रहने वाली, उसके अंतर्गत आने वाली एक गर्भवती स्त्री की रक्षा करे? क्या राजा पुरुष नहीं है? क्या वह विवाहित नहीं है? अगर विवाहित है तो जितना दायित्व उसका अपनी प्रजा के सुख- दुख के लिए है, उतना ही उसका दायित्व अपने परिवार के प्रति भी है। अपने परिवार के सदस्यों की सुरक्षा करना, अपने परिवार का भरण पोषण करना यह एक परिवार के मुखिया का, एक पुरुष का प्रथम कर्तव्य है। श्री राम जी इस से विमुख पाए जाते हैं। इसीलिए अति हर चीज की बुरी है हमें इस से बचना चाहिए। परोक्ष रूप से यहां पुरुष जाति को अपने परिवार एवं उसके सदस्यों की सुरक्षा, संगठन ,अनुशासन की शिक्षा दी गई है।

गृहस्थ आश्रम में संतुलन अत्यावश्यक- मानस में तुलसी जी ने परोक्ष रूप से यह शिक्षा देने का प्रयत्न किया है कि चारों आश्रमों में गृहस्थाश्रम सबसे अधिक महत्वपूर्ण है क्योंकि इसमें सभी रिश्तों को, सभी भावनाओं को, सभी मर्यादाओं को, स्वयं को संतुलित करके चलना पड़ता है और यह संतुलन बहुत अधिक कठिन है। यही सब कुछ करते हुए ही हमें अपने जीवन के लक्ष्य को प्राप्त करना है, और निरंतर कर्मशील रहते हुए भक्ति मार्ग के द्वारा ईश्वरत्व को भी प्राप्त करना है। उन्होंने गृहस्थाश्रम को अनिवार्य बताया है और इसी में ही रहते हुए अपने सभी कर्मों को करने की प्रेरणा दी है। विभिन्न चरित्रों के माध्यम से उन्होंने अपनी बात स्पष्ट रूप से कहने का प्रयत्न किया है।

श्री राम के चरित्र को मर्यादा पुरुषोत्तम कहा गया है। यहां हम यह कह सकते हैं कि पति की मर्यादा और पिता की मर्यादा का उन्होंने सही से पालन नहीं किया क्योंकि दूसरों के कहने पर अपनी पत्नी सीता का त्याग कर दिया और अपने पारिवारिक जीवन को ताक पर रख दिया जबकि ऐसा नहीं होना चाहिए। इतना भी अधिक आदर्शवादी उचित नहीं, इसलिए यहां इस प्रकार की मर्यादा की अतिशयोक्ति की गई है। जबकि यह सब कुछ लीला ही थी परंतु फिर भी यहां पर अतिशयोक्ति है। हमें रिश्तो में रहते हुए इस प्रकार की अतिशयोक्ति से बचना चाहिए एवं सभी रिश्तो को बराबर मान - सम्मान देना चाहिए। क्योंकि यदि परिवार सही है तो, समाज सही है, समाज सही है तो, राज्य सही है, और राज्य ठीक है तो, देश ठीक है और देश ठीक रहेगा, तो विश्व ठीक रहेगा। इसलिए विश्व को ठीक करने की प्रथम इकाई मानव है, परिवार है। हमें वहीं

से शुरुआत करनी है। शांति की, प्रेम की, भाईचारे की, सम्मान की ताकि प्रथम इकाई ही ठीक रहेगी तो समग्र अपने आप ठीक हो जाएगा।

मानवीय गुणों का संगम भारतीय संस्कृति - हमारी भारतीय सभ्यता एवं संस्कृति में मानवीय गुणों के अंतर्गत प्रेम, त्याग, करुणा, समर्पण इत्यादि इन गुणों का बहुत अधिक महत्व है। चाहे वह परिवार हो, समाज हो, देश हो या सम्पूर्ण विश्व। इन सब भावनाओं के साथ सभी रिश्तो का निर्वाह किया जाता है एवं त्याग के साथ सभी वस्तुओं का भोग करने के लिए कहा जाता है ताकि विषयों में आसक्ति कम से कम बनी रहे। मानस के माध्यम से इन सभी गुणों को बहुत ही सुंदर तरीके से प्रदर्शित किया गया है। एकता, संगठन, शांति, त्याग आदि का महत्व बताया गया है।

'शांति' सैदेव निर्माण करती है और 'युद्ध' सदा विध्वंस।

इस संदेश को आम जनता को समझाने का प्रयास किया गया है। शांति का कोई विकल्प नहीं है। इस बात को समझाने का प्रयत्न किया गया है। यदि हम मानस में निर्दिष्ट केवल मानवीय गुणों को ही आत्मसात कर लें, अपने जीवन में अपना लें तो हमारा जीवन बहुत सुंदर और बहुत ही शांतिमय बन सकता है। अभी मानस के भक्ति, विरक्ति, प्रेम, श्रद्धा, त्याग, विश्वास आदि गुणों को तो छोड़ दिया जाए।

एकता, अखण्डता ,शांति और वैश्विक भाईचारे का संदेश --

हमारी भारतीय संस्कृति में सर्वत्र 'सर्वे भवंतु सुखिन:'

अर्थात इस पृथ्वी पर सभी लोग सुखी हों, की कामना की जाती है। यह हमारी संस्कृति की पहचान है जिसमें कहीं भी जाति-पाति का भेदभाव, किसी अमीर गरीब का भेदभाव, लिंग का भेदभाव के लिए नहीं जाना जाता। अपितु हमारे भारत में तो न केवल सूक्ष्म से सूक्ष्म जीव की रक्षा की बात की गई है, अपितु वनस्पति की, अंतरिक्ष आदि की शांति की भी बात की गई है जिसका सर्वश्रेष्ठ उदाहरण है हमारा शांति पाठ के रूप में देखा जा सकता है -

'ॐ द्यौ: शान्तिरन्तरिक्षँ शान्ति:,

पृथ्वी शान्तिराप: शान्तिरोषधय: शान्ति:।

वनस्पतय: शान्तिर्विश्वे देवा: शान्तिर्ब्रह्म शान्ति:,

सर्वँ शान्ति:, शान्तिरेव शान्ति:, सा मा शान्तिरेधि॥

ॐ शान्ति: शान्ति: शान्ति:॥'

यह प्रार्थना पूरी पृथ्वी के लिए है, पूरे अंतरिक्ष के लिए पूरी मानव जाति के लिए, इस पृथ्वी पर जितने भी जीव है। रामचरित मानस में भी यही कामना की गई है कि एकता और अखंडता के साथ यदि हम इकट्ठे रहेंगे तो प्रगति करेंगे। यदि हम एक दूसरे का कहा नहीं मानेंगे, विलग होकर रहेंगे तो हमारे ऊपर अनेक प्रकार की विपत्तियां आ जाएंगी। यथा-

'जहाँ सुमति तहाँ सम्पति नाना;

जहाँ कुमति तहाँ बिपति निदाना।

जिस घर में आपसी प्रेम और सद्भाव होता है वहां सारे सुख और संपत्ति होती है। और जहाँ आपस में द्वेष और वैमनष्य होता है, उस घर के वासी दुखी व विपन्न हो जाते हैं। मानस में भी इसी प्रकार की भारतीय संस्कृति देखने को मिलती है। 'अतिथि देवो भव' का भाव मिलता है।

पर्यावरण सुरक्षा एवं प्रकृति प्रेम- हमारी भारतीय संस्कृति सर्वत्र प्रकृति प्रेम, जीव प्रेम यानी सभी प्रकार के जीवो को समान मान्यता दी जाती है। रामचरितमानस में प्रकृति के साथ, प्रकृति की रक्षा की बात की गई है। पंचवटी, अशोक वाटिका इत्यादि का सौंदर्य वर्णन देखते ही बनता है। यहां पर प्रकृति संरक्षण एवं पशु, पक्षी प्रेम भी दर्शनीय है। जटायु, संपाती, बाली, सुग्रीव, जामवंत, हनुमान जी यह सब पशु जाति के होते हुए भी श्रीराम को बहुत अधिक प्रिय है एवं सभी का अपना महत्व है।

अडिगता ,वचन की कीमत-

'रघुकुल रीत सदा चली आई

प्राण जाए पर वचन ना जाइ।

यह उक्ति आज भी उतनी ही प्रसिद्ध है जितनी तत्कालीन युग में हुआ करती थी। अर्थात अपने वचन को अपने प्राणों से भी अधिक महत्व देने की रीति। मानस में सबने अपने वचन का पालन अपनी भक्तिभाव से किया। चाहे वह राजा दशरथ हो या श्री राम। वचन का पालन तन, मन, धन से सभी ने किया है। वचन पालन में तो राजा दशरथ अपने प्राणों से ही हाथ धो बैठे, परंतु फिर भी अपने वचन का पालन किया। इस प्रकार श्रीराम ने भी अपने वचन का पालन प्रसन्नता के किया और 14 वर्ष तक वनवास में रहे। इस प्रकार मानस के माध्यम से अपने वचन पर अडिग होने का संदेश दिया जाता है जो भारतीय संस्कृति की पहचान है।

आस्था विश्वास की पराकाष्ठा- रामायण में आस्था और विश्वास की पराकाष्ठा है जिसमें पत्थर भी पानी में तैर जाते हैं। रामसेतु इसका प्रमाण है जो आज भी देखा जा सकता है। पत्थर का पानी में तैर जाना आस्था की पराकाष्ठा है।

षड्यंत्र ,कान भरने की संस्कृति- अपने परिवार को छोड़ कर दूसरों के साथ निभाने की बात भी देखी जा सकती है। मंथरा के द्वारा अपनी बातों से किस प्रकार कैकई की मति भ्रष्ट की जाती है, और सारा खेल ही पलट जाता है। कहां राज्याभिषेक, और कहां वनवास! दूसरी ओर किस प्रकार विभीषण के द्वारा अपने भाई को छोड़कर श्री राम के पास आया जाता है। यह बात देखते ही बनती है। हम सब जानते हैं कि श्री राम स्वयं भगवान थे, विष्णु के अवतार थे, सच्चाई के पथ पर थे। परंतु फिर भी भाई तो भाई ही है। जहां कुंभकर्ण ने अपने भाई का साथ नहीं छोड़ा, चाहे उसे सामने मृत्यु दिखाई दे रही थी। फिर भी उन्होंने सही शिक्षा देकर रावण को समझाने का प्रयत्न किया, कि आप सीता जी को लौटा दीजिए। परंतु जब वो नहीं माने तो उन्होंने युद्ध के लिए हां कर दी। सब कुछ होते हुए भी उन्होंने अपने भाई का साथ नहीं छोड़ा और दूसरी तरफ विभीषण अपने भाई को छोड़कर श्रीराम की तरफ चले गए। तभी से यह उक्ति प्रचलित है 'घर का भेदी लंका ढाए'। कुल मिलाकर रामायण पूर्ण रूप से भारतीय संस्कृति पर आधारित ग्रंथ है। इसमें सभी पात्र चाहे कुछ भी हो जाए अपनी मर्यादा का उल्लंघन नहीं करते हैं। चाहे वह महापंडित रावण ही क्यों ना हो, और श्री राम तो मर्यादा पुरुषोत्तम हैं ही।

यहां हम त्याग, मर्यादा में लक्ष्मण और उर्मिला के नाम भी लेना चाहेंगे। क्योंकि सीता जी तो श्री राम के साथ वनों में गई थी। उन्होंने राज महल के सुखों का त्याग किया था। उनके पति सीता जी के साथ थे, और जहां पति परमेश्वर साथ होता है वहां जंगल में भी मंगल होता है। परंतु जहां पति का वियोग है, वहां राजसी ठाट-बाट, महल के सुख- सुविधाएं निरर्थक सिद्ध हो जाते है, क्योंकि पति के साथ के बिना एक स्त्री का किसी भी चीज में मन नहीं लगता। न हार- श्रृंगार में, न खान- पकवान में और न किसी अन्य में।

राष्ट्रकवि मैथिलीशरण गुप्त ने 'मुझे फूल मत मारो' में उर्मिला के चरित्र पर प्रकाश डाला है। उर्मिला के चरित्र शुद्ध भारतीय नारी का प्रतीक है। भारतीय संस्कृति का प्रतीक है जो मन, वचन, कर्म से केवल अपने पति के बारे में ही सोचती है, एवं कितनी भी मुसीबत क्यों ना आ जाए, अपने पति का साथ नहीं छोड़ती है । 'डोली में आती है और अर्थी में ही जाती है'।

तुलसीदास जी ने भी कहा है- 'धीरज, धर्म, मित्र अरु नारी, आपत काल परखिए चारी'। उर्मिला जी त्याग उच्च कोटि का है। एक प्रसंग में जब कामदेव के द्वारा उर्मिला जी को सताया जाता है तो उनके लिए कथन अति सुंदर है। 'मुझे फूल मत मारो'

'मैं अबला बाला वियोगिनी, कुछ तो दया विचारो।

होकर मधु के मीत मदन, पटु, तुम कटु गरल न गारो,

मुझे विकलता, तुम्हें विफलता, ठहरो, श्रम परिहारो।

नहीं भोगनी यह मैं कोई, जो तुम जाल पसारो,

बल हो तो सिन्दूर-बिन्दु यह--यह हरनेत्र निहारो!

रूप-दर्प कंदर्प, तुम्हें तो मेरे पति पर वारो,

लो, यह मेरी चरण-धूलि उस रति के सिर पर धारो!'

यहां उच्चकोटि का पतिव्रत धर्म है जो हमारी भारतीयता की पहचान है। हमारे भारतवर्ष में सावित्री, सती अनुसुइया आदि पतिव्रता स्त्रियों का नाम सदैव आदर से लिया जाता रहेगा। मानस की उक्तियों में भारतीय संस्कृति दर्शन- रामायण एकमात्र ऐसा हिंदू ग्रंथ है जो सबसे अधिक घरो में पढ़ा जाता है, पाया जाता है। जिसका पठन- पाठन सबसे अधिक होता है। इसके गुण सर्वकालिक (Timeless) हैं। तभी तो उक्तियां उस युग में जितनी लाभदायक थी, सार्थक थी, आज भी उतनी ही लाभदायक और सार्थक है। जैसे 'जैसे घर का भेदी लंका ढाए'। 'जहां सुमति तहां संपति नाना'। 'ढोल गंवार शूद्र पशु नारी, सकल ताड़ना के अधिकारी'। 'देव देव आलसी पुकारा' 'भय बिन होय न प्रीत' आदि। कुल मिलाकर रामायण भारतीय संस्कृति की पहचान है, उसकी धरोहर है, राष्ट्रीयता से ओतप्रोत एक ऐसा ग्रंथ है जिसमें सबकुछ उच्च कोटि का है। चाहे वह मातृभूमि के प्रति प्रेम हो, आस्था हो, विश्वास हो या अन्य कोई भाव। उच्च कोटि के रचयिता तुलसीदास जी ने अतुलनीय भक्ति भाव से ही इस सर्वकालिक ग्रंथ की रचना की है। केवल 'राममय' होकर मानस को लिखा है और जो केवल 'स्वांत सुखाय तुलसी रघुनाथ गाथा'। यानि स्वयं के सुख से बढ़कर कुछ नहीं है। यह है राम कथा राम कथा इसे पढ़ कर मिट जाती है, जीवन की हर व्यथा, यह राम कथा, यह राम कथा।

श्री रामचरितमानस और नीति शिक्षा- तुलसीदासजी द्वारा रचित रामचरित मानस नीति-शिक्षा का एक महत्मपूर्ण ग्रंथ है। इसमें बताई गई कई बातें और नीतियां मनुष्य के लिए बहुत उपयोगी मानी जाती हैं, जिनका पालन करके मनुष्य कई दु:खों और परेशानियों से बच सकता है। रामचरित मानस में चार ऐसी महिलाओं के बारे में बताया गया है, जिनका सम्मान हर हाल में करना ही चाहिए। इन चार का अपमान करने वाले या इन पर बुरी नजर डालने वाले मनुष्य महापापी होते हैं। ऐसे मनुष्य की जीवनभर किसी न किसी तरह से दुख भोगने पड़ते ही है।

'अनुज बधू भगिनी सुत नारी, सुनु सठ कन्या सम ए चारी,

इन्हह कुदृष्टि बिलोकइ जोई, ताहि बधें कछु पाप न होई'॥

अर्थात- छोटे भाई की पत्नी, बहन, पुत्र की पत्नी और अपनी पुत्री- ये चारों एक समान होती हैं। इन पर बुरी नजह डालने वाले या इनका सम्मान न करने वाले को मारने से कोई पाप नहीं लगता। वास्तव में रामचरितमानस में कोई भी उक्ति ऐसी नहीं है, कोई भी चौपाई ऐसी नहीं है जिसमें कोई शिक्षा ना हो। केवल आवश्यकता है तो हमें इनका अनुकरण करने की। यह भी कहा जाता है कि 'जिन परिवारों में रामचरितमानस की चौपाई के स्वर नहीं होते उन घरों में राग,

शोक, दुख ,दरिद्रता व क्लेश सैदेव चारपाई बिछाए स्थाई रूप से निवास करते हैं।' अतःश्री रामचरितमानस का पाठ अत्यंत कल्याणकारी है। इसे हमें अपने दैनिक जीवन का हिस्सा निम्न बिंदुओं के आधार पर बनाना चाहिए।

धर्म (धार्मिकता):- धर्म की अवधारणा 'रामचरितमानस' के केंद्र में है। भगवान राम को धर्म के अवतार के रूप में चित्रित किया गया है, जो किसी के कर्तव्य को पूरा करने और नैतिक सिद्धांतों का पालन करने के महत्व पर जोर देते हैं। पाठ सिखाता है कि धार्मिकता के मार्ग पर चलने से व्यक्तिगत और सामाजिक कल्याण होता है।

भक्ति (भक्ति):- भक्तिपूर्ण प्रेम और भगवान के प्रति समर्पण (भक्ति) 'रामचरितमानस' में आवश्यक विषय हैं। हनुमान, सीता और अन्य जैसे पात्र भगवान राम के प्रति अटूट भक्ति प्रदर्शित करते हैं, जो भक्तों को परमात्मा के साथ गहरा और प्रेमपूर्ण रिश्ता विकसित करने के लिए प्रेरित करते हैं।

मर्यादा (सम्मान और शिष्टाचार):- 'रामचरितमानस' सामाजिक मानदंडों और शिष्टाचार (मर्यादा) का सम्मान करने के महत्व पर जोर देता है। विभिन्न पात्रों के साथ भगवान राम की बातचीत विनम्र और सम्मानजनक व्यवहार का एक नमूना पेश करती है, खासकर बड़ों और शिक्षकों के प्रति।

अहिंसा (अहिंसा):- महाकाव्य अहिंसा या अहिंसा के मूल्य को बढ़ावा देता है। भगवान राम की निर्दोष प्राणियों को नुकसान पहुँचाने की अनिच्छा और सभी प्राणियों के प्रति उनके दयालु व्यवहार ने अहिंसक आचरण का उदाहरण स्थापित किया।

पारिवारिक मूल्य:- 'रामचरितमानस' पारिवारिक बंधनों और परिवार के सदस्यों की जिम्मेदारियों के महत्व को रेखांकित करता है। भगवान राम की अपने माता-पिता के प्रति भक्ति और एक कर्तव्यनिष्ठ पुत्र और भाई के रूप में उनकी भूमिका पारिवारिक मूल्यों पर रखे गए सांस्कृतिक महत्व का उदाहरण है।

करुणा और क्षमा:- पाठ करुणा और क्षमा की वकालत करता है, जैसा कि भगवान राम द्वारा उन लोगों के प्रति क्षमा करने से प्रदर्शित होता है जिन्होंने उनके साथ अन्याय किया, जैसे कि रावण के भाई विभीषण। यह समझ और सहानुभूति के सांस्कृतिक मूल्य पर प्रकाश डालता है।

सत्संग (कुलीन लोगों की संगति):- 'रामचरितमानस' स्वयं को सद्गुणी और महान व्यक्तियों (सत्संग) के साथ घेरने के महत्व पर जोर देता है। भगवान राम के प्रति हनुमान की अटूट निष्ठा और भक्ति उन लोगों के साथ जुड़ने के मूल्य का उदाहरण है जो हमारा उत्थान करते हैं और हमें आध्यात्मिक रूप से प्रेरित करते हैं।

दूसरों की सेवा (सेवा):- महाकाव्य दूसरों की निस्वार्थ सेवा (सेवा) के गुण की प्रशंसा करता है। भगवान राम की सेवा के प्रति हनुमान का समर्पण और बदले में कुछ भी उम्मीद किए बिना दूसरों की मदद करने की उनकी इच्छा अनुकरणीय गुण हैं।

साहस और दृढ़ता:- 'रामचरितमानस' चुनौतियों का सामना करने में साहस और दृढ़ता का जश्न मनाता है। भगवान राम की अपने कर्तव्यों के प्रति अटूट प्रतिबद्धता और बाधाओं पर काबू पाने में उनकी लचीलापन दृढ़ संकल्प और बहादुरी के सांस्कृतिक मूल्य को प्रदर्शित करती है।

समानता और समावेशिता:- 'रामचरितमानस' सभी प्राणियों के साथ समानता और समावेशिता के साथ व्यवहार करने के महत्व पर प्रकाश डालता है। विभिन्न पृष्ठभूमि और सामाजिक स्तर के व्यक्तियों के लिए भगवान राम की स्वीकार्यता और सम्मान विविधता को अपनाने के सांस्कृतिक मूल्य को दर्शाता है।

वर्तमान में नैतिक मूल्यों की प्रासंगिकता- श्रीराम वर्तमान परिप्रेक्ष्य में अत्यधिक प्रासंगिक है क्योंकि उनकी कार्यप्रणाली का दूसरा नाम प्रजातंत्र है। श्रीराम यानि संस्कृति, धर्म, राष्ट्रीयता और पराक्रम। तत्व, आदर्श, नियम और धारणा का दूसरा नाम श्रीराम है। नर से नारायण कैसे बना जाए यह उनके जीवन से सीखा जा सकता है।

एक तरफ उनका आदर्श हमारे मन को जीवन की ऊँचाईयों पर पहुँचाता है वहीं दूसरी तरफ उनकी नैतिकता मानव मन को सकारात्मक ऊर्जा देती है। उनका हर कार्य हमारे विवेक को जगाता है और हमारा आत्मविश्वास बढ़ाता है। रामचरितमानस की एक बड़ी सीख है विविधता में एकता। इस महाकाव्य में राजा दशरथ की तीनों रानियों और चारों पुत्रों का चरित्र अलग-अलग होता है लेकिन विविधता के बावजूद उनमें एकजुटता होती है। यह हर परिवार के लिए दुःख के समय से बाहर निकलने की सीख है। रामचरितमानस से हमें अच्छी संगति का महत्व पता चलता है। कैकेयी राम को अपने पुत्र भरत से ज्यादा चाहती थी लेकिन दासी मंथरा की बातों में और गलत सोच में आकर वह राम के लिए 14 वर्षों का वनवास माँग लेती है। जिससे हमें सीख मिलती है कि हमें अच्छी संगति में रहना चाहिए ताकि नकारात्मकता हम पर हावी न हो। रामचरितमानस में समाहित जीवन मूल्यों को हृदयंगम करने से दृष्टिकोण बदलता है, उत्कृष्टता का गहरा समावेश होता है, कर्तव्य में आदर्शवादी प्रक्रिया जुड़ती है। लोभ, मोह, आधि, व्याधि से ग्रस्त जीवन को एक नया स्वरूप मिलता है। रामचरितमानस सर्वांगपूर्ण धर्म ग्रंथ है जिसमें मानव जीवन को सुखी समुन्नत तथा मुक्त बनाने वाले सभी सिद्धान्तों का समावेश है। जीवन के प्रत्येक आवश्यक एवं उपयोगी पहलू की विवेचना मानस में हुई है। 'रामचरितमानस' के माध्यम से प्रस्तुत ये सांस्कृतिक मूल्य हिंदुओं और अन्य लोगों के साथ गूंजते रहते हैं, जो व्यक्तियों को धार्मिकता, भक्ति, करुणा और मानवता की सेवा के लिए जीवन जीने के लिए प्रेरित करते हैं।

प्राचीन भारत में राजनीति एवं अर्थव्यवस्था

प्राचीन भारत में राजनीति के प्रमुख स्रोत-

प्राचीन भारत में राजनीति चिन्तन का इतिहास एवं स्रोत प्राचीन भारतीय राजनीतिक-चिन्तन को साधारणतः हिन्दू राजनीतिक-चिन्तन की संज्ञा दी जाती है। इसकी परम्परा वैदिक युग से आरम्भ होती है जो मोटे तौर पर दो सहस्राब्दी ईसा पूर्व का समय था। यह परम्परा चौदहवीं शताब्दी ईसवी तक अर्थात तब तक चलती रही जब यहाँ मुस्लिम शासन पूरी तरह स्थापित हो गया। प्राचीन भारतीय राजनीतिक-चिन्तन अपने मूल रूप में ब्राह्मणवाद के अभ्युदय के समय विकसित हुआ था, परन्तु आगे चलकर जब धार्मिक आंदोलनों, नई जातियों, श्रेणियों और संघों का उदय हुआ और देश को विदेशी आक्रमणकारियों का सामना करना पड़ा, तब इन समस्याओं के समाधान के उद्देश्य से भारतीय चिन्तन में नए-नए विचारों का सूत्रपात हुआ।

कौटिल्य के 'अर्थशास्त्र' शुक्राचार्य की शुक्रनीति' और अन्य बहुत सारे श्रेष्ठ ग्रन्थों के अन्तर्गत इन नई परिस्थितियों के लिए उपयुक्त निर्देश प्रस्तुत किये गये प्राचीन भारत की शासन पद्धति का इतिहास वैदिक काल से आरम्भ होता है और साधारणतया मुगल-शासन की स्थापना तक फैला है। वास्तव में वैदिक काल और महाकाव्यों के काल का राजनीतिक इतिहास निश्चित और क्रमबद्ध रूप में उपलब्ध नहीं है। तीसरी शताब्दी ईसा पूर्व से पहले राजशास्त्र पर कोई ग्रंथ विशेष नहीं लिख गया।

अतः हमें प्राचीन भारत की शासन पद्धति के बारे में जो कुछ जानकारी प्राप्त होती है वह प्राचीन साहित्य, वेदों, ब्राह्मण ग्रन्थों, धर्मसूत्रों, धर्मशास्त्रों, पुराणों, उपनिषदों, महाकाव्यों, जैन ग्रन्थों तथा बौद्ध जातकों आदि से मिली है। इनके अतिरिक्त प्राचीन भारत की शासन पद्धति पर लिखे गये ग्रन्थ जैसे मनु कृत मनुस्मृति, 'कौटिल्य का अर्थशास्त्र', कामन्दकीय नीतिशास्त्र', शुक्राचार्य कृत 'शुक्रनीति', सोमदेव शूरी का 'नीति वाक्यामृतम' आदि विशेष रूप से महत्वपूर्ण हैं।

हिन्दू काल के राजनीतिक इतिहास पर लिखे गये अनेक ग्रन्थों, ग्रीक लेखकों के वर्णनों आदि से भी हिन्दू राज्यों और उनकी शासन पद्धतियों के विषय में काफी जानकारी प्राप्त होती है। संस्कृत साहित्य में लिखे गये अनेक पंचों जैसे पाणिनी के 'अष्टाध्यायी' कालिदास के 'रघुवंश', विशाखदत्त के 'मुद्राराक्षस' आदि में भी प्राचीन भारतीय शासन पद्धति को महत्वपूर्ण जानकारी प्राप्त होती है।

पालिटी-डॉ० एच०एन० सिन्हा का 'सावरेन्टी इन एन्शेन्ट इण्डिया', डॉ० बेनी प्रसाद- 'दि स्टेट इन एन्शेन्ट इण्डिया' तथा प्रो० अलतेकर का 'प्राचीन भारत में शासन पद्धति' को भी रख सकते हैं; क्योंकि वे इस विषय के अध्ययन के लिए महत्वपूर्ण स्रोत ग्रन्थ है। साहित्य के अतिरिक्त प्राचीन भारतीय शासन पद्धति के अध्ययन के लिए तीन अन्य स्रोत और हैं-

● शिलालेख,

● ताम्रपत्र और

● मुद्राशास्त्र (मुद्राओं पर अंकित अभिलेख)। सबसे प्राचीन प्राचीन सिक्कों का बड़ा महत्व है। सिक्कों और प्राचीन अभिलेखों की गिनती महत्वपूर्ण स्रोतों में की जाती है।

विशेषताएं- हमारे प्रामाणिक ग्रन्थों में राजत्व के उद्गम के विषय में चार सिद्धान्त घोषित किये गये हैं-

(1) चुनाव द्वारा

(2) समझौता सिद्धान्त

(3) दैवी सिद्धान्त

(4) अनुवांशिक पद

मनु और कौटिल्य के विचारों का जब हम परीक्षण करते हैं तो हमें लगता है कि कौटिल्य ने उस किवदंती की ओर संकेत किया है जिससे प्रकट होता है कि वैवस्वत मनु लोगों द्वारा राजा बनाया गया और रक्षा करने के कारण लोगों ने उसको आय का छठाँ भाग कर देना स्वीकार किया, किन्तु कौटिल्य ने यह लिखा कि वैवस्वत मनु ने जनता के समक्ष कोई प्रण किया ही नहीं। मनुस्मृति में राज्य की उत्पत्ति के सम्बन्ध में जो विवरण दिया गया है उसके अनुसार उसे दैवी उत्पत्ति का परिणाम माना जाता है। वे राजा की प्राप्ति देवों से हुई विशेषकर उस समय जबकि पृथ्वी पर राजा नहीं था। इस प्रकार राजत्व के सम्बन्ध में दैवी उद्गम के संकेत देते हैं, किन्तु कौटिल्य इस सम्बन्ध में अपना मत न देकर केवल सामाजिक समझौते के सिद्धान्त को मानते प्रतीत होते हैं। कौटिल्य का अर्थशास्त्र मुख्य रूप से राज्य नियंत्रण, राष्ट्रीय अर्थव्यवस्था के

संगठन तथा युद्ध संचालन पर अधिक विस्तृत आदेश देता है। यह प्राचीन भारतीय जीवन एवं राजत्व नीति के लिए एक अत्यंत महत्वपूर्ण स्रोत है। यही कारण है उनके द्वारा प्रतिपादित शासन व्यवस्था परवर्ती काल तक चलती रही।

सप्तांग सिद्धान्त- सप्तांग सिद्धान्त को दोनों ने स्वीकार किया है। जहाँ कौटिल्य ने लिखा है कि-'स्वाम्यमात्यजनदुर्गकोश दण्ड मित्राणि प्रकृतयः' अर्थात् स्वामी, अमात्य, जनपद, दुर्ग कोश, दण्ड और मित्र राज्य की प्रकृतियाँ हैं, वहीं मनु ने 'स्वाम्यमात्युदुर्ग कोशदण्ड राष्ट्र मित्राणि प्रकृतयः' अर्थात् स्वामी, अमात्य, दुर्ग, कोष, दण्ड, राष्ट्र और मित्र इन सातों को राज्य की प्रकृतियाँ कहा है। मनु ने कौटिल्य के जनपद के स्थान पर राष्ट्र को राज्य का अंग माना है।

मनु और कौटिल्य दोनों के अनुसार राज्य के उद्देश्य एवं कार्य व्यापक हैं। राजा की रक्षा करना, शान्ति और व्यवस्था के अतिरिक्त आर्थिक विकास और समृद्धि के प्रयास करना चाहिए। दोनों ने ही मंत्रियों की आवश्यकता, पुरोहित एवं अन्य पदाधिकारियों को समान रूप से विवेचित किया है। मनु ने मंत्रियों की संख्या 7/8 सुनिश्चित कर दी है। किन्तु कौटिल्य इस सम्बन्ध में देश, काल और परिस्थिति की आवश्यकता के अनुरूप इनके निर्धारण की छूट दे दी है। मनु और कौटिल्य दोनों आचार्यों ने दण्ड के सम्बन्ध में ब्राह्मणों को कुछ विशेषाधिकार प्रदान किये हैं। करारोपण के सम्बन्ध में भी दोनों आचार्यों के विचार समानता रखते हैं। करारोपण का उद्देश्य प्रजारक्षण है और थोड़ा-थोड़ा शनैः शनै कर उगाहने को दोनों आचार्यों ने राज्य और राजा दोनों के स्थायित्व के लिए उचित माना है। मण्डल सिद्धान्त के सम्बन्ध में मनु और कौटिल्य के विचार समान हैं। षाड्गुण्य नीति के अनुपालन तथा विविध उपायों के उपयुक्त प्रयोग के लिए दोनों ने राजा को आगाह किया है। विजिगीषु नरेश की महत्वाकांक्षाओं की पूर्ति के लिए यह जरूरी है कि वह सतत जागरूक रहे। अन्ततः हम कह सकते हैं कि कौटिल्य के राज्य की समस्याएँ लगभग वही थीं जिनका सामना मनुस्मृति में वर्णित नरेश करता है, किन्तु कुछ चीजों में इतना बदलाव आ गया था कि राज्य की प्रकृति में परिवर्तन हो जाना स्वाभाविक था। मनु का सांगोपांग विवेचन किये बिना सतही तौर पर ही हमें यह बात स्पष्ट हो जाती है कि मनु ने धर्म पर आधारित नैतिक मूल्यों की वकालत करने वाले राज्य की स्थापना की, जिसमें भौतिक चिन्ताओं के लिए कम ही ध्यान दिया है।

मनुस्मृति में धर्माचरण पर बल दिया गया है जिसमें चतुर्वर्ण के कर्तव्यों, पारिवारिक जीवन की पवित्रता, वर्णसंकरता के भय, बच्चों, पत्नियों के कर्तव्यों का सम्यक् विवेचन किया गया है। मनु के समक्ष ज्वलन्त समस्याएँ थीं- व्यापार, वंशानुक्रम, दीवानी और फौजदारी मामलों के अतिरिक्त संस्थाओं की पवित्रता, व्यवस्था की शुचिता, वैवाहिक जीवन की परिशुद्धता, प्राचीन विद्या की गरिमा को सुस्थापित करना आदि। किन्तु कौटिल्य के समय के सामाजिक मान बदल चुके थे। अतः समस्याओं का झुकाव अधिक महत्वपूर्ण समस्याओं की तरफ हो गया

था। इन समस्याओं में सैन्य युद्ध, सामरिक लड़ाई, शान्ति नीति, छलकपट, गुप्तचरी, प्रशासनिक नियमों के आचरण और राज्य की बाहरी परेशानियाँ प्रमुख थीं। मनुस्मृति में इन जटिल समस्याओं का स्पर्श भी नहीं किया गया है।

बी० ए० सैलेटोर की टिप्पणी है कि- 'Even if we examine the fines imposed in connection with numerous crimes, we see that the state in Arthasastra said for transcended the limit mentioned by manu.' अर्थात् यदि हम विविध अपराधों पर लगाये गये करों का परीक्षण करें तो प्रतीत होगा कि मनु के राज्य की हर सीमा को यह पार कर गया है। इस प्रकार प्राचीन भारत में राजनीति की विशेषता शासन प्रणालियों, राज्यों, साम्राज्यों और दर्शन के समृद्ध और विविध परिदृश्य से थी।

सिंधु सभ्यता के रहस्योद्घाटन के पूर्व यही माना जाता रहा कि वैदिक सभ्यता ही भारत की सबसे प्राचीन सभ्यता है। परंतु प्राप्त स्रोतों व गहन अनुसंधानों ने भारतीय ज्ञान परंपरा का एक नवीन ऐतिहासिक दृष्टिकोण विकसित किया। जैसे -जैसे विकास यात्रा बढ़ती गई वैसे-वैसे भारतीय राजनीति एवं समाज की संस्कृति कई सहस्राब्दियों में विकसित होता चला गया जिसे कई प्रमुख अवधियों में विभाजित किया गया है, इस राजनैतिक कालक्रमों की विकास यात्रा को निम्नवत विवेचित किया जा सकता है-

सिंधु -सरस्वती सभ्यता- काल निर्धारण-

- हड़प्पा/ सिंधु सभ्यता का काल (कार्बन विधि- 2350-1750 ई.पू.)।

- परिपक्व अवस्था– 2400-1900 ई.पू.।

राजनीतिक स्थिति- राजनीतिक स्थिति के संदर्भ में विभिन्न विद्वानों ने निम्न मत दिये हैं-

- व्हीलर के अनुसार -शासन व्यवस्था मध्यमवर्गीय जनतांत्रिक थी।

- स्टुअर्ट पिगट के अनुसार -शासन पर पुरोहित वर्ग का अधिकार।

- हंटर के अनुसार -लोकतांत्रिक शासन प्रणाली।

- मैके के अनुसार- प्रतिनिधि शासन प्रणाली।

हड़प्पा संस्कृति की व्यापकता एवं विकास को देखने से ऐसा लगता है कि यह सभ्यता किसी केन्द्रीय शक्ति से संचालित होती थी। वैसे यह प्रश्न अभी विवाद का विषय बना हुआ है,

फिर भी चूँकि हड़प्पावासी वाणिज्य की ओर अधिक आकर्षित थे, इसलिए ऐसा माना जाता है कि संभवतः हड़प्पा सभ्यता का शासन वणिक (व्यापारी) वर्ग के हाथ में था।

वैदिक काल (1500 ईसा पूर्व- 600 ईसा पूर्व)- वैदिक कालीन राजनैतिक व्यवस्था को विद्वानों ने दो भागों में विभक्त किया है। यह काल जनजातीय समाजों और प्रारंभिक नगर-राज्यों की विशेषता का काल है। राजनीतिक सत्ता अक्सर जनजातीय प्रमुखों या राजाओं में निहित होती थी और समाज कबीले संरचनाओं के आसपास संगठित होता था। सबसे पुराने पवित्र ग्रंथों में से एक, ऋग्वेद में प्रारंभिक राजनीतिक संस्थानों, शासन व्यवस्था और अनुष्ठानों का संदर्भ मिलता है। हाल के आनुवंशिक और पुरातात्विक अनुसंधान से यह स्पष्ट होता है कि भारतीय उपमहाद्वीप की जनसंख्या का इतिहास अत्यंत जटिल और बहुस्तरीय है। आर्यों का आगमन एक महत्वपूर्ण लेकिन एकल घटना नहीं थी, बल्कि विभिन्न प्रवास, आंतरिक विकास, और सभ्यताओं के बीच निरंतर संपर्क का परिणाम थी। यह अनुसंधान हमारे प्राचीन इतिहास को बेहतर ढंग से समझने में मदद करता है और भविष्य के अनुसंधान के लिए नए दृष्टिकोण प्रदान करता है।

हाल के वर्षों में किए गए आनुवंशिक अनुसंधान और डीएनए साक्ष्य आर्यों के आगमन और भारतीय उपमहाद्वीप की जनसंख्या के इतिहास के बारे में महत्वपूर्ण जानकारी प्रदान करते हैं। यहाँ कुछ प्रमुख बिंदु दिए गए हैं:

आनुवंशिक अध्ययन:

हार्वर्ड मेडिकल स्कूल और अन्य संस्थानों द्वारा अध्ययन-2018 में प्रकाशित एक प्रमुख अध्ययन ने भारतीय जनसंख्या की आनुवंशिक संरचना का विश्लेषण किया। इस अध्ययन के अनुसार, भारतीय उपमहाद्वीप की आबादी का आनुवंशिक मिश्रण दो प्रमुख समूहों से हुआ है: एक आनुवंशिक समूह जो उत्तर पश्चिमी भारतीय और दक्षिण एशियाई आदिवासियों से संबंधित है और दूसरा समूह जो पश्चिमी यूरेशिया से संबंधित है।

आनुवंशिक प्रवाह- आनुवंशिक साक्ष्य बताते हैं कि भारत में लगभग 2000 से 1500 ईसा पूर्व के बीच आनुवंशिक प्रवाह हुआ, जो मध्य एशिया से संबंधित हो सकता है। यह आर्यों के प्रवासन या आक्रमण सिद्धांत के समर्थन में है, लेकिन यह एक जटिल और बहुस्तरीय प्रक्रिया थी।

पुरातात्विक साक्ष्य:

- हड़प्पा सभ्यता- हाल की खुदाईयों ने संकेत दिए हैं कि हड़प्पा सभ्यता का पतन और वैदिक सभ्यता का उदय धीरे-धीरे हुआ। पुरातात्विक साक्ष्य यह सुझाव देते हैं कि यह परिवर्तन आंतरिक विकास और बाहरी प्रभाव दोनों का परिणाम हो सकता है।

- स्थायी निवास- कुछ पुरातात्विक साक्ष्यों से पता चलता है कि हड़प्पा और वैदिक सभ्यता के बीच निरंतरता हो सकती है, जो स्वदेशी सिद्धांत का समर्थन कर सकते हैं:

- भाषाई अध्ययन- भाषाविदों ने सुझाव दिया है कि इंडो-यूरोपीय भाषाएं और उनके विभिन्न शाखाएं एक साझा प्राचीन भाषा से उत्पन्न हुई हैं। भारत में संस्कृत का उदय और विकास इस व्यापक भाषाई प्रवास का हिस्सा हो सकता है।

रेख़टन और अन्य का 2019 का अध्ययन-

- अध्ययन- 'The formation of human populations in South and Central Asia'

- स्रोत- साइंस जर्नल में प्रकाशित

- मुख्य निष्कर्ष- इस अध्ययन में 523 प्राचीन व्यक्तियों के डीएनए का विश्लेषण किया गया, जिनमें से कुछ भारतीय उपमहाद्वीप से थे। अध्ययन से पता चला कि भारतीय उपमहाद्वीप की जनसंख्या का निर्माण भारतीय आर्यवर्तियों (आईएसी) और स्थानीय दक्षिण एशियाई समूहों के बीच जटिल आनुवंशिक मिश्रण से हुआ।

- प्रभाव- अध्ययन ने यह सुझाव दिया कि भारतीय आर्यवर्तियों की जड़ें संभवतः स्टेपी क्षेत्र में हैं और वे लगभग 2000 ईसा पूर्व के आसपास भारत में आए।

शिंडलर-हेलिक और अन्य का 2018 का अध्ययन-

- अध्ययन- 'An Ancient Harappan Genome Lacks Ancestry from Steppe Pastoralists or Iranian Farmers'.

- स्रोत- सर्बिया जर्नल में प्रकाशित।

- मुख्य निष्कर्ष- इस अध्ययन में हड़प्पा सभ्यता के एक व्यक्ति के डीएनए का विश्लेषण किया गया। इस व्यक्ति के जीनोम में स्टेपी या ईरानी किसानों की उपस्थिति नहीं पाई गई।

- प्रभाव- यह निष्कर्ष बताता है कि हड़प्पा सभ्यता की जनसंख्या पहले से ही भारतीय उपमहाद्वीप में बसी हुई थी और उनकी जड़ों में आर्यवर्तियों का योगदान नहीं था।

मिश्रा और अन्य का 2019 का अध्ययन-

- अध्ययन: 'Genomic evidence for an Asian origin of Indian cattle'

- स्रोत: नेचर जर्नल में प्रकाशित।

- मुख्य निष्कर्ष- इस अध्ययन ने भारतीय उपमहाद्वीप में पशुधन के आनुवंशिक इतिहास का विश्लेषण किया और पाया कि भारतीय मवेशियों की उत्पत्ति एशिया में हुई थी।

- प्रभाव- यह परिणाम संकेत करता है कि भारतीय उपमहाद्वीप में पशुपालन का इतिहास भी आर्य प्रवासन से स्वतंत्र था।

राजनैतिक विस्तार- डॉ० जैकोबी के अनुसार आर्यों ने भारत में एक से अधिक बार आक्रमण किया तथा उनकी एक से अधिक शाखा भारत आईं।

प्रमुख विशेषताएं -

- सबसे महत्वपूर्ण आर्य कबीला।

- भारत शासक-त्रित्सु, सूंजय, किब्री।

- पञ्चजन्य-पुरु, यदु, तुर्वस, अनु, द्रहु।

- यदु व तुर्वस को दास कहा जाता है।

- यदु व तुर्वस, पुरु, मृघवाची (कटुवाची) बाद में इंद्र द्वारा लाये गये।

- विस्तार-अफगानिस्तान, पंजाब और पश्चिमी उत्तर प्रदेश।

- ब्रह्मवर्त-(ऋग्वैदिक सभ्यता का केन्द्र)- सतलज से यमुना नदी तक का क्षेत्र।

- भरत-सरस्वती एवं यमुना के बीच।

- पुरू-सरस्वती नदी के किसी किनारे।

- यदु एवं तुर्वस-दक्षिण पंजाब।

ऋग्वैदिक राजनैतिक व्यवस्था :

- ऋग्वैदिक लोग-विश।

- कबीला-जन।

ऋग्वेद तथा अथर्ववेद के साक्ष्य से ऐसा प्रतीत होता है कि वैदिक काल में सभी व्यक्ति (विश) समिति में एकत्रित होकर राजा का चुनाव करते थे। सामान्यतः राजपद वंशानुगत था एवं ज्येष्ठ पुत्राधिकार व्यवस्था लागू थी। ऋग्वेद में गणतंत्र का प्रारंभिक उल्लेख मिलता है। कुछ विद्यमान गैर-राजतंत्रात्मक राज्य को ऋग्वेद में गण कहा गया है जिसके प्रमुख ज्येष्ठक, गणपति कहलाते थे।

ऋग्वैदिक काल का राजन- जनस्यागोपा, गोपति, जनराजन, गणपति, ब्रातपः, विशपति।

ऋग्वैदिक काल में शासक को राजन की संज्ञा दी जाती थी। राजन को किसी विशिष्ट भौगोलिक क्षेत्र पर स्थायी रूप से शासन करने वाला नहीं माना जा सकता। राजन कोई पैतृक शासक नहीं था वरन् कबीले का ही सर्वेसर्वा था। राजाधिकार के उदय के सम्बन्ध में एक प्राचीनतम आख्यान एतरेय ब्राह्मण में वर्णित है, जो उत्तरकालीन वैदिक ग्रन्थों में से एक है और सम्भवतः जिसकी रचना ई. पू. 8वीं अथवा 7वीं शताब्दी में हुई थी। इस आख्यान से यह स्पष्ट होता है कि किस प्रकार देवों तथा दानवों में युद्ध हुआ था तथा देवता अपने शत्रुओं के हाथों बुरी तरह पीड़ित थे। अतः वे सब एकत्र हुए और उन्होंने निश्चय किया कि उनको युद्ध में नेतृत्व प्रदान करने के लिए एक राजा की आवश्यकता थी। उन्होंने इन्द्र को अपने राजा के रूप में नियुक्त किया तथा परिस्थितियाँ शीघ्र ही उनके अनुकूल हो गयीं। इस आख्यान से यह संकेत प्राप्त होता है कि प्राचीनकाल में भारत का राजाधिकार मानवीय आवश्यकताओं और सैनिक माँगों पर आश्रित माना गया तथा राजा का सर्वप्रथम कर्तव्य युद्ध में प्रजा का नेतृत्व करना था। राजा कबायली मुखिये से अधिक कुछ नहीं था और वह पुरोहित, रणयोद्धा एवं विश के रक्षक का काम करता था। कबीले की रक्षा के बदले कबीले के लोगों द्वारा स्वेच्छा से राजा को दिया जाने वाला कर **'बलि'** के रूप में दिया जाने लगा।

ऋग्वैदिक कबीलाई संस्था- सभा, समिति, गण, विदथ। विदथ -सर्वाधिक प्राचीन संस्था थी।

सभा- अथर्ववेद में सभा एवं समिति को 'प्रजापति की दो पुत्रियाँ' की संज्ञा दी गई है। अथर्ववेद में एक स्थान पर सभा को 'नरिष्ट' कहा गया है। ऋग्वेद में सभा का आठ बार, समिति का नौ बार तथा विदथ का 122 बार उल्लेख है, जबकि अथर्ववेद में विदथ का 22 बार, सभा का 17 तथा

समिति का 13 बार उल्लेख है। सभा के सदस्य 'श्रेष्ठ जन' होते थे जो 'सभेय' (सुजात) कहलाते थे। सभा में केवल सभी ब्राह्मण एवं मधवन (धर्म संरक्षक) होते थे।

समिति: समिति में सभी व्यक्ति सम्मिलित थे। पति / ईशान - समिति प्रमुख। समिति संभवतः राजा का चुनाव करती थी। ऋग्वेद तथा अथर्ववेद से ज्ञात होता है कि समिति में राजकीय विषयों की चर्चा तथा उन पर सहमति से निर्णय होता था। निष्ठावान राजा के लिए समिति में उपस्थित होना आवश्यक था। 'छान्दोग्य उपनिषद्' में भी 'श्वेतकेतु की घटना' के संदर्भ में राजा प्रवहन जैवलि को पंचाल समिति में उपस्थित दिखाया गया है।

विदथ: संस्था के रूप में विदथ ऋग्वैदिक काल में अत्यंत महत्वपूर्ण था किन्तु उत्तर वैदिक काल में सभा एवं समिति का महत्व बढ़ने लगा। ऋग्वेद के अनुसार-विदथ में अग्नि का चयन होतृ के रूप में किया गया है। ऋग्वेद के लगभग 21 सूक्तों में विदथ में वीरों की उपस्थिति की बात की गई है।

प्रशासन इकाई : निम्न प्रशासनिक पदाधिकारियों के द्वारा राजनैतिक व प्रशासनिक कर्तव्यों का निर्वहन किया जाता था -

क्र	प्रशासनिक पद	कर्तव्य
1	पुरोहित	राजा का परामर्शदाता
2	सेनानी	सेना प्रमुख
3	ग्रामीणी	ग्राम प्रमुख
4	कुलपति	परिवार का मुखिया
5	विशपति	विश का प्रधान
6	वाज्रपति	चारागाह का अधिकारी
7	दूत	विभिन्न राजनैतिक इकाइयों के बीच संबंध स्थापित करने वाला
8	स्पर्श	गुप्तचर
9	पुरप	पुर का अधिकारी

न्याय व्यवस्था:

1. वरदे प्रथा का प्रचलन- बदला चुकाने की प्रथा।

2. राजा देश का सर्वोच्च पदाधिकारी, सेनापति और न्यायाधीश था।

इस कालखंड में मृत्युदंड भी प्रचलित था, परन्तु अधिकांश मामलों में शारीरिक दण्ड ही उपयुक्त समझा जाता था।

- अग्नि-परीक्षा, जल परीक्षा अथवा सन्तप्तपरशु-परीक्षा के उदाहरण मिलते हैं।

- ऋण न चुकाने पर दास बनाने की प्रथा।

- ग्राम पंचायतों द्वारा छोटे मुक़दमे की देखरेख होती थी।

उत्तर वैदिक काल- (काल- 1000-600 ईपू) में राजनीति -

- साहित्यिक स्रोत: सामवेद यजुर्वेद, अथर्ववेद आरण्यक, उपनिषद् आदि।

- पुरातात्विक स्रोत- चित्रित धूसर मृदभांड, लोहा, स्थायी निवास।

- लोहे के प्रयोग के साक्ष्य मिले हैं-

(i)अतरंजीखेड़ा -1050 ईपू

(ii)गांधार क्षेत्र - 1000ईपू

(iii) गंगा-यमुना दोआब- 800ईपू

अतरंजीखेड़ा, जखेड़ा, हिस्तनापुर तथा नोह नामक पुरातात्विक स्थलों की खुदाई से लोहे के साक्ष्य मिले हैं। 700 ईपू के लगभग लोहे का प्रसार उत्तर प्रदेश तथा उत्तर वैदिक काल में इसे 'श्याम अयस' तथा 'कृष्ण अयस' कहा गया है

राजनैतिक विस्तार :

1000 ई पू के लगभग लोहे के प्रयोग से गंगा-यमना दोआब को साफ करना आसान हो गया। दो प्रमुख कबीले भरत एवं पुरु मिलकर कुरु बने तथा गंगा यमुना दोआब को छोड़कर सरस्वती एवं द्वसदृति निदयों के प्रदेश में बसे। प्रारंभ में उनकी राजधानी असन्दनीवात थी कालांतर में हिस्तनापुर उनकी राजधानी हई। बालहिक प्रतिपिय, राजा परीक्षित, जन्मेजय इस

वंश के प्रमुख राजा हुए। अथर्ववेद में परीक्षित का उल्लेख है। जन्मेजय ने एक नागयज्ञ एवं दो अश्वमेध यज्ञ करवाए। महाभारत-कुरुकुल का गृहयुद्ध 950 ई पू का उल्लेख मिलता है।

मध्य दोआब आधुनिक बरेली, बदायूँ फरुखाबाद के अंतर्गत आता था। पांचाल दार्शिनिक राजाओं के लिए जाना जाता था। प्रवाहन जैविल इस वंश के महत्वपूर्ण शासक थे। आरूणि व श्वेतकेतु इसी क्षेत्र से संबद्ध है। गंगा-यमुना दोआब से आर्यों का विस्तार सरयू नदी तक हुआ जिसके किनारे कोशल राज की स्थापना हुई। ऋग्वेद में राजा के दैवी अधिकार थे- इन्द्र हूँ मैं वरुण हूँ।

सदानीरा नदी (गंडक) के किनारे विदेह माधव ने विदेह की नींव डाली शतपथ ब्राह्मण में इस बात का उल्लेख है कि विदेह माधव ने अपने गुरु राहुलगण की सहायता से अग्नि के द्वारा इस क्षेत्र का सफाया किया।

गांधार जनपद- सिंधु नदी के दोनों तटों पर तक्षशिला एवं पुष्कलावती दो प्रमुख शहर थे। कैकेय के राजा अश्वपति ने दावा किया कि मेरे राज्य में न चोर हैं, न मधवा (मदिरा पीने वाला), न क्रियाहीन हैं, न व्यभिचारी हैं और न अविद्वान हैं। (छान्दोग्य उपनिषद्)। ब्रह्मर्षि देश- गंगा-यमुना दोआब और उसके नजदीक का क्षेत्र।

मध्य देश- हिमाचल एवं विंध्याचल क्षेत्र। मध्य पंजाब में भद्रों का देश था (स्यालकोट)। राजस्थान में मत्स्य। मध्यप्रदेश में कुशीनगर।

राजत्व का सिद्धान्त (उत्तरवैदिक काल)-

- ऋग्वेद में राजा के दैवी अधिकारों की पुरु द्वारा घोषणा–'मैं इन्द्र हूँ, मैं वरुण हूँ।

- राजत्व का सिद्धान्त, सुनियोजित रूप में 'ऐतरेय ब्राह्मण' में मिलता है।

- राजा की शक्ति में वृद्धि, राजपद वंशानुगत।

- पहली बार क्षेत्रीय राज्यों का उदय, गाँवों की बजाय क्षेत्र के लिए युद्ध प्रारंभ।

- 'शतपथ ब्राह्मण' में राजा के निर्वाचन की चर्चा, निर्वाचित राजा 'विशपति' कहलाते थे।

- 'ऐतरेय ब्राह्मण' में राजा को उत्तर में 'विराट', दक्षिण में भोज, पूर्व में सम्राट, पश्चिम में 'स्वराट' कहा जाता था।

- एकराट और सार्वभौम- चारो ओर जीतने वाला होता था।

राजत्व से जुड़े कुछ संस्कार:

- राज्याभिषेक- ऐतरेय ब्राह्मण के अनुसार अनुष्ठान का उद्देश्य परम शक्ति की प्राप्ति थी।

- अश्वमेध यज्ञ- उद्देश्य-साम्राज्य विस्तार -घोड़े की बलि दी जाती थी।

राजसूय यज्ञ- एच्छिक धार्मिक अनुष्ठान (शतपथ ब्राह्मण)। रत्निन नामक आधिकारियों के घर जाकर देवताओं को बलि दी जाती थी एवं राजा इनके घर (हवि देना) खाते थे। इन अनुष्ठानिक यज्ञों से प्रजा में यह विश्वास पैदा हो जाता था कि उसके सम्राट को दिव्य शक्ति मिल गई। यह यज्ञ राज्याभिषेक के समय संपन्न कराया जाता था।

वाजपेय यज्ञ- उद्देश्य- राजा को नवयौवन प्रदान करना। रथ दौड में राजा का रथ सबसे आगे होता था।

पुरुषमेध यज्ञ- अश्वमेध सदृश यज्ञ, परन्तु घोड़े की जगह मनुष्य छोड़ा जाता था। मनुष्य की बिल दी जाती थी।

प्रशासनिक व्यवस्था: नियमित कर प्रणाली के कारण अधिकारियों की संख्या में वृद्धि, ग्रामीणों की शक्ति में वृद्धि जबकि 'विषपति' नामक अधिकारी की शक्ति में कटौती। प्रशासन को संचालित करने के लिए निम्न पदाधिकारियों को नियुक्त किया जाता था रत्निन कहा जाता था। इसमें पालगल नामक अधिकारी और होता था जो राजन का मित्र होता था।

कर व्यवस्था- कर व्यवस्था राजनीति का प्रमुख अंग था। कर प्रणाली नियमित किन्तु अपेक्षित धन का अभाव इसमें देखा गया। बलि के अतिरिक्त 'शुल्क' एवं 'भाग' भी लिया जाता था। संभवतः आय का 1/6वाँ भाग करके रूप में लिया जाता था। 'बलि' अब स्वेच्छा से दिया जाने वाला कर नहीं रहा। शतपथ ब्राह्मण में उल्लिखित 'बलिकृत' से संकेत मिलता है कि करों का बोझ वैश्य वर्ग पर था। 'स्वतंत्र सेना का अभाव था। सभा एवं समिति द्वारा राजा की स्वेच्छाचारिता पर नियंत्रण। वप्रू (टीन) की चर्चा मिलती है। उत्तर वैदिक काल में कपास का उल्लेख नहीं। इसकी जगह ऊन के लिए 'उर्णा' शब्द का प्रयोग।

छठी शताब्दी ई.पू. में भारत में राजनैतिक- वैदिक के अन्तिम चरण छठी शताब्दी ई०पू० में कृषि का अत्यधिक विकास, मुद्रा का प्रचलन, व्यापार की प्रगति, उद्योगों का विकास (खासकर लोहा) से नगरों के उत्थान का मार्ग प्रशस्त कर दिया जिससे साम्राज्यवादी विचारधारा का प्रसार होने लगा। इन्हीं सब कारणों ने जन को महाजनपद बनाने में भारी योगदान किया। परन्तु ऐसा जान पड़ता है मुख्यतः तकनीकी उपलब्धियों के कारण कृषि का उत्पादन इस काल में अधिशेष की स्थिति में पहुँच गया जिससे राज्य की शक्ति में प्रभावशाली वृद्धि हुई। इसी शक्ति को प्राप्त करने हेतु विभिन्न राज्यों के मध्य टकराव पैदा होने लगे। इन टकरावों से जो राज्य सामारिक रूप

से मजबूत थे उन्हीं राज्यों ने आगे चलकर महाजनपद का रूप ले लिया। बौद्ध साहित्य अंगुत्तर निकाय में समकालीन 16 महाजनपदों का उल्लेख है।

अंगुत्तर निकाय के अतिरिक्त इसी सूची को महावस्तु में भी दोहराया गया, परंतु दो नामों में भिन्नता है। इसी तरह जैन साहित्य भगवतीसूत्र एवं पाणिनी की अष्टअध्यायी में भी महाजनपदों के नामों का उल्लेख कमोवेश एक समान है जिसमें सर्वाधिक महत्वपूर्ण एवं शक्तिशाली मगध महाजनपद था। इन महाजनपदों के अतिरिक्त विभिन्न पालि एवं जैन ग्रंथों के 11 महत्वपूर्ण गणराज्यों (संघों) का भी उल्लेख मिलता है जो निम्न थे-

1. वैशाली के लिच्छवी

2. कपिलवस्तु के शाक्य (सक्रिय)

3. पावा के मल्ल

4. मिथिला के विदेह

5. कुशीनारा के मल्ल

6. रामग्राम के कोलिय

7. अल्लकम्प के बुलि

8. केसुपुत्र के कलाम

9. पिप्पलिवन के मोरिय

10. वैशाली के (ज्ञातृक) लिच्छिवी

11. संसुमार के गिरि के भग्ग

इन सभी जनपदों में सबसे प्रतापी गणराज्य लिच्छिवि था। गणराज्यों की सामान्य परंपरा सामूहिक उत्तरदायित्व के आधार पर संचालित होता था। इन गणराज्यों में शासन व्यवस्था लंबे समय तक स्थापित रही तो दूसरी ओर साहित्यों को लिपिबद्ध इसी समय बड़े पैमाने पर किया जाने लगा था जिससे इन गणराज्यों में राज प्रतिनिधि का निर्वाचन, गणपूर्ति, शासन में सहयोग शावती करने वालों की भूमिका, दंड प्रक्रिया आदि का उल्लेख विस्तृत रूप में किया गया है।

उपर्युक्त महाजनपदों एवं गणराज्यों की स्थापना से जान पड़ता है कि यह नगरीकरण की दूसरी अवस्था थी जो काफी लम्बे समय तक कायम रही। इन नगर केन्द्रों की प्रमुख विशेषता थी आर्थिक उदारीकरण, जिसमें गैर- कृषक एवं अनुत्पादक वर्ग की व्यापारियों के रूप में

प्रधानता स्थापित रही जिससे समाज में उनका वर्चस्व बना रहा। परिणामस्वरूप समाज में वर्ण एवं आश्रम व्यवस्था का स्वरूप काफी शिथिल रहा। परिणामस्वरूप समाज में व्यापारिक गतिविधि काफी तेज हुई जिससे लोगों का सामाजिक आर्थिक दशा मजबूत हुई।

बुद्ध कालीन महाजनपदों में सर्वाधिक महत्वपूर्ण एवं शक्तिशाली महाजनपद मगध था। जिसने आगे चलकर एक अखिल भारतीय साम्राज्य स्थापित किया। इस साम्राज्य की स्थापना में हर्यक वंशीय शासक बिम्बिसार का उल्लेखनीय योगदान रहा था। संभवतः इसी के फलस्वरूप पुराणों एवं बौद्ध ग्रंथों में इस साम्राज्य व इसके शासकों का विस्तारपूर्वक उल्लेख मिलता है। इसकी राजधानी गिरिव्रज थी।

बिम्बिसार (544 ई०पू० से 492 ई०पू०) अपने युग का एक अत्यन्त महत्वपूर्ण, महत्वाकांक्षी नरेश था। वह अपनी सैन्य शक्ति के साथ-साथ अपनी कमजोरियों को भी अच्छी तरह से समझता था। इसीलिए शुरू-शुरू में उसने अपना ध्यान अपने पूर्व में स्थित अंग राज्य पर लगाया एवं विजयी रहा। विजय के साथ-साथ उसने वैवाहिक संबंधों द्वारा भी अपनी शक्ति में वृद्धि करने पर बल दिया। उसी परिपेक्ष्य में उसने शक्तिशाली कोसल नरेश से दोहरी वैवाहिक नीति अपनाई। उसने अपनी बहन का प्रेसनजित से विवाह किया एवं स्वयं प्रसेनजित की बहन कोसलादेवी को अपनी रानी बनाया। इसी नीति पर चलते हुए उसने अन्य राज्यों से भी वैवाहिक संबंध बनाया जिसमें लिच्छवी, भद्र आदि था। उपर्युक्त बातों के अतिरिक्त उसने सभी महाजनपदों खासकर अवन्ति महाजनपद से राजनीतिक व्यापारिक संबंध को भी बढ़ाया जिससे मगध साम्राज्य की आर्थिक स्थिति काफी मजबूत हो गई जिससे अन्य सैन्य अभियानों के लिए पर्याप्त धन की व्यवस्था हो गई।

बिम्बिसार के बाद मगध साम्राज्य का शासन अजातशत्रु के हाथों में आया जिसका शासनकाल 492 ई०पू० से 460 ई०पू० तक माना जाता है। जिसका उद्देश्य साम्राज्य विस्तार की अपेक्षा गंगा सरित्प्रणाली पर आधिपत्य स्थापित करना था जिससे उस काल में व्यापारिक मार्गों (नदी मार्ग) पर आधिपत्य स्थापित कर साम्राज्य का आर्थिक आधार सुदृढ़ किया जा सकें। अजातशत्रु की श्रेष्ठ उपलब्धि थी वज्जि संघ की विजय। उस समय वज्जि संघ 32 गणराज्यों का एक संघ था। उसमें परस्पर एकता भी थी जिसे अज्ञातशत्रु ने तोड़ दिया। एक लंबे संघर्ष द्वारा ही उसने वज्जि संघ को अपने साम्राज्य में मिला लिया। इन उपलब्धियों के साथ उसने धार्मिक क्षेत्र में भी उत्कर्ष कार्य किया। उसके ही शासनकाल में मगध साम्राज्य की राजधानी गिरिव्रज (राजगृह) में प्रथम बौद्ध संगीति का आयोजन 483 ईपू में हुआ। उसने राजगृह में बौद्ध स्तूप का निर्माण करवाया। अजातशत्रु के बाद उदीयन (460 ईपू - 445 ईपू) सत्तारूढ़ हुआ। उसकी सबसे बड़ी उपलब्धि थी गंगा तथा सोन नदियों के संगम पर पाटलीपुत्र नगर (कुसुमपुर) की स्थापना करना। पाटलिपुत्र को उसने अपनी नई राजधानी भी बनाया। उदयिन के पश्चात् क्रमशः अनिरुद्ध,

मुण्ड तथा दर्शक सिंहासन पर बैठे। संभवतः नागदशक हर्यंकवंश का अन्तिम शासक हुआ जिसे उसके ही अमात्य शिशुनाग ने हत्या कर मगध साम्राज्य पर कब्जा कर लिया। इसके परिणामस्वरूप 412 ई०पू० में शिशुनाग ने शिशुनाग वंश की स्थापना की।

शिशुनाग ने क्रमशः अवन्ति (उज्जैन) एवं वत्स, और जिससे कोसल राज्यों को भी परास्त कर मगध साम्राज्य में मिला लिया, जिससे मगध साम्राज्य का विस्तार बंगाल से मालवा तक हो गया। शिशुनाग के बाद कालाशोक या काकवर्ण इस वंश का शासक हुआ। संभवतः वह इस वंश का सबसे प्रतापी शासक था जिसका शासनकाल 394 ई०पू० से 366 ई०पू० रहा। कालाशोक की राजकीय उपलब्धि यह रही कि उसने ही 383 ई०पू० वैशाली में द्वितीय बौद्ध संगीति का आयोजन करवाया।

कालाशोक को युद्ध में पराजित कर नंदवंश के महानंदिन ने मगध साम्राजय पर नंद वंश का प्रभुत्व स्थापित किया। महापद्मनंद ने जिसका शीघ्र वध कर वास्तविक नंद वंश की स्थापना 362 ई०पू० में की। मगध साम्राज्य में कलिंग को मिलाया जाने से महापद्मनंद की शक्ति में अपार वृद्धि हो गई। और इस विजय के बाद उसने एकराट की उपाधि धारण की। महापद्मनंद के आठ पुत्रों (उग्रसेन, पंडुक, पांडुगति, भूतपाल, राष्ट्रपाल, योविषाणक, दशसिद्धक और कैवर्त) के बाद नौवा पुत्र धनानंद को नंद वंश का अन्तिम शासक होने का गौरव प्राप्त हुआ। धनानंद सिकन्दर का समकालीन था इसकी पुष्टि ऐतिहासिक स्रोतों से हुई है। क्षेत्र यूनानी लेखकों ने धनानंद को अग्रमीज कहा एवं उसके साम्राज्य की सैन्य एवं समृद्धि की व्यापकता की चर्चा की है। धनानंद के समय में ही सिकन्दर ने 327 ई०पू० पश्चिमोत्तर सर्व भारत पर आक्रमण किया था। परन्तु उसकी सैन्य क्षमता के आकलन से सिकन्दर ने धनानंद से युद्ध न करना ही बेहतर समझा। 321 ई०पू० धनानंद को चंद्रगुप्त मौर्य द्वारा वध किये जाने से इस वंश के साम्राज्य का अंत हो गया। इस पराजय में चाणक्य ने चंद्रगुप्त को भरपूर सहयोग दिया जो आगे चलकर अपनी नीतियों के लिए विश्वविख्यात हुआ।

विभिन्न धार्मिक एवं ऐतिहासिक साहित्यों में वर्णित 16 महाजनपदों में से वर्णित मगध साम्राज्य का उदय हेतु बहुत से कारक का योगदान रहा। इसमें इसके शासकों का व्यक्तित्व उसकी नीतियाँ प्रमुख थीं। दूसरी ओर गंगा के मैदानी भाग की उपजाऊ मिट्टी ने मगध साम्राज्य को कृषि का सुदृढ़ आधार प्रदान किया जिससे प्राप्त अधिशेष को उस समय के मगध शासकों ने अपने साम्राज्य के विस्तार व विकास में लगाया। मगध शासकों ने गंगा जैसे महत्वपूर्ण व्यापारिक मार्गों का दोहन भी अपने हित में किया। मगध के शासकों ने कृषि कर के साथ-साथ व्यापार एवं उद्योग पर कर भी निश्चित कर दिया जिससे राज्य को एक नियमित आय का स्रोत उपलब्ध हो गया जिससे राज्य को नियमित आय के स्रोत का उपयोग अत्यंत संभव हो गया। मगध साम्राज्य की राजधानी राजगीर एवं पाटलिपुत्र क्रमशः एक पहाड़ी और दूसरी जल द्वारा

भली-भाँति सुरक्षित थी जिससे किसी अन्य जनपद द्वारा हमेशा इसे युद्ध का डर व पराजय का भय नहीं रहता था। लोगों को व्यवसाय की स्वतंत्रता भी प्राप्त थी। इन सभी उपर्युक्त कारणों ने सामूहिक रूप से मगध महाजनपद को एक साम्राज्य के रूप में विकसित होने में सहायता दी। परिणामस्वरूप मगध साम्राज्य का उदय उत्तर भारत में तत्कालीन परिस्थितियों में राजनीतिक गतिविधियों का केंद्रीय स्थल हो गया।

मेसीडोनिया आक्रमण और उसका प्रभाव- मेसीडोनिया का शासक सिकन्दर एक स्वप्नदर्शी शासक था। उसका स्वप्न था कि वह एक दिन विश्व विजयी हो और सदा के लिए अमर हो जाए। उसने स्थानों के विजयोपरान्त भारत विजय की नीति भी बनाई। इसी परिपेक्ष्य में अपने विजय का शुभारंभ पश्चिमोत्तर भारत से शुरू किया। पश्चिमोत्तर भारत में उसकी राजनीतिक स्थिति काफी विश्रृंखल थी। इस क्षेत्र के राज्य व गणराज्य में आपसी कलह जोरों पर थी। उस उसके समय इस क्षेत्र में छोटे-छोटे राज्य व कबीलाई शासक सैन्य रूप से भी सुदृढ़ नहीं थे। सिकन्दर ने भारत विजय हेतु सर्वप्रथम बैक्ट्रिया को जीता जिससे भारत में प्रवेश कर उसके राज्य के संसाधनों का उपयोग किया जा सके। इसके पश्चात् बेहतर सिकन्दर ने हिन्दुकुश पर्वत पार कर भारतीय सैन्य सहायता आम्मी से प्राप्त की। हिन्दुकुश के उत्तर स्थित एक मुख्य लय में भारतीय शासक शशिगुप्त ने भी उसकी अधीनता स्वीकार कर ली। इसके अलावा उसने अन्य छोटे-छोटे शासकों को हराया या अपनी अधीनता मनवायी। सिकन्दर ने इसके बाद झेलम के उस पार पोरस को परास्त करने की योजना बनाई। अपनी योजना को व्यवहारिक बनाते हुए उसने पोरस राजा के साथ झेलम नदी के तट पर युद्ध किया। इस युद्ध में पोरस ने सिकन्दर के समक्ष एक वीर योद्धा की भाँति आत्म समर्पण नहीं किया। (चीनी ग्रंथों के अनुसार झेलम के युद्ध में संभवत: पोरस की जीत हुई थी) यही कारण है कि उसका राज्य पुनः वापस लौटा दिया गया और एक महत्वाकांक्षी आक्रांता (सिकंदर) भारत भूमि में प्रवेश न करते हुए अपने वतन को लौटने का निर्णय लिया। सिकन्दर ने अपने विजित प्रदेशों में प्रशासन की देखभाल हेतु अपने सेनापति फिलिप को सौंप दिया और स्वयं भारत से पुनः अपने स्वदेश के लिए प्रस्थान किया। सिकन्दर को स्वदेश जाते समय रास्ते में ही 321 ई-पू- बेबीलोन में मृत्यु हो गई।

परन्तु उपर्युक्त प्रभावों के बाद भी सिकन्दर के आक्रमण से भारतीय सभ्यता संस्कृति का मूल स्वरूप पूर्णतया अप्रभावित ही रहा जबकि इन आक्रमण का प्रभाव सिर्फ आर्थिक एवं राजनीतिक गतिविधियों पर ही पड़ा।

मौर्य साम्राज्य (322 ईसा पूर्व- 185 ईसा पूर्व) में राजनीति- चंद्रगुप्त मौर्य द्वारा स्थापित मौर्य राजवंश, प्राचीन भारत के पहले प्रमुख साम्राज्यों में से एक था। चंद्रगुप्त मौर्य के पोते अशोक, बौद्ध धर्म में परिवर्तन और अपने साम्राज्य के माध्यम से धर्म को फैलाने के प्रयासों के लिए

प्रसिद्ध हैं। जटिल नौकरशाही और कुशल कर संग्रह के साथ मौर्य प्रशासन अत्यधिक केंद्रीकृत था।

मौर्य काल में राजनैतिक व्यवस्था: मौर्य का राजशासन धर्म, व्यवहार, राजनीति और चरित्र से ऊपर था।

राजा: केंद्रीय शासन प्रणाली राजतंत्रात्मक थी जिसमें राजा समस्त शक्तियों का स्वामी होता था तथा प्रजा को अपने पुत्र के समान समझता था। ए. एल. बॉसम ने उल्लेखित किया है कि प्रभुसत्ता के सात अंग तत्व गिनाए हैं जिसकी तुलना मानवी शरीर के अंगों से की गई है यथा- राजा की शिरोभाग से, मंत्रियों की चक्षुओं से, मित्र राज्य की कर्ण से, कोष की सुख से, सेना की मस्तिष्क से, दुर्गीकरण की भुजाओं से तथा भूमि एवं जनता की टांगों से। इस प्रकार से दुर्बल सादृश्य, कुछ भी हो, महत्वहीन है। राजा का कर्तव्य समाज की सुरक्षा था तथा राज्य केवल उसके उस लक्ष्य को अग्रसर करने का विस्तार रहा। राजा के सम्मुख प्रबल कल्याण कामना का आदर्श था। भारत में केवल अशोक ही वह राजा नहीं था जिसने समस्त जनता को अपनी सन्तान होने की घोषणा की हो तथा जिसने निरन्तर कार्य करने में गौरव का अनुभव किया हो। यद्यपि 'अर्थशास्त्र' प्रत्येक बेईमान योग्य मनुष्य द्वारा शक्ति-अर्जन और शक्ति की सुरक्षा का समर्थन करता है तथापि उसमें राजा के कर्तव्यों का सरल और प्रभावपूर्ण भाषा में वर्णन किया गया है और एक ऐसा आदर्श सम्मुख रखा गया है जिसका गौरव कुछ ही प्राचीन सभ्यताएँ कर सकती हैं। राजा और सन्यासी की तुलना करते हुए यह कहता है -

'राजोहि व्रतत्मुथानं यज्ञ : कार्यानुशासनम्।

दक्षिणावृत्ति साम्यं च दीक्षितस्यां ।।

उद्योग, यज्ञ, कार्यानुशासन, दान, शत्रु-मित्र में तुल्य व्यवहार, दीक्षित का राजा व्रत है। प्रजा सुखे सुखं राज्ञः प्रजानां च हिते हितम्। नात्य प्रियं हितं राज्ञः प्रजानां तु प्रियं हितम्।। (प्रजा

के सुख में राजा का सुख है, प्रजा के हित में राजा का हित है। राजा की आत्म-प्रिय बात हित नहीं होती, किन्तु प्रजा की प्रिय बात ही हित होती है।) इस प्रकार राजा की सहायता के लिए एक मंत्रिपरिषद की व्यवस्था की गई थी, जिसमें 12 से लेकर 20 मंत्री रहते थे।

मंत्रिपरिषद: शासन का मेरुदण्ड था। कौटिल्य के अनुसार राजा को मंत्रिपरिषद् की सलाह से काम करना चाहिए। मंत्रीपरिषद् में बारह से बीस सदस्य होते थे। इसमें पुरोहित, महामंत्री, सेनापति आदि थे। राज्य के सर्वोच्च अधिकारी 'मंत्री' कहलाते थे। ये उच्चकोटि के मंत्री और सलाहकार थे इनकी संख्या 3 या 4 थी। मंत्रियों का वेतन 12,000 पण वार्षिक था।

अर्थशास्त्र में ऊँचे स्तर के अधिकारियों को तीर्थ कहा गया है। ऐसे 18 तीर्थों का उल्लेख है :

1. मंत्रिगण - मुख्यमंत्री, 2. पुरोहित- मुख्य पुजारी, 3. सेनापति- सेना का सर्वोच्च अधिकारी, 4. युवराज - राजपुत्र, 5. दवारिक - राजप्रसाद का प्रमुख अधिकारी, 6. अन्तवेशिक- हरक प्रमुख 7. प्रसास्त्री- राजकीय आज्ञाओं से संबंधित, 8. समाहर्त्ता – कर संग्रहकर्त्ता अधिकारी, 9. सन्निधाता - कोषाध्यक्ष, 10. प्रदेष्टा- आयुक्त, 11. नायक- सेना मुख्य संचालक, 12. नागरिक - नगर का शासन अधिकारी, 13. व्यावहारिक- मुख्य न्यायाधीश (धर्मस्थीय न्यायालय), 14. कर्मान्तिक- खान का प्रमुख अधिकारी, 15. मंत्रिपरिषद्- परिषद का अध्यक्ष, 16. दण्डपाल- पुलिस प्रमुख, 17. द्वारपाल- आंतरिक सुरक्षा का प्रमुख, 18. अंतपाल - बाह्य सुरक्षा का प्रमुख आदि प्रमुख अधिकारी मौर्य काल में पदस्थ होते थे।

राजस्व प्रशासन: समाहर्ता राजस्व प्रशासन का प्रमुख अधिकारी था जो राज्य के समस्त राजस्व का संकलन करता था। वह 'अक्षपटलाध्यक्ष' के कार्यों का निरीक्षण एवं समस्त आय-व्यय पर निगरानी रखता था। भूमि कर, सिंचाई कर, पथ कर, वाणिज्य कर, चारागाह कर, सीमा शुल्क, खाद्यान्न कर, वन कर, राजकीय भूमि से प्राप्त राजस्व, जुआघरों एवं वैश्यालयों से प्राप्त कर राज्य के राजस्व का मुख्य साधन थे। इन सबके अतिरिक्त 'पिण्ड कर' जिसका उल्लेख कौटिल्य करता है, एक प्रकार का रिवाजी कर था जिसका निर्धारण सामूहिक रूप से होता है।

- हिरण्य कर- संभवतः नगर कर था। सेनाभक्तम- 'सेना कर' था, जिस क्षेत्र से सेना गुजरती थी वहाँ के निवासियों पर लगाया जाता था।

- बलि कर एक प्रकार का चढ़ावा था।

- प्रणय कर आपातकालीन कर था।

- कर -संभवतः संपत्ति कर था।

- प्रतिकर- अर्थशास्त्र में उल्लेखित एक प्रकार का - अतिक्ति कर।

- विष्टि- बेगार के रूप में लिया जाने वाला कर।

- उदंग-सिंचाई कर।

- उत्संग– उत्सव के समय प्रजा द्वारा राजा को भेंट दिया जाने वाला कर इत्यादि मुख्यतया शामिल थे।

सैन्य विभाग: मौर्यों के पास एक विशाल सेना थी। सेनापति इसका प्रधान अधिकारी होता था। कौटिल्य ने विभिन्न सैनिकों का उल्लेख किया है जैसे- पारंपरिक सैनिक, भाड़े का सैनिक, वन्य जनजातियों के सैनिक इत्यादि। मेगास्थनीज ने सेना के रख-रखाव के लिए छह समितियों का उल्लेख किया है जिसमें प्रत्येक समिति में पांच सदस्य होते हैं।

1. नौ सेना समिति, 2. पैदल सेना से संबंधित समिति, 3. सैनिक यातायात से संबंधित समिति, 4. हस्त सेना से संबंधित समिति, 5. रथ सेना से संबंधित समिति, 6. अश्व सेना से संबंधित समिति।

न्याय प्रशासन: कौटिल्य दो प्रकार के न्यायालयों की चर्चा करते हैं-

- धर्म स्थनीय : दीवानी अदालतें थीं। इसका प्रमुख मुख्य गांवों न्यायाधीश होता था जिसे 'धर्माधिकारिनी' कहा जाता था। इस न्यायालय का न्याय निर्णय 'तीन धर्मस्थ' तथा 'तीन अमात्य' मिलकर करते थे।

- कंटक शोधनः दूसरे न्यायाधीश तीन प्रदेष्टि तथा तीन अमात्य मिलकर करते थे।

केंद्रीय न्यायालय: यह सर्वोच्च न्यायालय होता था जो पाटलिपुत्र में स्थित था। जनपद न्यायालय, स्थानीय न्यायालय, द्रोणमुख न्यायालय एवं संग्रहण न्यायालय क्रमशः सर्वोच्च न्यायालय के नीचे न्यायालय थे। सबसे नीचे स्तर का न्यायालय ग्राम न्यायालय था।

पुलिस प्रशासन: मौर्य काल में हर प्रमुख स्थानों पर पुलिस मुख्यालय की व्यवस्था की गई थी।

- स्थानीय मुख्यालय - 800 गाँवों पर।

- द्रोणमुख मुख्यालय – 400 गाँवों पर।

- खार्वटिक मुख्यालय - 200 गाँवों पर।

- संग्रहण मुख्यालय – 10 गाँवों पर होता था।

गुप्तचर विभाग: मौर्यों के अंतर्गत गुप्तचर विभाग सुसंगठित थी। इस विभाग में कई गूढ़ पुरुष होते थे जो 'महामात्यापसर्प' के अधीन काम करते थे। इससे संबंधित कुछ गुप्तचर निम्नांकित है-

- पुलीसानी- लोगों के विचारों को राजा से बताने वाला।

- संस्था एक जगह रहकर काम करने वाला गुप्तचर।

- संचार- गतिमान गुप्तचर।

- प्रतिवेदक- विशेष संवाददाता की पहुँच सीधे राजा तक थी।

- चर- अर्थशास्त्र में वर्णित गुप्तचर।

- गूढ़पुरुष- अर्थशास्त्र में वर्णित गुप्तचर।

प्रांतीय और स्थानीय शासन: अशोक के समय पाँच प्रांतों का उल्लेख मिलता है- राज्य को कई प्रशासनिक इकाइयों में बाँटा गया था। अशोक के समय पाँच प्रांतों का उल्लेख मिलता है:

क्र	प्रांत	राजधानी
1	उत्तरापथ	तक्षशिला
2	अवंतिराष्ट्र	उज्जयिनी
3	कलिंग प्रांत	तौसली
4	दक्षिणापथ	सवर्णगिरी
5	प्राशी	पाटलिपुत्र

प्रांतों का शासक वाइसराय था। प्रांतीय प्रशासक के अधीन होता था। प्रांतीय शासन में भी मंत्रिपरिषद् होती थी। जिला राजुकों के अधीन होता था।

गांवों का समूह:

- स्थानिक - कर व्यवस्था से जुड़ा अधिकारी।

- गोप -लेखाधिकारी।

- गाँव मामिक-ग्राम प्रमुख।

नगर प्रशासन: नगर का प्रमुख नगराध्यक्ष (कौटिल्य के अनुसार) कहा जाता था। नगर के प्रशासन को परिषदों के द्वारा चलाया जाता था (मेगास्थनीज) जिसे 'अष्टयनेमी' कहा जाता था। मेगास्थनीज नगर प्रशासन से संबंधित छह समितियों का उल्लेख करते हैं जिसमें पाँच-पाँच सदस्य होते थे:-

- प्रथम समिति- औद्योगिक महत्व एवं कला कौशल से संबंधित।

- द्वितीय समिति- विदेशियों की देख रेख से संबंधित।

- तृतीय समिति - जन्म एवं मृत्यु के पंजीकरण से संबंधित।

- चतुर्थ समिति - व्यापार एवं वाणिज्य, माप एवं तौल से संबंधित।

- पंचम समिति- निर्मित वस्तु के विक्रय के निरीक्षण से संबंधित।

- छठी समिति- बिक्री कर वसूल करने से संबंधित थी।

- और साथ ही नगराध्यक्ष की सहायता के लिए 'स्थानिक' एवं 'गोप' होते थे।

मौर्योत्तर साम्राज्य में राजनीति- ईसा पूर्व प्रथम शताब्दी से लेकर ईसा की तृतीय शताब्दी का काल मौर्योत्तर प्रशासनिक व्यवस्था का काल माना जाता है। इस काल में भारत का इतिहास परस्पर संघर्ष में लीन रहने वाले शासकों का काल माना जाता है। तो दूसरी ओर इस काल में विदेशी आक्रांताओं द्वारा भारत पर लगातार हमले किये जाने के काल के रूप में भी जाना जाता है। इस काल में कुषाण एवं सातवाहन को छोड़कर ज्यादातर छोटे-छोटे राज्यों के द्वारा ही शासन किये जाने का साक्ष्य मिलता है। इस काल की एक अन्य विशेषता के रूप में सामंतवादी प्रवृत्ति को बढ़ावा दिये जाने का भी उल्लेख मिलता है जिसने अन्ततः कुषाणों एवं सातवाहन साम्राज्य के खण्डर पर अपने-अपने राज्यों का गठन किया।

मौर्योत्तर काल की प्रवृत्तियों में एक नई प्रवृत्ति राजा द्वारा अपनी तुलना देवताओं से न किये जाकर देवताओं की तुलना राजाओं से की जाने लगी। इतिहासकारों द्वारा तथ्य की व्याख्या यह कह कर की गई कि राज्य में विकेन्द्रीकरण को रोकने के लिए यह किया गया। जैसे गौतमीपुत्र शतकर्णी की तुलना को बलराम, संकर्षण कृष्ण से की जाने लगी। तो दूसरी ओर कुषाण राजाओं अशोक की तरह, देवताओं के प्रिय की तरह स्वयं को देवपुत्र कहने से गर्व का अनुभव करने

लगे थे। परन्तु इन सब के बाद भी राजाओं के इस देवीकरण से राज्य की सत्ता एवं देश पर उसके नियंत्रण में कोई वृद्धि हुई है, ऐसा कोई संकेत नहीं मिलता है।

सातवाहन शासकों द्वारा भूमिदान प्रथा को बढ़ावा दिये जाने का परिणाम प्रशासन का तेजी से विकेन्द्रीकरण होने लगा जिसके परिणामस्वरूप अन्ततः सातवाहन सत्ता का ही पतन हो गया।

शक एवं कुषाण शासकों का संबंध पार्थियनों के माध्मय से हखामनी राजवंश से बना जिसके परिणामस्वरूप इन शासकों ने भारत में क्षत्रपी शासन प्रणाली को लागू किया। कुषाणों ने इस प्रणाली को एक नया स्वरूप प्रदान करते हुए प्रान्तों में द्वैध शासन प्रणाली की नींव डाली जो उस समय सर्वथा नई शासन व्यवस्था थी।

मौर्योत्तर काल में खासकर कुषाण प्रशासन में यह देखने को मिलता है कि वे बड़े-बड़े आडम्बरपूर्ण उपाधियाँ धारण करते थे। वहीं कुषाण शासनकाल में दंडनायक और महादंडनायकों को काफी उच्च स्थान प्राप्त था जो कुषाण राजवंश के प्रशासन में सैनिक तत्वों को महत्ता का परिचायक लगता था। उनके सैनिक रकाव का भी प्रयोग करते थे ऐसा मथुरा से प्राप्त कनिष्क की मूर्ति से स्पष्ट लगता है। शासन प्रणाली राजतंत्रीय थी और राज्य को छोटी ईकाई का प्रधान ग्रामिक कहलाता था आज के मुखिया जैसा पदनाम था

गुप्त साम्राज्य की राजनैतिक स्थिति (लगभग 320 ई- 550 ई.)- गुप्त साम्राज्य को अक्सर अपनी सांस्कृतिक और बौद्धिक उपलब्धियों के कारण प्राचीन भारत का 'स्वर्ण युग' कहा जाता है। मौर्य साम्राज्य की तुलना में राजनीतिक संरचना अधिक विकेंद्रीकृत थी, जिसमें स्थानीय शासकों को महत्वपूर्ण स्वायत्तता प्राप्त थी। इस अवधि के दौरान, धर्म (कर्तव्य और धार्मिकता) की अवधारणा ने शासन में महत्वपूर्ण भूमिका निभाई।

राजत्व सिद्धांत-

- गुप्तों ने परमभट्टारक, परमेश्वर, परमदेवा एवं महाराजाधिराज जैसी भारी-भरकम उपाधियाँ धारण किये हैं।

- चन्द्रगुप्त के समय गुप्तशासकों ने अपनी तुलना देवताओं से करनी शुरू कर दी।

- चन्द्रगुप्त ने अपनी तुलंना इंद्र, वरुण यम तथा कुबेर से की।

गुप्त शासन प्रणाली:

- गुप्त शासन का स्वरूप राजतंत्रात्मक था।

- राजपद अधिकतर वंशानुगत था।

- इस काल में अधिकतर लोग राजा के दैवी अधिकार को मानते थे।

- राजा न्याय का अवतार और विष्णु का प्रतिनिधि माना जाता था।

- गुप्त शासक दूरवर्ती राज्यों के शासकों को, अपनी अधीनता स्वीकार कराके उनसे वार्षिक कर तथा उपहार वसूलते थे।

- राजकार्य में सम्राट को सहायता करने वाले मंत्री और अमात्य होते थे। मंत्री का मुख्य कार्य राजा को मंत्रणा देना और किसी गूढ़ विषय के विभिन्न पहलुओं पर विचार करते हुए, किसी निर्णय तक पहुँचना था।

- गुप्त युग में मंत्रिपरिषद् नामक संस्था मौजूद थी।

- चन्द्रगुप्त द्वितीय तथा कुमारगुप्त के अमात्य ब्राह्मण थे।

- गुप्त काल के प्रारंभ में इस कार्य-संचालकों में सबसे अधिक महत्वपूर्ण मंत्री संधिविग्रहिक और अक्ष- पलाधिकृत थे।

- अधिकारियों के एक विशेष वर्ग का नाम 'कुमारामात्य' था। कुमारामात्य प्रांतीय अधिकारी होते थे। इनका एक पृथक् कार्यालय होता था। जिले का अधिकारी आयुक्त था।

गुप्तकालीन प्रशासनिक इकाई :

- कुमारामात्य : आज के सर्वोच्च प्रशासनिक अधिकारी की तरह।

- संधिविग्राहक : यह अधिकारी विदेश विभाग की देख-रेख करता था।

- महादण्डनायक : यह युद्ध तथा सैन्य सक्रियता से संबंधित था।

- महासंधिविग्रहक : यह पद युद्ध तथा संधि के विषयों से संबंधित था।

- महाप्रतिहार : राजमहल का रक्षक।

- दण्डपाशिक : यह पुलिस विभाग का सर्वोच्च अधिकारी था।

- भाण्डागाराधिकृत : यह राज्य के कोष का अधिकारी था।

- सर्वाध्यक्ष : यह समस्त केंद्रीय विभागों का निरीक्षण करता था।

- विनयस्थिति संस्थापक : इसकी जानकारी वैशाली से प्राप्त एक मुहर द्वारा हुई है। यह शिक्षा विभाग तथा धर्म विभाग का अधिकारी था। यह अधिकारी लोगों के नैतिक आचरण पर दृष्टि रखता था।

- गोप्ता: गुप्त काल में सम्राट द्वारा सीधे शासित प्रदेश इसके अनेक भाग थे, जिन्हें देश कहा जाता था। इसी देश के शासक को गोप्ता कहा जाता है।

- सौराष्ट्र के गोप्ता पर्णदत्त की नियुक्ति स्वयं सम्राट स्कंदगुप्त ने की थी।

- एक दूसरी प्रादेशिक इकाई भुक्ति थी, जिसका प्रधान 'उपरिक' कहलाता था।

- भुक्ति के नीचे 'विषय' नामक प्रशासनिक इकाई होती थी।

- विषय का प्रमुख प्रशासनिक अधिकारी 'विषयपति' सैन्य कहलाता था।

- विषयपति को सलाह एवं सहायता देने के लिए 'विषय परिषद्' होती थी।

- विषय परिषद् के सदस्य नगर- श्रेष्ठि, सार्थवाह, प्रथम कुलिक व प्रथम कायस्थ होते थे।

- गुप्त साम्राज्य में ग्राम समूह की छोटी इकाईयों को 'पेठ' कहते थे जिसका उल्लेख खोह अभिलेख में मिलता है।

- प्रशासन की सबसे छोटी इकाई 'ग्राम' होती थी।

- पंचमंडली (मध्य भारत में), ग्राम जनपद (बिहार) दामोदरपुर से प्राप्त एक ताम्रपत्र से ज्ञात होता है कि ग्रामसभा के कुछ गुप्त पदाधिकारी, महतर, अष्टकुलापाधिकारी ग्रामिक, कुटुम्बिन थे।

- विनयपुर- विभिन्न आगंतुकों को सम्राट के समक्ष प्रस्तुत करता था।

- युक्त पुरुष- युद्ध में प्राप्त तथा हस्तगत की गई सम्पत्ति का लेखा-जोखा करता था।

- खाद्यात्पाकिका- राजप्रासाद के रसोईघर तथा भोजनालय का निरीक्षक का नियंत्रक था।

नगर प्रशासन :

- जिला परिषद् (विषय अधिकरण)।

- नगर परिषद् (अधिस्थानाधिकरण)।

- चार प्रकार के क्षेत्रीय लोगों का प्रतिनिधित्व नगर श्रेष्ठी, सार्थवाह, प्रथम कुलिक, प्रथम कायस्थ के रूप में था।

- गुप्त काल में नगरपालिकायें अस्तित्व में थीं।

- नगर का प्रधान अधिकारी- पुरपाल था।

- जूनागढ़ अभिलेख से ज्ञात होता है कि गिरनार नगर का पुरपाल 'चक्रपालित' था जो स्वराष्ट्र के राज्यपाल पर्णदत्त का पुत्र था।

न्याय व्यवस्था:

- गुप्तकालीन लेखों में न्याय व्यवस्था का कोई उल्लेख नहीं मिलता है।

- लेकिन नारद एवं वृहस्पति स्मृतियाँ गुप्तकाल में न्याय व्यवस्था के अत्यधिक विकसित होने की जानकारी देती है।

- गुप्तकाल में पहली बार फौजदारी एवं दीवानी कानूनों में भेद किया गया तथा इसकी विशद व्याख्या की गयी है।

- स्मृतियों में उल्लेखित 'पूग' एवं 'कुल' नामक संस्था अपने सदस्यों के विवादों का फैसला करती थी।

- फाह्यान के अनुसार-गुप्तकाल में दण्डविधान कम कठोर नी था। मृत्युदंड का कोई प्रावधान नहीं था। आर्थिक दण्ड महत्वपूर्ण था।

सैन्य संगठन:

- गुप्तकाल में 'महाबलधिकृत' के अधीन सैनिक संगठन होता था।

- महापीलपति- हाथी सेना का प्रधान होता था।

- महाश्वपति -अश्व सेना का प्रधान।

- रकभण्डारिका - सेना में सामानों की व्यवस्था रखने वाला।

- उस समय के कुछ अस्त्रों-शस्त्रों के नाम परशु, शंकु, तोमर, भिन्दीपाल आदि।

सामंती राज्य और साम्राज्य: गुप्त साम्राज्य के पतन के बाद, भारत में कई क्षेत्रीय राज्यों और राजवंशों का उदय हुआ, जैसे उत्तर में मौखरी वंश, दक्षिण में चोल, चालुक्य और पल्लव। सामंतवाद एक सामान्य राजनीतिक और आर्थिक व्यवस्था थी, जिसमें स्थानीय प्रशासन के माध्यम से शासक अपने क्षेत्रों पर अधिकार रखते थे

गुप्त साम्राज्य के बाद उतरी भारत की राजनीतिक दशा: गुप्त साम्राज्य के पतन के बाद भारत की राजनीतिक दशा में महत्वपूर्ण बदलाव आए। गुप्त काल को भारतीय इतिहास का स्वर्ण युग माना जाता है, लेकिन इसके पतन के साथ ही देश में राजनीतिक अस्थिरता का दौर शुरू हो गया। विभिन्न क्षेत्रों में छोटे-छोटे राज्य और राजवंश उभरने लगे, जो आपस में संघर्षरत रहते थे। इस समय प्रमुख राज्यों में हर्षवर्धन का वर्धन वंश, चालुक्य, राष्ट्रकूट, और पल्लव साम्राज्य थे।

हर्षवर्धन ने उत्तरी भारत में एक मजबूत राज्य की स्थापना की, लेकिन उनकी मृत्यु के बाद उनका साम्राज्य जल्द ही टूट गया। दक्षिण में, चालुक्य और पल्लव, चेर, पांडय, चोल आदि राजवंशों के बीच संघर्ष चलते रहे, जिससे स्थिरता में बाधा उत्पन्न हुई। इस समय में, भारत के विभिन्न हिस्सों में सामाजिक और सांस्कृतिक विकास तो हुआ, लेकिन राजनीतिक विखंडन ने एकीकृत शासन की कमी पैदा की।

इसके अतिरिक्त, इस अवधि में भारत पर विदेशी आक्रमणों का भी प्रभाव पड़ा। हूण, शक, और अन्य आक्रमणकारियों ने देश के विभिन्न हिस्सों में आक्रमण किए, जिससे राजनीतिक अस्थिरता और बढ़ गई। इस तरह, गुप्त साम्राज्य के पतन के बाद भारत एक दीर्घकालिक राजनीतिक विखंडन और संघर्ष के दौर में प्रवेश कर गया। बाद के गुप्त (Later Guptas)- मगध पर ऐसे अनेक राजाओं ने राज्य किया जिनके नाम के अन्त में 'गुप्त' लगा था। उन्हें इतिहासकारों ने बाद के गुप्त कहा है। जिससे पूर्व के गुप्त शासको से उन्हें पृथक किया जा सके। गुप्ताओं की यह शाखा कृष्णा गुप्ता द्वारा स्थापित की गई। इसका अन्त तब हुआ, जब हर्ष ने मगध को जीत लिया। हूण साम्राज्य (Hun Empire)-छठी शताब्दी के मध्य तक हूण अपना राज्य उत्तर-पश्चिम के काफी भाग पर फैला चुके थे और उनके राज्य की राजधानी स्यालकोट थी। तारामन और मिहिरकुल हूण के नेता थे। गुप्त साम्राज्य को इन्होंने समाप्त ही कर दिया। आइए, गुप्त वंश के पतन के बाद भारत की राजनैतिक दशा का विवेचन करते हैं-

मालवा (Malwa)- मालवा आरम्भ में गुप्त साम्राज्य का ही एक भाग था परन्तु जब गुप्त कमजोर हो गया तो यशोधरमन ने मालवा में अपना स्वतंत्र राज्य स्थापित किया। यशोधरमन ने

हूण सेनापति को कुचल कर अपनी धाक जमा ली। मन्दासर शिलालेखों के अनुसार उसने अपने राज्य की सीमाओं का वहाँ तक विस्तार किया। जहाँ तक गुप्त और हूण भी नहीं कर सके थे और अपने आपको भारत का मालिक बनाया। उसका राज्य ब्रह्मपुत्र से पश्चिमी समुद्र तक और हिमालय से लेकर कलिंग में महेन्द्रगिरी तक फैला हुआ था। लेकिन उसकी विजय अस्थायी थी और गुप्त उसके चंगुल से निकल गये।

वल्लभी राज्य (Vallabhi Kingom)- गुजरात में मैत्रिका ने अपना स्वतंत्र राज्य स्थापित किया। जिसकी राजधानी वल्लभी थी। यह पहला राज्य था जो गुप्त साम्राज्य के पतन के बाद स्वतंत्र हुआ। इस राज्य की स्थापना भटोका ने की। विद्वानों में इस बात पर मतभेद है कि वह अफ्रीकन भारतीय था अथवा विदेशी। अधिकतर विद्वानों का मत है कि भटोका भारतीय था। डॉ. वीरा स्मिथ का मानना है कि वह पारसी था। पहले कुछ मैत्रिका राज्य पूरी तरह स्वतंत्र नहीं थे क्योंकि वह अपने को सेनापति ही मानते थे। परन्तु यह पता नहीं है कि किसके अधीन थे। यह राज्य लगभग तीन सौ वर्ष चला और फिर सिंध के अरबों द्वारा पलट दिया गया।

मौखरी का राज्य (Kingdom of Maukharis)- मौखरी राज्य की राजधानी कन्नौज थी। यह राज्य भी गुप्त साम्राज्य का ही एक भाग था। इस राज्य की स्थापना हरीवर्मन ने की थी। मौखरी वंश के दूसरे राजा, ईसावर्मन, सर्ववर्मन, अवन्यी वर्मन और गृह वर्मन थे। मौखरी राज्य की सीमाओं का वर्णन करना कठिन है। मौखरी राज्य यही चैत्रा और थानेश्वर राज्य की सीमा तक पश्चिम में और नालन्दा तक पूर्व में फैला हुआ था। उतर में इसकी सीमायें तरज जिले तक और दक्षिण में उतर प्रदेश की वर्तमान सीमाओं थीं।

पुष्यभूति वंश - थानेश्वर (Thanesar)- साहित्यिक स्रोत -

- हर्षचरित- इस ग्रंथ की रचना सुप्रसिद्ध संस्कृत लेखक बाणभट्ट ने की थी, यह वर्धन इतिहास का सर्वप्रमुख स्रोत है।

- कादम्बरी- बाणभट्ट की कृति है। यह संस्कृत-साहित्य का सर्वश्रेष्ठ उपन्यास कहा जा सकता है। इसके अध्ययन से हम हर्षकालीन सामाजिक तथा धार्मिक, जीवन का ज्ञान प्राप्त करते हैं।

- आर्यमंजुश्री मूलकल्प- यह एक प्रसिद्ध महायान बौद्ध-ग्रंथ है। सर्वप्रथम गणपति शास्त्री ने 1925 में इसे प्रकाशित किया था। यह हर्षकालीन इतिहास की कुछ घटनाओं पर प्रकाश डालता है।

- हर्ष ने तीन नाटक लिखे- प्रियदर्शिका, रत्नावली, नागानन्द।

प्रसिद्ध चीनी यात्री ह्वेनसांग, हर्ष के समय में भारत की यात्रा पर आया। उसने यहाँ 16 वर्ष तक निवास किया। उसका यात्रा विवरण 'सी-यू की' नाम से प्रसिद्ध है। ह्वेनसांग की जीवनी की रचना ही-ली ने की थी।

अभिलेख:

- बसखेड़ा का लेख- यह 1894 ई० में उ०प्र० के घोसी तहसील में स्थित है। इसमें हर्ष द्वारा श्रावस्ती भुक्ति के शोमकुण्डा नामक ग्राम को दान में देने का विवरण है।

- एहोल का लेख- यह चालुक्य नरेश पुलकेशिन द्वितीय का है जिनकी तिथि 633-34 ई० है। इसमें हर्ष तथा पुलकेशिन के बीच होने वाले युद्ध का वर्णन है। इस लेख की रचना पुलकेशिन के दरबारी कवि रविकीर्ति ने की थी।

- वर्धनकालीन मुद्राएँ नालंदा तथा सोनीपत से प्राप्त होती हैं। ये सभी ताँबे की हैं।

थानेश्वर राज्य जिसने राजनैतिक इतिहास में महत्वपूर्ण भूमिका अदा की, स्वतंत्र और यमुना नदी के बीच में फैला था। ऐसा कहा जाता है कि पुष्पभूमि जो शिव का पुजारी था इस राज्य का संस्थापक था लेकिन हर्ष के अनुसार इसमें केवल चार राजा हुए हैं नरवर्द्धन, राज्यवर्धन, आदित्यवर्धन और प्रभाकर वर्द्धन। पहले तीन शासक एक मामूली राजा थे और शायद, हूण, गुप्त और मौखरी राजाओं के अधीन थे। प्रभाकर वर्धन के समय में राज्य का विस्तार और प्रभाव बढ़ा उसने महाराजाधिराज की पदवी भी प्राप्त की। प्रभाकर वर्धन के दो पुत्र थे। राज्य वर्धन और हर्षवर्धन और एक पुत्री थी। जिसका नाम राज्यश्री था। राज्यश्री ने गृहवर्मन जो मौखरी राज्य का राजा था से शादी की। प्रभाकर-वर्धन के बाद उसका पुत्र हर्षवर्धन राजा बना क्योंकि उसके बड़े भाई ने राज्य लेने से इन्कार कर दिया और साधु बन गया। अचानक यह दुखद घटना घटी कि हर्ष के बहनोई, गृहवर्मन की मालवा के राजा ने हत्या कर दी और राज्यश्री को कान्य कुन्ज में एक काल कोठरी में डाल दिया गया। राज्यवर्धन राज्य हर्षवर्धन को सौंप कर ताकि सभापति हूण आक्रमण से रक्षा कर सके मालवा राज्य पर चढ़ाई करने चल पड़ा। मालवा के राजा ने आत्मसमर्पण कर दिया और अपनी पुत्री की शादी राज्यवर्धन से करने का प्रस्ताव रखा। लेकिन साथ ही षड्यन्त्र रचकर उसकी हत्या कर दी। चूँकि मौखरी राज्य का कोई राजा नहीं था। हर्षवर्धन दोनों राज्यों का राजा बन गया।

हर्ष राज्य गद्दी पर 606 ई० में बैठा केवल सोलह वर्ष की आयु में और इक्कालीस वर्ष तक राज्य किया। उसने बहुत से कमजोर रियासतों को अपने राज्य में मिलाया और उतर में एकता स्थापित कर अपना आधिपत्य स्थापित किया। उसके द्वारा बहुत से युद्ध लड़े गये परन्तु राधाकुमुद मुखर्जी के अनुसार वे उद्देश्यहीन युद्ध नहीं थे अपितु बदला लेने के लिए थे, सबसे

पहले उसने आसाम के शासक भास्कर वर्मन से संधि की और अपने भाई की मृत्यु का बदला लेने के लिए शशांक पर आक्रमण किया। शशांक की भारी हार हुई और वह गौंडा से भाग गया। वह शशांक को पूरी तरह नहीं कुचल सका और बाद में वह उसके लिए दुखदायी बना रहा। उसकी मृत्यु के बाद उसके राज्य को 620 ई. में भास्कर वर्मन और हर्ष ने बाँट लिया। हर्ष ने उड़ीसा और पश्चिमी बंगाल लिया और पूर्वी बंगाल भास्कर वर्मन को दे दिया गया। 631-641 ई. में हर्ष ने ध्रुववर्मन द्वितीय को हराया जो वल्लभी का राजा था लेकिन संधि के बाद उसका राज्य उसे लौटा दिया। हर्ष ने अपनी पुत्री की शादी भी उसके साथ कर दी। हर्ष ने देवगुप्त को जो मालवा का शासक था हराया और मालवा का उतरी भाग अपने राज्य में मिला लिया। 643 ई. में हर्ष ने गंजाम जो भारत के पश्चिमी तट पर था, को जीत लिया। इस प्रकार हर्ष का राज्य उतर में उतर प्रदेश, बिहार, पश्चिमी बंगाल, उड़ीसा और पूर्वी पंजाब में जालन्धर तक फैला था।

हर्ष तथा पुलकेशिन II का युद्ध 634-635 ई– उतरी भारत में अपनी धाक जमाने के बाद हर्ष ने अब दक्षिण की ओर चढ़ाई करने की तैयारी की। लेकिन वह पुलकेशिन द्वितीय जो चालुक्य राजा था, द्वारा हतोत्साहित कर दिया गया। हर्ष ने एक बहुत बड़ी सेना द्वारा उस पर चढ़ाई की लेकिन उसे हराने में असमर्थ रहा। इसका वर्णन पुलकेशियन द्वितीय ने जो शिलालेख लिखवाया उससे ज्ञात होता है जिसमें उसने लिखवाया कि उसने महान हर्ष को हराया। यह युद्ध शायद 634-635 ई. में हुआ। यह नर्मदा नदी के आसपास हुआ। हर्षवर्धन और पुलकेशिन II के बीच का युद्ध 634-635 ईस्वी में हुआ था। इस युद्ध का प्रमुख कारण था दोनों शासकों की महत्वाकांक्षाएं और क्षेत्रीय विस्तार की नीति।

हर्षवर्धन- हर्षवर्धन, जिसे हर्ष के नाम से भी जाना जाता है, उत्तर भारत का एक शक्तिशाली शासक था। उसका साम्राज्य वर्तमान उत्तर प्रदेश, हरियाणा, और पंजाब के बड़े हिस्से में फैला हुआ था। हर्षवर्धन का शासनकाल 606 से 647 ईस्वी तक माना जाता है।

पुलकेशिन II- पुलकेशिन II चालुक्य वंश का एक महान शासक था, जो वर्तमान कर्नाटक के क्षेत्रों पर शासन करता था। उसका शासनकाल 610 से 642 ईस्वी तक रहा। पुलकेशिन II ने अपने साम्राज्य का विस्तार दक्षिण और पश्चिम भारत के बड़े हिस्सों तक किया।

युद्ध के कारण- हर्षवर्धन अपनी उत्तरी विजय के बाद दक्षिण भारत की ओर अपना साम्राज्य विस्तार करना चाहता था, जबकि पुलकेशिन II दक्षिण भारत का एक महत्वपूर्ण और शक्तिशाली शासक था। दोनों शासकों के बीच टकराव अपरिहार्य था क्योंकि वे दोनों ही अपने-अपने क्षेत्रों में सबसे शक्तिशाली बनना चाहते थे।

युद्ध- युद्ध का प्रमुख स्थान नर्मदा नदी का क्षेत्र था, जो उत्तर और दक्षिण भारत के बीच एक प्राकृतिक सीमा का काम करता था। हर्षवर्धन ने अपनी विशाल सेना के साथ दक्षिण की ओर

बढ़ने की कोशिश की, लेकिन पुलकेशिन II ने उसे रोकने के लिए अपनी सेना को तैनात किया। पुलकेशिन II की सेना ने हर्षवर्धन की सेना को नर्मदा नदी के पास ही पराजित कर दिया।

परिणाम- इस युद्ध में पुलकेशिन II की विजय हुई और उसने हर्षवर्धन की सेना को वापस उत्तर की ओर धकेल दिया। इस जीत के बाद पुलकेशिन II की प्रतिष्ठा और बढ़ गई और उसका साम्राज्य और अधिक सुदृढ़ हो गया। हर्षवर्धन को दक्षिण की ओर विस्तार करने में विफलता मिली और उसे अपनी सीमाओं को उत्तर भारत तक ही सीमित रखना पड़ा। इस युद्ध ने भारत के दोनों हिस्सों के बीच एक महत्वपूर्ण सीमा रेखा स्थापित की, जो आने वाले कई वर्षों तक बनी रही।

647 ई. में हर्ष की मृत्यु के बाद उतरी भारत की राजनैतिक एकता को बहुत धक्का लगा और भारत में विघटनकारी शक्तियाँ सक्रिय हो गई। सातवीं और बारहवीं शताब्दी के बीच में बहुत से राज्य उठे और गिरे। एक बहुत बड़ी बात यह थी कि इस समय में किसी विदेशी आक्रमणकारी का आक्रमण नहीं हुआ। सिवाय सिंघ पर अरबों द्वारा छोटा आक्रमण के सरदार के एक पानीकर के अनुसार हिन्दू धर्म देशभक्त हो गए और राष्ट्रीय एकता धक्का लगा।

प्रशासन की सुविधा के लिए हर्ष का विशाल साम्राज्य कई प्रान्तों में विभाजित था। किन्तु हर्षकालीन प्रान्तों की संख्या अथवा उनके शासकों के विषय में हमें ज्ञात नहीं है। हर्षचरित में प्रान्तीय शासक के लिये 'लोकपाल' शब्द आया है।। प्रान्त को 'भुक्ति' कहा जाता था। प्रत्येक भुक्ति का शासक राजस्थानीय, उपरिक अथवा राष्ट्रीय कहलाता था। मघुवन तथा बंसखेड़ा के लेखों में क्रमश श्रावस्ती तथा अहिच्छत्र भुक्तियों का उल्लेख है जो साम्राज्य के उत्तरी तथा उत्तरी-पश्चिमी भागों में स्थित थीं। मधुवन तथा वंसखेड़ा के लेखों में क्रमशः कुंडधानी तथा अंगदीय विषयों के राम है। हर्षकालीन प्रशासन को तीन भागों में विभाजित किया जा सकता है। भुक्ति का विभाजन जिलों में हुआ था। जिले की संज्ञा दी जाती थी। विषय जिसका प्रधान विषयपति होता था। विषय के अन्तर्गत कई 'पाठक' होते थे जो आजकल की तहसीलों के बराबर रहे होंगे। ग्राम शासन की सबसे छोटी ईकाई थी। ग्राम शासन का प्रधान 'ग्रामाक्षपटलिक' कहा जाता था। उसकी सहायता के लिये अनेक 'करणिक' होते थे। हर्षकालीन साहित्य तथा लेखों में कुछ अन्य पदाधिकारियों के नाम मिलते हैं, जैसे- महत्तर, दौस्साधसाधनिक, प्रमातार, भोगिक आदि। किन्तु इनके वास्तविक अभिज्ञान के विषय में निश्चित रूप से बता सकना कठिन है। इनमें महत्तर गाँव का मुखिया था।

दौस्साधसाधनिक का शाब्दिक अर्थ है 'कठिन कार्य को सम्पन्न करने वाला'। कुछ लोग इसे द्वारपाल या ग्रामाध्यक्ष मारते है। प्रमातार का संबंध भूमि की पैमाइश से लगता है जबकि भोगिक राजस्व विभाग से संबंधित कोई अधिकारी रहा होगा। हर्षचरित में लेखहारक तथा दीर्घाध्वग का उल्लेख मिलता है। ये संदेशवाहक प्रतीत होते हैं। कुमारामात्य, दूतक, दिविर

आदि का भी उल्लेख मिलता है। कुमारामात्य गुप्त प्रशासन में उच्चाधिकारियों का एक वर्ग था जो किसी भी पद पर कार्य कर सकते थे। हर्षकाल में भी यही स्थिति रही होगी। दूतक प्रायः उच्च श्रेणी का मंत्री होता था। कभी-कभी राजपरिवार से संबंधित व्यक्ति भी इस पद पर रखे जाते थे। उनका मुख्य कार्य दानग्रहीता को भूमि हस्तान्तरित करवाना था। दिविर को लेखक भी कहा गया है। इसका पद भी अमात्य जैसा ही था। प्रशासन मृदु सिद्धान्तों पर आधारित था। हवेनसांग लिखता है कि शासन का संचालन ईमानदारी से होता था तथा लोग परस्पर प्रेम एवं सद्भावपूर्वक निवास करते थे। परन्तु सड़कों पर आवागमन पूर्णतया सुरक्षित नहीं था। हुएनसांग स्वयं कई बार चोर-डाकुओं के चंगुल में फंस चुका था। वह लिखता है कि एक बार जब वह गंगा नदी से यात्रा कर रहा था, समुद्री डाकुओं ने उसे घेर लिया। उन्होंने उसे देवी दुर्गा की वलि देने के लिए चुना। तभी भीषण तूफान आया जिससे उसकी जान बच गयी। चन्द्रगुप्त मौर्य अथवा चन्द्रगुप्त द्वितीय के काल में ऐसी स्थिति नहीं थी। हमें ज्ञात है कि फाह्वान ने सकुशल भारत का भ्रमण किया था।

न्याय प्रशासन- अपराधों के लिए कठोर दण्ड की व्यवस्था भी थी। राजद्रोहियों को आजीवन कारावास दिया जाता था। ऐसा पता चलता है कि बन्दियों के साथ निर्दयतापूर्ण व्यवहार किया जाता था। दण्डविधान गुप्त काल की अपेक्षा कठोर थे। सामाजिक नैतिकता एवं सदाचार के विरुद्ध किये गये अपराधों में नाक, कान, हाथ, पैर आदि काट लिये जाते थे। कभी-कभी अपराधियों को देश से बाहर भी निकाल दिया जाता था। अपराधी अथवा निर्दोष सिद्ध करने के लिये कभी-कभी अग्नि, जल, विष आदि के द्वारा दिव्य परीक्षायें भी ली जाती थीं। कुछ विशेष अवसरों पर वन्दियों को मुक्त किये जाने की भी प्रथा थी। हुएनसांग के अनुसार लोग नैतिक दृष्टि से उन्नत थे। वे पारलौकिक जीवन के दुःखों से डरते थे और इस कारण उनके द्वारा पाप नहीं किये जाते थे। देश में शान्ति और व्यवस्था बनाये रखने के निमित्त पुलिस विभाग की स्थापना हुई थी। पुलिस कर्मियों को 'चाट' या 'भाट' कहा गया है। दण्डपाशिक तथा दाण्डिक पुलिस विभाग के अधिकारी होते थे।

राजस्व- हर्ष का प्रशासन उदार तथा नरम था। साम्राज्य में बहुत कम कर लगाये गये थे। हर्षकालीन ताम्रपत्रों में केवल तीन करों का उल्लेख मिलता है- भाग, हिरण्य तथा बलि। प्रथम अर्थात् भाग भूमिकर था। यह राज्य की आय का प्रधान साधन था तथा कृषकों से उनकी उपज का छठौं भाग लिया जाता था। हिरण्यकर नकद लिया जाता था जिसे सम्भवतः व्यापारी देते थे। बलिकर के विषय में कुछ भी ज्ञात नहीं है। सम्भव है यह एक प्रकार का धार्मिक कर रहा हो। व्यापारिक मार्गों, घाटों, विक्री की वस्तुओं आदि पर भी कर लगते थे जिससे राज्य को पर्याप्त धन प्राप्त होता था। 'तुल्यमेय' नामक एक कर का भी उल्लेख मिलता है जो तौल अथवा माप के अनुसार वस्तुओं पर लगाया जाता था। जुर्मनि के रूप में भी धन प्राप्त होता था। राजकीय भूमि से जो आमदनी होती थी उसे चार प्रकार से खर्च किया जाता था। उसका एक भाग धार्मिक और

सरकारी कार्यों में, दूसरा भाग राजकीय पदाधिकारियों के ऊपर, तीसरा भाग विद्वानों को पुरस्कार देने में तथा चौथा भाग विविध सम्प्रदायों को दान देने में खर्च किया जाता था। हुएनसांग हमें बताता है कि यदि किसी शहर या गाँव में कोई गड़बड़ी होती थी तो सम्राट तुरन्त ही वहाँ जाता था। वर्षा ऋतु को छोड़कर शेष तीनों ऋतुओं में हर्ष एक स्थान से दूसरे स्थान का दौरा किया करता था जहाँ लोग उससे अपने कष्टों के विषय में बताते थे। लेखों से इस प्रकार के दो स्थानों का पता चलता है जहाँ हर्ष अपनी यात्राओं के दौरान टिका हुआ था- 1. वर्धमानकोटि तथा 2. कपित्थिका। इन स्थानों से क्रमशः बांसखेड़ा तथा मधुवन के दानपत्र प्रसारित किये गये थे।

सेना- हर्षवर्द्धन के पास एक विशाल और संगठित सेना थी। बाण के हर्षचरित तथा हुएनसांग के विवरण से इसकी पुष्टि होती है। हर्षचरित से पता चलता है कि 'दिग्विजय के लिये कूच करने के समय हर्ष के सैनिकों की संख्या इतनी बड़ी थी कि अपने सामने एकत्र विशाल सैन्य समूह को देखकर वह आश्चर्यचकित रह गया।' हवेनसांग के अनुसार उसकी सेना में 60 हजार हाथी तथा एक लाख घोड़े थे। पैदल सैनिकों की संख्या भी काफी बड़ी रही होगी। स्पष्टतः यह सेना सामन्तों तथा अधीन राजाओं द्वारा एकत्रित की गयी थी। ऐहोल लेख से भी सूचित होता है कि हर्ष की सेना में अनेक वैभवशाली सामन्त थे। सेना के सामग्रियों को सुरक्षित रखने के लिये एक अलग विभाग होता था जिसे 'रणभाण्डागाराधि करण' कहते थे। बसाढ़ से प्राप्त मुद्रा में इसका उल्लेख मिलता है। इस विभाग का प्रधान रणभाण्डगारिक होता था। कभी-कभी सैनिकों के व्यवहार से जनता को महान् कष्ट उठाना पड़ता था। चन्द्रगुप्त मौर्य के शासन के संबंध में यह पता चलता है कि किसान युद्ध क्षेत्र के पास ही अपने खेतों पर निर्विघ्न काम करते थे किन्तु हर्ष के समय में ऐसी बात नहीं थी। हर्ष के सैनिक शान्त एवं सुसंयमित नहीं रहते थे तथा अभियानों के अवसर पर वे खड़ी फसलों को नष्ट कर देते तचा मार्ग में पड़ने वाले घरों एवं झोपड़ियों को जला देते थे। सम्राट भी इस कठिनाई की ओर बहुत कम ध्यान दिया करता था। इस कारण लोग राजा की निन्दा करते थे तथा उसे कोसते भी थे। 'चाट' और 'भाट' जैसे पुलिस कर्मचारियों के दुर्व्यवहार में भी ग्रामीण जनता अक्सर दुःखी रहती थी।

निष्कर्ष- इस प्रकार हम कह सकते हैं कि यद्यपि हर्ष ने गुप्तों की शासन प्रणाली का अनुकरण किया तथापि उसमें वह गुप्तशासन के समान उदारता, सुरक्षा तथा लोकोपकारिता नहीं स्थापित कर सका। उसका प्रशासन मौर्यों के समान सुसंगठित भी नहीं था। सड़के असुरक्षित थी तथा कानून-व्यवस्था में गिरावट आ गयी थी। सैनिकों तथा पुलिसकर्मियों के दुर्व्यवहार से जनता त्रस्त थी। प्रशासन पर सामन्तों के बढ़ते प्रभाव के कारण *सम्राट की शक्ति का क्रमिक ह्रास प्रारम्भ हो गया था तथा विकेन्द्रीकरण की प्रवृत्तियाँ प्रबल हो रहीं थीं। इस प्रकार जैसा कि आर० के० मुकर्जी ने लिखा है - 'हर्ष का शासन प्रबन्ध गुप्त राजाओं के शासन प्रबन्ध की तुलना नहीं कर सकता, यद्यपि उसके पास महान सैनिक शक्ति थी, उसकी स्थायी सेना में 60 हजार हाथी तथा एक लाख घोड़े थे, राष्ट्रीय रक्षक दल में बड़े-बड़े योद्धा सम्मिलित थे जो शान्ति के समय सम्राट*

के निवास स्थान की रक्षा करते और युद्ध के समय सेना के निर्भीक, अग्रगामी दल में शामिल होते थे।'

हर्ष के बाद भारत की राजनैतिक स्थिति –

हर्षवर्धन की मृत्यु के बाद भारत की राजनीतिक स्थिति में महत्वपूर्ण परिवर्तन आए। हर्षवर्धन का कोई उत्तराधिकारी नहीं था जो उसकी विशाल साम्राज्य को संभाल सके, इसलिए उसकी मृत्यु के बाद उसका साम्राज्य विखंडित हो गया। इसके परिणामस्वरूप भारत में एक बार फिर से क्षेत्रीय राज्यों का उदय हुआ। कन्नौज, जो हर्षवर्धन का मुख्यालय था, एक महत्वपूर्ण शक्ति केंद्र बना रहा, लेकिन इसके आसपास के क्षेत्र स्वतंत्र हो गए।

उत्तर भारत की राजनैतिक दशा- हर्षवर्धन की मृत्यु के बाद उत्तर भारत की राजनैतिक दशा में विघटन और अस्थिरता का दौर शुरू हुआ। उनका साम्राज्य कई छोटे-छोटे राजवंशों में विभाजित हो गया। प्रतिहार, पाल, और राष्ट्रकूट जैसे शक्तिशाली राजवंशों के बीच सत्ता के लिए संघर्ष हुआ। कन्नौज इस संघर्ष का प्रमुख केंद्र बना, जिसे त्रिपक्षीय संघर्ष के रूप में जाना जाता है। राजनीतिक अस्थिरता के कारण आर्थिक और सांस्कृतिक विकास में भी कमी आई। इन संघर्षों के बावजूद, क्षेत्रीय शक्तियों ने अपनी-अपनी क्षेत्रों में संस्कृति और कला का संरक्षण और विकास जारी रखा।

गुर्जर-प्रतिहार वंश: गुर्जर-प्रतिहार वंश ने इस समय के दौरान अपनी शक्ति को बढ़ाया और उत्तर भारत में प्रमुख राजवंशों में से एक बना। विद्वानों के अनुसार वह लक्ष्मण के वंशज थे जो अपने भाई राम के प्रहरी (अथवा प्रतिहार) थे। सबसे पहले गुर्जर प्रतिहार राजा मन्दौर (जोधपुर) में मध्य राजस्थान में बसे। हर्ष के समय में भी उन्होंने अपनी स्वतंत्रता बनाये रखी। बाद में इनकी एक जाति दक्षिण पूर्व की ओर चली गई और उज्जैन स्वतंत्र शक्ति स्थापित की और वहाँ से वह पूर्वी राजपूताना और मालवा में फैला था। नागभट्ट प्रथम प्रसिद्ध गुर्जर प्रतिहार राजा था। उसने अरबों को सिंध से आगे बढ़ने से रोका और उतरी भारत को मुसलमानों से बचाया। वत्सराज इस वंश का दूसरा प्रसिद्ध राजा हुआ और उसने 775-800 ई. में राज्य किया। उसने बंगाल के राजा धर्मपाल को हराया लेकिन राष्ट्रकूट के राजा के हाथों हार गया।

उसके उत्तराधिकारी नागभट्ट द्वितीय ने पंजाब के राजा धर्मपाल को हराया और कन्नौज पर अपना अधिकार कर लिया। इससे नागभट्ट की प्रतिष्ठा बहुत बढ़ गई और आन्ध्र, सिंध, विदर्भ और कलिंग के राजाओं ने उससे मित्रता कर ली। नागभट्ट ने अनारता (उतरी काठियावाड़) मालवा (गंधक भारत) मत्स्य, (पूर्वी राजपूताना) कीरत (हिमालय की पहाड़ियाँ), तुर्क (उतर पश्चिमी भारत के अरब), वत्सा (कोसाम्बी) आदि राज्यों को भी जीता। नागभट्ट द्वितीय के बाद उसका पुत्र रामचन्द्र गद्दी पर बैठा जिसने थोड़े समय के लिए राज्य किया। उसे बंगाल के देवपाल और राष्ट्रकूट के अमोघवर्ष से पराजित होना पड़ा।

उसके उत्तराधिकारी मिहिर भोज (840-890 ई.) ने बंगाल और दक्कन पर आक्रमण किया और शानदार विजय प्राप्त की। उसने पाल राज्य और मालवा की सीमाएँ बढ़ाई। उसने राजपूताना का दक्षिणी भाग भी हथिया लिया। उसके राज्य में पंजाब के जिले, अधिकतर राजपूताना यू. पी. का अधिकतर भाग और ग्वालियर था। उसने देश को बहुत अच्छा प्रशासन प्रदान किया। महेन्द्रपाल प्रलय जो मिहिर भोज का पुत्र और उत्तराधिकारी था, ने भी जीत की नीति 'पनायी और मगघ और उतरी बंगाल का अधिकतर भाग जीत लिया। उसका उत्तराधिकारी भोज द्वितीय बना और उसके बाद उसका छोटा पुत्र महीपाल (910-40 ६)। ऐसा प्रतीत होता है कि महीपाल प्रथम की मृत्यु के बाद उत्तराधिकार के लिए संघर्ष हुआ। जिसमें महीपाल की विजय हुई। महीपाल के राज्य गुर्जर परिहार राज्य का पतन होना आरम्भ हो गया था।

विश्लेषण- गुर्जर-प्रतिहार वंश (8वीं-11वीं सदी) ने उत्तर भारत में प्रभावशाली शासन किया, लेकिन उनकी शासन प्रणाली में कई चुनौतियाँ थीं। जबकि उन्होंने अरब आक्रमणों को रोकने में सफलता पाई, वे आंतरिक विद्रोहों और निरंतर संघर्षों से कमजोर हो गए। मिहिर भोज और महेन्द्रपाल प्रथम जैसे शासकों के बाद, वंश में उत्तराधिकार संघर्ष बढ़े, जिससे साम्राज्य की स्थिरता प्रभावित हुई। प्रशासनिक ढांचे की कमजोरियाँ और सामंती व्यवस्था ने भी उनकी शक्ति को धीरे-धीरे क्षीण कर दिया। परिणामस्वरूप, प्रतिहारों का पतन हुआ और क्षेत्रीय शक्तियों का उदय हुआ, जिससे उत्तर भारत में अस्थिरता का दौर शुरू हुआ।

पश्चिमी भारत: सिंध (Sindh)- सिंध का राज्य जो सिंध घाटी में मुलतान से लेकर समुद्र तक फैला था, हर्ष के समय में भी स्वतंत्र रहा। सबसे पहले सिंध में राम वंश का राज्य था। इस वंश में कुल मिलाकर पाँच राजा हुए जिन्होंने 137 वर्ष शासन किया। सिंध, पश्चिमी भारत का एक महत्वपूर्ण क्षेत्र, प्राचीन काल से ही सांस्कृतिक और राजनीतिक गतिविधियों का केंद्र रहा है। सिंध पर शासन करने वाले विभिन्न राजवंशों ने इस क्षेत्र की राजनीतिक, सामाजिक और सांस्कृतिक संरचना पर गहरा प्रभाव डाला। ब्राह्मण, मौखरि और चच वंश ने क्रमिक रूप से इस क्षेत्र पर शासन किया।

चच वंश (7वीं सदी) के राजा चच ने हिंदू शासन की स्थापना की, लेकिन उनकी शासन व्यवस्था में कुछ महत्वपूर्ण कमजोरियाँ थीं। उनके उत्तराधिकारी, राजा दाहिर, का शासन आंतरिक विद्रोहों और प्रशासनिक कठिनाइयों से प्रभावित था। दाहिर का नेतृत्व कमजोर साबित हुआ जब उन्होंने अरब आक्रमण का सामना किया। 712 ईस्वी में मोहम्मद बिन कासिम के नेतृत्व में अरबों ने सिंध पर आक्रमण किया और राजा दाहिर को पराजित किया, जिससे सिंध में मुस्लिम शासन की स्थापना हुई।

अरब शासन के तहत सिंध की प्रशासनिक और सामाजिक संरचना में महत्वपूर्ण बदलाव आए। इस्लाम का प्रसार हुआ और स्थानीय हिन्दू और बौद्ध जनसंख्या पर इसका प्रभाव पड़ा।

हालांकि, अरबी शासन ने सिंध के व्यापार और सांस्कृतिक आदान-प्रदान को भी बढ़ावा दिया, जिससे क्षेत्र में आर्थिक समृद्धि आई। लेकिन धार्मिक और सांस्कृतिक टकराव ने समाज में तनाव भी उत्पन्न किया। सिंध की राजनैतिक अस्थिरता, कमजोर नेतृत्व, और आंतरिक संघर्षों ने इसे बाहरी आक्रमणों के लिए संवेदनशील बना दिया। हालांकि, सिंध की सांस्कृतिक धरोहर और व्यापारिक गतिविधियों ने इसे एक महत्वपूर्ण क्षेत्र बनाए रखा। इन आलोचनात्मक पहलुओं के बावजूद, सिंध का इतिहास और संस्कृति आज भी प्रासंगिक हैं और भारतीय उपमहाद्वीप के सांस्कृतिक विकास में महत्वपूर्ण भूमिका निभाते हैं। जब ह्वेनसाग ने भारत की यात्रा की, सिहारस राय सिंध का राजा था। अंतिम राजा राय साहसी था। 723 ई. में कासिम ने मुलतान कासिम के बाद जुनेद 724 ई. में सिंध का गवर्नर बना। उसने राज्य विस्तार की योजना बनाई और कच्छ, काठियावाड़, उतरी गुजरात और दक्षिणी राजपूताना को जीत लिया। उसके आगे बढ़ने को प्रतिहारों ने रोक दिया।

बंगाल (Bengal)- पाल वंश (8वीं-12वीं सदी) ने बंगाल में एक प्रभावशाली और लंबा शासन किया, जो उनकी सैन्य, सांस्कृतिक और शैक्षिक योगदान के लिए जाना जाता है। गुस प्रशासनिक व्यवस्था और नालंदा, विक्रमशिला विश्वविद्यालयों का संरक्षण उनके सकारात्मक पहलू थे। धर्मपाल और देवपाल जैसे महान शासकों के नेतृत्व में वंश ने अपने चरम को प्राप्त किया, लेकिन उनकी शासन प्रणाली में कई कमजोरियाँ थीं। पाल वंश का शासन लगातार बाहरी आक्रमणों और आंतरिक विद्रोहों से ग्रस्त रहा। कन्नौज के लिए त्रिपक्षीय संघर्ष में उनकी संलिप्तता ने उनकी सैन्य और आर्थिक शक्ति को प्रभावित किया। उत्तराधिकार के संघर्ष ने भी उनकी स्थिरता को प्रभावित किया, जिससे प्रशासनिक ढांचा कमजोर हो गया। धर्मपाल और देवपाल के बाद कमजोर शासकों का उदय हुआ, जिनकी नेतृत्व क्षमता और प्रशासनिक कौशल में कमी थी। इसके परिणामस्वरूप, साम्राज्य का पतन शुरू हुआ।

पाल वंश की प्रशासनिक कमजोरियों और निरंतर संघर्षों ने अंततः सेन वंश के उदय का मार्ग प्रशस्त किया। सेन वंश के उदय के साथ बंगाल में राजनीतिक अस्थिरता और सांस्कृतिक परिवर्तन का दौर शुरू हुआ। पाल वंश की समाप्ति ने बंगाल में एक नए युग की शुरुआत की, जो उनके प्रशासनिक अनुभव और सांस्कृतिक धरोहर से सबक लेकर आगे बढ़ा। पाल वंश के अंतर्गत अनेक शासकों ने अपना योगदान दिया। जिन्हे निम्नवत देखे जा सकते हैं -

गोपाल- हर्ष की मृत्यु के बाद जो हलचल हुई उससे लोगों में यह भावना पैदा हुई कि एक शक्तिशाली राज्य स्थापित होना चाहिए। लोगों को यह अनुभव हुआ कि उनकी परेशानियाँ एक शक्तिशाली राजा न होने के कारण हैं, अब उन्हें अपने आपको एक शक्तिशाली राजा के समक्ष समर्पण कर देना चाहिए और एक केन्द्रीय शक्तिशाली राजा चुनना चाहिए। इसलिए उन्होंने बंगाल के शासक गोपाल को अपना नेता चुना और उससे संबंध स्थापित किए। गोपाल ने

लगभग पैंतालीस वर्ष तक शासन किया और राज्य में शांति की स्थापना की। उसने अपने राज्य का विस्तार किया और मगध को भी अपने राज्य में मिला लिया। गोपाल और उसके उत्तराधिकारी पाल राजा नाम से प्रसिद्ध हुए।

धर्मपाल- गोपाल के बाद धर्मपाल हुआ (770-810 ई.)। अपनी राजगद्दी पर बैठने के शीघ्र बाद ही वह एक त्रिकोणीय झगड़े में फंस गया। धर्मपाल अपने राज्य को उतर और पश्चिम में बढ़ाना चाहता था। उसे प्रतिहार राजा वत्सराज ने रोक दिया जो स्वयं अपने राज्य को बढ़ाना चाहता था। गंगा के दो भागों के पास दोनों में युद्ध हुआ जिसमें धर्मपाल हार गया। वत्सराज अपनी जीत की खुशी मनाता इससे पहले ही उस पर राष्ट्रकूट के राजा ध्रुव ने आक्रमण कर दिया और धर्मपाल को भाग कर राजपूताना में शरण लेनी पड़ी। ध्रुव ने धर्मपाल का पीछा किया और उसे हरा दिया। लेकिन ध्रुव ने जो राज्य जीता था उसकी व्यवस्था न करके वह शीघ्र ही दक्कन लौट आया। धर्मपाल ने राज्य की बुरी हालत को बहुत बढ़िया बना दिया। सुदुर उत्तर भारत तक उसने विजय प्राप्त कर अपनी राज्य की सीमा बढ़ाई। हमें धर्म के युद्धों का विवरण प्राप्त नहीं है। फिर भागलपुर के नारायण पाल के जो ताम्रपत्र हैं उनसे पता चलता है कि कन्नौज पर उसका अधिकार था। मंसूर की शिलालेख से ज्ञात होता है कि वह हिमालय में गढ़वाल तक आगे बढ़ गया था। - कन्नौज में धर्मपाल ने इन्द्र युद्ध के स्थान पर चक्रयुद्ध को स्थापित किया। फिर धर्मपाल की प्रभुसत्ता को उतर में नागभट्ट के पुत्र और उत्तराधिकारी प्रतिहार राजा वत्सराज ने चुनौती दी। उसने कन्नौज में चक्रयुद्ध को पलट दिया। जो धर्मपाल के प्रतिनिधि के रूप में कार्य कर रहा था। यह धर्मपाल को खुली चुनौती थी। मंजूर के पास दोनों में युद्ध हुआ। जिसमें नागभट्ट ने धर्मपाल को हरा दिया। परन्तु नागभट्ट को भी उसके पिता की तरह राष्ट्रकूट के राजा द्वारा हार का मुंह देखना पड़ा और उसका उतर भारत में एक शक्तिशाली राज्य स्थापित करने का सपना चकनाचूर हो गया। धर्मपाल और चक्रयुद्ध दोनों गोविन्द तृतीय के अधीन हो गए। परन्तु इस पराधीनता का कोई महत्वपूर्ण प्रभाव नहीं हुआ क्योंकि गोविन्द तृतीय शीघ्र ही दक्षिण को लौट गया फिर उतर में धर्मपाल ने अपनी प्रभुसता स्थापित कर ली। इस प्रकार अपनी मृत्यु के समय धर्मपाल ने एक सुदृढ़ और बड़ा राज्य छोड़ा।

देवपाल- देवपाल (815-850 ई.) जो अपने पिता धर्मपाल के बाद गद्दी पर बैठा। पालवंश का एक शक्तिशाली राजा हुआ। उसने राज्य को संगठित ही नहीं रखा अपितु उसका विस्तार भी किया। अपने राज्य विस्तार में उसे चचेरे भाई जयपाल से भी सहायता मिली। उसने उत्थल (उड़ीसा) अथवा प्रांग जोतिया (आसाम) पर अधिकार कर लिया। उसने मिहिरभोज को भी रोका जो गुर्जर प्रतिहार राजा था और हूण और द्रविड़ को नीचा दिखाया। विद्वानों के अनुसार द्रविड़ राजा जो देवपाल द्वारा हराया गया, राष्ट्रकूट राजा अमोघवर्ष था। परन्तु दूसरे विद्वान इस बात से सहमत नहीं है। उदाहरणतः मरूयंगर मानते हैं कि देवपाल द्वारा जो द्रविड़ राजा हराया गया वह पांड्य राजा श्रीवल्लभ था। इस प्रकार देवपाल ने अपना राज्य बहुत अधिक बढ़ाया।

माफर के जो ताम्रपत्र हैं, उनसे हमें यह ज्ञात होता है कि देवपाल का राज्य उत्तर में हिमालय से लेकर दक्षिण में सेतु रामेश्वरम तक फैला हुआ था। उसकी दक्षिण भारत की नींव पर कुछ शक हो सकता है परन्तु यह निश्चित बात है कि उसका राज्य केवल बिहार और बंगाल तक ही सीमित नहीं था, अपितु पूर्व और पश्चिम तक फैला हुआ था। डॉ. आर. सी. मजूमदार कहते हैं कि उसकी सेना ने सिन्धु तक कूच किया और उतरी भारत में अपनी स्थिति सुदृढ़ की। बंगाल का कोई राजा अगले एक हजार वर्षों में ऐसा नहीं हुआ जिसने उतर भारत में अपनी स्थिति सुदृढ़ की हो।

विगृह पाल -देवपाल के बाद उसका उत्तराधिकारी निगृह पाल हुआ। लेकिन उसने केवल चार पाँच साल तक शासन किया और इसके बाद वह सन्यासी हो गया।

नारायन पाल -उसके बाद उसके पुत्र नारायन पाल ने 50 वर्षों तक शासन किया। (858-912 ई.) उसके समय से पाल राजा की अवन्नति आरम्भ हो गई। उसने बंगाल और मगध को प्रतिहार राजा महेन्द्रपाल प्रथा को दे दिये। पाल राज्य की और भी रियासतें पाल साम्राज्य की जड़ों को उखाड़ फेंकना चाहती थी। हरजार जो आसाम का राजा था वह स्वतंत्र ही नहीं हुआ अपितु उसने और भी विजय प्राप्त की। उड़ीसा भी स्वतंत्र हो गया लेकिन महेन्द्रपाल की मृत्यु के बाद उत्तराधिकारी के लिए जो विवाद उत्पन्न हुआ उसका लाभ उठाकर उसने फिर बिहार और उतरी बंगाल पर अधिकार कर लिया। यह इस कारण भी हुआ कि राष्ट्रकूट राजा ने उतरी भारत के मामलों में हस्तक्षेप करना आरम्भ कर दिया था।

नारायनपाल के बाद राज्यपाल, गोपाल द्वितीय और विग्रहपाल द्वितीय उसके उत्तराधिकारी हुए। इन राजाओं ने लगभग अस्सी वर्ष तक शासन किया परन्तु ये निर्बल राजा थे और राज्य को टूटने से नहीं रोक सके। प्रतिहार वंश के जो नये राजा हुए उन्होंने पाल राजाओं पर आक्रमण किया और जो राज्य टूट रहा था उसको एक और धक्का दिया। पाल वंश का एक और शक्तिशाली राजा महीपाल हुआ। उसके बाद राज्य के टुकड़े होने आरम्भ हो गए।

कामरूप (Kamarupa) की राजनैतिक दशा- कामरूप के शासक (350-1140 ई.) अपने शक्तिशाली और विस्तारित साम्राज्य के लिए प्रसिद्ध थे, लेकिन उनके शासन में कई चुनौतियाँ भी थीं। वर्मन, सालस्तंभ, और पाल वंशों ने क्रमिक रूप से कामरूप पर शासन किया। भास्करवर्मन जैसे सक्षम शासकों ने क्षेत्रीय शक्ति को बढ़ाया और हर्षवर्धन से मित्रता की। हालांकि, उत्तराधिकार संघर्ष और आंतरिक विद्रोहों ने साम्राज्य की स्थिरता को कमजोर किया। बाहरी आक्रमणों से निपटने में भी कठिनाइयाँ आईं। अंततः, प्रशासनिक कमजोरी और निरंतर संघर्षों के कारण कामरूप का पतन हुआ, जिससे क्षेत्रीय विखंडन और अस्थिरता बढ़ी।

कामरूप राज्य में वर्तमान के भूटान, नागालैंड, आसाम और उतर पूर्व बंगाल का कुछ भाग था। इसकी पुरानी राजधानी प्राग ज्योतिषपुरा थी। हमें सबसे पहले कामरूप का वर्णन महाभारत के युद्ध में मिलता है जिसमें कामरूप के राजा कौरवों की ओर से लड़े। सबसे पहला

प्रसंग हमें कामरूप के बारे में इलाहाबाद के लाट के लेखों से मिलता है जो समुद्रगुप्त ने बनवाई थी। जिसमें लिखा है कि कामरूप के राजा गुप्त राजा को सम्मान देते थे। महासेन गुप्त के उस शोध लेख में जो मगध का बाद में राजा हुआ है, यह विवरण प्राप्त होता है कि कामरूप के सुस्थीवर्मन राजा की पराजय महासेन गुप्त के हाथों हुई। ह्वेनसांग जो कामरूप में उस समय आया जब कहते हैं भास्कर वर्मन शासक था, उसने लिखा है कि वह उस समय राजा हर्ष के आधीन था। उसके चार उसने बिहार और उड़ीसा की कुछ रियासतों पर भी अधिकार कर लिया। भास्कर वर्मन के उत्तराधिकारी के विषय में बहुत कम ज्ञान है। शायद उसके बाद एक सलस्यम्मा नाम के राजा ने इस वंश के राज्य को समाप्त कर दिया और नया शासन स्थापित किया जो नवीं शताब्दी ई. तक चला।

कश्मीर (Kashmir) की राजनैतिक दशा- कश्मीर के शासकों ने विभिन्न कालखंडों में अपनी महत्वपूर्ण भूमिका निभाई, लेकिन उनकी शासन प्रणाली में कई कमजोरियाँ भी थीं। प्राचीन समय में कश्मीर झेलम और उसकी सहायक नदियों द्वारा सिंचित प्रदेश था। यह देश के शेष भाग से अलग था। अशोक के समय कश्मीर मौर्य राज्य का एक भाग था। अशोक ने श्रीनगर की स्थापना की और वहाँ पर बहुत से स्तूप बौद्ध बिहार और सराय बनवायीं। अशोक की मृत्यु के बाद यह जलूका के नेतृत्व में जो अशोक का पुत्र था, स्वतंत्र हो गया। कुशान के राज्य के समय यह कुशान राज्य का एक भाग बन गया। सातवीं शताब्दी में दुर्लभवर्द्धन ने राज्य को स्वतंत्र किया और एक नये वंश की स्थापना की जो करकोटा वंश कहलाता था। इस वंश ने सातवीं से लेकर नवीं शताब्दी तक शासन किया।

कर्कोट वंश- (7वीं-9वीं सदी) ने कश्मीर को एक शक्तिशाली राज्य बनाया। ललितादित्य मुक्तापीड जैसे महान शासकों ने कश्मीर को सांस्कृतिक और राजनीतिक रूप से समृद्ध किया। उनके शासनकाल में वास्तुकला और कला का विकास हुआ। हालांकि, उनके उत्तराधिकारियों की कमजोरी और प्रशासनिक अक्षमता ने राज्य को कमजोर कर दिया। उत्तरी भारत में पाल, प्रतिहार और अन्य साम्राज्यों के साथ संघर्ष ने भी कश्मीर की स्थिरता को प्रभावित किया। उनके बाद उत्पल वंश (9वीं-10वीं सदी) ने सत्ता संभाली, लेकिन वे भी आंतरिक कलह और विद्रोहों से ग्रस्त रहे। संग्रामराज और हर्ष जैसे शासकों ने अस्थायी स्थिरता लाई, लेकिन आंतरिक समस्याओं का समाधान नहीं कर सके।

लोहरा वंश की राजनैतिक दशा- (11वीं-12वीं सदी) ने कश्मीर पर शासन किया, लेकिन उनकी शक्ति भी आंतरिक संघर्षों और बाहरी आक्रमणों से कमजोर हो गई। कश्मीर के शासकों की सबसे बड़ी कमजोरी उनकी उत्तराधिकार की नीतियों और आंतरिक संघर्षों को नियंत्रित करने में विफलता थी। इसने राज्य को अस्थिर बना दिया और बाहरी शक्तियों के आक्रमण का मार्ग प्रशस्त किया।

अंततः, कश्मीर के शासकों की प्रशासनिक कमजोरियाँ, आंतरिक कलह, और निरंतर संघर्षों ने राज्य की स्थिरता और समृद्धि को प्रभावित किया। उनका पतन एक महत्वपूर्ण युग के अंत का प्रतीक था, जिससे कश्मीर में राजनीतिक और सांस्कृतिक बदलाव आए। बंगाल के पाल राजाओं ने सोन नदी तक की रियासतें छीन ली थीं और इन्द्र तृतीय ने जो राष्ट्रकूट का राजा था आक्रमण करके कन्नौज छीन लिया था। यद्यपि उसने इन आरम्भिक पराजय पर फिर विजय प्राप्त कर ली थी लेकिन बाद के दिनों में उसे बहुत परेशानियाँ उठानी पड़ीं। इस वंश के राजा महीपाल द्वितीय, देवपाल और विजयपाल उस वंश को नहीं बचा सके और ग्यारहवीं शताब्दी के मध्य में उसका अन्त हो गया।

कन्नौज के गड़वाल (Gahadavalas of Kanauj) की राजनैतिक दशा- कन्नौज जो पहले तोमर वंश के राजाओं के आधीन था ग्यारहवीं शताब्दी में मध्य के गड़वालवंश के आधीन हो गया। यह वंश जो राठौर अथवा गड़वाल नाम से जाना जाता है। इसकी स्थापना राजपूत नामक चन्द्र देव ने की थी। जिसने 1085 से 1100 ई. तक शासन किया। उसने अपना राज्य बनारस और इलाहाबाद तक बढ़ाया। उसके उत्तराधिकारी महेन्द्रपाल के शासन काल में और अधिक उन्नति हुई। गोविन्द चन्द्र इस वंशावली का सबसे प्रसिद्ध राजा हुआ। उसने 1112 से 1155 ई. तक पैंतालीस साल राज्य किया। उसके राज्य में कन्नौज की प्रतिष्ठा अपनी चरम सीमा तक पहुँच चुकी थी। उसने बंगाल के पाल राजाओं से मगध छीन लिया और चंदेल राजाओं से पूर्वी मालवा। उसने कलचुरी से भी युद्ध किया और मुसलमान आक्रमणकारी हाजिब तुगप्रगिन को मार भगाया। उसे बाद उसका उत्तराधिकारी विजयचन्द्र हुआ जिसने मुस्लिम आक्रमणकारी खुसरो मलिक पर विलय प्राप्त की।

जयचन्द इस वंश का सबसे महत्वपूर्ण और अंतिम शासक हुआ। यह अपने चचेरे भाई पृथ्वीराज चौहान जो अजमेर का शासक था, का समकालीन था। आपसी झगड़े के कारण दोनों मुस्लिम आक्रमणकारियों के विरुद्ध एक नहीं हो सके। यह कहा जाता है कि स्वयं जयचन्द ने गौरी को पृथ्वीराज पर आक्रमण करने के लिए लौटा दिया। जब गौरी ने 1192 में अजमेर पर आक्रमण किया तो वह मूकदर्शक बना रहा। उसके दो साल बाद ही गौरी ने 1194 में कन्नौज पर आक्रमण किया और जयचन्द को युद्ध क्षेत्र में मार दिया। जयनाथ की मृत्यु के बाद गड़वाल वंश समाप्त नहीं हुआ क्योंकि मोहम्मद गौरी ने उनके पुत्र हरीशचन्द्र को कन्नौज पर शासन करने की अनुमति दे दी। हरिश्चन्द्र के बाद कोई भी हिन्दू राजा कन्नौज के सिंहासन पर नहीं बैठा।

बुन्देलखण्ड के चन्देल (The Chandelas of Bundelkhand) की राजनैतिक दशा-

कन्नौज के राजाओं की दुर्बलता का लाभ उठाकर गड़वाल गंगा और नर्मदा के बीच के प्रदेश में स्वतंत्र रूप से शासन करने लगे। महोबा इसकी राजधानी थी। चंदेलों की उत्पत्ति के विषय में विद्वानों में मतभेद है। कुछ विद्वानों के अनुसार वे चन्द्रवंशी राजपूत थे। परन्तु वी.ए. स्मिथ के

अनुसार वह भाट के गौंड के उत्तराधिकारी थे। वह नानुका की अध्यक्षता में नवीं शताब्दी में दक्षिण बुन्देलखण्ड में प्रसिद्ध हो गए। इस वंश का नाम जैजाकभुक्ति था। जेजा नाम पर अथवा जया शक्ति के नाम पर भोज द्वितीय जो इस वंश का एक राजा था। इस वंश के प्रथम कुछ राजा कन्नौज के गुर्जर प्रतिहार वंश के अधीन थे। इस वंश की प्रतिष्ठा हर्षदेव के समय में बढ़ी। जिसने कन्नौज की गद्दी के लिए महीपाल को उनके भाई भोज द्वितीय के विरुद्ध सहायता की और उसके कृतज्ञता को प्राप्त कर लिया। द्वारा उसकी मित्रता और अगला राजा यशोवर्मन हुआ जिसने गुर्जर प्रतिहार वंश से अपनी स्वतंत्रता प्राप्त कर ली। उसने उनके राजा देवपाल को हरा लिया और कालांजर के किले को जीत लिया उसने चेदि, मालवा और कौशल के राजाओं को हराया और उनका राज्य अपने राज्य में मिला लिया। यशोवर्मन ने 925 से 950 ई. तक राज्य किया। उसके बाद उसका पुत्र धंग (954-1002 ई.) राजा हुआ। उसने कन्नौज में प्रतिहार राजा को बहुत करारी हार दी। गुर्जर प्रतिहार की दासता से अपने को मुक्त कराया। उसने उतरी भारत के पंजाब, अजमेर, कन्नौज के राजाओं द्वारा महमूद गजनवी के विरूद्ध बनाये गये संघ की सहायता की। अगला राजा गण्ड बहुत कमजोर सिद्ध हुआ। जब महमूद गजनवी ने भारत पर (1019 और 1022 ई.) आक्रमण किया, तो उसने उसका विरोध नहीं किया।

विश्लेषण- बुंदेलखंड के चंदेल वंश (9वीं-13वीं सदी) ने भारतीय इतिहास में महत्वपूर्ण भूमिका निभाई, खासकर कला और स्थापत्य के क्षेत्र में। चंदेल शासकों ने खजुराहो के भव्य मंदिरों का निर्माण किया, जो आज यूनेस्को विश्व धरोहर स्थल हैं। यशोवर्मन और धंग जैसे महान शासकों ने अपने शासनकाल में सांस्कृतिक और स्थापत्य विकास को बढ़ावा दिया। हालांकि, चंदेल वंश की शासन प्रणाली में कई कमजोरियाँ थीं।

चंदेल वंश की सबसे बड़ी कमजोरी उनकी आंतरिक राजनीतिक अस्थिरता थी। उत्तराधिकार के संघर्षों और आंतरिक विद्रोहों ने राज्य की स्थिरता को कमजोर किया। चंदेल शासकों को परमार, कलचुरी और अन्य पड़ोसी राजवंशों के साथ निरंतर संघर्षों का सामना करना पड़ा, जिससे उनकी सैन्य और आर्थिक शक्ति पर प्रतिकूल प्रभाव पड़ा। विशेष रूप से, महोबा की लड़ाई में पृथ्वीराज चौहान से पराजित होना उनकी सैन्य कमजोरी को दर्शाता है। चंदेलों की प्रशासनिक क्षमता भी संदिग्ध थी। उनके शासनकाल में कुशल प्रशासनिक व्यवस्था की कमी थी, जो राज्य की विकास क्षमता को बाधित करती थी। इसके अलावा, मुस्लिम आक्रमणों के समय चंदेल वंश की विफलता ने उनके पतन को और तेज कर दिया। कुतुब-उद-दीन ऐबक और इल्तुतमिश के आक्रमणों ने चंदेल साम्राज्य को कमजोर कर दिया और अंततः 13वीं सदी में उनका पतन हो गया।

अंततः चंदेल वंश की प्रशासनिक कमजोरियाँ, आंतरिक कलह, और निरंतर संघर्षों ने राज्य की स्थिरता और समृद्धि को प्रभावित किया। हालांकि, उनके स्थापत्य और सांस्कृतिक योगदान ने भारतीय इतिहास में उनकी अमिट छाप छोड़ी है।

चेदि के कलचूरी (The Kalachuris of Chedi) की राजनैतिक दशा- मालवा के चेदी वंश (9वीं-12वीं सदी) ने महत्वपूर्ण सांस्कृतिक और राजनीतिक भूमिका निभाई, लेकिन उनकी शासन प्रणाली में कई कमजोरियाँ थीं। कलचुरी राजा कर्ण ने साम्राज्य को विस्तारित किया, लेकिन आंतरिक विद्रोह और उत्तराधिकार संघर्षों ने राज्य की स्थिरता को कमजोर किया। चेदी वंश लगातार परमार और चालुक्य जैसे पड़ोसी राजवंशों के साथ संघर्ष में उलझा रहा, जिससे उनकी सैन्य और आर्थिक शक्ति पर प्रतिकूल प्रभाव पड़ा। 12वीं सदी में मुस्लिम आक्रमणों के सामने उनकी रक्षा कमजोर साबित हुई। प्रशासनिक कमजोरियाँ और निरंतर संघर्ष उनके पतन के प्रमुख कारण बने, जिससे क्षेत्र में राजनीतिक अस्थिरता आई।

कलचुरी के चेदि नर्मदा और गोदावरी के बीच में शासन करते थे। कलचूरी का वंश अपने आप को महाभारत के कीर्तिवीर्य अर्जुन का वंशज मानते थे। यह वंश नकुल प्रथम के समय में प्रसिद्ध हुआ। उसने नवीं शताब्दी के प्रथम भाग में राज्य किया। उनका सैनिक जीवन बहुत शानदार रहा और उसने प्रतिहार के भोज प्रथम को हराया, सिंध के अरब आक्रमणकारी को खदेड़ा और पूर्वी और दक्षिणी बंगाल पर कब्जा कर लिया। उसने उतरी कोंकण पर भी आक्रमण किया। उसने वैवाहिक संबंध स्थापित करके भी अपनी शक्ति बढ़ाई। उसने चंदेल राजकुमारी से शादी की और अपनी पुत्री का विवाह राष्ट्रकूट के राजा कृष्ण द्वितीय के साथ किया। उसने अपने दामाद की पूर्वी चालुक्य और प्रतिहार राजाओं के विरूद्ध सहायता की। उसके बाद उसका सबसे बड़ा पुत्र समकारागन राजा हुआ जिसने 878- से 888 ई. में राज्य किया। इसके बाद कुछ दुर्बल राजा हुए। अगला शक्तिशाली राजा गंगा देव हुआ। (1015-1041 ई.) जिसने कई लड़ाईयाँ लड़ीं। वास्तव में उसने चालुक्य राजा जयसिन्हा के विरुद्ध राजेन्द्र चोल और परमार भोज की सहायता की। उसने बुन्देलखण्ड के चंदेल को भी अपने अधीन करने के प्रयास किए लेकिन असमर्थ रहा।

लेकिन उसने दक्षिणी कौशल के विरुद्ध कुछ सफलता प्राप्त की और बनारस तक बढ़ गया। उसने अंग को भी हराया और विक्रमादित्य की उपाधि धारण की। लक्ष्मीकर्ण (1031-1072 ई.) जो गंगा देव का पुत्र उत्तराधिकारी तथा इस वंश का बहुत प्रसिद्ध राजा हुआ। उतरी भारत के अधिकतर भाग में उसका शासन था। उसने चन्देल को हराया और परमार को कुचल दिया। चोल, पांडय, कुन्तल और कलिंग पर भी उसका प्रभाव था। परन्तु अपने शासन के अंत में परमार और चालुक्य के संघ द्वारा उसे हार खानी पड़ी। चन्देल राजा कीर्तिवर्मन ने भी उसे हराया। इन हारों के कारण लक्ष्मीकर्ण ने सिंहासन अपने पुत्र यशकर्ण को दे दिया। लेकिन न तो

वह और न ही उसके उत्तराधिकारी राज्य के पतन को रोक सके और 1212 ई. में चंदेलों द्वारा इस वंश को समाप्त कर दिया गया।

मालवा के परमार (Parmaras of Malwa)- परमार वंश के राजा मालवा में शासन करते थे और धारानगरी इनकी राजधानी थी। इस वंश की स्थापना उपेन्द्र (कृष्णराज) ने की थी। अपने आप को स्वतंत्र रूप से स्थापित करने से पहले वह प्रतिहार अथवा राष्ट्रकूट के राजाओं के आधीन थे। उन्होंने अग्नि के सामने शपथ ली कि वह देश को तुर्कों से बचायेंगे। इस वंश का प्रसिद्ध राजा मुन्ज हुआ जिसने 974-995 ई. में राज्य किया। उसने त्रिपुरी के कलचुरी और गुहिल को हराया। उसने हूणों को भी, जो मालवा के उतर पश्चिम में रह रहे थे हराया। उसने नड्डूला के चाहमानों पर भी आक्रमण किया और माउंट आबू पर अधिकार कर लिया। लेकिन उससे तैलप द्वितीय के साथ बहुत संघर्ष करने पड़े, जो पूर्वी चालुक्य राजा था। तैलप ने मुंज के विरूद्ध कम से कम छः आक्रमण किए लेकिन हर बार हार गया। अंत में मुंज ने तैलप द्वितीय को सदैव के लिए समाप्त करने की सोची और चालुक्य राज्य पर आक्रमण कर दिया। लेकिन यह विनाशकारी सिद्ध हुआ। उसे बंदी बना लिया गया और मार दिया गया।

सिंधुराज जोकि मुंज का उत्तराधिकारी और उसका छोटा भाई था, लेकिन उसने अपने भाई की मृत्यु का बदला लिया और पूर्वी चालुक्य राजा को हरा दिया। उसने दक्षिण कौशल के सोमावामसिस को हराया। उसके अतिरिक्त उसने दक्षिण कोंकण के शीलाबरस, हूण मंडल के हूण को भी हराया। उसने लता (दक्षिणी गुजरात) को भी अपने मरने से पहले लगभग 1000 ई. में जीत लिया। (1000-1055 ई.) राजा भोज जो कि सिंधु राजा का पुत्र था बहुत प्रसिद्ध राजा हुआ। उसने अपने समय के सभी बड़े राजाओं से युद्ध किया। उसने विक्रमादित्य पंचम, कल्यानी के चालुक्य राजा, गांगेय देव, त्रिपुरी के कलचुरी उतर-पश्चिम के तुर्क और गुजरात के राजाओं पर विजय प्राप्त की। वह दक्षिण में अपना अधिपत्य स्थापित करना चाहता था, उसके लिए उसने गांगेय देव और राजेन्द्र चोल के साथ संगठन बनाकर जयसिंह द्वितीय को हराने की ठानी। लेकिन उसकी हार हुई। जैजाकभुक्ति के चंदेल और ग्वालियर के कच्छपघात से भी वह हार गया। उसको मृत के समान समझ उसके राज्य पर दोनों ओर से आक्रमण हुआ। कलचुरी के लक्ष्मीकर्ण और चालुक्य के भीम प्रथम प्रतिहारों के सामन्त थे। इसी संघर्ष के समय वह बीमार पड़ गया और उसकी मृत्यु हो गई। उसकी मृत्यु के साथ ही परमार वंश की शान समाप्त हो गई। चौदहवीं शताब्दी के आरम्भ में मालवा मुसलमानों के अधिकार में चला गया।

विश्लेषण- मालवा के परमार वंश (9वीं-14वीं सदी) ने मध्य भारत में महत्वपूर्ण भूमिका निभाई, खासकर सांस्कृतिक और साहित्यिक उन्नति के क्षेत्र में। राजा भोज, परमार वंश के सबसे प्रसिद्ध शासक, ने धर्म, कला, और विज्ञान के संरक्षण में महत्वपूर्ण योगदान दिया। भोजशाला और धार नगर को सांस्कृतिक केंद्र के रूप में विकसित किया। हालांकि, परमार वंश की शासन प्रणाली

में कई कमजोरियाँ थीं। सबसे बड़ी कमजोरी उनकी सैन्य और राजनीतिक अस्थिरता थी। परमार शासकों को निरंतर बाहरी आक्रमणों और आंतरिक विद्रोहों का सामना करना पड़ा। चालुक्य, चोल और कच्छपघात जैसे पड़ोसी राजवंशों के साथ संघर्ष ने उनकी शक्ति को कमजोर किया। खासकर, 11वीं सदी में चालुक्य राजा जयसिंह द्वितीय द्वारा धार पर आक्रमण और विजय परमारों की सैन्य कमजोरी को दर्शाता है।

परमारों की प्रशासनिक व्यवस्था सुदृढ़ होने के साथ-साथ उनमें अनेक कमजोरियाँ भी थीं। सर्वप्रथम उत्तराधिकार संघर्षों और आंतरिक कलह ने राज्य की स्थिरता को प्रभावित किया। प्रभावी प्रशासनिक ढाँचे की कमी ने परमार साम्राज्य की विकास क्षमता को बाधित किया। इसके अलावा, 13वीं सदी में दिल्ली सल्तनत के आक्रमणों ने परमार वंश को और कमजोर कर दिया।

परमारों का पतन 14वीं सदी में हुआ, जब वे अन्य उभरती शक्तियों के सामने टिक नहीं सके। उनकी प्रशासनिक कमजोरियाँ, निरंतर संघर्ष, और बाहरी आक्रमणों का सामना करने में विफलता ने उनके पतन को तेज कर दिया। अंततः परमार वंश की कमजोरियों के बावजूद, उनका सांस्कृतिक और साहित्यिक योगदान महत्वपूर्ण है, जिसने भारतीय सभ्यता को समृद्ध किया।

दिल्ली और अजमेर के चौहान (The Chauhans of Delhi Ajmer)- चौहान राजपूतों की दूसरी महत्वपूर्ण जाति थी। उन्होंने सातवीं और बारहवीं शताब्दी के मध्य उतरी भारत की राजनीति में बहुत महत्वपूर्ण भूमिका अदा की। चौहान पहले प्रतिहारों के सामन्त थे और उन्होंने अरब आक्रमणकारियों को बाहर खदेड़ने में उसकी मदद की। दसवीं शताब्दी के पहले अर्द्ध शताब्दी में चौहानों ने स्वतंत्र राज्य स्थापित कर लिया। अगले कुछ वर्षों में विग्रह राज द्वितीय ने लाट के राजा को हरा कर चौहान राज्य का विस्तार किया। उसने नर्मदा तट तक के राज्य जीत लिए। बारहवीं शताब्दी के आरम्भ में उन्होंने अजय बनवासी मेरू (अजमेर) शहर बसाया। चौहान लोगों की शक्ति विग्रह राज के समय से बहुत बढ़ गई। उसकी अधीनता दक्षिण के बहुत से राजपूताना सरदारों ने स्वीकार कर ली। उसने तोमरों से दिल्ली भी छीन ली।

इस वंश का सबसे प्रसिद्ध राजा पृथ्वीराज तृतीय हुआ (1179-92 ई.)। उसके राजतिलक के समय वह नाबालिग था और उसकी माता राज्य की देख-भाल करती थी। लेकिन दो वर्षों के बाद ही उसने शक्ति अपने हाथ में ले ली। अपने चचेरे भाई नागार्जुन के विद्रोह को दबाने के बाद उसने विजय प्राप्त करनी आरम्भ की। जैजाक भुक्ति के चंदेल राजा पर भी उसने विजय प्राप्त की और शाहबुद्दीन मोहम्मद गौरी को जो बहुत बड़ा योद्धा था, हरा दिया और उसे गौर लौटने के लिए बाध्य कर दिया। परन्तु अगले वर्ष ही वह बहुत बड़ी सेना लेकर अपनी पराजय का बदला लेने आया। पृथ्वीराज ने लोगों से उसके विरुद्ध सहायता करने के लिए प्रार्थना की। लोगों ने

उसकी सहायता की और उसने गौरी को मार भगाया परन्तु 1192 ई. में वह गौरी से हार गया और तब से भारत पर मुसलमानों का शासन स्थापित हो गया।

राजपूतों शासकों की राजनीतिक दशा- राजपूतकालीन भारत में राजनीतिक तथा सांस्कृतिक दृष्टि से अनेक परिवर्तन दिखाई देते हैं। शासन के क्षेत्र में सामन्तवाद का पूर्ण विकास इसी युग में दिखाई देता है। राजपूतों का सम्पूर्ण राज्य अनेक छोटी-छोटी जागीरों में विभक्त था। प्रत्येक जागौर का प्रशासन एक सामन्त के हाथ में होता था जो प्राय राजा के कुल से ही सम्बन्धित होता था।   सामन्त महाराज, महासामन्त, महासामन्ताधिपति, मण्डलेश्वर, महामण्डलेश्वर, महामाण्डलिक आदि उपाधियां धारण करते थे। बारहवीं शती की रचना अपराजितपृच्छा में महामण्डलेश्वर, माण्डलिक, महासामन्त, सामन्त, लघु सामन्त, चतुरंशिक जैसे विविध सामन्तों का उल्लेख मिलता है जो क्रमशः एक लाख, पचास हजार, बीस हजार, दस हजार, पाँच हजार तथा एक हजार गाँवों के स्वामी थे। चाहमान शासक पृथ्वीराज, कलचुरि शासक कर्ण तथा चालुक्य शासक कुमारपाल के शासन में क्रमशः 150, 136 तथा 72 सामन्तों के अस्तित्व का पता लगता है। इस प्रकार राजपूत शासक अपनी प्रजा पर शासन न करके सामन्तों पर ही शासन करते थे। सामन्तों के पास अपने न्यायालय तथा अपनी मन्त्रिपरिषद् होती थी। अपने लेखों में वे सम्राट का उल्लेख करते थे तथा समय-समय पर राजदरबार में उपस्थित होकर भेंट उपहारादि दिया करते थे। राज्याभिषेक के अवसर पर उनकी उपस्थिति विशेष रूप से आवश्यक मानी जाती थी। सामन्तों के पास अपनी अलग-अलग सेना होती थी जो आवश्यकता पड़ने पर उनके नेतृत्व में राज्य की सेना में सम्मिलित होती थी। कुछ शक्तिशाली सामन्त अपने अधीन कई उपसामन्त भी रखते थे। छोटे सामन्त राजा, ठाकुर, भोक्ता आदि उपाधियाँ ग्रहण करते थे। इस प्रकार राज्य की वास्तविक शक्ति और सुरक्षा की जिम्मेदारी सामन्तों पर ही होती थी। सामन्तों में राजभक्ति की भावना बड़ी प्रवल होती थी। वे अपने स्वामी के लिये सर्वस्व बलिदान करने के लिये सदैव तत्पर रहते थे। परंतु सामन्तों की संख्या में वृद्धि से सामान्य जनता का जीवन कष्टमय हो गया था। वे जनता का मनमाने ढंग से शोषण करते थे। इस युग के शासक निरंकुश होते थे।

राजत्व सिद्धांत– प्राचीन इतिहास के अन्य युगों की भांति राजपूत युग में वंशानुगत राजतंत्र (Hereditary monarchy) सर्वमान्य शासन पद्धति थी। राजा की स्थिति सर्वोपरि होती थी। न्याय तथा सेना का भी वह सर्वोच्च अधिकारी था।

महाराजाधिराज, परमभट्टारक, परमेश्वर जैसी उच्च सम्मानपरक उपाधियां धारण कर वह अपनी महत्ता को ज्ञापित करता था। राजा देवता का प्रतीक समझा जाता था। मनु का अनुकरण करते हुए लक्ष्मीधर ने अपने ग्रन्थ कृत्यकल्पतरु में राजा को लोकपालों- इन्द्र, वरुण, अग्नि, मित्र, वायु, सूर्य आदि के अंश से निर्मित बताया है। इस प्रकार सिद्धान्ततः शासक की स्थिति निरंकुश थी किन्तु व्यवहार में धर्म तथा लोक-परम्पराओं द्वारा निर्धारित नियमों का पालन करता

था। मनुस्मृति के टीकाकार मेधातिथि ने प्रजारक्षण तथा प्रजापालन को राजा का परम कर्तव्य निरुपित किया।

राजपूत युग में राजाओं द्वारा अपने कुल तथा परिवार के व्यक्तियों को ही उच्च पदों पर आसीन किया जाता था। साधारण जनता शासन के कार्यों में भाग नहीं ले सकती थी तथा राजनीतिक विषयों के प्रति उदासीन रहती थी। फलस्वरूप राजपूत युग में मन्त्रिपरिषद् का महत्व अत्यन्त घट गया था। तत्कालीन ग्रन्थों से पता चलता है कि सम्राट अपने मन्त्रियों के परामर्श की उपेक्षा कर देते थे। 'प्रबन्धकोश' में मन्त्रियों को स्वेच्छाचारी शासकों के सामने असहाय बताया गया है।

'प्रबन्धकोश' से पता चलता है कि कन्नौज के राजा जयचन्द्र ने एक शूद्रा स्त्री के प्रभाव में पड़कर अपने मन्त्री की बात नहीं मानी थी। प्रबन्धचिन्तामणि के अनुसार परमार नरेश मुंज ने अपने प्रधानमन्त्री रुद्रादित्य की सलाह के विपरीत चालुक्य नरेश तैलप से युद्ध किया था। वी० एन० एस० यादव ने पूर्वमध्यकाल में शासकों तथा मन्त्रियों के बिगड़ते हुये सम्बन्धों तथा उनके कारणों पर विस्तृत प्रकाश डालते हुये प्रतिपादित किया है कि अपनी निरंकुश प्रवृत्ति, शौर्य-भावना तथा सामन्तों के बढ़ते हुए प्रभाव के कारण इस युग के शासक अपने मन्त्रियों तथा उनके परामर्श की अवहेलना कर देते थे। इस युग के ग्रन्थों में राजाओं द्वारा मन्त्रियों को दण्डित किये जाने के भी उल्लेख प्राप्त होते हैं।

प्रबन्धचिन्तामणि तथा दशकुमारचरित से पता चलता है कि राजा अपने मन्त्रियों के नाक-कान काट लेते अथवा उन्हें अन्धा बना देते थे। इस प्रकार राजपूतकाल में शासकों तथा उनके मन्त्रियों के सम्बन्ध कटुतापूर्ण हो गये थे। मन्त्रियों का अयोग्य तथा आनुवंशिक होना भी इसके पीछे उत्तरदायी माना जा सकता है। मन्त्रियों का स्थान एक नियमित नौकरशाही ने ग्रहण कर लिया था। तत्कालीन अभिलेखों में 'कायस्थ' नामक अधिकारियों का उल्लेख मिलता है। ये अधिकारी अधिकतर ब्राह्मण जाति से लिये जाते थे।

लेखों तथा तत्कालीन साहित्य में कुछ केन्द्रीय पदाधिकारियों के नाम दिये गये हैं-सान्धिविग्रहिक, महाप्रतीहार, महादण्डनायक, धर्मस्थीय, सेनापति आदि। उल्लेखनीय है कि ये पद गुप्तकाल से ही शासन में चले आ रहे थे। प्रतिहार शासन में दुर्ग के अधिकारी को 'कोट्टपाल' कहा जाता था। नाडोल प्रस्तर लेख (1141-42 ई०) से पता चलता है कि चाहमान काल में नगर प्रशासन अत्यन्त विकसित एवं संगठित था। नगर विभिन्न वार्डों में विभाजित था। प्रत्येक वार्ड के निवासी अपने नेता के माध्यम से शासन संचालन में भाग लेते थे।

राज्य की आय का प्रमुख स्रोत भूमिकर था। यह भूमि की स्थिति के अनुसार तीसरे से लेकर बारहवें भाग तक लिया जाता था। उद्योग तथा वाणिज्य कर राजस्व का तीसरा साधन था। वाणिज्य तथा उत्पादित वस्तुओं पर कर लगाये जाते थे। आपातकाल में राजा प्रजा से अतिरिक्त

कर वसूलता था। कुलीनों तथा सामन्तों द्वारा प्रदत्त उपहार तथा युद्ध में लूट के धन से भी राजकोश में पर्याप्त वृद्धि होती थी। कर ग्राम पंचायतों द्वारा एकत्रित किया जाता था। ग्राम पंचायते केन्द्रीय शासन से प्रायः स्वतन्त्र होकर अपना कार्य करती थीं। दीवानी तथा फौजदारी के मुकदमों के फैसले भी ग्राम पंचायत द्वारा ही किये जाते थे।

विश्लेषण- राजपूत शासकों की प्रशासनिक व्यवस्था समय और क्षेत्र के आधार पर विविध और विकसित थी, लेकिन कुछ सामान्य विशेषताएँ थीं। उनका प्रशासनिक ढांचा केंद्रीयकृत और विकेन्द्रीकृत दोनों तत्वों को समाहित करता था। राजपूत राज्य में राजा सर्वोच्च शासक था और सत्ता का केंद्र था। राजा के अधीन मंत्री और अधिकारीगण होते थे, जो विभिन्न विभागों का प्रबंधन करते थे। इनमें प्रमुख थे प्रधानमंत्री (महामंत्री), कोषाध्यक्ष (सामंत), सेनापति, और न्यायाधीश। ये अधिकारी राजा के निर्देशों के अनुसार कार्य करते थे और प्रशासनिक व्यवस्था को सुचारू रूप से चलाने में मदद करते थे।

प्रशासनिक इकाइयों के तहत राज्य को जिलों (प्रांतों) और तहसीलों (परगनों) में बाँटा गया था। प्रत्येक जिला एक सामंत या जागीरदार के अधीन होता था, जो स्थानीय स्तर पर प्रशासन का संचालन करता था। सामंतों को कर संग्रहण, कानून व्यवस्था, और न्याय व्यवस्था का दायित्व सौंपा गया था। वे अपने अधीनस्थ अधिकारियों और सैनिकों की मदद से इन कार्यों को संपन्न करते थे।

कर प्रणाली में भूमि कर मुख्य था, जिसे कृषि उत्पादन के आधार पर लगाया जाता था। इसके अलावा व्यापारिक कर, सामंतों द्वारा संकलित कर, और युद्ध लूट भी राजस्व के प्रमुख स्रोत थे। हालांकि, राजपूत प्रशासनिक व्यवस्था में कुछ कमजोरियाँ भी थीं। केंद्रीकृत नियंत्रण की कमी और सामंतों की अधिक स्वतंत्रता ने कई बार विद्रोह और अस्थिरता को जन्म दिया। इसके अलावा, एकीकृत प्रशासनिक संरचना की कमी और आधुनिकता की ओर धीमी प्रगति भी चुनौतियों का कारण बनी। समग्र रूप में, राजपूतों की प्रशासनिक व्यवस्था में परंपरा, वफादारी और सैन्य शक्ति की महत्वपूर्ण भूमिका थी, जो उनके शासन को बनाए रखने में सहायक साबित हुई।

निष्कर्ष – प्राचीन भारत में राजनीति का स्वरूप अत्यंत संगठित और सुदृढ़ स्वरूप था, जो भारतीय ज्ञान परंपरा का महत्वपूर्ण हिस्सा था। राजनीति और प्रशासन के सिद्धांतों का वर्णन करने वाले ग्रंथों में 'अर्थशास्त्र' और 'मनुस्मृति' प्रमुख हैं। कौटिल्य द्वारा रचित 'अर्थशास्त्र' में राज्य के संगठन, आर्थिक नीतियों, कूटनीति, और युद्धनीति के विस्तृत नियम दिए गए हैं। यह ग्रंथ न केवल शासन की व्यावहारिकताओं को समझाता है, बल्कि राजा के कर्तव्यों और न्याय की अवधारणा पर भी जोर देता है।

मनुस्मृति में समाज के चार वर्णों के कर्तव्यों और अधिकारों का वर्णन है, जो सामाजिक और राजनीतिक संरचना को स्थायित्व प्रदान करता था। इसके अतिरिक्त, 'महाभारत' और 'रामायण' जैसे महाकाव्यों में भी राजनीतिक शिक्षा और आदर्श राज्य का वर्णन मिलता है। प्राचीन भारतीय राजनीति में धर्म और नीति का अभिन्न स्थान था। राजधर्म की अवधारणा में राजा को एक न्यायप्रिय, धर्मनिष्ठ और प्रजा के कल्याण को सर्वोपरि मानने वाला शासक बताया गया है। भारतीय ज्ञान परंपरा में नीति, धर्म और न्याय के संतुलन पर विशेष जोर दिया गया है, जिससे समाज में समरसता और स्थिरता बनी रहती थी। इस प्रकार, प्राचीन भारत की राजनीतिक व्यवस्था न केवल कुशल प्रशासन का उदाहरण थी, बल्कि नैतिक और धार्मिक मूल्यों पर आधारित थी।

दक्षिण भारत की राजनीतिक दशा- हर्ष के बाद दक्षिण भारत में राजनैतिक स्थिरता और सांस्कृतिक उन्नति का दौर था। चालुक्य, चोल, पल्लव, और पांड्य जैसे राजवंशों ने अपनी शक्ति और प्रभाव को विस्तार दिया। चालुक्यों ने वीं और आठवीं शताब्दी में प्रमुखता प्राप्त की, जबकि पल्लवों ने कांचीपुरम को अपना केंद्र बनाकर सांस्कृतिक और वास्तुकला की धरोहरें स्थापित कीं। पल्लव और चालुक्य राजवंशों के बीच संघर्ष भी हुए, लेकिन इनसे दक्षिण भारत का राजनैतिक और सांस्कृतिक परिदृश्य समृद्ध हुआ। चोल साम्राज्य ने भी उन्नति की और दक्षिण भारत में शक्ति और स्थिरता का एक नया अध्याय लिखा।

आइए दक्षिण भारतीय प्रमुख राजवंशों की तत्कालीन राजनैतिक स्थिति का विवेचन करते हैं और जानने का प्रयास करते हैं कि किस प्रकार इन राजवंशों ने भारत की राजनैतिक स्थिरता एवं सांस्कृतिक पहचान बनाने में उनकी भूमिका रही -

वाकाटक राजवंश (Vakatakas dynasty) की राजनैतिक दशा - वाकाटक वंश (3वीं-5वीं सदी) ने दक्षिण-पश्चिम भारत में महत्वपूर्ण भूमिका निभाई। इसकी स्थापना विन्ध्यशक्ति ने की थी। उन्होंने विदर्भ, मध्य प्रदेश, और आंध्र प्रदेश के कुछ हिस्सों पर शासन किया। वाकाटक वंश ने गुप्त साम्राज्य से गठबंधन किया, जिससे क्षेत्रीय स्थिरता बनी। वाकाटक शासकों के संरक्षण में अजन्ता की गुफाओं का निर्माण हुआ, जो कला और संस्कृति का उत्कृष्ट उदाहरण हैं। इनकी राजधानी नागारधन थी। हालांकि, यह वंश आंतरिक संघर्षों और कमजोर उत्तराधिकार नीति से ग्रस्त था, जिससे उनका पतन हुआ।

वाकाटक वंश ने भारतीय इतिहास में सांस्कृतिक समृद्धि का एक महत्वपूर्ण अध्याय जोड़ा। तीसरी शताब्दी में सातवाहन के पतन के बाद दक्षिण भारत में बहुत से राज्य उभर कर आये। इन सब में सबसे शक्तिशाली राज्य वाकाटक था जिसकी स्थापना विंध्यशक्ति ने तीसरी शताब्दी के अंत में की थी। उसने लगभग 25 वर्ष तक शासन किया। 255 से 275 ई. तक परन्तु उसका शासन एक दो जिलों तक ही सीमित था। उसके पुत्र प्रवरसेन के राज्य काल में वाकाटक

राज्य का विस्तार हुआ और प्रसिद्ध हो गया। उसका राज्य उतर में बुन्देलखंड से दक्षिण में पुरानी हैदराबाद रियासत तक फैला हुआ था। उसने अपने आपको सम्राट घोषित किया और चार अश्वमेध यज्ञ किये। प्रवरसेन के बाद उसका पोता 335 ई. में राजा बना। रूद्रसेन ने 335 ई. से 360 ई. तक शासन चलाया। वह समुद्रगुप्त का समकालीन था और उसने उसकी आधीनता स्वीकार कर ली। रूद्रसेन पृथ्वीसेन जो विक्रमादित्य का समकालीन था की मदद से राजा हुआ। उसने गुप्त से मित्रता के संबंध रखे और अपने पुत्र रुद्रसेन द्वितीय की शाही विक्रमादित्य की बेटी से की। पृथ्वीसेन की सबसे बड़ी विजय कुन्तला (दक्षिणी महाराष्ट्र) की थी।

वाकाटक राजाओं ने गुप्त राजाओं की दुर्बलता का पूरा लाभ उठाया और अपने राज्य का विस्तार किया। वाकाटक वंश के मुख्य राजा नरेन्द्र सेन, देवसेन, हरिसेन हुए। आखिरी राजा ने मध्य प्रदेश, गुजरात और महाराष्ट्र में अपने राज्य का विस्तार किया। हरिसेन का राज्य 550 ई. तक रहा और उसके बाद वाकाटक राजाओं के बारे में कुछ ज्ञात नहीं है।

चालुक्य राजवंश (Chalukyas dynasty) की राजनैतिक दशा- जिस समय वाकाटक वंश का पतन हुआ, उसी समय दक्षिण भारत में चालुक्य राज्य का उदय हुआ। इस वंश की स्थापना पुलकेशिन प्रथम ने 535 ई. के आसपास की और वातापीपुरा (आजकल का बीजापुर जिले का बादामी) को अपनी राजधानी बनाया। इस बात पर विद्वानों में मतभेद है कि चालुक्य भारतीय ही थे अथवा बाहर से आये। एहोल के जैन मंदिर में जो शिलालेख हैं उसमें हमें पश्चिमी चालुक्यों के बारे में ज्ञान प्राप्त होता है। इसमें जिन राजाओं के नाम हैं वे हैं जयसिम्हा, रानाराजा, पुलकेशिन प्रथम, कीर्तिवर्मन, मंगलेश, पुलकेशिन द्वितीय। वंश की स्थापना पुलकेशिन प्रथम ने की थी जो बहुत वीर था और उसने अश्वमेध और अनेक प्रकार के यज्ञ किए।

कीर्तिवर्मन ने जो पुलकेशिन प्रथम का पुत्र था अपने राज्य का विस्तार, कोंकण मौर्य बनवासी के कदम्ब और बलारी के नल को हरा कर किया। उसने अपनी विजय पताका उतर में बंगाल और बिहार तथा दक्षिण में चोल और पांडय तक फहरायी। उसके बाद उसका भाई मंगलेश राजा हुआ। उसने कलचुरी के बुधराज को हराया और अपने राज्य का आगे और विस्तार किया।

इस वंश का सबसे प्रभावशाली राजा पुलकेशिन द्वितीय हुआ जिसने 609 ई. में राज्य किया। उसने मंगलेश को गृह युद्ध में मार दिया था। अपनी स्थिति सुदृढ़ करने के पश्चात् उसने दक्षिण आल्पस, वनवासी के कदम्ब और मैसूर के गंग को हराया। उसने उतरी कोंकण को जीत लिया और संपूर्ण नगर पर अधिकार कर लिया।

उसने बंबई के पास एलिफैन्टा प्रायद्वीप को भी समुद्री सेना द्वारा जीता था। उत्तर के बट, जूजर और मालवा ने भी उसके समक्ष आत्मसमर्पण कर दिया। पुलकेशिन द्वितीय ने नर्मदा के तट पर श्री हर्ष को भी हरा दिया। इसके पश्चात् पुलकेशिन द्वितीय ने अपनी जीत को पूरब और

दक्षिण में केन्द्रित किया। उसने दक्षिण कौशल, कलिंग और बीजापुर को जीता और अपने आधीन किया। उसने वेंगी को भी जीता। उसने शक्तिशाली पल्लव राजाओं पर भी आक्रमण किया और उनकी राजधानी कांची के बहुत निकट पहुंच गया। उसने दुबारा भी उनके राज्य पर आक्रमण किया लेकिन उसे सफलता नहीं मिली। उसके बाद पल्लव राजा नरसिंहवर्मन प्रथम ने चालुक्य राज्य पर आक्रमण कर उसकी राजधानी वातापीपुरा पर अधिकार कर लिया।

पुलकेशिन द्वितीय को हरा कर मार दिया गया। इसके बाद चालुक्य शक्ति पर कुछ समय के लिए रोक लग गई। तेरह साल के अंतराल के बाद विक्रमादित्य ने जो पुलकेशिन द्वितीय का पुत्र था। चालुक्य राज्य को फिर से पुनर्गठित किया और 655 ई. में अपने आप को राजा घोषित किया। उसने मैसूर के गंग और पांड्य से मित्रता की और पल्लव राज्य पर आक्रमण कर उन्हें हराया। उसने बादामी राजधानी भी जीत ली। विक्रमादित्य की मृत्यु लगभग 680 ई. में हो गई। उसके बाद विनयादित्य (681-96 ई.) विजयादित्य राजा बने जो क्रमशः उसके पुत्र और पोते थे। विक्रमादित्य ने उतरी भारत में अपने राज्य का विस्तार किया। इसमें विजयादित्य ने भी महत्वपूर्ण भूमिका निभाई। विक्रमादित्य के बाद विक्रमादित्य द्वितीय (733-47 ई.) जिसने पल्लवी राजा नन्दवर्मन को हराकर कांची पर आधिपत्य स्थापित किया। परन्तु कांची के मंदिर को दान देने के बाद और एक शिलालेख खुदवाने के बाद उसने उस स्थान को छोड़ दिया। उसके राज्य की सबसे महत्वपूर्ण बात सिंध के अरबों को खदेड़ना था जो उतरी गुजरात तक आ गए थे और दक्कन पर धावा बोल दिया था। चालुक्य राजा 753 ई. में राष्ट्रकूट राजाओं द्वारा हटा दिये गये।

पल्लव राजवंश (The Pallavas) की राजनैतिक दशा- पल्लव आन्ध्र राज्य के पतन के बाद दक्कन में शक्ति में आए। पल्लव लोगों की उत्पत्ति के बारे में विद्वानों में मतभेद है। कुछ विद्वानों के अनुसार उनका संबंध पार्थियनों से था जो कांजीवरम में बस गए थे। कुछ विद्वानों का मत है कि वे चोल नाग, परिवार से संबंधित थे। पहला पल्लवी राजा नाग राजकुमारी का पुत्र था। प्रो. जायसवाल के अनुसार पल्लव उतर भारत के उच्च कोटि के ब्राह्मण वंशज थे। पल्लव जाति से उत्पति के बारे में विद्वान एक मत नहीं हैं। शायद वे ब्राह्मण और द्राविड़ जाति से उत्पन्न वर्ण शंकर थे।

पल्लव राजाओं ने सातवीं और आठवीं दो शताब्दी तक राज्य किया। उनके राज्य में मद्रास, आन्ध्र अर्कोट, तंजौर, त्रिचनापल्ली थे और कांजीवरम उनकी राजधानी थी। कुछ ताम्रपत्र जो प्राकृत में लिखे गये हैं और तीसरी शताब्दी के हैं, उनसे यह ज्ञात होता है कि पल्लव वंश रप्पदेव द्वारा स्थापित किया गया। विष्णु गोप इस वंश का प्रसिद्ध राजा हुआ है। वह समुद्रगुप्त का समकालीन था। इस वंश के अन्य राजा थे विष्णु महेन्द्रवर्मन, नरसिंह वर्मन। नरसिंह वर्मन ने 576-600 ई. तक राज्य किया और अपने राज्य का विस्तार किया। उसने चोल, पांड्ये और

चैरो से युद्ध किये। उसके समय में राज्य ने बहुत उन्नति की। महेन्द्रवर्मन भी बहुत बड़ा विजेता था और उसने चालुक्य राजाओं से काफी प्रदेश छीन लिया। पल्लव वंश का प्रसिद्ध राजा अपराजित वर्मन हुआ जिसे चोल राजाओं ने नवीं शताब्दी में हरा दिया। इसके साथ ही राजवंश समाप्त हो गया।

राष्ट्रकूट राजवंश (The Rashtrakutas) की राजनैतिक दशा- एतिहासिक स्रोतों से ज्ञात होता है कि राष्ट्रकूट दक्षिण भारत में मौर्यो के समय में रठीक और सातवाहनो के काल में मरहठी कहलाते थे। ये बहुत समय तक वातापी के चालुक्यों के अधीन सामंत थे। चालुक्यों की सत्ता क्षीण होने पर वे स्वतंत्र शासक बन गए। इस राज्य की स्थापना दंतिदुर्ग ने की थी। इसने आधुनिक शोलापुर के निकट मान्यखेत को अपनी राजधानी बनाई। दंतिदुर्ग ने उज्जैन में हिरण्यगर्भदान महायज्ञ किया। प्रमुख शासकों में गोविंद तृतीय और अमोघवर्ष संभवत: सबसे महान राष्ट्रकूट राजा थे। एक अभिलेख से ज्ञात होता है कि गोविंद ने केरल, पाण्ड्य, व चोल राजाओं को भयभीत कर दिया था तथा पल्लवों को श्रीहीन बना दिया था। गोविंद ने जयतुंग्रप्रभृतवर्ष की उपाधि धारण की। राष्ट्रकूट वंश के प्रसिद्ध राजा गोविन्द द्वितीय, ध्रुव गोविन्द तृतीय, अमोघवर्ष, कृष्ण द्वितीय, इन्द्र तृतीय, कृष्ण तृतीय और कर्क द्वितीय हुए। अमोघवर्ष ने लगभग 68 वर्षों तक शासन किया। उसकी रुचि युद्ध की अपेक्षा धर्म एवं साहित्य में अधिक थी। वह स्वयं भी लेखक था तथा उसे राजनीति विषय पर कन्नड़ भाषा की प्रथम कृति कविराजमार्ग की रचना करने का श्रेय दिया जाता है। इसके दरबार में जिनसेन एवं शकटायन रहते थे। इन्होंने अमोघवृति की रचना की। अमोघवर्ष के काल में अरब यात्री सुलेमान आया था।

915 ई. में महिपाल को पराजित करने और कन्नौज को पदमर्दित करने के बाद इन्द्र तृतीय अपने समय के सबसे शक्तिशाली राजा के रूप में सामने आया। इसके काल में अरब यात्री अल-मसूदी आया था। इस राजवंश का अंतिम प्रतापी राजा कृष्ण तृतीय हुआ। कृष्ण ने चोल शासक परांतक प्रथम को 949 ई. में परास्त कर चोल साम्राज्य के उत्तरी भाग पर अधिकार कर लिया। वह दक्षिण में रामेश्वरम की ओर बढ़ा तथा आसपास के प्रदेशों को जीतकर उसने वहाँ एक विजयस्तंभ स्थापित किया एवं एक मंदिर का निर्माण कराया। दक्कन में राष्ट्रकूट शासन दसवीं सदी के अंत तक लगभग 200 वर्षों तक कायम रहा। राष्ट्रकूट राजा कृष्ण प्रथम ने एलोरा का प्रसिद्ध शिव मंदिर 9 वीं सदी में बनवाया। राष्ट्रकूट राजाओं ने मुस्लिम व्यापारियों को अपने राज्य में बसने की अनुमति दी और साथ ही इस्लाम के प्रचार की छूट दी। बताया जाता है कि राष्ट्रकूट प्रदेशों में मुस्लिमों के अपने अलग मुखिया हुआ करते थे। कई तटवर्तीय शहरों में प्रतिदिन इबादत के लिए उनकी अपनी मस्जिदें थीं। इस सहिष्णुता की नीति से विदेशी व्यापार में सहायता मिली, जिससे राष्ट्रकूटों की समृद्धि बढ़ी।

राष्ट्रकूट राजा कला और साहित्य के महान संरक्षक थे। कन्नड़ साहित्य के त्रिरत्न पंपा, पोन्ना, रन्ना थे। प्रथम दो विद्वानों का संरक्षक कृष्ण तृतीय था। उनके दरबार में न केवल संस्कृत के विद्वान थे, बल्कि अनेक ऐसे कवि और लेखक भी थे, जो प्राकृत और अपभ्रंश में लिखते थे। ये दोनों भाषाएं अनेक आधुनिक भारतीय भाषाओं की जननी बनीं। महान अपभ्रंश कवि स्वयंभू राष्ट्रकूट राज्य से संबंधित था। राष्ट्रकूटों की जानकारी के लिए इनके शासको के अभिलेख महत्वपूर्ण हैं, लेकिन इनके उत्पत्ति के संबंध में विद्वानों में मतैक्य का अभाव है।

इतिहासकारों में मतभेद- राष्ट्रकूट अभिलेख करहद और देवली में इन्होंने स्वयं को यदुवंश की एक शाखा माना है व रट्ट नामक व्यक्ति को अपना पूर्वज बताया है।

- बार्नेट के अनुसार- राष्ट्रकूट दक्षिण भारत के आंध्र- द्रविड़ों के वंशज थे।

- फ्लीट के अनुसार- राष्ट्रकूट उत्तर भारतीय राठौरों के वंशज थे।

- वैद्य के अनुसार- राष्ट्रकूट एक राजकीय पद था, जो वंशानुगत हो गया, वे मूलत: महाराष्ट्र के थे।

- ए.एस. अलटेकर के अनुसार- इनका मूल निवास स्थान कर्नाटक में था और उनकी मातृ भाषा कन्नड़ थी। पर राष्ट्रकूट अपने अभिलेखों में अपने आपको यदुवंशी कहते हैं। इनका आदि पुरुष रट्ट था।

राष्ट्रकूट शब्द का अर्थ- राष्ट्र नामक क्षेत्रीय इकाई के अधिकार वाला अधिकारी। 7 वीं तथा 8 वीं शताब्दी के भूमि अनुदानों में राष्ट्रकूटों से यह प्रार्थना की गई है कि वे अनुदानित क्षेत्र की शांति भंग न करें। राष्ट्रकूट मूलत: महाराष्ट्र के लतलूर (आधुनिक लातूर) के थे। कन्नड़ मूल होने के कारण उनकी मातृ भाषा कन्नड़ थी तथा मान्यखेत इनकी राजधानी थी।

राष्ट्रकूट राजवंश के प्रमुख शासक- राष्ट्रकूट वंश का स्थापक दंतिदुर्ग ने 745 ई., समगद प्लेट व एलोरा के दशावतार गुफा अभिलेख में विजयों का उल्लेख में स्वयं को महराजाधिराज कहा है। साथ ही उसने (पृथ्वीवल्लभ व खड़गवालोक) की उपाधि धारण की। उज्जैन में हिरण्यगर्भ दान यज्ञ कराया। दंतिदुर्ग ने चालुक्य नरेश कीर्तिवर्मन को 753 ई. में पराजित किया। और सम्पूर्ण महाराष्ट्र पर अधिकार कर लिया। इसके साथ ही उसने मान्यखेत को अपनी राजधानी बनाई। आगे उसने कौशल, कलिंग, मालवा और लाट के शासकों को परास्त किया। उसने कांची के पल्लवों पर भी विजय प्राप्त की। उसके राज्य में मालवा, महकौशल और गुजरात के प्रदेश सम्मिलित थे। उसने परमेश्वर, परमभट्टारक की उपाधियां धारण कीं। 758 ई. में मृत्यु उसकी हो गई।

कृष्ण -I (758- 773 ई.)- दंतिदुर्ग का कोई पुत्र न होने के कारण उसका चाचा कृष्ण प्रथम शासक बना। वह एक महान निर्माता भी था। उसने मैसूर, वेंगी और कोंकण पर अपना अधिकार स्थापित किया। उसने बादामी के चालुक्यों को सम्पूर्ण समाप्त कर दिया। शुभतुंग व अकालवर्ष की उपाधियां धारण की। उसने विश्व प्रसिध्द एलोरा के कैलाश मंदिर का निर्माण कराया।

गोविंद द्वितीय ने प्रभूतवर्ष विक्रमावलोक की उपाधि धारण की। परिजातों का दमन किया, वेंगी के चालुक्य राजा विष्णुवर्धन चतुर्थ को विजित किया। वह विलासिता में डूबा रहता था। इसलिए उसका भाई ध्रुव उसे गद्दी से हटा दिया।

ध्रुव (780- 793 ई.)- ज्येष्ठ भाई गोविंद को हटाकर ध्रुव स्वयं राजा बना। मैसूर के गंगदेव को हराया। कांची के पल्लव नरेश दंती वर्मन को हराया तत्पश्चात वेंगी के चालुक्यों को हराया, उसने उत्तर की राजनीति में हस्तक्षेप करते हुए उत्तर भारत में चल रहे त्रिपक्षीय संघर्ष में प्रतिहार को पराजित किया । पाल शासक धर्मपाल को भी हराया। परंतु उसने किसी भी विजित राज्य को अपने में नहीं मिलाया।

गोविंद- III (793 – 814 ई.)- ध्रुव द्वारा सिहांसन त्यागने के पश्चात उसका पुत्र गोविंद तृतीय गद्दी पर बैठा। अपने पिता के भांति उसने भी उत्तर भारत की राजनीति में हस्तक्षेप किया। महत्वाकांक्षी विजेता था उसने मालवा, कन्नौज तथा बंगाल को अपने सामने आत्म समर्पण करने को बाध्य किया, उसकी प्रसिद्धि से भयभीत होकर लंका के शासकों ने भी उसकी अधीनता स्वीकार कर ली थी। नि:संदेह ही वह राष्ट्रकूट वंश का महानतम प्रतापी शासक था।

अमोघवर्ष (814 – 878 ई.)- अमोघवर्ष शांति प्रिय शासक था। सैनिक अभियानों की अपेक्षा उसकी साहित्य और धर्म में विशेष अभिरुचि थी। कन्नड़ भाषा में उसने कविराजमार्ग नामक ग्रंथ की रचना की। मान्यखेत नगर का भव्य निर्माण कराया। सिरूर ताम्रपत्र अभिलेख के अनुसार यंग, बंग, मगध, मालवा तथा वेंगी के शासक उसके प्रति सम्मान व्यक्त करते थे।

इसके पश्चात-

- कृष्णा द्वितीय (878 - 914 ई.)- अमोघवर्ष के उपरांत उसका पुत्र अधिकांश समय युध्दों में बीता। वैवाहिक संबंधों द्वारा प्रशासनिक व्यवस्था को सुदृढ़ किया। कलचुरी राजा की कन्या से विवाह किया तथा अपनी कन्या का विवाह चोल शासक आदित्य प्रथम से किया ।

- इन्द्र तृतीय (914- 922 ई.)- कृष्ण द्वितीय का पौत्र इन्द्र तृतीय गद्दी पर बैठा। उसने गुर्जर-प्रतिहार सामंत उपेन परमार, कनौज के प्रतिहार महिपाल को पराजित कर नित्यवर्ष व राजमार्तंड आदि की उपाधि धारण की । इसी के शासन काल में अरब यात्री अलमसुदी भारत आया।

- उसके बाद कृष्ण तृतीय 939- 968 ई., अमोघवर्ष द्वितीय, गोविंद चतुर्थ, अमोघवर्ष तृतीय, कृष्ण तृतीय, खोटटीगा तथा अंतिम राष्ट्रकूट नरेश करक द्वितीय हुआ जिसे चालुक्य वंश का तैलप द्वितीय ने सत्ता से हटा दिया। ध्यान देने वाली बात यह है कि कृष्ण तृतीय के पश्चात राष्ट्रकूट शक्ति छिन्न-भिन्न हो गई।

राष्ट्रकूट प्रशासनिक व्यवस्था- राष्ट्रकूटों की शासन पध्दति उस काल में उदय हुए अन्य क्षेत्रीय राजवंशों के समान ही थी। राजा का पद अनुवांशिक था। राजा की उपाधि दैवीय मानी जाती थी इस बात की पुष्टि 754 ई. की समगद अभिलेख में उत्कीर्ण किया गया है कि दंतिदुर्ग ने सत्ता प्राप्त करते ही परमभट्टारक, महाराजाधिराज जैसे अनेक उपाधियाँ धारण की थीं। उन्होंने अपनी प्रशासनिक व्यवस्था को निम्नवत विभाजित किया था-

केन्द्रीय प्रशासन – राष्ट्रकूट प्रशासन केन्द्रीयकृत होते हुए भी निरंकुश नहीं था। राजा के कार्यों व शासन प्रबंध का संचालन करने के लिए विभिन्न विभागों में मंत्रियों की नियुक्ति की जाती थी जो पूर्णत: योग्यता और निष्ठा के आधार पर थी।

राजा और राज्य का अस्तित्व सैनिक शक्ति के आधार पर निर्भर करता था। सैनिकों की व्यवस्था राज्य के अधीनस्थ सामंत करते थे। शक्तिशाली सामंत स्वतंत्र रूप से अपने क्षेत्रों में शासन करते थे। उनके अधीन उप सामंतों का उल्लेख भी एलोरा व समदग अभिलेखों से प्राप्त होता है। राजा के द्वारा सामंतों को भूमिदान करने का प्रचलन था।

प्रांतीय प्रशासन– राष्ट्रकूट प्रशासन के अंतर्गत केंद्र प्रांतों में विभक्त था। कुछ प्रांतों का प्रबंध सामंतों द्वारा किया जाता था। कुछ प्रांत राजा के प्रत्यक्ष नियंत्रण में होते थे।

ग्राम प्रशासन - प्रशासन की सबसे छोटी ईकाई ग्राम थी। ग्राम का प्रमुख मुखिया होता था। जिसकी सहायता के लिए एक लेखाकार व ग्राम सभा होता था। जिसे ग्राम महत्तर के नाम से जाना जाता था। ग्राम में लगान वसूलने का कार्य पटवारी करता था। मुखिया अपनी सैनिक टुकड़ी के माध्यम से ग्राम की कानून व्यवस्था पर नियंत्रण रखता था।

कल्याणी के चालुक्यों की राजनैतिक दशा -

कल्याणी के चालुक्य राज्य का संस्थापक तैलप 973 ई० में तारा वेदी का मुख्य सेनानी था। उसने पांचाल को जो गंगवंश का मैसूर का राजा था, हरा दिया और उसके राज्य को अपने राज्य में मिला लिया। उसने तुंगभद्रा और नर्मदा के बीच के प्रदेश में काफी सफलता प्राप्त की। उसने मालवा के परमार राजा मुंज को हराया और उसे मार दिया। इस प्रकार उसने अपने आपको दक्कन का स्वामी बना लिया। 12वीं शताब्दी में उसके वंश का अन्त हो गया। इस वंश के मुख्य शासक, सत्याश्रय, जय सिंह द्वितीय, सोमेश्वर प्रथम, विक्रमादित्य षष्ठ हुए।

यादव वंश (Yadavas Dynasty) की राजनैतिक दशा- यादव अपना राज्य नासिक और देवगिरी के बीच में स्वतंत्र रूप से स्थापित करने से पहले राष्ट्रकूट और चोल वंश के राजाओं के अधीन थे। सुबाहु ने इस वंश की स्थापना की। भीलम, सिंहान, रामचन्द्र इस वंश के प्रमुख राजा हुए। यादव राज्य चौदहवीं शताब्दी तक रहा। यद्यपि इसकी शक्ति मुस्लिम आक्रमणकारियों ने बहुत कमजोर कर दी थी।

द्वारसमुद्र के होयसल की राजनैतिक दशा - होयसल वंश की स्थापना नरपकाम ने ग्यारहवीं शताब्दी के मध्य में की। स्वतंत्र राज्य की स्थापना करने से पूर्व वह ससाकपुर में एक छोटा सरदार था। होयसल भी यादवों की भांति स्वतंत्र राज्य स्थापित करने से पहले चालुक्य वंश के राजाओं के अधीन थे। वीरबल्लाल इस वंश का पहला राजा था जिसने 1172-1210 ई. तक राज्य किया। वह एक महान् योद्धा था और उसने कल्याणी के चालुक्य और देवगिरी के यादवों पर विजय प्राप्त की। होयसल का राज्य वीरबल्लाल तृतीय तक चला। होयसल वंश का अंतिम राजा अलाउद्दीन खिलजी को सेनापति मलिक काफूर द्वारा हरा दिया गया

मदुराई के पांड्य (Pandyas of Madurai)- पांड्य का राज्य दक्षिण भारत का सबसे पुराना राज्य था। यह सुदूर दक्षिण तक फैला था। जिसमें मथुरा, तिन्नेवली और ट्रावनकोर शामिल थे। हमें पांडय राज्य का विवरण अशोक के लेख, मैगस्थनीज, अर्थशास्त्र, तमिल साहित्य, प्लिनी के लेख आदि से मिलता है। 200 ई. पू. में पांडय के रोम से व्यापारिक संबंध थे। एक पांड्य राजा ने रोम के राजा आगस्टस के दरबार में अपना एक प्रतिनिधि मंडल भेजा था। पांड्य का सबसे पहला और प्रभावशाली राजा नेदूजेलियान था जिसने तलाई या लनगलम तथा चेरस और चोल राजाओं के संगठन के विरुद्ध युद्ध जीता।

पांड्य छठी शताब्दी में कादुनगन की अध्यक्षता में प्रसिद्ध हो गए। उसके उत्तराधिकारी केसरी पराक्रम वर्मन (670-710 ई.) ने पल्लव राजा परमेश्वर वर्मन प्रथम को चालुक्य राजा विक्रमादित्य प्रथम के सहयोग से हराया। उसने अपना राज्य केरल में भी स्थापित किया। उसके बाद उसका उत्तराधिकारी कोचीयाहमान रनधीर (710-730 ई.) हुआ जिसने कोयम्बटूर और सलेय को जीता। मारावर्मन राजा सिम्ह प्रथम ने (730-765 ई.) जो दूसरा राजा हुआ, पल्लव वंश नन्दी वर्मन द्वितीय के विरुद्ध किया। लेकिन इसमें उसे कुछ विशेष नहीं मिला। परन्तु वह चोल और गंग की संयुक्त सेना को हराने में सफल रहा।

राज्य का विस्तार जतीला परंत्रा उर्फ वारागुना प्रथम (765-815 ई.) के समय में हुआ। पांडय वंश के अन्य शासक श्रीमार श्रीवल्लम (815-862 ई.) बारागुन वर्मन द्वितीय श्री पराकान्त वर्मन (880-900 ई.) और राज सिम्हा द्वितीय हुए और इसके बाद वंश समाप्त हो गया।

चेर अथवा केरल वंश (Chera or Kerala Dynasty) की राजनैतिक दशा- चेर (केरल) राज्य दक्षिण के सबसे पुराने राज्यों में था। इसकी पश्चिमी सीमायें पश्चिमी तट तक आजकल का

ट्रावनकोर, कोचीन और मालाबार के भाग, तक फैली हुई थी। हमें इस वंश के इतिहास के विषय में अधिक ज्ञान नहीं है परन्तु इतना निश्चय है कि वे द्राविड़ जाति के थे और तमिल उनकी मातृ भाषा थी। हमें उनके बारे में अशोक के शिलालेखों और तमिल साहित्य से कुछ विवरण मिलता है। नेदूंजेलियान पहला चेर राजा था जिसने कई राजाओं को हराया और अपना शक्तिशाली राज्य स्थापित किया। वह चोल राजा के साथ युद्ध में मारा गया। उसके बाद उसके छोटे भाई कुटटूवन ने राज्य का विस्तार करने की प्रवृति रखी। दूसरा चेर वंश का प्रसिद्ध राजा संगूटूवन हुआ। हमें रोमन साहित्य से ज्ञात होता है कि रोमन सैनिकों ने चेर राज्य में अपनी बस्तियाँ बसा लीं। चेर राजा पल्लव द्वारा चौथी शताब्दी में हरा दिये गए। बाद में वे चोल राज्य के आधीन हो गए।

चोल राजवंश (The Cholas) की राजनैतिक दशा- प्राचीन चोल राजाओं में करिकाल का वर्णन मिलता है। उसने चोल राज्य की स्थापना की जिसे चोल मण्डलम कहा जाता है। इसके अन्तर्गत त्रिचनापल्ली, तन्जौर और मैसूर तथा मद्रास के कुछ जिले सम्मिलित थे। उसने पांड्या तथा चेरा शासकों को मिलाकर अनेक राजाओं को हराया। नवीं शताब्दी के मध्य तक चोल शासकों के कोई विशेष राजनीतिक प्रसिद्धि प्राप्त नहीं थी। केवल विजयालय के अन्तर्गत इस राजवंश ने प्रसिद्धि प्राप्त की। चोल शाही वंश की स्थापना से पूर्व विजयालय या पल्लवों का एक सरदार था। पांड्य, चेर की तरह चोल ने भी बहुत पहले ही दक्षिण में राज्य स्थापित कर लिया था। इनके राज्य में कावेरी, डेल्टा और उसके आसपास का प्रदेश था। अशोक के शिलालेखों, पश्चिम के लेखकों और तमिल साहित्य से चोल के बारे में विवरण मिलता है।

नवीं शताब्दी ई. तक चोल राजा तटस्थ राजनैतिक जीवन व्यतीत करते रहे। विजयालय के समय यह वंश उन्नति के शिखर पर पहुँचा। चोल वंश की स्थापना से पहले विजयालय पल्लव राजाओं का अधीनस्थ था। जब पांड्य द्वारा पल्लव पर दवाव बढ़ा तो वह तंजावुर का मालिक बन गया। उसका पुत्र आदित्य प्रथम ने पांड्य राजाओं को हराने में पल्लव की सहायता की और अपनी सेवा के बदले कुछ और प्रदेश ले लिये। उसने अपने आपको पल्लव के राज्य से मुक्त करने के लिए उन पर आक्रमण कर दिया। उसने पांडव राजा से कोगूं देश जीत लिया। गंग लोगों ने भी उसका स्वामित्व स्वीकार कर लिया।

चोल वंश की उत्पत्ति एवं की राजनैतिक दशा- चोलों का शासनकाल 9वीं शताब्दी में शुरू हुआ जब उन्होंने सत्ता में आने के लिए पल्लवों को हराया। यह नियम 13वीं सदी तक पांच सदियों से अधिक समय तक फैला रहा। हालाँकि, दूसरी शताब्दी के आसपास, आंध्र राज्य में एक चोल साम्राज्य था जो दूर-दूर तक फला-फूला। चोल शासन के प्रारंभिक काल में संगम साहित्य की शुरुआत हुई।

विजयालय चोल ने 850 ईसा पूर्व में पहले शासन की स्थापना की थी. इनके बाद विजयालय चोल के बेटे आदित्य प्रथम ने 870 ईसा पूर्व सत्ता संभाली और साम्राज्य का विस्तार किया. इसके बाद परांतक प्रथम, परांतक द्वितीय, राजराजा प्रथम, राजेंद्र प्रथम, राजाधिराज, राजेंद्र द्वितीय, वीर राजेंद्र, अधिराजेन्द्र, कुलोत्तुंग प्रथम, विक्रम चोल, कुलोत्तुंग द्वितीय और राजेंद्र तृतीय जैसे चोल राजवंश के राजाओं का नाम आते हैं. परांतक प्रथम ने पांड्यों की राजधानी मदुरै पर जीत हासिल की थी।

विजयालय चोल के बाद इस वंश के जो भी शासक आए, उन्होंने पत्थर और तांबे पर भारी संख्या में शिलालेखों का निर्माण किया। जिससे उनके इतिहास का पता चलता है। चोल राजाओं और सम्राटों में अलग-अलग उपाधियां चलती थीं। प्रमुख उपाधियों में परकेशरीवर्मन और राजकेशरीवर्मन शामिल थीं।

मध्यकाल चोलों के लिए पूर्ण शक्ति और विकास का युग था। यह तब है जब आदित्य प्रथम और परांतक प्रथम जैसे राजाओं ने यहां से राजराज चोल और राजेंद्र चोल ने तमिल क्षेत्र में राज्य का विस्तार किया। बाद में कुलोथुंगा चोल ने एक मजबूत शासन स्थापित करने के लिए कलिंग पर कब्ज़ा कर लिया। यह भव्यता 13वीं शताब्दी की शुरुआत में पांड्यों के आगमन तक बनी रही।

चोल साम्राज्य के प्रमुख राजा-

विजयालय- चोल साम्राज्य की स्थापना विजयालय ने की थी। उन्होंने 8वीं शताब्दी में तंजौर साम्राज्य पर कब्ज़ा कर लिया और पल्लवों को हराकर शक्तिशाली चोलों का उदय किया। इसलिए तंजौर को प्रख्यात चोल साम्राज्य की पहली राजधानी बनाया गया।

आदित्य प्रथम- विजयालय के बाद आदित्य प्रथम साम्राज्य का शासक बना। उन्होंने राजा अपराजिता को हराया और उनके शासनकाल में साम्राज्य को भारी शक्ति प्राप्त हुई। उसने वडुम्बों के साथ पांड्य राजाओं पर विजय प्राप्त की और क्षेत्र में पल्लवों की शक्ति पर नियंत्रण स्थापित किया।

राजेंद्र चोल- वह शक्तिशाली राजराज चोल का उत्तराधिकारी बना। राजेंद्र प्रथम गंगा तट पर जाने वाले पहले व्यक्ति थे। उन्हें लोकप्रिय रूप से गंगा का विजेता कहा जाता था। उनकी नई साम्राज्य की राजधानी को गंगईकोंडचोलापुरम कहा जाता था जहाँ उन्हें 'गंगईकोंडा' की उपाधि मिली। इस काल को चोलों का स्वर्ण युग कहा जाता है। उनके शासन के बाद राज्य में व्यापक पतन हुआ।

राज्य का विस्तार- इस राजवंश में 985 ईसा पूर्व सत्ता हासिल करने वाले राजराजा प्रथम के कार्यकाल में चोल राजवंश का सबसे ज्यादा विस्तार हुआ था। राजराजा प्रथम को

अरुलमोझीवर्मन के नाम से भी जाना जाता था। राजराजा प्रथम एक प्रकार की उपाधि थी, जिसे राजाओं के राजा के तौर पर माना जाता था। इन्हीं के शासन काल के दौरान चोल राजवंश की कार्य प्रणाली और राजनीतिक प्रणाली में अहम बदलाव देखने को मिले थे। इन्हीं के शासन के दौरान 'राजा' 'सम्राट' बनने लगे थे। राजराजा प्रथम के बेटे राजेंद्र चोल थे। उनके शासन के दौरान भी इस राजवंश का काफी विस्तार हुआ था। उन्हें गंगईकोंडा चोल के नान से जाना जाता था। माना जाता था कि उन्होंने गंगा नदी के किनारे 1025 ई. पू. में बंगाल में पाल वंश के राजाओं पर विजय प्राप्त की थी, इसलिए उनका यह नाम पड़ा था। उन्होंने गंगईकोंडाचोलपुरम नामक शहर की स्थापना की थी, जिसे वर्तमान में तिरुचिरापल्ली कहा जाता है। राजेंद्र चोल ने इसे अपनी राजधानी बनाया था। राजेंद्र चोल भारतीय उपमहाद्वीप के बाहर जीतने वाले चुनिंदा सम्राटों में से एक थे। उन्होंने इंडो-चाइना, थाइलैंड और इंडोनेशिया में युद्ध लड़ा था। 36 लाख वर्ग किलोमीटर में चोल साम्राज्य का शासन था। मैदानी इलाकों के अलावा इस वंश के राजाओं ने समुद्री मार्ग को भी जीता था।

परान्तक प्रथम जो आदित्य प्रथम के बाद हुआ वह भी एक वीर विजेता था। उसने पांडेय को पराजित कर उनके राज्य पर अधिकार कर लिया। उसने पांडय और उसके लंका के सहयोगी राजा को भी पराजित कर दिया। उसके समय में चोल राज्य कन्याकुमारी से लेकर (केरल को छोड़कर) पन्नार तक फैला हुआ था। चोल राज्य को बहुत बड़ा आघात पहुँचा। पांड्य और चेर की भाँति, चोल प्राचीनतम शासकों में से थे, जिन्होंने दक्षिण में एक साम्राज्य की स्थापना की। उनका राज्य कावेरी डेल्टा और इसके समीपवर्ती क्षेत्रों में फैला था।

परांतक -प्रथम जो आदित्य प्रथम का उत्तराधिकारी बना, वह भी एक वीर विजेता था। उसने पांड्या को हराया और उनके राज्य पर अपना आधिपत्य स्थापित कर लिया। उसने पांड्या राजा और उसके साथ संयुक्त सीलौने शासक की मिली-जुली शक्ति को पराजित किया। उसके शासन काल में चोल राज्य पेनार से लेकर केप कैनोनि (केरल को छोड़कर) तक फैला। चोल शक्ति को तब धक्का लगा जब राष्ट्रकूट राजा कृष्णा -III ने चोलों को हरा दिया और उनके राज्य के बड़े भाग पर कब्जा कर लिया। इसने पांड्या के अन्य राज्यों को भी, स्वयं को स्वतन्त्र घोषित करने के लिए प्रेरित किया। समय बीतने पर चोल शासकों ने राष्ट्रकूटों द्वारा जीते गये क्षेत्रों को फिर से अपने अधिकार में कर लिया। इसके पश्चात् के चोल शासक राजा (985-1014 ई. पू.) ने शीघ्र विजय प्राप्त की और पचोला साम्राज्य का विस्तार किया। उसने केवल केरल और पांड्या राजाओं पर ही विजय प्राप्त नहीं कि परन्तु एक नौसैनिक अभियान सीलौन के द्वीप पर भेजा और द्वीप के उत्तरी मार्ग पर अपना अधिकार कर लिया। उसके जीते गये अन्य क्षेत्र थे गंगा देश, कलिंग और माल्दीव। राजेन्द्र प्रथम, जो अपने पिता का 1040 ई. पू. में उत्तराधिकारी बना, ने भी चोल राज्य में कुछ क्षेत्रों को मिलाया परन्तु राजेन्द्र प्रथम की सबसे प्रमुख उपलब्धि गंगा घाटी में महान अभियान भेजना थी जिससे उसे गंगाकोंडा की उपधि मिली। उसने एक

नौसैनिक अभियान जावा के सिलेन्द्र साम्राज्य पर विजय प्राप्त करने के लिए 1025 ई. पू. में भेजा और उसे इसमें अद्भुत सफलता मिली। इस प्रकार जैसा कि डॉ. मजूमदार ने कहा है, 'राजेन्द्र को यह गौरवमय संतोष था कि उसकी पताका गंगा के तट से लेकर सीलौन के द्वीप तक और बंगाल की खाड़ी के उस पार जावा, सुमात्रा और मलाया प्रायद्वीप तक लहरा रही थी।'

प्रशासनिक व्यवस्था- चोलों द्वारा शासन के दौरान, पूरे दक्षिणी क्षेत्र को एक ही शासक शक्ति की छत्रछाया में लाया गया था। चोलों ने निरंतर राजशाही में शासन किया। चोल साम्राज्य में तमिलनाडु के तिरुचिनापल्ली, तिरुवरुर, पेरम्बलूर, अरियालुर, नागपट्टिनम, पुदुक्कोट्टई, वृद्धाचलम, पिचवरम और तंजावुर जिलों के वर्तमान क्षेत्र शामिल थे। यहां विशाल साम्राज्य को प्रांतों में विभाजित किया गया था जिन्हें मंडलम के नाम से जाना जाता था। प्रत्येक मंडलम के लिए अलग-अलग राज्यपालों को प्रभारी बनाया गया था। इन्हें आगे नाडु नामक जिलों में विभाजित किया गया, जिनमें तहसीलें शामिल थीं। शासन व्यवस्था ऐसी थी कि चोलों के युग में प्रत्येक गाँव एक स्वशासी इकाई के रूप में कार्य करता था। चोल कला, कविता, साहित्य और नाटक के प्रबल संरक्षक थे। प्रशासन को मूर्तियों और चित्रों वाले कई मंदिरों और परिसरों के निर्माण में निवेश करते देखा गया। राजा केंद्रीय प्राधिकारी बना रहा जो प्रमुख निर्णय लेता और शासन का संचालन करता था।

राज्याभिषेक के नियम- सेंगोल के बारे में न्यायाधीश, सेनापति या किसी अन्य उच्च पद पर उनका विवरण शिलालेखों में मिलता है। चोल साम्राज्य राजवंश प्रणाली पर आधारित था यानी इसमें उत्तराधिकार का नियम था। अपने जीवनकाल के दौरान ही राजा अपने उत्तराधिकारी की घोषणा कर देता था। उत्तराधिकारी को युवराज कहा जाता था। युवराज को राजा के साथ काम में हाथ बंटाने के लिए लगाया जाता था जिससे वह राजकाज का काम सीखता था। युवराज को जब सत्ता हस्तांतरित की जाती थी तो निवर्तमान राजा उसे 'सेंगोल' सौंपता था। 'सेंगोल' का इतिहास इसी चोल राजवंश से जुड़ा है. सेंगोल को 'राजदंड' कहा जाता है। सेंगोल का चलन हालांकि, मौर्य और गुप्त वंश काल में शुरु हुआ लेकिन चोल राजवंश के शासन काल में इसका इस्तेमाल सबसे ज्यादा हुआ।

चोल (राजत्व का सिद्धान्त) :

- भारी-भरकम उपाधि जैसे चक्रवर्तीगिल।

- मृत राजाओं की प्रतिमा की पूजा एवं मंदिरों में स्थापना।

- तंजोर, कांचीपुरम, चिदंबरम एवं गंगईकोंड चोलपुरम में राज्याभिषेक।

- चालुक्य शासकों का पट्टादकल में राज्याभिषेक।

- पुरोहितों का महत्वपूर्ण स्थान।

चोल प्रशासन- सरकारी अधिकारियों का पृथक् वर्ग, दो श्रेणियों में विभाजित था -

- पेरून्दनम (उच्च अधिकारी)।

- सिरून्दनम (निम्न अधिकारी)।

चोल प्रशासन के प्रमुख भाग- अधिकारियों का सम्मानजनक उपाधियाँ एवं भू-राजस्व के रूप में वेतन। कुल परंपरागत सरकारी पद, सैनिक असैनिक सेवाओं में कोई भेद नहीं। विशेष अधिकारी 'उड़नकुट्टम' राजा द्वारा जारी आदेशों को कार्यान्वित करता था। न्यायालय को 'ओलई' के रूप में संगठित किया। चोल राजाओं के राजमहल में सेवक 'वल्लभ' के रूप में संगठित होते थे।

सरकारी पद वंशानुगत होते थे। राजा के व्यक्तिगत अंगरक्षकों को वेडैक्कार कहा जाता था। चोल सेना के बड़े अधिकारी नायक, सेनापति तथा महादण्डनायक थे। अधिकारियों को उनकी नियुक्ति के स्थान पर वेतन के रूप में जमीन प्राप्त होती थी। प्रशासन की दृष्टि से विशाल चोल साम्राज्य छः प्रान्तों में विभाजित था, प्रान्त को मण्डलम कहा जाता है। मण्डल जिलों (वलनाडु) में, वलनाडु नाडु में तथा नाडु कुर्रम में विभाजित थे। अवरोही क्रम में चोल साम्राज्य की प्रशासनिक इकाइयाँ थीं- राज्य, मण्डल, वलनाडु, नाडु, कुर्रम (कोट्टम)। भूमि की माप की इकाई- पैर का माप। राजाराज-1 एवं कुलोतुंग-1 द्वारा भूमि माप करवायी गयी। भूराजस्व कुल उपज का 1/3 भाग लिया जाता था।

चोल अभिलेखों में करों की सूची इस प्रकार है:

राजस्व:

- कडनै: सुपारी की बागान पर कर

- मनहरै:गृहकर

- करहरै: व्यापारिक प्रतिष्ठान पर कर

- पडिकावल: गाँव सुरक्षा कर

- वारी:भू-राजस्व से संबंधित विभाग

- मगन्मै: व्यवसाय कर

- आजीवक्कास : आजीविका पर कर

- वाशल्विरमय: द्वार कर

सैन्य संगठन: मार्को पोलो के विवरण के अनुसार, ऐसा माना जाता है कि राजा के अंगरक्षकों ने एक मृत राजा की चिता में खुद को बलिदान कर दिया था। पूरे चोल राजवंश की सैन्य क्षमता करीब 1.5 लाख तक की आंकी जाती है। नौसेना के दम पर चोल राजवंश ने कोरोमंडल और मालावार तटों पर चढ़ाई कर अपना नियंत्रण स्थापित किया था। इस की शक्ति के आधार पर ही चोल राजवंश ने भारतीय उपमहाद्वीप से लेकर मलक्का जलडमरूमध्य तक समुंद्री व्यापार पर अपनी नियंत्रण कर लिया था। बर्मा और सुमात्रा में तमिल में शिलालेख मिले हैं। इससे भी चोल राजवंश की नौसैनिक क्षमता का अंदाजा लगाया जाता है। वहीं, दक्षिण पूर्व एशिया में भी चोल राजवंश के राज्य के प्रमाण मिलते हैं। कंबोडिया और थाईलैंड में राजाओं को देवता के रूप में देखा जाता है, जिसे चोल राजवंश की छाप माना जाता है।

चोल सेना के तीन प्रमुख अंग थे-

- पदाति

- गजारोही

- अश्वारोही

सेना की विभिन्न टुकड़ियाँ अलग-अलग छावनियों में (कडमम में) रहती थीं। चोल सेना में सभी वर्षों के व्यक्ति रहते थे। थल सेना के मुख्य अंग थे धनुर्धर (विल्लिगल), घुड़सवार (कुडिरैच्चेवगर), गजारोही (कुजिरमल्लत), पैदल सेना (बड़पेई कैक्कोलर)। राजा के अतिविश्वसनीय अंगरक्षक को 'वलैक्कार' कहा जाता था। सेना के टुकड़ी को नेतृत्व करने वाले को 'नायक' एवं सेनाध्यक्ष को 'महादण्डनायक' कहा जाता था।

दंड व्यवस्था: दंड व्यवस्था आर्थिक दंड एवं सामाजिक अपमान पर आधारित था। चोल काल में 'धर्मासन' सम्राट का न्यायालय था। चोल काल में धर्मभट्ट नामक न्याय पंडित का उल्लेख मिलता है।

स्थानीय स्वशासन व्यवस्था: चोलकालीन ग्रामीण प्रशासन की विशेषता स्थानीय प्रशासन था। पांड्य व पल्लव से स्थानीय स्वशासन की परंपरा प्रारम्भ हुई थी। हितसमूह और स्थानीय सभाओं का महत्वपूर्ण योगदान था। 'मणिग्रामम वलजियार' जैसी संस्था व्यापारिक हितों की देखभाल के लिए थी। मंदिरों की व्यवस्था की निगरानी, धार्मिक हितसमूह की देखभाल के लिए 'मूल पेरिढ़ियार' नामक संस्था थी।

गाँवों की तीन श्रेणियाँ (पट्टे के अनुसार)-

देवदान गाँव- मंदिरों को दान में दिये गये गाँव। इसकी भूराजस्व की वसूली सरकारी अधिकारियों के बदले मंदिर के अधिकारी करते थे। मंदिरों को प्रदत्त भूमि को अभिलेखों में 'देवदान' 'देवाग्रहार' व 'देवभोग' तथा मठों की दी गई भूमि 'मंडपुर' कही जाती थी।

ब्रह्मदेव ग्राम - ब्राह्मणों को दान में दी गयी भूमि। ब्रह्मदेय से संबंधित ही 'अग्रहार अनुदान' होता था जिसमें सम्पूर्ण गाँव ब्राह्मण बस्ती होता था। यह करमुक्त गाँव था। इसमें ब्राह्मण अपनी इच्छा से निःशुल्क शिक्षा की व्यवस्था कर सकते थे।

सर्वाधिक ग्राम - यह गाँव अंतर्जातीया के वासवाली थी, एवं भूराजस्व देती थी।

ग्राम-स्तर पर तीन प्रकार की संस्थायें:

- साधारण गाँव में 'उर' नामक संस्था।

- ब्रह्मदेय या अग्रहार ग्राम में 'सभा' नामक संस्था।

- व्यापारी के निवास वाले गाँव में 'नगरम' नामक संस्था।

- ब्राह्मण व गैर-ब्राह्मण दोनों के निवास वाले ग्राम में एक 'सभा' तथा 'उर' दोनों गठित की जा सकती थी।

- एक गाँव में एक साथ दो 'उर' का भी गठन हो सकता था।

उत्तर मेरूर अभिलेख- सबसे प्राचीन उत्तर मेरूर अभिलेख- दंतिवर्मन (पल्लव) का। 'परान्तक-I' के समय में उत्तर मेरूर अभिलेख से पता चलता है कि सभा एक औपचारिक संस्था थी जो ग्रामीणों की एक गैर-औपचारिक 'उर' के साथ मिलकर काम करती थी। सभा अपनी समितियों के साथ मिलकर काम करती थी जो 'वारियम' कहलाती थी। बड़े गाँव को पृथक् प्रशासनिक इकाई का दर्जा दिया गया जिसे 'तनियूर' कहते थे।

समिति: इसके लिए तीस सदस्य चुने जाते थे। इनमें 12 ज्ञानी व्यक्तियों की एक अलग समिति गठित होती थी जो 'समवत्सर वारियम' कहलाती थी।

समिति की सदस्यता हेतु योग्यताएँ:

- उम्र 25 से 70 वर्ष

- जमीन - 1.5 एकड़

- उस भूमि पर अपना मकान

- वैदिक मंत्रों का ज्ञाता

- अयोग्यताएँ:

- तीन वर्ष से अधिक समिति का सदस्य रहना।

- आय-व्यय का ब्यौरा नहीं देना।

- चोरी करने का अपराधी।

- अन्य प्रकार के पाप-कर्म।

- सभा की बैठक मंदिरों के अहाते में।

- सभा में सर्वसम्मति से निर्णय।

- सदस्यता में कर चुकाने वाले एवं कर न चुकाने वाले में स्पष्ट विभेद।

- कर न चुकाने वालों को सभा में सदस्यता नहीं।

स्थानीय प्रशासन के अंतर्गत समितियों का उल्लेख उत्तरमेरुर अभिलेख में स्पष्ट रूप दिया गया है जिसे निम्नवत देखा जा सकता है-

समिति	नाम
सिंचाई समिति	ऐनवरियम
स्वर्ण समिति	पोनवारियम
उपवन समिति	तोट्टावरियम
जलाशय के लिए रखी गई पृथक् भूमि	एरिपती
संन्यासी एवं विदेशियों	उदासीन वरियम
न्यायिक समिति	न्यायाटर
समिति के सदस्य	वारिमेरूक्कल

सभा	पेरूगुरी
सभा के सदस्य	परूमक्कल
उर में गठित कार्यकारिणी	अलुंगनाट्टर
स्थानीय समितियों को कार्य संपादन में सहायता करने वाला अधिकारियों का वर्ग	मध्यस्थता

प्रासंगिकता- उत्तर मेरूर अभिलेख चोल काल (10वीं सदी) की लोकतांत्रिक शासन प्रणाली का प्रमाण है, जिसमें ग्राम पंचायतों की संरचना और चुनाव प्रक्रिया का विवरण मिलता है। यह अभिलेख स्थानीय स्वशासन की अवधारणा को स्पष्ट करता है, जो आज भी प्रासंगिक है। वर्तमान में, यह अभिलेख भारत में पंचायती राज व्यवस्था और लोकतांत्रिक संस्थानों के विकास को प्रेरित करता है। यह प्राचीन भारत की जनतान्त्रिक हिस्सेदारी और प्रशासनिक कुशलता का उदाहरण प्रस्तुत करता है, जिससे आधुनिक शासन प्रणाली सीख सकती है। उत्तर मेरूर अभिलेख भारतीय लोकतंत्र की जड़ों को समझने में महत्वपूर्ण है।

वारंगल के काकाटिया (Kakatiyas of Warangal) की राजनैतिक दशा- काकाटिया वंश के प्रारम्भिक सरदार चालुक्यों के सरदार थे। इनमें से एक सरदार जिसका नाम प्रोला II था चालुक्य सरदारों से लड़ा। इससे चालुक्य ताइला III क्रोधित हो गया और उसने काकाटिया के क्षेत्र पर आक्रमण कर दिया, परन्तु ताइला को प्रोला द्वारा कैदी बना लिया गया जिसने बाद में उसे छोड़ दिया। प्रोला के पुत्र रुद्र प्रथम ने ताइला पर अन्तिम वार तब किया जब उसने 1160 के लगभग स्वतन्त्रता घोषित कर दी। रुद्रा ने चोलों से कुरनूल, जिला लेकर अपने साम्राज्य का विस्तार किया। रुद्रा की 1196 में यादव जैतुगी के साथ लड़ाई में मृत्यु हो गई। उसके बाद उसके भाई महादेव ने 1199 तक राज्य किया। उसके बाद उसका बेटा गणपति जिसने आन्ध्र पर विजय प्राप्त की राजा बना। उसने लगभग 62 वर्ष तक राज्य किया। गणपति को कोई पुत्र नहीं था, अतः उसकी पुत्री रुद्रमाला ने 30 वर्ष तक राज्य किया। काकाटिया राजवंश का अन्तिम शासक प्रताप रुद्रदेव था। मलिक काफूर के आक्रमण से साम्राज्य कमजोर हो गया और अन्त में इसका पतन हो गया।

प्राचीन भारतीय राजनीति दार्शनिक और धार्मिक परम्पराओं से गहराई से प्रभावित थी, जिसमें धर्म, कर्म और सामाजिक पदानुक्रम जैसी अवधारणाएँ महत्वपूर्ण भूमिका निभाती थीं। सदियों से राजनीतिक परिदृश्य महत्वपूर्ण रूप से विकसित हुआ है, जो उपमहाद्वीप की बदलती गतिशीलता और विभिन्न बाहरी शक्तियों के साथ बातचीत को दर्शाता है।

विश्लेषण- चोल राजवंश (9वीं-13वीं सदी) दक्षिण भारत का एक प्रमुख और प्रभावशाली राजवंश था, जिसने तमिलनाडु, आंध्र प्रदेश, कर्नाटक, और श्रीलंका के बड़े हिस्सों पर शासन था। इसकी शक्ति और प्रसिद्धि का शिखर राजराजा चोल I और उनके पुत्र राजेंद्र चोल I के शासनकाल में पहुंचा।

राजराजा चोल I (985-1014 ई.) ने तंजावुर को राजधानी बनाकर बृहदेश्वर मंदिर का निर्माण कराया, जो चोल वास्तुकला का उत्कृष्ट उदाहरण है। उन्होंने प्रशासनिक और सैन्य सुधार किए, जिससे साम्राज्य की स्थिरता और शक्ति में वृद्धि हुई। उनके पुत्र, राजेंद्र चोल I (1014-1044 ई.), ने साम्राज्य का विस्तार गंगा नदी तक किया और अपनी सैन्य अभियानों के माध्यम से दक्षिण-पूर्व एशिया, श्रीलंका, मलय प्रायद्वीप, और सुमात्रा में चोल प्रभाव स्थापित किया। उनकी नौसेना शक्ति उस समय की सबसे प्रभावशाली थी, जिसने समुद्री व्यापार और सैन्य अभियानों में महत्वपूर्ण भूमिका निभाई।

चोल प्रशासनिक व्यवस्था अत्यंत संगठित और कुशल थी। उन्होंने गांवों को स्वशासन की अनुमति दी, जिसे 'उर' और 'सभा' कहा जाता था। यह स्थानीय स्वशासन इकाइयाँ (नाडु और कुडु) चोल शासन की नींव थीं, जिन्होंने ग्रामीण स्तर पर प्रभावी प्रशासन और कर संग्रहण सुनिश्चित किया। चोल काल में भूमि सुधार, सिंचाई परियोजनाओं, और कृषि का विशेष विकास हुआ, जिससे आर्थिक समृद्धि में वृद्धि हुई।

सांस्कृतिक दृष्टि से, चोल शासनकाल तमिल साहित्य, कला, और वास्तुकला के लिए एक सुनहरा युग था। बृहदेश्वर मंदिर और गंगैकोंडा चोलपुरम जैसे भव्य मंदिर चोल वास्तुकला की उत्कृष्टता का प्रमाण हैं। चोल काल में तमिल साहित्य और भाषा का भी महत्वपूर्ण विकास हुआ, जिसमें शैव और वैष्णव भक्ति आंदोलन का बड़ा योगदान रहा।

हालांकि, चोल वंश का पतन आंतरिक कलह, उत्तराधिकार संघर्ष, और पाण्ड्य एवं होयसल राजवंशों के आक्रमणों के कारण हुआ। 13वीं सदी तक, चोल साम्राज्य का प्रभाव समाप्त हो गया, लेकिन उनके द्वारा स्थापित सांस्कृतिक और प्रशासनिक विरासत ने दक्षिण भारत के इतिहास में एक महत्वपूर्ण अध्याय जोड़ा। इस प्रकार, चोल राजवंश ने राजनीतिक, सांस्कृतिक, और आर्थिक क्षेत्रों में महत्वपूर्ण योगदान दिया, जिसने दक्षिण भारतीय इतिहास को समृद्ध और प्रभावशाली बनाया।

प्राचीन भारत में अर्थव्यवस्था- भारत की अर्थव्यवस्था का इतिहास अत्यंत प्राचीन और समृद्ध है, जिसकी जड़ें भारतीय ज्ञान परम्परा में गहराई से बसी हैं। सिंधु-सरस्वती सभ्यता, वैदिक काल से लेकर आधुनिक समय तक, भारतीय अर्थव्यवस्था अनेक चरणों और परिवर्तनों का साक्षी रहा है, जिसमें कृषि, व्यापार, शिल्प और उद्योग की महत्वपूर्ण भूमिकाएँ रही हैं। प्राप्त स्रोतों के आधार पर प्राचीन भारत में अर्थव्यवस्था मुख्यतः कृषि और व्यापार पर आधारित थी,

जिसमें सिंधु घाटी सभ्यता से लेकर उत्तर गुप्त काल तक के व्यापारिक केंद्रों का उल्लेख मिलता है। तक्षशिला और नालंदा जैसे प्राचीन शिक्षा केंद्रों ने न केवल ज्ञान का प्रसार किये हैं, बल्कि अर्थशास्त्र और प्रबंधन के सिद्धांतों को भी विकसित किये। प्राचीन भारत की अर्थव्यवस्था गहन विविधता और समृद्धि की प्रतीक थी, जिसमें पशुपालन, कृषि, उद्योग, व्यापार और शिल्पकला ने महत्वपूर्ण भूमिका निभाई। भारतीय ज्ञान परंपरा के संदर्भ में अगर देखा जाए तो, अर्थव्यवस्था की नींव को 'अर्थशास्त्र' और 'मनुस्मृति' जैसे ग्रंथों में विस्तृत रूप से प्रतिपादित किया गया है। ये ग्रंथ न केवल आर्थिक सिद्धांतों और नीतियों का विवरण देते हैं, बल्कि सामाजिक और नैतिक मूल्यों को भी आर्थिक गतिविधियों के साथ जोड़ते हैं।

कृषि, अर्थव्यवस्था का मूल आधार थी, जहां सिंचाई प्रणालियों और कृषि विज्ञान ने फसल उत्पादन को बढ़ावा दिया। धान, गेहूं, जौ और कपास जैसी फसलों की खेती उन्नत तकनीकों के साथ की जाती थी, जो आत्मनिर्भरता का प्रतीक थी। भारतीय व्यापारियों ने समुद्री और स्थलीय मार्गों के माध्यम से दुनिया के विभिन्न हिस्सों, जैसे रोमन साम्राज्य, मध्य पूर्व, और दक्षिण-पूर्व एशिया के साथ व्यापारिक संबंध स्थापित किए। तत्कालीन भारतीय मसाले, वस्त्र, और धातु उत्पाद अंतर्राष्ट्रीय बाजारों में उच्च मांग में थे, जिससे अर्थव्यवस्था को बढ़ावा मिला। शिल्पकला और उद्योग में, भारतीय कारीगरों ने अद्वितीय धातुकर्म, बुनाई, कुम्हारगिरी, और आभूषण निर्माण में महारत हासिल की। यह कौशल न केवल स्थानीय बाजार में, बल्कि अंतर्राष्ट्रीय स्तर पर भी प्रतिष्ठित था। धार्मिक और सांस्कृतिक संस्थान, जैसे मंदिर और मठ, न केवल आध्यात्मिक केंद्र थे, बल्कि आर्थिक गतिविधियों के भी केंद्र थे। इन संस्थानों ने दान, अनुदान और व्यापारिक लेन-देन के माध्यम से अर्थव्यवस्था को सुदृढ़ किया।

इस प्रकार, भारतीय ज्ञान परंपरा ने प्राचीन भारतीय अर्थव्यवस्था को न केवल आर्थिक दृष्टिकोण से, बल्कि सामाजिक और सांस्कृतिक दृष्टिकोण से भी समृद्ध और संतुलित बनाया। यह दृष्टिकोण वर्तमान में भी आर्थिक नीतियों और प्रथाओं के लिए प्रेरणा स्रोत है। आइए, विभिन्न कालखंडों में विकसित किए गए आर्थिक व्यवस्थाओं का अवलोकन एवं अध्ययन करते हैं।

सिंधु-सरस्वती घाटी सभ्यता (लगभग 3300 ईसा पूर्व - 1750 ईसा पूर्व) में अर्थव्यवस्था

-

प्रमुख विशेषताएं -

- दुनिया की सबसे प्रारंभिक शहरी सभ्यताओं में से एक सिंधु घाटी सभ्यता की अर्थव्यवस्था सुव्यवस्थित थी।

- गेहूं, जौ, चावल और विभिन्न अन्य फसलों की खेती के साथ कृषि प्राथमिक आर्थिक गतिविधि थी। उन्नत सिंचाई प्रणालियों का प्रयोग किया गया।

- सिंधु सभ्यता के अंतर्गत नौ (9) फसलें पहचानी गयी हैं।

- चावल, जौ की दो किस्में, गेहूँ की तीन किस्में, कपास, खजूर, तरबूज, मटर, बासिका जूँसी, तिल।

- सर्वप्रथम कपास उत्पन्न करने का श्रेय सिंधु सभ्यता के लोगों को जाता है।

- यूनानियों ने कपास को 'सिंडोन' कहा है।

- खेत जोतने के लिए लकड़ी के हल का प्रयोग किया जाता था।

- कालीबंगा में जुते हुए खेत का साक्ष्य मिला है।

- सिंधु प्रदेश में खट्टे-मीठे फल-नींबू, केला, अनार आदि पैदा किए जाते थे।

- नदी व वर्षा के जल से सिंचाई की जाती थी।

- लोथलवासी 1800 ई०पू० में ही चावल उपजाते थे जिसके अवशेष वहाँ मिले हैं।

- लोथल में 'बाजरा' के दाने मिले हैं।

- चावल के उत्पादन का प्रमाण केवल लोथल और रंगपुर से प्राप्त हुआ।

- दो प्रकर के गेहूँ (1) क्लब गेहूँ और (2) भारतीय बौने गेहूँ के साक्ष्य मिले हैं।

- सिंचाई एवं खाद का कोई साक्ष्य नहीं मिला।

पशुपालन: सिंधु सभ्यता में बैल, भैंस, बकरी, भेड़ और सूअर, गधा, ऊँट, हाथी, बाघ, बिल्ली इत्यादि जानवरों का अस्तित्व था। घोड़े का साक्ष्य मोहनजोदड़ो, लोथल एवं सुरकोतदा से प्राप्त। शेर का कोई प्रमाण नहीं मिला है। ऊँट की हड्डियाँ कालीबंगा से मिली हैं। भारतीय गैंडा का एकमात्र प्रमाण आमरी से। गाय की अस्थियों का कोई साक्ष्य नहीं मिला है। कूबड़ वाला बैल रानीघुंडई के द्वितीय चरण से। भेड़ और बकरी पालतू पशु, लेकिन ऊन निकालने से अपरिचित थे। गधे और ऊँट का उपयोग संभवतः सामान लादने के लिए किया जाता था।

मनका-

परिचित धातु- सोना, चाँदी, ताँबा, काँसा, टीन, सीसा। परिचित अधातु-आर्सेनिक, एंटिमनी, निकेल (धातु की कठोरता बढ़ाने हेतु)। ताँबे का सर्वाधिक प्रयोग। सर्वप्रथम सिंधु घाटी के लोगों ने ही चाँदी का प्रयोग करना सीखा। काँसे का प्रयोग मूर्ति बनाने तथा बर्तन बनाने में। चाँदी का उपयोग सोने की तुलना में अधिक लेकिन ताँबे की तुलना में कम होता है। चाँदी, सोना, ताँबे, शीशा, काँसा, लोहा, धातुओं की सबसे पहले भारतीय उपमहाद्वीप में जानकारी मिली।

विदेशों से व्यापारिक संबंध के साक्ष्य:

- लोथल से प्राप्त पर्सियन खाड़ी की मुहरें।

- मेसोपोटामिया से प्राप्त कार्नेलियन मुहरें (चन्हुदड़ो एवं लोथल के बने)।

- मेसोपोटामिया में हड़प्पा युग की दो दर्जन मुहरें प्राप्त हुईं।

- कीलाक्षर लिपि में लिखे मिट्टी की मुहरें जिसमें दिलमुन व मेलुहा का उल्लेख है।

- मेसोपोटामिया की पौराणिक कथा में सिंधु सभ्यता की मुहरों का अंकन।

- राजस्त्रमा से प्राप्त हाथी दाँत का स्केल जो लोथल से आयातित।

- सूसा से प्राप्त सिंधु सभ्यता निर्मित घनाकर बाट और हाथी दाँत की गोटियाँ।

- लोथल की समुद्री देवी का नाम 'सिकोतरा माता' है जबकि उत्तरी-पूर्वी अफ्रीका में सिकोतरा द्वीप था जहाँ लोथल में निर्मित हाथी दाँत के उपकरण मिले हैं।

- मध्य एशिया में स्थित उर्कमेनिस्तान से सिंधु सभ्यता की कुछ वस्तुएँ मिली हैं।

- 2350 ई० पू० के आसपास और उसके आगे के अभिलेखों में मेलुहा (मेसोपोटामिया) के साथ व्यापारिक संबंध की चर्चा।

- हड़प्पावासी धातु के सिक्कों का प्रयोग नहीं करते थे।

- सिंधुवासी अपना व्यापार आदान-प्रदान (विनिमय) प्रणाली द्वारा करते थे।

- वे अरब सागर के तट पर जहाजरानी (नौकाचालन) करते थे।

- हड़प्पावासी चक्र के उपयोगों से परिचित थे और हड़प्पा में ठोस पहियों वाली गाड़ियाँ प्रचलित थीं।

भारतीय उपमहाद्वीप से संपर्क:

सुदूरस्थ केन्द्रों से संपर्क: बहरीन, ओमान, उर, किश, लगास, उस्मा, सूस, तेल अस्कर, टेपेसब्रा, राजसब्रा आदि केंद्रों से संपर्क था।

अंतक्षेत्रीय संपर्क: महाराष्ट्र क्षेत्र, कर्नाटक क्षेत्र, हिमालय क्षेत्र, बिहार, उड़ीसा, सौराष्ट्र एवं कच्छ आदि भारत के अंदर महत्वपूर्ण व्यापारिक केंद्र थे, जिनसे सिंधु- सरस्वती वासियों का संपर्क था।

- संपर्क का माध्यम: जलमार्ग एवं स्थलमार्ग दोनों से।

- विनिमय का माध्यम: वस्तु विनिमय प्रणाली द्वारा।

खनिज स्त्रोत:

- सोना-दक्कन (कोलार खान), अफगानिस्तान।

- चाँदी-अफगानिस्तान, ईरान, बलूचिस्तान, अरब।

- ताँबा खेतड़ी (राजस्थान), बलूचिस्तान।

- टिन-अफगानिस्तान, हजारीबाग (झारखंड), ईरान।

- शीशा-ईरान, अफगानिस्तान, राजस्थान।

- जमुनिया पत्थर-दक्कन क्षेत्र।

- शिलाजित-हिमालय क्षेत्र।

- शंख तथा कौड़ियाँ-सौराष्ट्र, दक्षिणी भारत।

- हरितमणि-दक्षिण एशिया।

- नीलमणि-महाराष्ट्र।

- नीलरत्न-बदख्शां।

- सेलखड़ी-बलूचिस्तान, राजस्थान, गुजरात।

- लाजवर्द-मेसोपोटामिया।

पत्थर के स्रोत:

- अलबस्टर- बलूचिस्तान

- बिटुमन- मुसाखेल

- जेडाइर- पामीर का पठार

- चर्ट- सक्कर रोहरी

- जेस्पर- रंगपुर

- स्लेटी पत्थर- राजस्थान

- संगयशब- मध्य एशिया

- गोमेद, मूँगा और लाल- पश्चिमी भारत, सौराष्ट्र

आयात की वस्तुएँ-

विलासिता संबंधी वस्तुएँ, सोना, चाँदी, टिन एवं बहुमूल्य वस्तएँ।

निर्यात की वस्तुएँ:

कृषि उत्पाद-

- गेहूँ, जौ, तैलीच बीज इत्यादि विनिर्मित वस्तुएँ।

- सूती वस्त्र, मिट्टी के बर्तन, टेरीकोटा की मूर्ति तथा हाथी दाँत व हड्डी के आभूषण।

- कपास।

- सीप की बनी वस्तुएँ (लोथल से)।

- कार्नेलियन मनका (चन्हुदड़ो से)।

- हड़प्पा सभ्यता के प्रमुख औजार।

- कुल्हाड़ी, आरी, छुरा, बरछा, तीर, भाला।

महत्वपूर्ण बंदरगाह:

- लोथल, रंगपुर, प्रभाषपट्टनम, बालाकोट, सुतकांगेडोर, सुतकोतदा।

- लोथल, ज्वारीय बंदरगाह था।

- सिंधु घाटी के लोग मिट्टी के बर्तन, धातुकर्म और मनके बनाने सहित शिल्प उत्पादन में लगे हुए थे।

- मेसोपोटामिया के साथ लंबी दूरी के व्यापार के साक्ष्य व्यापार नेटवर्क की उपस्थिति का सुझाव देते हैं।

विश्लेषण- सिंधु-सरस्वती सभ्यता (लगभग 3300-1750 ईसा पूर्व) की अर्थव्यवस्था भारतीय ज्ञान परंपरा के संदर्भ में अगर विवेचन किया जाए तो अत्यधिक संगठित और उन्नत मानी जाती है। इस सभ्यता की अर्थव्यवस्था कृषि, व्यापार, शिल्पकला, और नगरीकरण पर आधारित थी। भारतीय ज्ञान परंपरा में कृषि को अर्थव्यवस्था का आधार माना गया है। सिंधु-सरस्वती सभ्यता में उन्नत सिंचाई प्रणालियों और उपजाऊ भूमि के माध्यम से गेहूं, जौ, और तिल जैसी फसलों की खेती की जाती थी। हालांकि, जलवायु परिवर्तन और सरस्वती नदी के सूखने के कारण कृषि उत्पादन में गिरावट आई, जिससे सभ्यता की आर्थिक स्थिरता प्रभावित हुई।

व्यापार और वाणिज्य इस सभ्यता की अर्थव्यवस्था के महत्वपूर्ण अंग थे। मोहनजोदड़ो, हड़प्पा, लोथल जैसे नगर व्यापारिक केंद्र थे, जो मेसोपोटामिया, फारस, और अन्य क्षेत्रों के साथ व्यापार करते थे। भारतीय शिल्पकला, वस्त्र, रत्न, और धातु उत्पादों का व्यापारिक महत्व था। लेकिन, समुद्री और स्थलीय मार्गों पर निर्भरता ने उन्हें बाहरी आक्रमणों और प्राकृतिक आपदाओं के प्रति संवेदनशील बना दिया।

प्राप्त साक्ष्य ये बताते हैं कि शिल्पकला में सिंधु-सरस्वती सभ्यता के लोगों की परम्पराएं जीवंत व अद्वितीय थे। उनके द्वारा बनाई गई मुहरें, मृदभांड, और धातु की वस्तुएं उच्च गुणवत्ता की थीं। भारतीय ज्ञान परंपरा में शिल्प और कला का महत्वपूर्ण स्थान है, जो इस सभ्यता में स्पष्ट रूप से देखा जा सकता है। हालांकि, शिल्प उत्पादन में अचानक कमी और तकनीकी प्रगति में ठहराव सभ्यता की कमजोरियों को भी दर्शाता है।

नगरीकरण और संगठित नगर नियोजन इस सभ्यता की विशेषता थी। भारतीय परंपरा में नगर नियोजन और स्वच्छता पर विशेष जोर दिया गया है, जो सिंधु-सरस्वती सभ्यता में जल निकासी प्रणाली, पक्की सड़कें, और विशाल अन्नागारों में प्रतिबिंबित होता है। लेकिन,

अचानक विनाश और नगरों का परित्याग एक महत्वपूर्ण समस्या थी, जिसके कारण सभ्यता का पतन हुआ।

अंततः, कहा जा सकता है कि सिंधु-सरस्वती सभ्यता की अर्थव्यवस्था अत्यधिक उन्नत थी, लेकिन जलवायु परिवर्तन, आंतरिक संघर्ष, और बाहरी आक्रमणों ने इसकी स्थिरता को प्रभावित किया। विश्व पटल पर भारतीय ज्ञान परंपरा का यह अद्भुत उन्नतशील आर्थिक व्यवस्था का अस्तित्व में रहना गौरवपूर्ण है। यह सभ्यता प्राचीन विश्व की सबसे महत्वपूर्ण और संगठित अर्थव्यवस्थाओं में से एक थी।

वैदिक काल (लगभग 1500 ईसा पूर्व - 600 ईसा पूर्व) में अर्थव्यवस्था-

- अर्थव्यवस्था मुख्य रूप से कृषि प्रधान थी, जिसकी रीढ़ पशुपालन और कृषि थी।

- भूमि धन का प्रमुख स्रोत थी, और कृषि अधिशेष पुरोहित वर्ग और शासकों का समर्थन करता था।

- वस्तु विनिमय विनिमय का प्रमुख साधन था, और सिक्के अभी तक उपयोग में नहीं थे।

अर्थव्यवस्था: पशुपालन मुख्य वृत्ति, कृषि का दूसरा स्थान। लोग कृषि पर आधारित स्थायी जीवन व्यतीत न कर कबीलाई जीवन व्यतीत करते थे। गाय का आर्थिक महत्व अधिक था। ऋग्वेद में 'ग्व्य' एवं 'गव्यति' शब्द चारागाह के लिए प्रयुक्त हुआ है। गोपति (राजा के लिए), गविष्टि (युद्ध के लिए) गव्यत (दूरी की माप के लिए), दुहिता (पुत्री के लिए) प्रयुक्त हुआ है। गाय को अघन्या (न मारने योग्य) कहा गया है। गौ शब्द ऋग्वेद में 176 बार उल्लेख हुआ है। कृषि का उल्लेख केवल 24 श्लोकों में ही। संहिता के मूल भाग में कृषि के महत्व के केवल तीन शब्द 'उर्वर', धान्य, वपन्ति का प्रयोग हुआ है। केवल एक अनाज यव का 15 बार उल्लेख, अनाज के अर्थ में 'धान्य' का उल्लेख। ऋग्वैदिक काल में राजा भूमि का स्वामी नहीं होता था।

उद्योग: ऋग्वैदिक काल में वस्त्र बनाने वाले, लकड़ी एवं धातु का काम करने वाले एवं बर्तन बनाने वाले शिल्पों के बारे में विवरण मिलता है। चर्मकार एवं कुम्हार का भी उल्लेख मिलता है। ऋग्वेद में कपास का उल्लेख नहीं मिलता है।

वाणिज्य एवं व्यापार: व्यापार में क्रय-विक्रय हेतु विनिमय प्रणाली का प्रयोग। वस्तु विनिमय के साथ-साथ गाय, घोड़े एवं सुवर्ण। 'पण' जो व्यापार-वाणिज्य से जुड़े थे, अपनी कृपणता के लिए प्रसिद्ध थे। ये अनार्य थे एवं आर्यों के शत्रु थे। ऋग्वैदिक मुद्रा निष्क थी। व्यापार की मुख्य वस्तुएँ कपड़ा, चादर एवं खोलें थीं। ऋण देकर ब्याज लेने वाले वर्ग को वेकनाट (सूदखोर) कहा जाता था।

कृषि संबंधित शब्द:

- उर्वरा- जुआ हुआ खेत

- सीता- हल से बनी रेखा

- पर्जन्य- बादल

- लांगस- हल

- वृक- बैल

- अवत- कूप

- करीष- गोबर की खाद

- कीनांश- हलवाहा

मौर्य एवं मौर्योत्तर साम्राज्य (लगभग 322 ईसा पूर्व - 550 सीई) में अर्थव्यवस्था- मौर्य और गुप्त काल में महत्वपूर्ण आर्थिक विकास और विस्तार देखा गया। भारत को चीन और भूमध्यसागरीय दुनिया से जोड़ने वाले सिल्क रोड सहित व्यापक व्यापार नेटवर्क स्थापित किए गए। सोने, चांदी और तांबे के सिक्के प्रचलन में आने के साथ सिक्के का चलन व्यापक हो गया। कुशल राजस्व संग्रह के साथ भू-राजस्व और कराधान प्रणालियाँ सुव्यवस्थित थीं।

अर्थव्यवस्था: अर्थव्यवस्था में भू-राजस्व राज्य की आय का मुख्य साधन था जो उत्पाद 1/4 भाग से 1/6 वें भाग तक होती थी। राज्य द्वारा सिंचाई की सुविधा उपलब्ध कराने पर 'सिंचाई कर' भी लिया जाता था। जो 1/5वें भाग-1/3 वें भाग तक होता था। सिंचाई व्यवस्था को 'सेतुबंध' कहा गया है। राजा की भूमि व्यवस्था 'सीताध्यक्ष' द्वारा होती थी और उससे होने वाली आय को कौटिल्य ने 'सीता' कहा है। अन्य करों से भी राज्य को राजस्व प्राप्त होता था। जैसे- सेतु कर, वन कर, पशु कर, सीमा शुल्क, खदान कर, धर्मस्थल कर आदि।

व्यापार-वाणिज्य: बाह्य व्यापार- यूनान एवं बर्मा से।

निर्यात की वस्तुएँ- मशालें, सूती वस्त्र, हीरे मोती, हाथी दांत से बनी वस्तुएँ, चमड़े, कंबल, शेख, आदि।

आयात- घोड़ा, सोना, कांच, छालटी या क्षोम इत्यादि। व्यापार संतुलन भारत के पक्ष में था। विक्रय कर मूल्य का 10वाँ भाग होता था। स्थानीय वस्तुओं पर 5 प्रतिशत और आयातित वस्तुओं पर 10 प्रतिशत कर के रूप लिया जाता था।

यातायात एवं परिवहन:

आंतरिक व्यापार मार्ग:

- दक्षिणी-पश्चिमी मार्ग-श्रावस्ती से प्रतिष्ठान।

- दक्षिण-पूर्व मार्ग-श्रावस्ती से राजगृह।

- पूर्व-पश्चिम मार्ग- गंगा एवं जमुना का जल प्रवाह क्षेत्र।

सबसे महत्वपूर्ण व्यापार मार्ग: उत्तर-पश्चिम में तक्षशिला क्षेत्र से पाटलिपुत्र को जोड़ने वाला राजमार्ग। तक्षशिला विनिमय का आदान-प्रदान का मुख्य केन्द्र था।

राज्य के एकाधिकार:

- खनन उद्योग- (1.1) स्थल खानें-सोना, चाँदी, लोहा आदि। (1.2) जल खानें- मुक्ता, शुक्ति, शेख आदि।

- कवच तथा आयुध निर्माण।

- मदिरालय।

मौर्यकालीन सिक्के:

- आहत सिक्के मुख्यतः चाँदी और कुछ ताँबे के होते थे। आहत सिक्कों पर मुख्य आकृति हाथी, पहाड़ एवं पेड़।

- पण-1, 1/2, 1/4, 1/8 चाँदी के। 3. मासिक-1, 1/2, 1/4, 1/8 ताँबे के। 4 काकिणि-मासिक का 1/4 ताँबा का।

मौर्यकाल से संबंधित अध्यक्ष: 1. पौतवाध्यक्ष - माप एवं तौल, 2. शुल्काध्यक्ष- सीमा-शुल्क, 3. पण्याध्यक्ष- वाणिज्य, 4. सामस्थाध्यक्ष- बाजार, 5. सीताध्यक्ष - राजकीय भूमि, 6. आकाराध्यक्ष- खान, 7. लोहाध्यक्ष - लोहा, 8. नवांध्यक्ष- राजकीय नावों का प्रमुख, 9. राथाध्यक्ष- रथ, 10. हस्ताध्यक्ष - हस्तिबल, 11. मुद्राध्यक्ष- पास पोर्ट, 12. कृप्याध्यक्ष- जंगली

उत्पादन, 13. कोषाध्यक्ष - कोषागार, 14. सूत्राध्यक्ष- कृषि विभाग, 15. अक्षपातालाध्यक्ष - लेखा-जोखा, 16. मन अध्यक्ष - माप, 17. सुराध्यक्ष - शराब, 18. विवीताध्यक्ष- चारागाहों का अध्यक्ष, 19. पतनाध्यक्ष- पतन, 20. गणिकाध्यक्ष - गणिका, 21. देवताध्यक्ष - धार्मिक संस्थान, 22. लक्षणाध्यक्ष - टकसाल, गोडध्यक्ष - मवेशियों की देख-रेख, 24. बंधनगराध्यक्ष- कारागार, 25 आयुधगाराध्यक्ष - हथियार एवं रख-रखाव का अध्यक्ष।

विश्लेषण- मौर्य काल (लगभग 322-185 ईसा पूर्व) की अर्थव्यवस्था अत्यंत संगठित और विकसित थी। चाणक्य के 'अर्थशास्त्र' जैसे ग्रंथों में आर्थिक नीतियों, प्रशासनिक व्यवस्थाओं, और कर प्रणाली का विस्तृत वर्णन मिलता है, जो मौर्य अर्थव्यवस्था की नींव थे। मौर्य साम्राज्य की अर्थव्यवस्था का प्रमुख आधार कृषि था। सिंचाई प्रणालियों, नहरों, और जलाशयों का निर्माण किया गया, जिससे कृषि उत्पादन में वृद्धि हुई। कृषि कर (भाग) प्रमुख राजस्व स्रोत था। हालांकि, कर प्रणाली में कुछ कठोरता थी, जिससे किसानों पर भार बढ़ा।

व्यापार और वाणिज्य ने मौर्य अर्थव्यवस्था को वैश्विक स्तर पर महत्वपूर्ण बनाया। सिल्क रोड के माध्यम से चीन, मध्य एशिया, और पश्चिमी एशिया के साथ व्यापारिक संबंध स्थापित हुए। ताम्र, लोहा, और कपास के निर्यात ने आर्थिक समृद्धि को बढ़ावा दिया। लेकिन, अत्यधिक केंद्रीकरण और राज्य नियंत्रण ने व्यापारिक गतिविधियों में स्वतंत्रता को सीमित किया।

शिल्पकला और उद्योगों में मौर्य काल का योगदान उल्लेखनीय था। पत्थर की मूर्तिकला, धातु कर्म, और वस्त्र उद्योग उच्च गुणवत्ता के थे। शहरीकरण ने व्यापारिक और औद्योगिक गतिविधियों को प्रोत्साहित किया। पटना (प्राचीन पाटलिपुत्र) जैसे नगर व्यापार और प्रशासन के केंद्र थे। हालांकि, ग्रामीण क्षेत्रों की तुलना में शहरी क्षेत्रों पर अधिक ध्यान देने से ग्रामीण अर्थव्यवस्था में असंतुलन उत्पन्न हुआ। मौर्य प्रशासनिक व्यवस्था अत्यंत संगठित थी, जिसमें राज्य का नियंत्रण प्रमुख था। भूमि सुधार, सिंचाई, और बुनियादी ढांचे के विकास के बावजूद, अत्यधिक केंद्रीकरण और कर नीतियों की कठोरता ने सामाजिक असंतोष को जन्म दिया। अशोक के धर्म प्रचार ने भी आर्थिक संसाधनों का उपयोग किया, जिससे राज्य की आर्थिक नीतियों पर प्रभाव पड़ा।

अंततः, मौर्य काल की अर्थव्यवस्था संगठित और समृद्ध थी, लेकिन अत्यधिक केंद्रीकरण, कठोर कर नीतियों, और ग्रामीण-शहरी असंतुलन ने इसकी कमजोरियों को उजागर किया। भारतीय ज्ञान परंपरा के संदर्भ में, मौर्य काल ने प्रशासनिक दक्षता और आर्थिक नीतियों के महत्वपूर्ण सिद्धांत स्थापित किए, जो आज भी प्रासंगिक हैं।

मौर्योत्तर कालीन अर्थव्यवस्था: कृषि की उन्नति पर पर्याप्त ध्यान दिया गया। धान, गन्ना गेहूँ, जूट, तिलहन, कपास, ज्वार, बाजरा, मसाले, धूप, नील आदि प्रचुर मात्रा में उत्पन्न होते थे। मनु एवं गौतम-राजा को भू-स्वामी मानते हैं। अमरसिंह ने अमरकोष में बारह प्रकार की भूमियों को

चर्चा की है- उर्वरा, ऊसर, मरू, अप्रहत, सदबल, पंकिल, जलप्राय, मनुपम, कच्छ, शर्करा, शर्करावती, नदीमातक, देवमातृक ।

गुप्तकाल में अर्थव्यवस्था-

- भारत से रेशम, ऊन, मलमल, सूती वस्त्र, मणि, मोती, मयूर पंख, हीरे, हाथी दाँत, सुगंधित द्रव्य और मसाले बाहर भेजे जाते थे।

- भड़ौच व्यापार का प्रमुख केंद्र था। इसी बन्दरगाह से फारस और मिस्र से सामान आता था।

- पूर्व में तामलुक (ताम्रलिप्ति) एक प्रमुख बंदरगाह था।

- एक तैलिक श्रेणी का भी उल्लेख है। 'दशपुर' में जुलाहों की एक श्रेणी थी

- अक्षयनीवी- दान के न्यासों को कहते थे।

- पुस्तपाल- ग्राम के भूमि संबंधी समस्त लेखों का संग्रह करने वाला पुस्तपाल कहा जाता था। भारतवासी बाहर से घोड़ा, मूँगा, सोना, मयूर, रेशम का धागा, नमक आदि मंगाते थे।

- प्लिनी (नेचुरल हिस्ट्री), टालमी (ज्योग्राफी) तथा पेरीप्लस के अनुसार भारतीय व्यापार इस समय अच्छी स्थिति में था।

- मेहरौली का लौह स्तंभ (गुप्त काल में), लगभग 6 टन वजन का है। तीन वर्ष तक भूमिकर न देने वाले व्यक्ति को जमीन से वंचित कर दिया जाता था, ऐसी भूमि को विक्रय करने का अधिकार राजसभा को था।

हर्ष कालीन अर्थव्यवस्था:

- हर्षकालीन अर्थव्यवस्था का आधार सामंतीय और आत्मनिर्भर होने लगा था।

- व्यापार और वाणिज्य की जो गिरावट गुप्त काल में प्रारंभ हुई थी वह हर्षकाल में भी निरंतर जारी रही। इस गिरावट ने कृषि को भी अप्रत्यक्ष रूप से प्रभावित किया।

- अब किसान व्यापार और वाणिज्यिक दृष्टि से उत्पादन न कर अपनी स्थानीय जनता के लिए उत्पादन करने लगे। इस प्रकार एक 'आत्म निर्भर ग्रामीण अर्थव्यवस्था' का जन्म हुआ।

पूर्व मध्यकालीन अर्थव्यवस्था :

- अर्थव्यवस्था का आधार कृषि था तथा भूमिदान व्यवस्था पर आधारित था।

- भूमिदान के कारण कृषि का विस्तार हुआ तथा राज्य की आय बढ़ी।

- एक वर्ष में दो और कभी-कभी तीन फसलें काटी जाती थीं।

- भूमिकर राज्य की आय का सबसे प्रमुख साधन था, जो कि एक तिहाई होता था।

- भूमि काश्तकारी के आधार पर दो प्रकार की थीः

- पंचायती राज्य के अधीन

- व्यक्तिगत स्वामित्व पशुपालन अब उतना महत्वपूर्ण नहीं रह गया था।

व्यापार:

- विदेशी व्यापार चोल व्यापारियों की शक्ति थी। पूर्वी तट पर महाबलीपुरम, कावेरीपट्टनम, शालिपुर, कोरकई एवं पश्चिमी तट पर क्विलोन में बड़े बड़े प्रतिष्ठान थे।

- सिराफ- फारस की खाड़ी में स्थित महत्वपूर्ण बंदरगाह था। चीन के साथ व्यापार में वृद्धि हुई। चीन में फारमोसा के सामने मुख्य भूमि पर एक भारतीय बस्ती थी।

- दक्षिण भारत कपड़ा, मसाले, औषधि, जवाहरात, सींग, आबूनस की लकड़ी तथा कपूर चीन को निर्यात करता था।

- व्यापार पर नियंत्रण हेतु वणिक श्रेणियाँ- जैसे मणिग्रामम एवं वलजियर थी।

- महत्वपूर्ण श्रेणी नानादेशी की व्यापारिक शाखाओं का विस्तार दक्षिण-पूर्व एशिया के सुमात्रा तक हुआ। 'मार्कपोलो' अरबों के व्यापारियों के घोड़े की चर्चा करता है।

- साथ ही वह भारत के उन व्यापारियों का उल्लेख भी करता है जिन्होंने अरबों के साथ मिलकर घोड़ों के व्यापार पर एकाधिकार जमा रखा था।

- चोल देश में 'वीरपट्टन' स्थानीय सत्ता एवं केन्द्रीय सरकार की मंजूरी से व्यापारिक मामले में विशेषाधिकार का उपयोग करते थे

सिक्के:

- मानक स्वर्ण सिक्के- कलंजू/कल्यांजु।

- कांशू - स्वर्ण सिक्का। ग्रामीण क्षेत्रों में सामाजिक और आर्थिक जीवन के केन्द्र मंदिर होते थे। मंदिर के अधिकारियों के लिए नियमित आय का होना आवश्यक था। मंदिर विविध व्यापारिक उद्योग में पूँजी निवेश भी करते थे। मंदिर सूद पर रुपये देता था। सामान्यतः ब्याज की दर 12 प्रतिशत वार्षिक।

विजयनगर की अर्थव्यवस्था: इस युग में अधिकांश जनता कृषि पर आश्रित थी। भू-व्यवस्था में व्यापक परिवर्तन आए। दक्षिण भारत के अधिकांश ग्रामीण भागों में तेलगु और दूसरे अन्य बाहरी लोगों का भू-स्वामित्व पर विस्तार हुआ। कृषि अर्थव्यवस्था के विकास में मंदिर की भूमिका में भी वृद्धि हुई।

भंडारवाद ग्राम: ऐसे ग्राम जिनकी भूमि राज्य के प्रत्यक्ष नियंत्रण में थी। इन ग्रामों के किसान राज्य को कर देते थे।

ब्रह्मदेय, देवदेय या मठारपुर भूमि: यह भूमि राज्य विशेष धार्मिक सेवाओं के लिए ब्राह्मणों व मंदिरों को दान में दे देता था। यह भूमि कर मुक्त होती थी।

नायंकर व्यवस्था: इस व्यवस्था के अंतर्गत विजयनगर नरेश सैनिक एवं असैनिक अधिकारियों को उनकी विशेष सेवाओं के बदले भूमि प्रदान करते थे। इस प्रकार की भूमि अमरम् कहलाती थी। अमरम् के ग्रहणकर्त्ता अमर नायक कहलाते थे। इन्हें इस भूमि की आय का अंश राज्य को भी देना पड़ता था।

- उंबलि: ग्राम में कुछ विशेष सेवाओं के बदले जिन्हें लगान मुक्त भूमि दी जाती थी। ऐसी भूमि को उंबलि कहते थे।

- रत (खत) कोडगे : यह भूमि युद्ध में शौर्य प्रदर्शित करने वालों या युद्ध में अनुचित रूप से मृत लोगों के परिवार को दी जाती थी।

- कुटटगि: इस युग में ब्राह्मण मंदिर और बड़े भू-स्वामी स्वयं न करके किसानों को पट्टे और भूमि दे देते थे। ऐसी भूमि को कुटटगि कहते हैं। कुटटगि वास्तव में नकद या जिन्स रूप में उपज का अंश था, जिसे किसान भू-स्वामी को प्रदान करते थे।

- वारम-व्यवस्था: भू-स्वामी एवं पट्टीदार के मध्य उपज की हिस्सेदारी को वारम व्यवस्था कहते थे।

- कुदि: खेती में लगे कृषक, मजदूर कुदि कहलाते हैं। प्रशासन की ओर से सिंचाई का कोई प्रबन्ध नहीं था।केवल व्यक्तिगत प्रयासों द्वारा सिंचाई के साधनों का विकास किया जाता था और उन्हें राज्य कर मुक्त भूमि प्रदान करता है। यदि किसी व्यक्ति की बिना वारिस के मृत्यु हो जाती थी तो ऐसे व्यक्ति की संपत्ति का उपयोग सिंचाई साधनों की मरम्मत के लिए किया जाता था। पश्चिमी तटों पर व्यापक रूप से मसाले उगाये जाते थे। चावल, दालें, चना, जौ तिलहन मुख्य फसलें थीं।

निष्कर्ष: अपने पूरे इतिहास में, भारत की अर्थव्यवस्था भूगोल, व्यापार मार्गों, तकनीकी नवाचारों और राजनीतिक विकास सहित विभिन्न कारकों से आकार लेती रही है। प्राचीन भारतीय अर्थव्यवस्था की विशेषता इसके कृषि आधार, व्यापार नेटवर्क और सांस्कृतिक योगदान थे, जो आधुनिक भारत के आर्थिक परिदृश्य को प्रभावित करते हैं। कृषि मुख्य आर्थिक आधार थी, जिसमें मौसम, भूमि और फसलों के ज्ञान को वेदों और अर्थशास्त्र जैसे ग्रंथों में वर्णित किया गया। जल प्रबंधन और सिंचाई पर आधारित तकनीकों ने कृषि को उन्नत बनाया।

व्यापार में भारत का विश्वस्तरीय योगदान था, जहाँ समुद्री और थल व्यापार के माध्यम से सोना, मसाले, कपड़ा और धातुएँ निर्यात की जाती थीं। भारतीय ज्ञान परंपरा ने व्यापारिक नीतियों, कर-प्रणाली और विदेशी व्यापार संबंधों का मार्गदर्शन किया। शिल्पकला और हस्तशिल्प, जैसे कपड़ा और धातुकला, भी अर्थव्यवस्था का महत्वपूर्ण हिस्सा थे, जिनका विकास भी भारतीय शिक्षा और तकनीकी ज्ञान के माध्यम से हुआ।

प्राचीन भारतीय ज्ञान परंपरा ने न केवल सामाजिक और धार्मिक जीवन को प्रभावित किया, बल्कि अर्थव्यवस्था के सभी क्षेत्रों में भी गहरा योगदान दिया। तक्षशिला और नालंदा जैसे शिक्षा केंद्रों ने न केवल शैक्षिक, बल्कि आर्थिक विचारों का भी प्रसार किया। इस प्रकार, प्राचीन भारतीय अर्थव्यवस्था ज्ञान, नैतिकता और व्यवहारिकता का संतुलित मिश्रण थी।

***

7

गुरु-शिष्य परंपरा, संस्कृतः हमारी विरासत और पहचान

शिक्षा में प्राचीन भारतीय नैतिकता और परम्पराओं का प्रतिबिंब: गुरु-शिष्य परंपरा-

प्राचीन भारतीय सभ्यता विश्व की सर्वाधिक रोचक तथा महत्वपूर्ण सभ्यताओं में से एक है। इस सभ्यता का समुचित ज्ञान के लिए प्राचीन शिक्षा पद्धति का अध्ययन करना आवश्यक है जिसने इस सभ्यता को 4 हजार वर्षों से भी अधिक समय तक सुरक्षित रखा, उसका प्रचार-प्रसार किया तथा उसमें समयानुकूल संशोधन किया गया। प्राचीन भारतीयों मनीषियों की दृष्टि में शिक्षा मनुष्य के सर्वांगीण विकास का साधन थी। इसका उद्देश्य मात्र पुस्तकीय ज्ञान प्राप्त करना नहीं था, अपितु मनुष्य के स्वास्थ्य का भी विकास करना था। प्राचीन शिक्षा प्रणाली नैतिकता से परिपूर्ण थी। विभिन्न कालों में शिक्षा के द्वारा विद्यार्थी में आत्म-संयम, विवेक-शक्ति, न्याय-शक्ति आदि गुणों का उदय किया जाता था, जो व्यक्तित्व को विकसित करने में सहायक थे। छात्र का लक्ष्य स्पष्ट एवं सुनिश्चित था। यदि वह व्यावसायिक शिक्षा ग्रहण करता तो उसकी भी वृत्ति पूर्व निर्धारित होती थी। प्राचीन भारतीय शिक्षा पद्धति का मुख्य तत्व गुरुकुल व्यवस्था पर आधारित रही है। इसमें विद्यार्थी अपने घर से दूर गुरु के घर पर निवास कर शिक्षा प्राप्त करता था। गुरु के समीप रहते हुए विद्यार्थी उसके परिवार के सदस्य के रूप में शामिल हो जाता था तथा गुरु भी उसके साथ पुत्रवत व्यवहार करता था। परिवार से दूर रहते हुए विद्यार्थी में आत्मनिर्भरता के गुण विकसित होते थे। प्राचीन भारतीय शिक्षा प्रणाली पर विहंगम दृष्टि डालते हुए उसकी वर्तमान में प्रासंगिकता पर प्रकाश डाला गया है।

गुरु-शिष्य परम्परा- गुरु-शिष्य परंपरा, भारतीय संस्कृति में एक पवित्र और समय-सम्मानित संबंध है, खासकर आध्यात्मिक और दार्शनिक शिक्षा के संदर्भ में। यह परम्परा प्राचीन भारतीय ग्रंथों में गहराई से निहित है और हजारों वर्षों से भारतीय जीवन शैली का एक मूलभूत पहलू रही है। यहां, इस परम्परा का विस्तार से वर्णन कुछ इस प्रकार है :-

अर्थ और महत्व: 'गुरु' शब्द का अनुवाद 'ज्ञान देने वाला' या 'आध्यात्मिक मार्गदर्शक' है, जबकि 'शिष्य' का अर्थ 'शिष्य' या 'छात्र' है। गुरु-शिष्य परम्परा एक (गुरु) और एक छात्र (शिष्य) के बीच गहरे आध्यात्मिक और बौद्धिक संबंध का प्रतीक है।

आध्यात्मिक एवं दार्शनिक संदर्भ: गुरु-शिष्य परम्परा आमतौर पर आध्यात्मिक और दार्शनिक शिक्षाओं से जुड़ी है। गुरु न केवल ज्ञान बल्कि आध्यात्मिक मार्गदर्शन और ज्ञान भी प्रदान करते हैं। यह भारत में हिंदू धर्म, बौद्ध धर्म, जैन धर्म और सिख धर्म सहित विभिन्न आध्यात्मिक और धार्मिक परम्पराओं में प्रचलित है।

गुरु-शिष्य परम्परा की विशेषताएँ :

- व्यक्तिगत संबंध- यह परम्परा अत्यधिक व्यक्तिगत है, जिसमें गुरु से लेकर शिष्य तक व्यक्तिगत ध्यान दिया जाता है। यह एक औपचारिक कक्षा नहीं है बल्कि एक-पर-एक या छोटे समूह की बातचीत है।

- मौखिक प्रसारण- पारंपरिक शिक्षाएँ अक्सर गुरु से शिष्य तक मौखिक रूप से पारित की जाती हैं। इसमें धर्मग्रंथ, पवित्र मंत्र, ध्यान तकनीक और दार्शनिक अंतर्दृष्टि शामिल हैं।

- विश्वास और भक्ति- विश्वास, सम्मान और भक्ति इस रिश्ते के मूलभूत तत्व हैं। शिष्य गुरु के मार्गदर्शन पर अत्यधिक भरोसा करता है, और गुरु, बदले में, शिष्य के आध्यात्मिक विकास का पोषण करता है।

- गुरुकुल प्रणाली- प्राचीन काल में, गुरु और उनके शिष्य अक्सर गुरुकुल (शिक्षक के निवास स्थान) में एक साथ रहते थे, जहाँ शिक्षा अकादमिक ज्ञान से आगे बढ़कर जीवन कौशल और मूल्यों को शामिल करती थी।

- जीवन भर का बंधन- गुरु-शिष्य का रिश्ता जीवन भर का बंधन माना जाता है। औपचारिक पढ़ाई पूरी करने के बाद भी शिष्य गुरु के प्रति समर्पित रहता है और मार्गदर्शन चाहता है।

गुरु की भूमिका:

- गुरु एक आध्यात्मिक मार्गदर्शक और संरक्षक है जो शिष्य को ज्ञान, मूल्य और व्यावहारिक ज्ञान प्रदान करता है।

- गुरु अक्सर पूजनीय व्यक्ति होते हैं, जिनका सम्मान न केवल उनके ज्ञान के लिए बल्कि उनके चरित्र और आध्यात्मिक अनुभूति के लिए भी किया जाता है।

- वे व्यक्तिगत और आध्यात्मिक मार्गदर्शन प्रदान करते हैं, शिष्यों को आध्यात्मिक पथ पर आने वाली बाधाओं को दूर करने में मदद करते हैं और उन्हें आत्म-साक्षात्कार की ओर ले जाते हैं।

शिष्य की भूमिका:

- शिष्य एक समर्पित और ग्रहणशील छात्र है जो सीखने, आत्म-सुधार और आध्यात्मिक विकास के लिए प्रतिबद्ध है।

- वे गुरु के प्रति गहरा सम्मान और भक्ति दिखाते हैं, अक्सर अपनी प्रतिबद्धता के प्रतीक के रूप में सेवा करते हैं।

- शिष्य आध्यात्मिक जागृति और आत्म-साक्षात्कार के लिए प्रयास करते हुए, शिक्षाओं को आत्मसात करना और उन्हें अपने जीवन में लागू करना चाहते हैं।

प्रमुख उदाहरण: प्राचीन भारत में गुरु-शिष्य परंपरा भारतीय संस्कृति और शिक्षा प्रणाली का एक महत्वपूर्ण और पवित्र हिस्सा रही है। इस परंपरा में गुरु (शिक्षक) को उच्च सम्मान दिया जाता था और शिष्य (विद्यार्थी) गुरु से ज्ञान प्राप्त करने के लिए पूरी निष्ठा और समर्पण के साथ अध्ययन करते थे। यह परंपरा केवल शैक्षिक नहीं, बल्कि जीवन के हर क्षेत्र में मार्गदर्शन और अनुशासन का आधार मानी जाती थी। प्राचीन ग्रंथों और महाकाव्यों में कई उदाहरण मिलते हैं जो इस परंपरा की महत्ता को दर्शाते हैं। यहां कुछ प्रमुख उदाहरण दिए गए हैं:

द्रोणाचार्य और अर्जुन- महाभारत में गुरु द्रोणाचार्य और अर्जुन की गुरु-शिष्य परंपरा का उदाहरण महत्वपूर्ण है। अर्जुन ने अपने गुरुदेव द्रोणाचार्य से धनुर्विद्या सीखी और गुरु के प्रति अपनी निष्ठा और समर्पण का अद्भुत उदाहरण प्रस्तुत किया। अर्जुन की लगन और गुरु के निर्देशों के पालन ने उन्हें सर्वश्रेष्ठ धनुर्धर बना दिया। गुरु द्रोण ने अर्जुन को हमेशा एक आदर्श शिष्य माना और उन्हें विशेष शिक्षा दी। यह परंपरा बताती है कि कैसे सही मार्गदर्शन और समर्पण से असाधारण क्षमता विकसित की जा सकती है।

संदीपनि और श्रीकृष्ण- श्रीमद्भागवत में गुरु संदीपनि और श्रीकृष्ण की गुरु-शिष्य परंपरा का वर्णन मिलता है। भगवान श्रीकृष्ण, बलराम और सुदामा ने संदीपनि आश्रम में शिक्षा प्राप्त की थी। इस परंपरा के अंतर्गत भगवान कृष्ण ने अपने गुरु संदीपनि की हर आज्ञा का पालन किया और गुरु दक्षिणा के रूप में उनके खोए हुए पुत्र को वापस लाया। यह उदाहरण गुरु के प्रति सम्मान और समर्पण के महत्व को दर्शाता है, भले ही शिष्य स्वयं भगवान क्यों न हों।

याज्ञवल्क्य और जनक- उपनिषदों में राजा जनक और गुरु याज्ञवल्क्य का संवाद गुरु-शिष्य परंपरा का महत्वपूर्ण उदाहरण है। जनक राजा होते हुए भी याज्ञवल्क्य के शिष्य बने और आत्मज्ञान प्राप्त करने के लिए उनसे शिक्षा ग्रहण की। यह दर्शाता है कि ज्ञान प्राप्त करने के लिए किसी भी व्यक्ति को गुरु की आवश्यकता होती है, चाहे वह राजा हो या साधारण व्यक्ति। इस उदाहरण से यह पता चलता है कि ज्ञान और सत्य की प्राप्ति के लिए एक सच्चे गुरु की शरण में जाना कितना आवश्यक है।

भारद्वाज और अग्निवेश- ऋग्वेद के अनुसार, महर्षि भारद्वाज एक महान ऋषि और गुरु थे, और उनके शिष्य अग्निवेश ने उनसे वेदों और शास्त्रों का गहन अध्ययन किया। यह गुरु-शिष्य परंपरा प्राचीन भारतीय शिक्षा और धर्म के प्रति समर्पण को दर्शाती है।

वशिष्ठ और राम- रामायण में गुरु वशिष्ठ और राम की गुरु-शिष्य परंपरा भी अत्यधिक महत्वपूर्ण मानी जाती है। गुरु वशिष्ठ ने राम और उनके भाइयों को वेद, धर्म, राजनीति, और जीवन के अन्य महत्वपूर्ण क्षेत्रों की शिक्षा दी। राम ने गुरु वशिष्ठ की शिक्षाओं का पालन करते हुए धर्म और मर्यादा का पालन किया, जो उन्हें 'मर्यादा पुरुषोत्तम' बनाता है। यह परंपरा यह सिखाती है कि गुरु के सिखाए हुए धर्म और नीतियों का पालन करके ही व्यक्ति उच्चतम लक्ष्यों को प्राप्त कर सकता है।

पतंजलि और उनके शिष्य- महर्षि पतंजलि योग के महान आचार्य माने जाते हैं। उन्होंने अपने शिष्यों को योग और ध्यान की गहन शिक्षा दी। पतंजलि की शिक्षा ने योग दर्शन को स्थापित किया और उनके शिष्य उनके योगसूत्रों का पालन करके आत्मज्ञान की दिशा में अग्रसर हुए।

महर्षि पाराशर और वेदव्यास- महर्षि पाराशर और उनके पुत्र वेदव्यास की गुरु-शिष्य परंपरा भी प्राचीन भारतीय इतिहास में प्रसिद्ध है। महर्षि पाराशर ने वेदव्यास को वेदों और पुराणों का ज्ञान प्रदान किया। वेदव्यास ने महाभारत की रचना की और पुराणों का संकलन किया, जो आज भी ज्ञान का विशाल भंडार माने जाते हैं।

दधीचि और शिष्य- महर्षि दधीचि के जीवन का एक उदाहरण है जब उन्होंने देवताओं को वज्र (शस्त्र) बनाने के लिए अपनी अस्थियों का दान किया। उन्होंने अपने शिष्यों को सिखाया कि धर्म और समाज की रक्षा के लिए त्याग और बलिदान की आवश्यकता होती है।

महात्मा बुद्ध और उनके शिष्य- महात्मा बुद्ध और उनके शिष्यों की गुरु-शिष्य परंपरा बौद्ध धर्म में अत्यंत महत्वपूर्ण मानी जाती है। बुद्ध के प्रमुख शिष्य आनंद, महाकश्यप, और सारिपुत्र ने उनके उपदेशों का पालन किया और उन्हें आगे प्रसारित किया। बुद्ध और उनके शिष्यों के बीच गहरे समर्पण और अनुशासन का संबंध था।

आचार्य शंकर और उनके शिष्य- आचार्य शंकर ने अद्वैत वेदांत के दर्शन का प्रचार किया और उनके शिष्यों ने इसे पूरे भारत में फैलाया। उनके प्रमुख शिष्य मंडन मिश्र, हस्तामलक, और तोटक ने शंकराचार्य की शिक्षाओं का पालन किया और अपने ज्ञान से समाज को मार्गदर्शन दिया।

द्रोणाचार्य और एकलव्य- महाभारत में एकलव्य का उदाहरण प्रसिद्ध है। एकलव्य ने बिना प्रत्यक्ष शिक्षा के ही गुरु द्रोणाचार्य की मूर्ति बनाकर धनुर्विद्या सीखी और महान धनुर्धर बन गए। जब द्रोणाचार्य ने उनसे गुरु दक्षिणा के रूप में उनके अंगूठे की मांग की, तो एकलव्य ने बिना किसी हिचकिचाहट के अपना अंगूठा दे दिया। हालांकि, यहाँ पर सामाजिक भेदभाव का भी पता चलता है। जो तत्कालीन भारत में अस्तित्व में था परंतु फिर भी यह घटना इस बात को दर्शाती है कि सच्चा शिष्य अपने गुरु के प्रति समर्पित होता है, भले ही परिस्थितियाँ विपरीत हों।

इसके अतिरिक्त भी हमें आचार्य चाणक्य एवं चन्द्रगुप्त मौर्य, वेदांत परम्परा में स्वामी विवेकानन्द और रामकृष्ण परमहंस, महात्मा गांधी और उनके आध्यात्मिक गुरु जिनमें रायचंदभाई और गोपाल कृष्ण गोखले, सिख धर्म में गुरु नानक और भाई मर्दाना के बीच संबंध आदि अनेक उदाहरण इतिहास में देखने को मिलते हैं।

निष्कर्ष- प्राचीन भारत की गुरु-शिष्य परंपरा में गुरु को ईश्वर के समान माना गया है, क्योंकि वह शिष्य को अज्ञान के अंधकार से ज्ञान के प्रकाश की ओर ले जाता है। यह परंपरा केवल शैक्षिक ज्ञान पर आधारित नहीं थी, बल्कि आध्यात्मिक और नैतिक मार्गदर्शन भी देती थी। इस परंपरा के प्रमुख उदाहरण यह दर्शाते हैं कि किस प्रकार सही गुरु के मार्गदर्शन से शिष्य अपने जीवन में सफलता और उच्च लक्ष्यों को प्राप्त कर सकता है।

गुरु-शिष्य परम्परा धार्मिक या आध्यात्मिक क्षेत्रों तक ही सीमित नहीं है। इसका विस्तार शास्त्रीय कला, संगीत, नृत्य और यहां तक कि मार्शल आर्ट सहित विभिन्न क्षेत्रों तक हो सकता है। सभी मामलों में, यह एक शिक्षक से एक समर्पित और उत्सुक शिक्षार्थी तक ज्ञान, मूल्यों और ज्ञान के हस्तांतरण पर जोर देता है, जो एक गहरा और स्थायी संबंध को बढ़ावा देता है।

प्राचीन भारत में गुरुकुल शिक्षा व्यवस्था- गुरु-शिष्य परम्परा पर आधारित प्राचीन भारतीय शिक्षा प्रणाली की मुख्य विशेषता गुरुकुल में रहकर विद्या अर्जन करना था। प्रारम्भिक भारत में अध्ययन के प्रमुख केंद्र आश्रमों में निहित थे। जिनमें प्रमुखत: आश्रम निम्नवत देखने को मिलते है-

प्राचीन भारत के प्रमुख आश्रम-

- सांदीपनि आश्रम

- वाल्मीकि आश्रम

- द्रोणाचार्य आश्रम

उपरोक्त आश्रमों में विद्यार्थी बड़े आदर भाव से विद्या अध्ययन करते थे। वहीं गुरु द्वारा अपनी ओर से कुछ नैतिक एवं आध्यात्मिक कर्तव्य निभाए जाते थे। गुरु पवित्र ज्ञान में भी पारंगत होते थे और उससे आशा की जाती थी कि वह अपने शिष्यों को सत्य का मार्ग दिखाएं। बिना कुछ छिपाए वे भारतीय आर्यों को ज्ञान प्रदान करते थे। स्रोत बताते हैं कि शिक्षण का समय और विषय जनजातियों के लिए एक समान नहीं था। विद्वानों और इतिहासकारों ने महाकाव्य काल को लगभग 1000 ई.पू. से 500 ई.पू. के बीच का माना है। साक्ष्य बताते हैं कि द्रोणाचार्य का आश्रम महाभारत काल में शिक्षा, युद्धकला और नीति की शिक्षा का एक महत्वपूर्ण केंद्र था। यहाँ गुरु द्रोण ने पांडवों और कौरवों सहित कई राजकुमारों को धनुर्विद्या, शस्त्र कला और नीति की शिक्षा दी। आश्रम शिक्षा के पारंपरिक गुरुकुल प्रणाली का प्रतीक था, जहाँ व्यक्तिगत शिष्यत्व और अनुशासन पर ज़ोर दिया जाता था।

हालांकि, द्रोणाचार्य आश्रम का आलोचनात्मक पहलू सामाजिक असमानताओं से जुड़ा था। एकलव्य के उदाहरण से यह स्पष्ट होता है कि जातिगत भेदभाव का प्रभाव शिक्षा प्रणाली पर भी था। द्रोणाचार्य ने गुरु दक्षिणा के रूप में एकलव्य से उसका अंगूठा मांगकर उसे श्रेष्ठ धनुर्धर बनने से रोक दिया। यह घटना दर्शाती है कि शिक्षा पर कुछ वर्गों का एकाधिकार था, जो सामाजिक अन्याय को बढ़ावा देता था।

इसके बावजूद, द्रोणाचार्य का आश्रम उस युग में उच्च शिक्षा और युद्ध कौशल का प्रतीक था, लेकिन यह भी एक ऐसी व्यवस्था का हिस्सा था, जिसमें सामाजिक समानता का अभाव था। यह आश्रम भारतीय इतिहास में ज्ञान के साथ-साथ वर्गभेद और नैतिकता के जटिल मुद्दों का प्रतिनिधित्व करता है।

ब्राह्मण विद्यार्थी अध्यापन कार्य के लिए और यज्ञ कराने एवं उपहार पाने के लिए शिक्षित किए जाते थे जबकि क्षत्रिय लोगों की रक्षा करने के लिए शिक्षा प्रदान की जाती थी। परंतु हमें उपनिषद के कुछ ऐसे विवरण भी मिलते हैं जिसमें क्षत्रिय राजकुमारों ने वेद पढ़े और पवित्र ज्ञान के विषय में दक्षता प्राप्त की जो विशेष रूप से ब्राह्मणों की जायदाद समझी जाती है। उदाहरण के लिए अगर हम देखें तो विदेह का राजा जनक एक ज्ञानवान क्षत्रिय था जो ब्राह्मणों को पवित्र शिक्षा देता था।

शिक्षा देने की पद्धति-

- वैदिक काल में शिक्षा गुरुओं द्वारा मौखिक दी जाती थी।

- विद्यार्थी प्रश्न पूछते थे और उन से यह आशा की जाती थी कि संबंधित विषय पर वह अपने विचार व्यक्त करें और ध्यान (meditation) करें। वह ध्यान द्वारा सत्य और वास्तविकता का ज्ञान करते थे।

- यह सब प्रकार की इच्छाओं का दमन करने पर और सांसारिक पाप, मोह को छोड़ने पर और पवित्रता पाने पर ही हो पाता था।

- यह केवल सन्यास और योग द्वारा ही संभव हो सकता था। पहले अपना परिवार घर और सब प्रकार की इच्छाओं को छोड़ने पर होता था और योग सब प्रकार की इंद्रियों पर काबू पाने पर और मस्तिष्क को एकाग्र करने पर और आत्मा के साथ सामंजस्य करने पर होता था।

गुरु-शिष्य परम्परा की समसामयिक प्रासंगिकता: गुरु-शिष्य परम्परा भारतीय संस्कृति और शिक्षा प्रणाली का एक महत्वपूर्ण हिस्सा है, जो प्राचीन काल से चली आ रही है। यह परम्परा ज्ञान, नैतिकता और संस्कारों के हस्तांतरण का माध्यम रही है। आधुनिक समय में, जब शिक्षा और तकनीकी विकास तेजी से हो रहा है, गुरु-शिष्य परम्परा की प्रासंगिकता नए रूपों और संदर्भों में बनी हुई है।

- मूल्य-आधारित शिक्षा:- आधुनिक शिक्षा प्रणाली में तकनीकी और व्यावसायिक शिक्षा पर जोर दिया जा रहा है, लेकिन नैतिक और आध्यात्मिक मूल्य अक्सर पीछे रह जाते हैं। गुरु-शिष्य परम्परा इन मूल्यों को शिक्षा में पुनः स्थापित करने में सहायक हो सकती है। इस परम्परा के माध्यम से शिक्षक विद्यार्थियों में ईमानदारी, करुणा, अनुशासन और सामाजिक जिम्मेदारी जैसे गुणों का विकास कर सकते हैं।

- व्यक्तिगत मार्गदर्शन:- वर्तमान समय में शिक्षा अधिकाधिक व्यावसायिक होती जा रही है, जिससे व्यक्तिगत मार्गदर्शन का अभाव महसूस किया जाता है। गुरु-शिष्य परम्परा में व्यक्तिगत ध्यान और मार्गदर्शन महत्वपूर्ण होते हैं, जिससे विद्यार्थियों की समग्र विकास में सहायता मिलती है। यह परम्परा विद्यार्थियों की व्यक्तिगत समस्याओं और चुनौतियों को समझकर उनके समाधान में मदद कर सकती है।

- जीवन कौशल और अनुभव:- गुरु-शिष्य परम्परा में गुरु अपने शिष्यों को न केवल शैक्षणिक ज्ञान प्रदान करते हैं, बल्कि जीवन कौशल और अनुभव भी साझा करते हैं। यह आधुनिक शिक्षा प्रणाली में एक महत्वपूर्ण कमी को पूरा करता है। व्यावसायिक जीवन में सफल होने

के लिए आवश्यक कौशल, जैसे कि संचार, नेतृत्व, और समस्या-समाधान, इस परम्परा के माध्यम से विकसित किए जा सकते हैं।

- संस्कृति और परम्परा का संरक्षण:- इस परम्परा के माध्यम से भारतीय संस्कृति, परम्परा और शास्त्रीय ज्ञान का संरक्षण और संवर्धन किया जा सकता है। आधुनिक समय में जब वैश्वीकरण और पश्चिमीकरण का प्रभाव बढ़ रहा है, गुरु-शिष्य परम्परा सांस्कृतिक धरोहर को बनाए रखने में महत्वपूर्ण भूमिका निभा सकती है। यह परम्परा विद्यार्थियों को उनकी जड़ों से जोड़ने में मदद करती है, जिससे वे अपनी सांस्कृतिक पहचान और मूल्यों के प्रति जागरूक रहते हैं।

- तकनीकी शिक्षा में नवाचार:- आधुनिक समय में, शिक्षा का माध्यम बदल गया है और डिजिटल तकनीक का प्रभाव बढ़ा है। गुरु-शिष्य परम्परा को इन तकनीकी साधनों के साथ जोड़ा जा सकता है, जिससे शिक्षण-प्रशिक्षण में नवाचार और प्रभावशीलता बढ़ सकती है। ऑनलाइन शिक्षा और डिजिटल प्लेटफार्मों के माध्यम से गुरु-शिष्य परम्परा को नए आयाम दिए जा सकते हैं।

निष्कर्ष: प्राचीन भारत की गुरु-शिष्य परंपरा भारतीय ज्ञान परंपरा का एक अनिवार्य और समृद्ध अंग है, जिसने शिक्षा और सांस्कृतिक विकास में महत्वपूर्ण भूमिका निभाई। यह परंपरा शिक्षा के माध्यम से ज्ञान, मूल्यों, और नैतिकता का हस्तांतरण सुनिश्चित करती थी, जहां गुरु (शिक्षक) और शिष्य (विद्यार्थी) के बीच गहरा और पवित्र संबंध होता था। गुरु-शिष्य परंपरा का वर्णन वेदों, उपनिषदों, और महाभारत जैसे प्राचीन ग्रंथों में मिलता है। यह परंपरा मौखिक शिक्षा पर आधारित थी, जहां गुरु अपने शिष्यों को व्यक्तिगत रूप से ज्ञान प्रदान करते थे। शिक्षा का मुख्य उद्देश्य केवल सैद्धांतिक ज्ञान नहीं था, बल्कि जीवन के विभिन्न पहलुओं में शिष्य का सर्वांगीण विकास सुनिश्चित करना था। इसमें धर्म, दर्शन, विज्ञान, कला, और शिल्प के साथ-साथ नैतिक और आध्यात्मिक शिक्षा भी शामिल थी।

तक्षशिला और नालंदा जैसे प्राचीन विश्वविद्यालयों में गुरु-शिष्य परंपरा का पालन होता था, जहां गुरु अपने शिष्यों को उच्च शिक्षा प्रदान करते थे। इस परंपरा में शिष्य का समर्पण और गुरु का करुणा महत्वपूर्ण थी। गुरु न केवल ज्ञान के प्रदाता थे, बल्कि मार्गदर्शक, संरक्षक, और प्रेरणास्रोत भी थे।

हालांकि, इस परंपरा में कुछ चुनौतियाँ भी थीं, जैसे शिक्षा का सीमित पहुँच और समाज के विशिष्ट वर्गों तक ही सीमित होना। लेकिन, इसके बावजूद, गुरु-शिष्य परंपरा ने भारतीय शिक्षा प्रणाली को एक अद्वितीय और गहन रूप दिया। यह परंपरा आज भी भारतीय समाज में शिक्षा और संस्कारों के माध्यम से जीवित है, और आधुनिक शिक्षा प्रणाली को प्रेरित करती है।

गुरु-शिष्य परम्परा की समसामयिक प्रासंगिकता इस बात में निहित है कि यह शिक्षा के मूल्यों, व्यक्तिगत मार्गदर्शन, जीवन कौशल, सांस्कृतिक संरक्षण, और तकनीकी नवाचार को एक साथ समाहित कर सकती है। आधुनिक समय की चुनौतियों और आवश्यकताओं को देखते हुए, इस परम्परा को नए संदर्भों में पुनः परिभाषित और पुनर्जीवित करना नितांत आवश्यक है। इससे न केवल शिक्षा प्रणाली को सुदृढ़ता मिलेगी, बल्कि विद्यार्थियों का समग्र विकास भी सुनिश्चित होगा।

संस्कृत: हमारी विरासत और पहचान- संस्कृत भारत की एक प्राचीन भाषा है। यह एक हेंड-आर्य भाषा है। जो हिन्द- यूरोपीय भाषा परिवार की एक शाखा है। ऐतिहासिक दृष्टि से यह भाषा संसार की सभी भाषाओं की जननी मानी जाती है। संस्कृत का अर्थ है- 'संस्कार की गई' अर्थात 'बदलाव की गई'। संस्कृत भाषा हमारी विरासत और पहचान है। यह भारतीय सभ्यता की एक महत्वपूर्ण धारा है जिसने शिक्षा, धर्म, दर्शन, कला, साहित्य, विज्ञान, और तकनीक के क्षेत्र में महत्वपूर्ण योगदान दिया है। संस्कृत भाषा को देववाणी भी कहा जाता है, क्योंकि इसे देवताओं की भाषा माना जाता है और इसे पूर्वाग्रही लोगों द्वारा प्रयोग किया गया था। आज भी संस्कृत का अध्ययन और प्रचार-प्रसार विश्वभर में हो रहा है, और यह भाषा हमारे नागरिकता और सांस्कृतिक अभिवृद्धि के लिए महत्वपूर्ण है।

ऐतिहासिक पृष्ठभूमि- संस्कृत, एक प्राचीन भाषा है जो भारतीय उपमहाद्वीप में विकसित हुई। इसकी उत्पत्ति का समय अत्यंत प्राचीन है, और इसके बारे में निश्चित जानकारी नहीं है। हालांकि, इस भाषा की महत्वपूर्ण भूमिका वेदों में है, जो ब्राह्मण, संहिता और उपनिषदों के रूप में जानी जाती हैं, जो लगभग 1500 ईसा पूर्व से 500 ईसा पूर्व तक लिखे गए थे। वेदों के समय के साथ, संस्कृत भाषा और संस्कृति की प्रभावशाली विकास का अवलोकन होता है। इस भाषा ने विज्ञान, दर्शन, कला, साहित्य और धर्म के क्षेत्र में महत्वपूर्ण योगदान दिया है। संस्कृत को एक सांस्कृतिक भाषा के रूप में माना जाता है जो भारतीय सभ्यता और धार्मिक अनुसंधान का केंद्र रहा है।

इसके अलावा, संस्कृत को विज्ञान, गणित, और अन्य विषयों में भी उपयोग किया जाता था। विशेषकर गणितज्ञ आर्यभट्ट और ब्रह्मगुप्त ने अपने काम में संस्कृत का उपयोग किया। संस्कृत का उद्गम और विकास गहरी अध्ययन के विषय हैं, और इसकी समृद्ध विरासत आज भी हमें अपने भारतीय समृद्ध इतिहास की स्मृति दिलाती है।

संस्कृत हमारी विरासत और पहचान- भारत की पहचान उसकी संस्कृति से की जाती है, और हमारी संस्कृति ग्रंथों, साहित्यों बसती है। और हमारे पवित्र और गौरवशाली ग्रंथों की रचना संस्कृत भाषा में लिखी गई है। संस्कृत, प्राचीन भारत की शास्त्रीय भाषा, भारतीय ज्ञान परंपरा का महत्वपूर्ण आधार है, जिसका वैश्विक परिप्रेक्ष्य में भी व्यापक प्रभाव और महत्व है। संस्कृत

का उद्भव वैदिक काल में हुआ और यह भाषा वेदों, उपनिषदों, पुराणों, महाकाव्यों (रामायण और महाभारत) और विभिन्न शास्त्रीय ग्रंथों की भाषा रही है।

महर्षि पाणिनि के 'अष्टाध्यायी' जैसे संस्कृत व्याकरण ग्रंथों ने भाषाविज्ञान के क्षेत्र में महत्वपूर्ण योगदान दिया। पाणिनि का व्याकरण ग्रंथ, दुनिया का पहला व्यवस्थित व्याकरण माना जाता है, जिसने आधुनिक भाषाविज्ञान की नींव रखी। इससे भाषा संरचना और व्याकरण संबंधी अध्ययन को एक नया दृष्टिकोण मिला। अष्टाध्यायी (आठ अध्यायों वाली) महर्षि पाणिनि द्वारा रचित संस्कृत व्याकरण का एक अत्यंत प्राचीन ग्रंथ (8वी ई पू) है। इसमें आठ अध्याय हैं; प्रत्येक अध्याय में चार पद हैं; प्रत्येक पद में 38 से 220 तक सूत्र हैं। इस प्रकार अष्टाध्यायी में आठ अध्याय, बत्तीस पद और सब मिलाकर लगभग 4000 सूत्र हैं।

संस्कृत का वैश्विक प्रभाव उसकी समृद्ध साहित्यिक, धार्मिक, और दार्शनिक धरोहर के कारण विस्तारित हुआ। यह भाषा वैदिक ऋचाओं, भगवद्गीता, योगसूत्र, और अन्य महत्वपूर्ण ग्रंथों का आधार है, जो भारत से बाहर विभिन्न संस्कृतियों में अनूदित और अध्ययनित हुए। इसके माध्यम से भारतीय दर्शन, योग, आयुर्वेद, और धार्मिक अनुष्ठानों का प्रसार हुआ।

भारतीय धर्मग्रंथों और साहित्य का अनुवाद चीनी, तिब्बती, फारसी, अरबी, और कई यूरोपीय भाषाओं में हुआ, जिससे भारतीय ज्ञान परंपरा का वैश्विक प्रसार हुआ। उदाहरण के लिए, बौद्ध साहित्य के संस्कृत ग्रंथों का व्यापक रूप से अनुवाद हुआ, जो तिब्बत, चीन, जापान, और दक्षिण-पूर्व एशिया में बौद्ध धर्म के विस्तार में सहायक बने। चीनी यात्री हेनसांग (629-643 ई के बीच भारत भ्रमण) के अनुसार बौद्ध लोग सामान्य वाद-विवाद में संस्कृत का प्रयोग करते थे।

संस्कृत के साहित्यिक और वैज्ञानिक ग्रंथों ने भी वैश्विक ज्ञान को समृद्ध किया। 'चरक संहिता' और 'सुश्रुत संहिता' जैसे आयुर्वेदिक ग्रंथों ने प्राचीन चिकित्सा विज्ञान में योगदान दिया, जबकि 'नाट्यशास्त्र' ने नाट्यकला के सिद्धांतों को परिभाषित किया। गणित और खगोलशास्त्र में आर्यभट, भास्कराचार्य और ब्रह्मगुप्त जैसे वैज्ञानिकों के संस्कृत ग्रंथों ने वैश्विक गणित और विज्ञान के विकास को प्रभावित किया।

वर्तमान, संस्कृत भाषा का अध्ययन विश्व के विभिन्न विश्वविद्यालयों और अनुसंधान संस्थानों में किया जाता है। यह भाषा न केवल प्राचीन भारतीय ज्ञान की कुंजी है, बल्कि आधुनिक अनुसंधान और शिक्षा में भी महत्वपूर्ण है। अतः संस्कृत वैश्विक परिप्रेक्ष्य में भारतीय ज्ञान परंपरा की समृद्धि और गहनता का प्रतीक है। इसके माध्यम से प्राचीन भारतीय सभ्यता, विज्ञान, और संस्कृति का वैश्विक स्तर पर व्यापक प्रभाव पड़ा है, जो आज भी अध्ययन और अनुसंधान के माध्यम से जीवित है।

संस्कृत भाषा की विशेषताएँ-

- संस्कृत, विश्व की सबसे पुरानी पुस्तक (वेद) की भाषा है। इसलिए इसे विश्व की प्रथम भाषा मानने में कहीं किसी संशय की संभावना नहीं है।

- इसकी सुस्पष्ट व्याकरण और वर्णमाला की वैज्ञानिकता के कारण सर्वश्रेष्ठता भी स्वयं सिद्ध है।

- सर्वाधिक महत्वपूर्ण साहित्य की धनी होने से इसकी महत्ता भी निर्विवाद है।

- इसे देवभाषा माना जाता है।

- संस्कृत केवल स्वविकसित भाषा नहीं बल्कि संस्कारित भाषा भी है, अतः इसका नाम संस्कृत है। केवल संस्कृत ही एकमात्र भाषा है जिसका नामकरण उसके बोलने वालों के नाम पर नहीं किया गया है।

- संस्कृत > सम् + सुट् + 'कृ करणे' + क्त, ('सम्पर्युपेभ्यः करोतौ भूषणे' इस सूत्र से 'भूषण' अर्थ में 'सुट्' या सकार का आगम/ 'भूते' इस सूत्र से भूतकाल(past) को अर्थपूर्ण बनाने के लिए संज्ञा अर्थ में क्त-प्रत्यय /कृ-धातु 'करणे' या 'Doing' अर्थ में) अर्थात् विभूषित, समलंकृत (well-decorated) या संस्कारयुक्त (well-cutured)।

- संस्कृत को संस्कारित करने वाले भी कोई साधारण भाषाविद् नहीं बल्कि महर्षि पाणिनि, महर्षि कात्यायन और योगशास्त्र के प्रणेता महर्षि पतंजलि हैं। इन तीनों महर्षियों ने बड़ी ही कुशलता से योग की क्रियाओं को भाषा में समाविष्ट किया है। यही इस भाषा का रहस्य है।

- शब्द-रूप- विश्व की सभी भाषाओं में एक शब्द का एक या कुछ ही रूप होते हैं, जबकि संस्कृत में प्रत्येक शब्द के 27 रूप होते हैं।

- द्विवचन- सभी भाषाओं में एकवचन और बहुवचन होते हैं जबकि संस्कृत में द्विवचन अतिरिक्त होता है।

- सन्धि- संस्कृत भाषा की सबसे महत्वपूर्ण विशेषता है सन्धि। संस्कृत में जब दो अक्षर निकट आते हैं तो वहाँ सन्धि होने से स्वरूप और उच्चारण बदल जा है।

- इसे कम्प्यूटर और कृत्रिम बुद्धि के लिए सबसे उपयुक्त भाषा माना जाता है।

- शोध से ऐसा पाया गया है कि संस्कृत पढ़ने से स्मरण शक्ति बढ़ती है।

- संस्कृत वाक्यों में शब्दों को किसी भी क्रम में रखा जा सकता है। इससे अर्थ का अनर्थ होने की बहुत कम या कोई भी सम्भावना नहीं होती। ऐसा इसलिये होता है क्योंकि सभी शब्द विभक्ति और वचन के अनुसार होते हैं और क्रम बदलने पर भी सही अर्थ सुरक्षित रहता है। जैसे- अहं गृहं गच्छामि या गच्छामि गृहं अहम् दोनो ही ठीक हैं।

- संस्कृत विश्व की सर्वाधिक 'पूर्ण' (perfect) एवं तर्कसम्मत भाषा है।

- संस्कृत ही एक मात्र साधन हैं जो क्रमशः अंगुलियों एवं जीभ को लचीला बनाते हैं। इसके अध्ययन करने वाले छात्रों को गणित, विज्ञान एवं अन्य भाषाएँ ग्रहण करने में सहायता मिलती है।

- संस्कृत भाषा में साहित्य की रचना कम से कम छह हजार वर्षों से निरन्तर होती आ रही है। इसके कई लाख ग्रन्थों के पठन-पाठन और चिन्तन में भारतवर्ष के हजारों पुश्त तक के करोड़ों सर्वोत्तम मस्तिष्क दिन-रात लगे रहे हैं और आज भी लगे हुए हैं। पता नहीं कि संसार के किसी देश में इतने काल तक, इतनी दूरी तक व्याप्त, इतने उत्तम मस्तिष्क में विचरण करने वाली कोई भाषा है या नहीं। शायद नहीं है।

- दीर्घ कालखण्ड के बाद भी असंख्य प्राकृतिक तथा मानवीय आपदाओं (वैदेशिक आक्रमणों) को झेलते हुए आज भी 3 करोड़ से अधिक संस्कृत पाण्डुलिपियाँ विद्यमान हैं। यह संख्या ग्रीक और लैटिन की पाण्डुलिपियों की सम्मिलित संख्या से भी 100 गुना अधिक है। निःसंदेह ही यह सम्पदा छापाखाने के आविष्कार के पहले किसी भी संस्कृति द्वारा सृजित सबसे बड़ी सांस्कृतिक विरासत है।

- संस्कृत केवल एक मात्र भाषा नहीं है अपितु संस्कृत एक विचार है। संस्कृत एक संस्कृति है एक संस्कार है संस्कृत में विश्व का कल्याण है, शांति है, सहयोग है,' वसुधैव कुटुम्बकम्' की भावना है।

संस्कृत के कुछ महत्वपूर्ण मूल ग्रंथों की सूची दी जा रही है, आइए इसका अवलोकन करें-

संस्कृत ग्रन्थ-

परंपरा	संस्कृत ग्रन्थ, विधा श्रेणी	ग्रंथ का नाम

सनातन धर्म	धर्म ग्रंथ	वेद, उपनिषद, आगम, भागवदगीता
	भाषा, व्याकरण	अष्टाध्यायी, गणपाठ, पदपाठ, वार्त्तिक, महाभाष्य, वाक्यपदीय, फिट-सूत्र
	सामान्य नियम एवं धार्मिक नियम	धर्मसूत्र/धर्मशास्त्र, मनुस्मृति
	राजनीति, राजशास्त्र	अर्थशास्त्र
	कालगणना, गणित, तर्क	कल्प, ज्योतिष, गणितशास्त्र, शुल्बसूत्र, सिद्धान्त, आर्यभटीय, दशगीतिकासूत्र, सिद्धान्तशिरोमणि, गणितसारसङ्ग्रह, बीजगणितम्
	आयुर्विज्ञान, आयुर्वेद, स्वास्थ्य	आयुर्वेद, सुश्रुतसंहिता, चरकसंहिता
	कामशास्त्र	कामसूत्र, पञ्चसायक, रतिरहस्य, रतिमञ्जरी, अनङ्गरङ्ग, समयमातृका
	महाकाव्य	रामायण, महाभारत
	राजवंशीय काव्य	रघुवंश, कुमारसम्भव
	सुभाषित एवं शिक्षाप्रद साहित्य	सुभाषित, नीतिशतक, बोधिचर्यावतार, श्रृंगार-ज्ञान-निर्णय, कलाविलास, चतुर्वर्गसङ्ग्रह, नीतिमञ्जरी, मुग्धोपदेश, सुभाषितरत्नसन्दोह, योगशास्त्र,

		श्रृंगार-वैराग्य-तरङ्गिणी
	नाटक, नृत्य तथा अन्य कलाएँ	नाट्यशास्त्र
	संगीत	संगीतशास्त्र, संगीतरत्नाकर, संगीत पारिजात
	काव्यशास्त्र	काव्यशास्त्र
	मिथक	पुराण
	दर्शन	दर्शन, सांख्य, योग, न्याय, वैशेषिक, मीमांसा, वेदान्त वैष्णव, शैव, शाक्त, स्मार्त, आदि
	कृषि एवं भोजन	कृषिशास्त्र, वृक्षायुर्वेद
	शिल्प, वास्तुशास्त्र	वास्तुशास्त्र,शिल्पशास्त्र, समराङ्गणसूत्रधार
	मन्दिर, मूर्तिकला	बृहत्संहिता
	संस्कार	गृह्यसूत्र
बौद्ध धर्म	बौद्ध धर्म धर्मग्रन्थ, नियम	त्रिपिटक,महायान सम्प्रदाय के ग्रन्थ, अन्य
जैन धर्म	जैन धर्म धर्मशास्त्र, दर्शन	तत्त्वार्थ सूत्र, महापुराण एवं अन्य

उपरोक्त के अतिरिक्त रसविद्या, तंत्र साहित्य, वैमानिक शास्त्र आदि ग्रंथ संस्कृत में रचे गए हैं जिनमें कुछ आज भी उपलब्ध हैं।

संस्कृत का वर्तमान में उपयोगिता-

वर्तमान में संस्कृत की उपयोगिता विशेष रूप से उसकी विविधता, गहनता, और अद्भुत व्याकरण के कारण है। संस्कृत एक अत्यंत भाषाविज्ञानी भाषा है जो विचारों को स्पष्टता से व्यक्त

करती है। यह भाषा वैज्ञानिक और तकनीकी शब्दावली के लिए एक स्रोत के रूप में भी उपयुक्त है।

संस्कृत के पाठ्यक्रम और पुराणों के माध्यम से, यह भाषा आध्यात्मिक और धार्मिक ज्ञान के आधार के रूप में भी महत्वपूर्ण है। संस्कृत का अध्ययन विद्यार्थियों को मनोवैज्ञानिक तथा बौद्धिक विकास में सहायक होता है और उनकी भाषा ज्ञान को मजबूत करता है।

विज्ञान, धर्म, और साहित्य के क्षेत्र में संस्कृत के उपयोग से, यह भाषा आधुनिक समाज में भी महत्वपूर्ण भूमिका निभा रही है। इसके अतिरिक्त, संस्कृत के महत्वपूर्ण धार्मिक ग्रंथों और उपनिषदों का अध्ययन आत्मज्ञान और आत्म-समर्पण में मदद करता है।

संस्कृत के प्रयोग और अध्ययन से, हम समृद्ध और विविध संस्कृतियों के बीच संबंध बना सकते हैं और एक साथ विकसित हो सकते हैं। इससे सामाजिक सहयोग और समरसता बढ़ती है, जो एक सशक्त और समृद्ध समाज का निर्माण करता है।

भारत और विश्व के लिए संस्कृत का महत्त्व- संस्कृत कई भारतीय भाषाओं की जननी है। संस्कृत भाषा वैज्ञानिक दृष्टि से भारोपीय परिवार की भाषा है। ग्रीक, लैटिन, अंग्रेजी, रूसी, फ्रांसीसी, स्पेनी आदि यूरोपीय भाषाएं इसी परिवार की है। सभी आधुनिक भारतीय भाषाएं संस्कृत से निकली हैं, जैसे– हिन्दी, मराठी, गुजराती, बांग्ला, उड़िया, असमिया, पंजाबी, सिन्धी आदि। इनकी अधिकांश शब्दावली या तो संस्कृत से ली गई है या संस्कृत से प्रभावित है। पूरे भारत में संस्कृत के अध्ययन-अध्यापन से भारतीय भाषाओं में अधिकाधिक एकरूपता आएगी जिससे भारतीय एकता बलवती होगी। यदि इच्छा-शक्ति हो तो संस्कृत को हिब्रू की भाँति पुनः प्रचलित भाषा भी बनाया जा सकता है। हिन्दू, बौद्ध, जैन आदि धर्मों के प्राचीन धार्मिक ग्रन्थ संस्कृत में हैं। हिन्दुओं के सभी पूजा-पाठ और धार्मिक संस्कार की भाषा संस्कृत ही है। हिन्दुओं, बौद्धों और जैनों के नाम भी संस्कृत पर आधारित होते हैं। भारतीय भाषाओं की तकनीकी शब्दावली भी संस्कृत से ही व्युत्पन्न की जाती है। भारतीय संविधान की धारा 343, धारा 348 (2) तथा 351 का सारांश यह है कि देवनागरी लिपि में लिखी और मूलतः संस्कृत से अपनी पारिभाषिक शब्दावली को लेने वाली हिन्दी राजभाषा है। संस्कृत, भारत को एकता के सूत्र में बाँधती है। संस्कृत का साहित्य अत्यन्त प्राचीन, विशाल और विविधतापूर्ण है। इसमें अध्यात्म, दर्शन, ज्ञान-विज्ञान और साहित्य का खजाना है। इसके अध्ययन से ज्ञान-विज्ञान के क्षेत्र में प्रगति को बढ़ावा मिलेगा। संस्कृत को कम्प्यूटर के लिए (कृत्रिम बुद्धि के लिए) सबसे उपयुक्त भाषा माना जाता है।

संस्कृत का अन्य भाषाओं पर प्रभाव- संस्कृत भाषा के शब्द मूलतः रूप से सभी आधुनिक भारतीय भाषाओं में हैं। सभी भारतीय भाषाओं में एकता की रक्षा संस्कृत के माध्यम से ही हो सकती है। मलयालम, कन्नड और तेलुगु आदि दक्षिणात्य भाषाएं संस्कृत से बहुत प्रभावित हैं।

यहाँ तक कि तमिल में भी संस्कृत के हजारों शब्द भरे पड़े हैं और मध्यकाल में संस्कृत का तमिल पर गहरा प्रभव पड़ा।

विश्व की अनेकानेक भाषाओं पर संस्कृत ने गहरा प्रभाव डाला है। संस्कृत भारोपीय भाषा परिवर में आती है और इस परिवार की भाषाओं से भी संस्कृत में बहुत सी समानता है। वैदिक संस्कृत और अवेस्ता (प्राचीन इरानी) में बहुत समानता है। भारत के पड़ोसी देशों की भाषाएँ सिंहल, नेपाली, म्यांमार भाषा, थाई भाषा, ख्मेर संस्कृत से प्रभावित हैं। बौद्ध धर्म का चीन ज्यों-ज्यों प्रसार हुआ वैसे वैसे पहली शताब्दी से दसवीं शताब्दी तक सैकड़ों संस्कृत ग्रन्थों का चीनी भाषा में अनुवाद हुआ। इससे संस्कृत के हजारों शब्द चीनी भाषा में गए। उत्तरी-पश्चिमी तिब्बत में तो आज से 1000 वर्ष पहले तक संस्कृत की संस्कृति थी और वहाँ गान्धारी भाषा का प्रचलन था।

***

पर्यावरण जागरुकता, जल संरक्षण प्रथाऐं, प्राचीन चिकित्सा पद्धतियाँ व परम्पराऐं

पर्यावरण जागरूकता और जल संरक्षण प्रथाएं : पर्यावरण संरक्षण के लिए भारतीय दृष्टिकोण सतत विकास के सिद्धांतों और प्राकृतिक संसाधनों के संरक्षण के साथ आर्थिक विकास को संतुलित करने की आवश्यकता द्वारा निर्देशित है। सरकार ने पर्यावरण की रक्षा के लिए विभिन्न कानूनों और नीतियों को लागू किया है, जैसे जल (प्रदूषण की रोकथाम और नियंत्रण) अधिनियम, वायु (प्रदूषण की रोकथाम और नियंत्रण) अधिनियम, वन्यजीव संरक्षण अधिनियम और वन (संरक्षण) अधिनियम। इसके अतिरिक्त, भारत ने अपनी जैव विविधता के संरक्षण के लिए कई राष्ट्रीय उद्यानों और वन्यजीव अभ्यारण्यों की स्थापना की है। देश ने पर्यावरणीय चुनौतियों का समाधान करने के लिए स्वच्छ भारत अभियान (स्वच्छ भारत अभियान), राष्ट्रीय नदी संरक्षण योजना और जलवायु परिवर्तन पर राष्ट्रीय कार्य योजना जैसी कई पर्यावरणीय पहल भी शुरू की हैं।

कुल मिलाकर, पर्यावरण संरक्षण के लिए भारतीय दृष्टिकोण सरकार, नागरिक समाज और निजी क्षेत्र को शामिल करते हुए एक महत्वपूर्ण दृष्टिकोण पर जोर देता है. पर्यावरण संरक्षण के मुख्य उद्देश्य हैं:

प्राकृतिक संसाधनों का संरक्षण- वर्तमान और भावी पीढ़ियों के लिए प्राकृतिक संसाधनों जैसे वायु, जल, भूमि और जैव विविधता का संरक्षण करना।

प्रदूषण में कमी- सार्वजनिक स्वास्थ्य और पर्यावरण की रक्षा के लिए वायु प्रदूषण, जल प्रदूषण और मिट्टी प्रदूषण सहित पर्यावरण प्रदूषण को कम करने और रोकने के लिए।

जलवायु परिवर्तन की रोकथाम- जलवायु परिवर्तन के प्रभावों को कम करने, ग्रीनहाउस गैस उत्सर्जन को कम करने और नवीकरणीय ऊर्जा को बढ़ावा देने के माध्यम से कम कार्बन, मजबूत भविष्य में परिवर्तन करने के लिए।

सतत विकास- पर्यावरण की सुरक्षा के साथ आर्थिक विकास को संतुलित करके सतत विकास को प्रोत्साहित करना।

जैव विविधता संरक्षण- वन्य जीवन, जंगलों और महासागरों सहित जैव विविधता और पारिस्थितिक तंत्र का संरक्षण और सुरक्षा करना।

सार्वजनिक स्वास्थ्य- खतरनाक प्रदूषकों और जहरीले रसायनों के जोखिम को कम करके सार्वजनिक स्वास्थ्य की रक्षा करना।

पर्यावरण शिक्षा और जागरूकता- पर्यावरण के मुद्दों और पर्यावरण संरक्षण के महत्व के बारे में जन जागरूकता और शिक्षा बढ़ाने के लिए।

ऐतिहासिक पृष्ठभूमि- भारतीय संस्कृति में प्रकृति को परमेश्वर की शक्ति के रूप में आंका गया है। प्रकृति से खिलवाड़ या उपेक्षा विनाश का कारण बनेगी। अतिभौतिकतावादी दृष्टिकोण भारत में मान्य नहीं तथापि भौतिकता की उपेक्षा भी नहीं है। देश की धरती को 'अन्नवतां मोदनवतां' आदि विशेषणों से संयुक्त किया गया है। 'मोदनवतां' कहते ही आनन्द और सुख की सामग्री की प्रचुरता की अपेक्षा है। इस हेतु पुरुषार्थ तथा प्रकृति दोनों में परस्पर श्रेष्ठता, पवित्रता तथा आत्मीयता का भाव है। 'माता पृथ्वी पुत्रोऽहं पृथिव्या:' कहा है धरती को 'विष्णुपत्नी' कहा है। साथ ही 'वीर भोग्या वसुन्धरा' भी कहा है अर्थात् अकर्मण्यता, निष्क्रियता भारतीय संस्कृति में अपेक्षित नहीं। किन्तु अतिभौतिकता की ओर मनुष्य उन्मुख न हो इसलिए 'ईशावास्यमिदं सर्वं यत्किंचित् जगत्यां जगत्, तेन त्यक्तेन भुंजीथा: मा गृध: कस्यस्विद्धनम्' भी कहा है।

यह बात सूत्रों या विद्वानों के बीच तक न रह जायें इसलिए इसे लोकव्यापी बनाया गया है। चार प्रकार के प्राणियों (जरायुज, अण्डज, स्वेदज एवं उद्विज) में समस्त वनस्पतियाँ उद्विज श्रेणी की हैं। इनमें प्राण है। ये अचर जीव श्रेणी में है।

वर्तमान विज्ञान में प्राणिशास्त्र और आणविक प्राणिशास्त्र (माइक्रो बायबाजी) विषय विकसित किये गये हैं। इन्हें अकारण कष्ट पहुंचाना तोड़ना आदि निषेध है। रात्रि में विशेष रूप से पेड़ों के स्पर्श का वर्जन है। लोक व्यवहार में, वे रात्रि में सोते हैं, ऐसा कहा जाता है। मनुष्य शरीर की संरचना यद्यपि ईश्वर ने मूलत: शाकाहारी बनाया है परन्तु वह अप्राकृत मांसाहार की ओर भी प्रवृत्त हो गया है। यह वैज्ञानिक शोधों से प्रमाणित हो चुका है कि मांसाहार से सैकड़ों असाध्य रोग उत्पन्न होते हैं। अण्डों का प्रयोग भी मांसाहार की श्रेणी में आता है। यह मांसाहार और अण्डों का प्रयोग अनपढ़ पिछड़े या मूर्ख ही नहीं, विद्वान और जानकार लोग, इसमें अग्रणी

हैं। वैज्ञानिक और शोधकर्ता तथा ऐसे डाक्टर, जो मांसाहार तथा तम्बाखू के दुष्प्रभाव से लोगों को सचेत करते हैं, भी शामिल हैं।

भारतीय संस्कृति में अन्य उपाय भी अपनाये हैं। एक है श्रद्धा का निर्माण। वैसे तो आयुर्वेद के अनुसार एक भी वनस्पति विश्व में ऐसी नहीं है जिसका औषधीय प्रयोग न हो। जो अत्यधिक उपयोगी तथा सहज सुलभ है इन्हें देवताओं से सम्बन्धित कर दिया है ऐसे वृक्ष तथा पौधों में कुछ है-

विशेष रूप से दूर्वा को गणेश से, तुलसी विष्णु से, बेल शिव से, नीम देवी से, पीपल तथा बट (बरगद) को विष्णु से तथा उनका ही माना जाता है। पुष्पों, जड़ों, फलों के साथ भी ऐसे संबंध है।

भारतीय ज्ञान परम्परा में वर्जित माना गया है –

- हरे वृक्षों को काटना,

- रात्रि के समय पेड़ों को हिलाना,

- फूल या पत्ती तोड़ना,

- आवश्यकता से अधिक या अनावश्यक रूप से लोभ के कारण पेड़ों को कष्ट पहुँचाना पाप है।

- पेड़ काटना पुत्रहत्या के समान है।

इसके साथ ही एक वृक्ष लगाना, उसका पोषण करना सौपुत्रों के समान कल्याणकारी माना गया है। तुलसी को विष्णुप्रिया ही नहीं, लक्ष्मीस्वरूपा भी कहा गया है। बेल के वृक्ष को शिवस्वरूप बताया गया है। बिल्वष्टक में कहा गया है कि 'मूलता ब्रह्मरूपाय मध्यतो विष्णुरूपाय अग्रत: शिवरूपाय' गीता में 'अश्वत्थ: सर्ववृक्षाणाम्'। पीपल में ब्रह्म का वास है तो एक श्लोक में 'वटस्य पत्रस्य पुटेसायां बालं मुकुन्दं मनसा स्मरामि'। सफेद आक की जड़ में गणेश की प्रतिकृतिका निर्माण आदि वृक्षों के संरक्षण की प्रेरणा देता है। वृक्षों की पत्तियों के बन्दनवार आदि का प्रयोग वनस्पतियों से निकटता बढ़ाने में सहायक होता है। इसलिए इनके पोषण और सेवा का आग्रह किया गया है। अनेक पर्वो में विशेष वृक्षों के पूजन तथा उनकी निकटता आवश्यक मानी जाती है। सोमवती अमावस्या, वट सावित्री व्रत, आवला नवमी आदि तथा सत्यनारायण कथा व्रतादि में कदली (केले) का, वन्दनवारी में आम, अशोक आदि के पत्रों का उपयोग, विजयादशमी पर शमीपत्र का बजलियां में बालों का आदान-प्रदान आदि की अपरिहार्यता के कारण वृक्षों का संरक्षण प्रत्येक भारतीय करता ही है।

औषधीय प्रयोग के लिए वनस्पतियों को विशेष नक्षत्र में निमंत्रण देकर दूसरे दिन उनको लेना चाहिए तथा उनसे प्रार्थना करनी चाहिए कि वे लोककल्याण के लिए प्राणियों की जीवन रक्षा में सहायक हों तभी उनसे पूर्ण लाभ प्राप्त होता है। स्पष्टत:, वनस्पतियों के संरक्षण में ये बातें सहायक होती रही हैं। वेदों में पर्यावरण संरक्षण - वेदों, प्राचीन हिंदू शास्त्रों में पर्यावरण संरक्षण और प्राकृतिक संसाधनों के संरक्षण के महत्व के संदर्भ हैं।

उदाहरण के लिए 'प्रकृति के साथ सद्भाव में रहने' का विचार वैदिक मंत्रों में व्यक्त किया गया है, जो स्थायी रूप से प्राकृतिक संसाधनों के उपयोग को प्रोत्साहित करते हैं। वेद प्रकृति के संतुलन को बनाए रखने के महत्व के साथ-साथ सभी जीवित प्राणियों की अन्योन्याश्रितता पर भी जोर देते हैं। इसके अतिरिक्त, वेदों में वर्णित कुछ अनुष्ठानों और प्रथाओं, जैसे वृक्षारोपण और जल संरक्षण, का उद्देश्य पर्यावरण संरक्षण को बढ़ावा देना है। कुल मिलाकर, वेद पर्यावरण संरक्षण के लिए एक समग्र दृष्टिकोण पर जोर देते हैं, सभी जीवन की परस्पर संबद्धता को पहचानते हैं और भविष्य की पीढ़ियों के लिए प्राकृतिक दुनिया को संरक्षित करने की आवश्यकता है। आइए, हमारे पर्यावरण में उपस्थित विभिन्न मंडलों की संरचना एवं भारतीय परंपरा में उसके संरक्षण की बात कही गई है, उसका विवेचन करते हैं-

स्थलमंडल संरचना एवं संरक्षण - ब्रम्हांड का मात्र 29 % भाग ही महाद्वीप, द्वीप तथा पृथ्वी का है और स्थल मण्डल पृथ्वी का ठोस भाग है। जहां पर खनिज संसाधनों का भंडार है। इन संसाधनों का मानव लोभवश अंधाधुंध दोहन करके धरती का विनाश करने जा रहा है। अथर्ववेद के पृथ्वी सूक्त में अनेक शक्तियों से सम्पन्न औषधियों अन्न तथा फल देने वाली कृषि तथा अनेक वृक्ष तथा वनस्पतियों का उल्लेख है जिनका संरक्षण तथा उचित प्रयोग मानव से सदैव अपेक्षित रहा है। इस सूक्त के 35 वें मंत्र में भूमि को किसी भी प्रकार की क्षति न पहुंचाने का स्पष्ट रूप से उल्लेख है तथा प्राकृतिक तरीके से की जाने वाली कृषि को प्रधानता दी गई है। स्वच्छ पर्यावरण केवल मनुष्यों के लिए ही आवश्यक नहीं है अपितु उत्तम खेती और फसल व जीव जंतुओं के लिए भी आवश्यक है।

अथर्ववेद के 12 वें कांड के प्रथम सूक्त में पृथ्वी का महत्व प्रदर्शित करते हुए सभी प्राणियों को पृथ्वी का पुत्र कहा गया है- 'माता भूमि: पुत्रो अहं पृथिव्या:।' वेदों में कहा गया है कि नदी, खानों, समुद्रों तथा पर्वतों से हम उतना ही ग्रहण करें जो हमारे लिए पर्याप्त तथा सुखकारी हो क्योंकि यदि इसके विपरीत किया तो पृथ्वी कांपने लगती है- भूमियांमूषु रेजते।

ऋग्वेद में उल्लेखित है कि- यह द्युलोक, पृथ्वी लोक, वनस्पतियाँ तथा जल एक बार ही उत्पन्न होता है, पुन: नहीं आता इसका संरक्षण आवश्यक है। (ऋग्वेद 6.48.22)। इस प्रकार वेदों में निहित भावना का अनुकरण करके पृथ्वी का संरक्षण के प्रयास हमें अवश्य करना चाहिए।

जल-मण्डल संरचना और संरक्षण - सभी प्राणियों को जल की आवश्यकता होती है। इस पृथ्वी का लगभग 3 चौथाई हिस्सा जल का है। हाइड्रोजन तथा ऑक्सीजन की आवश्यकता पूर्ति भी जल से होती है। पृथ्वी पर 1.386 बिलियन क्यूबिक किलोलीटर जल है जिसका लगभग 97% अर्थात 1.320 बिलियन क्यूबिक किलोलीटर समुद्री जल है। जल झील, तालाब, नदी तथा नलकूपों आदि में मिलता है। जो जीव मात्र के लिए अत्यंत उपयोगी है। ऋग्वेद में (5.53.9) में कहा गया है कि पृथ्वी पर निरंतर जल बहता रहे और वर्षा द्वारा इसमें निरंतर वृद्धि होती रहे। वर्षा के लिए यज्ञ किए जाएं। यज्ञों की महत्ता का वर्णन जगह-जगह मिलता है। पृथ्वी सूक्त में कहा गया है कि वन तथा वृक्ष पृथ्वी पर वर्षा लाते हैं- वृक्ष ही मिट्टी को बहने से रोकते हैं- उसका संरक्षण करते हैं। बाढ़ और सूखे दोनो का ही प्रतिरक्षण वृक्षों से होता है। देवों द्वारा बसाये गए नगर तथा अच्छे उद्योगों का उल्लेख भी पर्यावरण प्रदूषण से बचाए रखने की ओर एक संकेत है। यही कारण है कि पृथ्वी पर अन्याय पूर्वक वास करने वालों को खदेड़ने की बात अथर्ववेद के पृथ्वी सूक्त (12.1.43) में यह बात कही गई है। भूमि सूक्त शुद्ध जल की बात करता है- शुद्धा न आपस्तन्वे क्षरन्तु। (अथर्ववेद 12.1. 30)।

विश्व के सबसे प्राचीनतम ग्रंथ ऋग्वेद में 5 तत्वों में मुख्य जल की दैवीय रूप स्वीकार कर स्तुति की गई है। वेदों में जल प्रदूषण समस्या का व्यापक चिंतन का उल्लेख मिलता है। सभी प्राणियों के लिए शुद्ध जल जीवन का आधार है।

वायुमंडल: संरचना और संरक्षण - स्थल मण्डल तथा जल मण्डल के ऊपर गैसों का आवरण बनाने वाला वायुमंडल है। इसकी कोई निश्चित सीमा नही है। इसमें गैसों की उपस्थिति 200 मील ऊपर तक मिलती है। वायुमंडल में लगभग आक्सीजन 21%, नाइट्रोजन 78%, कार्बन डाइऑक्सिइड 0.04% , जल वाष्प अनियमित मात्रा में तथा निष्क्रिय गैसें बहुत थोड़ी मात्रा में उपस्थित हैं। आधुनिक जीवन शैली ने प्राणवायु को कमजोर कर दिया है जिससे अनेक व्याधियाँ मानव जीवन, जीव-जंतु, वनस्पति संसाधन आज खतरे में हैं। वैदिक ग्रंथों में वायुमंडल के संरक्षण की बात कही गई है। शुद्ध वायु को अमूल्य निधि के रूप में मान्यता दी गई है- वात आ वातु भेषजं -अर्थात जो हमारे हृदय के लिए दवा के समान उपयोगी है, आनंददायक है।

अथर्ववेद में कहा गया है कि पृथ्वी का संरक्षण मानव का कर्तव्य है और तब ही संभव है जब वह प्रतिबद्ध रहे और यज्ञ आदि अच्छे कार्य करे। पर्यावरण का स्वच्छ एवं सन्तुलित होना मानव सभ्यता के अस्तित्व के लिए आवश्यक है। पाश्चात्य सभ्यता को यह तथ्य बीसवीं शती के उत्तरार्द्ध में समझ में आया है, जबकि भारतीय मनीषा ने इसे वैदिक काल में ही अनुभूत कर लिया था। हमारे ऋषि-मुनि जानते थे कि पृथ्वी, जल, अग्नि, अन्तरिक्ष तथा वायु इन पंचतत्वों से ही मानव शरीर निर्मित है- पंचस्वन्तु पुरुष आविवेशतान्यन्त: पुरुषे अर्पितानि। उन्हें इस तथ्य का भान था कि यदि इन पंचतत्वों में से एक भी दूषित हो गया तो उसका दुष्प्रभाव

मानव जीवन पर पड़ना अवश्यम्भावी है। इसलिए उन्होंने इसके सन्तुलन को बनाए रखने के लिए प्रत्येक धार्मिक कृत्य करते समय लोगों से प्रकृति के समस्त अंगों को साम्यावस्था में बनाए रखने की शपथ दिलाने का प्रावधान किया था, जो आज भी प्रचलित है- द्यौ: शान्तिरन्तरिक्षं शान्ति: पृथिवी शान्ति राप: शान्ति रौषधय: शान्ति। वनस्पतय: शान्तिर्विश्वेदेवा शान्तिर्ब्रह्मं शान्ति: सर्वशान्तिदेव शान्ति: सामा शान्तिरेधि। अत: स्पष्ट है कि यजुर्वेद का ऋषि सर्वत्र शान्ति की प्रार्थना करते हुए मानव जीवन तथा प्राकृतिक जीवन में अनुस्यूत एकता का दर्शन बहुत पहले कर चुका था। ऋग्वेद का नदी सूक्त एवं पृथिवी सूक्त तथा अथर्ववेद का अरण्यानी सूक्त क्रमश: नदियों, पृथिवी एवं वनस्पतियों के संरक्षण एवं संवर्धन की कामना का संदेश देते हैं। भारतीय दृष्टि चिरकाल से सम्पूर्ण प्राणियों एवं वनस्पतियों के कल्याण की आकांक्षा रखती आई है।

'यद्पिण्डे तद् ब्रह्माण्डे' सूक्ति भी पुरुष तथा प्रकृति के मध्य अन्योन्याश्रय सम्बन्ध की विज्ञानपुष्ट अवधारणा को बताती है। स्वच्छ जल एवं स्वच्छ परिवेश किसी भी सामाजिक वातावरण के पल्लवन एवं विकसन की अपरिहार्य आवश्यकता है। जीव-जन्तुओं हेतु अनुकूल परिस्थितियों में ही जीव-जन्तुओं का समाज पुष्पित-पल्लवित होता है। अत: सामाजिक विकास में पर्यावरण तथा जल संरक्षण की अनिवार्यता को विस्मृत नहीं किया जा सकता। अथर्ववेद में कहा गया है कि अग्नि (यज्ञाग्नि) से धूम उत्पन्न होता है, धूम से बादल बनते हैं और बादलों से वर्षा होती है। वेदों में यज्ञ का अर्थ 'प्राकृतिक चक्र को सन्तुलित करने की प्रक्रिया' कहा गया है।

वैज्ञानिकों ने भी यह स्वीकार किया है कि यज्ञ द्वारा वातावरण में ऑक्सीजन तथा कॉर्बन डाइ ऑक्साइड का सही सन्तुलन स्थापित किया जा सकता है। अत: यह तथ्य भी विज्ञान की कसौटी पर खरा उतरा है। वेदों तथा वेदांगों में अनेक स्थलों पर यज्ञ द्वारा वर्षा के उदाहरण मिलते हैं, जिनकी भारत सरकार के तत्त्वावधान में 12 फरवरी, सन् 1976 को हुए भारतीय वैज्ञानिकों के सम्मेलन में पुष्टि की जा चुकी है। यही नहीं जून 2009 में भारतीय वैज्ञानिकों ने उ.प्र. के उन्नाव जिले के कुछ खेतों में वैदिक ऋचाओं के समवेत गायन के कैसेट बजाने से पैदावार में दो से तीन गुनी तक अधिक वृद्धि लक्षित की है।

यास्कीय निघण्टु में वन का अर्थ जल तथा सूर्यकिरण एवं पति का अर्थ स्वामी माना गया है। इससे ऐसा प्रतीत होता है कि वैदिक ऋषि इस विज्ञानसम्मत धारणा से अवगत थे कि वन ही अतिवृष्टि तथा अनावृष्टि से उनकी रक्षा कर सकते हैं। इसलिए ऋग्वेद में वनस्पतियों को लगाकर वन्य क्षेत्र को बढ़ाने की बात कही गयी है। सम्भवत: इसी कारण से उन्होंने वन्य क्षेत्र को 'अरण्य' अर्थात रण से मुक्त या शान्ति क्षेत्र घोषित किया होगा, ताकि वनस्पतियों को युद्ध की विभीषिका से नष्ट होने से बचाया जा सके। अथर्ववेद में जल की महत्ता को प्रतिपादित करते

हुए कहा गया है कि जिससे बढ़ने वाली वनस्पतियाँ आदि अपना जीवन प्राप्त करती हैं, वह जीवन का सत्व पृथ्वी पर नहीं है और न द्युलोक में है, अपितु अन्तरिक्ष में है तथा अन्तरिक्ष में संचार करने वाले मेघमण्डल में तेजस्वी पवित्र और शुद्ध जल है। जिन मेघों में सूर्य दिखाई देता हो, जिनमें विद्युत रूपी अग्नि कभी व्यक्त और कभी गुप्त रूप से दिखाई देती हो, वह जल ही हमें शुद्धता, शान्ति और आरोग्य दे सकता है, जिसे विज्ञान भी स्वीकार करता है।

सुप्रसिद्ध इन्द्रवृत्र आख्यान भी जल के महत्तव को प्रतिपादित करता है। इन्द्र वर्षा के जल को बाधित करने वाले दैत्य वृत्रासुर रूपी अकाल का ऋषि दधीचि की सहायता से संहार करते हैं तथा स्वच्छ वारिधाराओं का धरती पर निर्बाध विचरण सुनिश्चित करते हैं। यही कारण है कि इन्द्र को जल के देवता की भी संज्ञा दी गई है। वैदिक ऋषि जल के औषधीय स्वरूप से भी भली-भाँति परिचित थे, सम्भवत: इसी कारण उन्होंने जल को 'शिवतम रस' की संज्ञा दी थी। ऋग्वेद का ऋषि प्रार्थना करते हुए कहता है कि हे सृष्टि में विद्यमान जल ! तुम हमारे शरीर के लिए औषधि का कार्य करो ताकि हम नीरोग रहकर चिर काल तक सूर्य का दर्शन करते रहें, अर्थात् दीर्घायु हों। यजुर्वैदिक ऋषि शन्नो देवीरभिष्टय आपो भवन्तु पीतये। शन्योरभिस्रवन्तु न: कहकर शुद्ध जल के प्रवाहित होने की कामना करता है। अथर्ववेद में पृथिवी पर शुद्ध पेय जल के सर्वदा उपलब्ध रहने की ईश्वर से कामना की गयी है- 'शुद्धा न आपस्तन्वे क्षरन्तु यो न: सेदुरप्रिये तं नि दध्म:। पवित्रेण पृथिवि मोत् पुनामि॥'

भगवान श्रीकृष्ण ने श्रीमद्भागवद्गीता में स्वयं को नदियों में भागीरथि गंगा तथा जलाशयों में समुद्र बताकर (स्रोतसास्मि जाह्नवी सरसामस्मि सागर:) जल की महत्ता को स्वीकृति प्रदान की है। भारतीय मनीषा की दृष्टि में जलस्रोत केवल निर्जीव जलाशय मात्र नहीं थे, अपितु वरुण देव तथा विभिन्न नदियों के रूप में उसने अनेक देवियों की कल्पना की थी।इसी कारण स्नान करते समय सप्तसिन्धुओं में जल के समावेश हेतु आज भी इस मंत्र द्वारा उनका आह्वान किया जाता है-

गंगे च यमुने चैव गोदावरि सरस्वति।

नर्मदे सिन्धु कावेरी जलेऽस्मिन सन्निधिम् कुरु॥

वैदिक काल में भी पर्यावरण के प्रदूषित होने की समस्या उपस्थित हुई थी तथा समुद्र मन्थन और कुछ नहीं, अपितु देवताओं एवं असुरों द्वारा प्रकृति का निर्दयतापूर्वक दोहन था, जिससे अमृत के साथ-साथ हलाहल के रूप में प्रदूषण ही निकला होगा। कुछ वैज्ञानिकों का मत है कि यह जहरीली फास्जीन गैस थी।

उस समय भगवान शिव ने प्रदूषण रूपी हलाहल का पान का सृष्टि को प्रदूषण मुक्त किया था। इससे ऐसा प्रतीत होता है कि सम्भवत: भगवान शिव ने प्रदूषण फैलाने वाले स्रोतों को नष्ट कर धरती को प्रदूषण से रहित किया होगा।

बृहदारण्यकोपनिषद में जल को सृजन का हेतु स्वीकार किया गया है और कहा गया है कि पंचभूतों का रस पृथ्वी है, पृथ्वी का रस जल है, जल का रस औषधियाँ हैं, औषधियों का रस पुष्प हैं, पुष्पों का रस फल हैं, फल का रस पुरुष हैं तथा पुरुष का रस वीर्य है, जो सृजन का हेतु है। मत्स्य पुराण में पादप का अर्थ पैरों से जल पीने वाला बताया गया है।इस तथ्य से भी वनस्पतियों एवं जल के वैज्ञानिक सम्बन्धों की पुष्टि की गई है।

पर्यावरण और वर्तमान परिदृश्य- आज की आवश्यकता है कि हम अपनी परम्पराओं के प्रति निष्ठावान हों। उसको आज के संदर्भ के सात रहकर जब हम लोगों को बतायेंगे तब जो लोकचेतना जागृत होंगी वह अंधविश्वास की कथित दीवार को ही गिराकर मनुष्य के मन में जगी हुई भौतिकता की कामना पर भी अंकुश लगायेगी। संयम, संतुलन एवं सामंजस्य के सहारे पर्यावरण की रक्षा में प्रगति सार्थक तथा स्थायी होगी। यह ध्यान रखना होगा कि सामने वाले व्यक्ति की प्रवृत्ति तथा तथ्य को समझने की क्षमता के अनुरूप ही बात को रखा जाय। हमारी बात उसे बेझिल या परिहासपूर्ण एवं उपेक्षणीय न लगे।

ऐसे ही हमें प्रदूषण रोकने के विषय में भी सोचना चाहिए। खेतों में विभिन्न प्रकार के रासायनिक अपद्रव्य जो हानिकारक हैं उनका छिड़काव प्रतिबंधित होना चाहिए। ऐसे उद्योग जिनके रासायनिक अपद्रव्य मलामल आदि जो प्राणिमात्र के लिए हानिकारक हैं- उनका नगर, ग्राम बस्ती में उत्पेक्षण न हो और न नालों से होता हुआ नदी में जाय। अब आधुनिक रासायनिक खाद, औद्योगि केन्द्रों से निस्सारित अपद्रव्यों के कारण जल की मूल संरचना ही बदल रही है। फ्लूराइड आदि की समस्या तो अब ऐसे स्थानों में भी देखने में आ रही है। जहाँ का पानी पहिले अच्छा रहा है। इसलिये प्रत्येक स्तर पर प्रदूषण रोकने की बात चर्चा में आती है।

भारतीय जीवन पद्धति में जलाशय, नदी, तालाब, कूप, झरने आदि के निकट मल-मूत्र विसर्जन करना निषिद्ध रहता है, कम से कम 100 गज दूर करने को कहा है। हवा, वर्षा या अन्यान्य कारणों से भी ये पदार्थ तथा प्रदूषणकारी द्रव्य जलाशय में न पहुँच सकें। नदियों के प्रति पवित्र भाव, श्रद्धा एवं मोक्षदायी भावना, उनके श्रेष्ठ गुणों की रक्षा की प्रेरणा भक्ति भावना के कारण सहज उत्पन्न होती है। गंगा का जल कभी खराब नहीं होता तथा उसका कीटाणुनाशक गुण तो विलक्षण है।

अन्य पवित्र नदियों का जल वर्ष भर खराब नहीं होता, साधारण नदियों का जल सप्ताह भर खराब नहीं होता जबकि विश्व की अनेक नदियों का जल नदी से निकालने के 5-10 मिनट बाद ही खराब हो जाता है। ब्रिटिश काल में और स्वतंत्र भारत में इन नदियों की श्रेष्ठता नष्ट करने

के प्रयास दूरगामी योजना से बने। नगर के नालों से मलमूत्र, चर्म तथा अन्य उद्योगों के निस्तारित पानी को, जो अत्यन्त हानिकारक हैं- सीधा ही नगर-ग्राम के पास जोड़ा गया और अब प्रदूषित गंगा जैसी बातों की चर्चा की जा रही है।

आवश्यकता है ऐसे जनमल तथा अपद्रव्यों को नदी में सीधा न मिलाया जाये। जीवन की सुरक्षा, स्वास्थ्य एवं भावों की पवित्रता के लिए सभी सुविधाओं का त्याग करना उचित है। 'जान है तो जहान है', की उक्ति ध्यान में रखना चाहिए। निसंदेह प्राचीन ऋषि -मुनियों की धारणा मानव हित रही और उनकी यही धारणा भारतीय संस्कृति का द्योतक है। मनुष्य अपनी इच्छाओं को वश में रखकर प्रकृति से उतना ही स्वीकार करें कि उसकी पूर्णता को हानि न पहुंचे। क्योंकि यदि हम पर्यावरण के प्रति संवेदनशील नही बने तो हमारी संस्कृति का विनाश अवश्यंभावी है।

प्राचीन भारतीय चिकित्सा पद्धति- प्राचीन भारत का इतिहास अत्यंत ही गौरवशाली रहा है, भारतवर्ष में ऐसे अनेक साक्ष्य मौजूद हैं जो आश्चर्यचकित कर देने वाले रहें हैं। प्राचीन भारत में लिखे अनेक ग्रंथ हैं जो हमें यह बताते हैं कि प्राचीन भारत में तमाम तकनीकी आविष्कार और वैज्ञानिक खोज तब हो गए थे जब विश्व के अन्य हिस्सों में लोग यायावरी अर्थात पेट भरने के लिए भोजन पानी जूटा रहे थे। प्राचीन भारत में कई ऐसे वैज्ञानिक खोजें हुई जैसे गणित, रसायन, खगोल, भौतिक, तकनीकी, चिकित्सा तथा योग के क्षेत्र में अभूतपूर्व विकास हुआ जिन पर हम गर्व करते हैं इन्होंने न केवल भारत को बल्कि विश्व को ज्ञान दिया यहाँ की इन विधियाँ को ले जाकर विश्व के अन्य देशों ने उस ज्ञान को आगे बढ़ाकर नए स्वरूप में पेश किया। हम यह नहीं कहना चाहते कि सभी वैज्ञानिक खोजें भारत ने ही की परंतु 2600 साल पुराने इन गौरवशाली साक्ष्यों को झुठलाया नही जा सकता है। भारतीय चिकित्सा पद्धति में निम्न बातों पर विशेष ध्यान दिया जाता था-

भावना तथा विचार की शुद्धि व नियमन हेतु विशेष रूप से योग विज्ञान सहयोगी है।

शरीर के स्तर पर चिकित्सा हेतु आयुर्वेद एवं अन्य पद्धतियाँ विकसित हुई। आयुर्वेद में शरीर रचना, रोगोत्पत्ति के कारण, उनके प्रकार, रोगी परीक्षण, औषधि योजना, औषधि निर्माण, शल्य चिकित्सा आदि के द्वारा मनुष्य को निरोगी व सुखी करने हेतु प्रयत्न किये गये । मनुष्य को दुख दोनों प्रकार के होते हैं – 1. आधि – मन के रोग, 2. व्याधि – शरीर के रोग।

कुछ वर्षों पूर्व इंग्लैण्ड के शल्य चिकित्सकों के विश्व प्रसिद्ध संगठन ने एक कैलेण्डर निकाला, उसमें विश्व के अब तक के श्रेष्ठ सर्जनों के चित्र दिये गये थे। उसमें पहला चित्र आचार्य सुश्रुत का था तथा उन्हें विश्व का पहला शल्य चिकित्सक बताया गया था।

वैसे भारतीय परम्परा में शल्य चिकित्सा का इतिहास बहुत प्राचीन है। इस क्षेत्र में प्राचीन काल में हमारे देश के चिकित्सकों ने अच्छी प्रगति की थी। अनेक ग्रंथ रचे गये। ऐसे ग्रंथों के

रचनाकारों में सुश्रुत, पुष्कलावत, गोपरक्षित, भोज, विदेह, निमि, कंकायन, गार्ग्य, गालव, जीवक, पर्वतक, हिरण्याक्ष, कश्यप आदि के नाम विशेष उल्लेखनीय हैं। इन रचनाकारों के अलावा अनेक प्राचीन ग्रंथों से इस क्षेत्र में भारतीयों की प्रगति का ज्ञान होता है।

ऋग्वेद तथा अथर्ववेद में दिल, पेट तथा वृक्कों के विकारों का विवरण है। इसी तरह शरीर में नवद्वारों तथा दस छिद्रों का विवरण दिया गया है। वैदिक काल के शल्य चिकित्सक मस्तिष्क की शल्य क्रिया में निपुण थे। ऋग्वेद (८-८६-२) के अनुसार जब विमना और विश्वक ऋषि उद्भ्रान्त हो गये थे, तब शल्य क्रिया द्वारा उनका रोग दूर किया गया। इसी ग्रंथ में नार्षद ऋषि का भी विवरण है। जब वे पूर्ण रूप से बधिर हो गये, तब अश्विनी कुमारों ने उपचार करके उनकी श्रवण शक्ति वापस लौटा दी थी। नेत्र जैसे कोमल अंग की चिकित्सा तत्कालीन चिकित्सक कुशलता से कर लेते थे। ऋग्वेद (१-११६-११) में शल्य क्रिया द्वारा वन्दन ऋषि की ज्योति वापस लाने का उल्लेख मिलता है।

शल्य क्रिया के क्षेत्र में बौद्ध काल में भी तीव्र गति से प्रगति हुई। 'विनय पिटक' के अनुसार राजगृह के एक श्रेष्ठी के सिर में कीड़े पड़ गये थे। तब वैद्यराज जीवक ने शल्य क्रिया से न केवल वे कीड़े ही निकाले, बल्कि इससे बने घावों को ठीक करने के लिए उन पर औषधि का लेप किया।

यूं तो वैदिक काल से ही भारतीय चिकित्सा पध्दती अपनाई गई थी, परंतु उसका वास्तविक विकास चरक एवं सुश्रुत के द्वारा संभव हुआ। उन्होंने चिकित्सा विज्ञान पर महत्वपूर्ण दो ग्रंथ लिखीं। पहला चरक संहिता तथा दूसरा सुश्रुत संहिता। ये ग्रंथ अथर्ववेद के 1000 वर्ष बाद रची गई। प्राचीन भारत में मानव माध्यमिक ज्ञान पर अधिक जोर देते थे परंतु वे सांसारिक जीवन में व्यावहारिक ज्ञान को अनदेखा नहीं करते थे इसी के मध्येनजर उन्होंने विज्ञान जगत के अनेक पहलुओं जैसे- नक्षत्र विज्ञान, गणित, रसायन, भौतिक विज्ञान तथा चिकित्सा विज्ञान के क्षेत्र में अभूतपूर्व योगदान दिया। मुनाका उपनिषद में उल्लेखित है कि वैदिक कालीन विद्वानों का मानना था कि आध्यात्मिक शिक्षा प्राप्त करने के लिए पहले सांसारिक विद्या प्राप्त करना आवश्यक है। जिसके लिए वे विज्ञान सीखने में रुचि बढ़ाने लगे। चरक संहिता बौद्धकाल से भी पूर्व की है। चरक संहिता के महत्व को दर्शाते हुए पी. सी. राय ने कहा है कि— 'चरक की पुस्तकें पढ़ने से ऐसा लगता है कि वह संसार के चिकित्सा विज्ञान विशेषज्ञों की सभा में बैठे हों जो हिमालय क्षेत्र में की जा रही हो क्योंकि जो कृति उन्होंने लिखी हैं वो इस प्रकार की है कि जैसे चिकित्सा विज्ञान के विशेषज्ञों की कोई सभा चल रही हो।'

विज्ञान के क्षेत्र में प्राचीन भारत में अनेक खोजें 2600 साल पूर्व ही हो चुके थे। प्राचीन भारतीय चिकित्सा प्रणाली हजारों साल पूर्व से ही उन्नतशील अवस्था में थी, विश्व के अनेक

देशों के द्वारा भारतीय चिकित्सा पद्धति को अपनाया गया। वर्तमान में यह विधि अनुकरणीय है।

आयुर्वेद क्या है? भारतीय चिकित्सा पध्दती आयुर्वेद पर आधारित होने के कारण इस विषय पर जानकारी प्राप्त करना आवश्यक है। सरल अर्थों में आयुर्वेद शब्द का शाब्दिक अर्थ है अच्छे स्वास्थ्य और जीवन की लंबी उम्र का विज्ञान। प्राचीन भारतीय चिकित्सा पद्धति न केवल रोगों के उपचार में बल्कि रोगों के कारणों और लक्षणों का पता लगाने में भी मदद करती है। यह स्वास्थ्य के साथ-साथ बीमारियों के लिए भी एक मार्गदर्शक है। यह स्वास्थ्य को तीन दोषों (वात, पित्त और कफ) में संतुलन के रूप में परिभाषित करता है, और रोगों को इन तीन दोषों में गड़बड़ी के रूप में परिलक्षित करता है। इन दोषों में कुछ लोगों ने 'रक्त' एक चौथा दोष और सम्मिलित कर दिया। तीन प्रारम्भिक दोष त्रिगुण व्यवस्था से जुड़े हुए थे और सदाचार, वासना तथा जाड्य से उनका संबंध था। शारीरिक क्रियाओं की व्यवस्था 'पंचवायु' द्वारा होती थी। इसके अनुसार पंचवायु निम्नानुसार देखे जा सकते हैं-

- उदान- जिसका उद्गम कंठ से होता था और वाक शक्ति को जन्म देती थी।

- प्राण- हृदय में था, श्वास क्रिया तथा भोजन ग्रहण करना इसका कार्य था।

- समान- पेट की अग्नि को तीव्र करती जिससे भोजन पकता और पचता तथा पचनीय एवं अपचनीय भागों में उसका विभाजन होता था।

- अपान- जिसका निवास उदर में था और वह मल-स्खलन तथा सृजन का कारण था।

- वयान- यह एक विच्छिन्न वायु थी जो रक्त एवं सारे शरीर को गति प्रदान करती थी।

समान वायु द्वारा पचाया हुआ भोजन रस रूप ग्रहण करता था। वह हृदय तक जाता, वहाँ से यकृत तक पहुंचता जो उसका सार पदार्थ रक्त बन जाता था। क्रम से रक्त आंशिक रूप में माँस में परिवर्तित होता और यह प्रक्रिया, वसा, अस्थि, मज्जा और वीर्य की क्रम- श्रृंखलाओं द्वारा निरंतर चलती रहती थी। वीर्य यदि उसका स्खलन न किया जाए तो ओज की सृष्टि करता था, जो हृदय में प्रत्यावर्तित होकर सम्पूर्ण शरीर में वितरित होता था। भोजन से रक्त, वीर्यादि बनने की यह प्रक्रिया तीस दिनों में पूर्ण होती थी, ऐसा विश्वास किया जाता था।

चिकित्सा विज्ञान के विकास का इतिहास भारत में अत्यंत ही पुराना है। चरकसंहिता के अनुसार ब्रह्मा ने प्रजापति को सर्वप्रथम आयुर्वेद का ज्ञान दिया (सूत्र स्थान - १/४५) और उनसे अश्विनी कुमारों को प्राप्त हुआ। पुराणों में अश्विनीकुमार देवताओं के चिकित्सक के रूप में प्रसिद्ध हैं। चिकित्सा विज्ञान में उनके अनेक कार्य प्रसिद्ध रहे हैं, जैसे यज्ञ में कटे अश्व के शिर

को पुनः जोड़ा, पूषन् के दाँत टूटने पर नये लगाये, च्यवनऋषि को नष्ट हुई नेत्रज्योति पुनः वापस दिलायी, उनका वार्धक्य दूर किया, आदि। अश्विनी कुमार से इन्द्र को तथा उनसे भारद्वाज ऋषि, उनसे आत्रेय पुनर्वास, उनके शिष्य अग्निवेश, भेल, हारीत आदि को यह ज्ञान प्राप्त हुआ और आगे भी यह परम्परा चलती रही। इस परम्परा को दो भागों में विभाजित किया जा सकता है-

1. धन्वंतरि परंपरा

2. आत्रेय परंपरा

आत्रेय परम्परा में काय चिकित्सा की प्रधानता है तथा इस विषय के प्रसिद्ध आचार्य चरक हुए जिनकी 'चरक संहिता' प्रसिद्ध है। धन्वंतरि परम्परा में शल्य चिकित्सा की प्रधानता रही तथा इस विषय के प्रसिद्ध आचार्य सुश्रुत की 'सुश्रुत संहिता' प्रसिद्ध है। जड़ी-बूटियों की मदद से किसी बीमारी का इलाज करते हुए, इसका उद्देश्य जड़ों पर प्रहार करके बीमारी के कारण को दूर करना है। आयुर्वेद का मुख्य उद्देश्य स्वास्थ्य और दीर्घायु रहा है। यह हमारे भारतवर्ष की सबसे पुरानी चिकित्सा प्रणाली है। आयुर्वेद पर एक ग्रंथ, आत्रेय संहिता, दुनिया की सबसे पुरानी चिकित्सा पुस्तक है। प्राचीन भारत में आयुर्वेद चिकित्सा विधि ग्रंथों पर आधारित अनेक चिकित्सा पध्दती अपनाई गई है।

चरक : चरक को आयुर्वेदिक चिकित्सा का जनक और सुश्रुत को शल्य चिकित्सा का जनक कहा जाता है। सुश्रुत, चरक, माधव, वाग्भट्ट और जीवक प्रसिद्ध आयुर्वेदिक चिकित्सक थे। क्या आप जानते हैं कि आयुर्वेद हाल ही में पश्चिमी दुनिया में बहुत लोकप्रिय हो गया है? यह एलोपैथी नामक आधुनिक चिकित्सा प्रणाली पर भी इसके कई लाभ देखे जा सकते हैं, जो पश्चिमी मूल की है। चरक को प्राचीन भारतीय चिकित्सा विज्ञान का जनक माना जाता है। वह कनिष्क के दरबार में राज वैद्य (शाही चिकित्सक) थे। उनकी चरक संहिता चिकित्सा पर एक उल्लेखनीय पुस्तक है।

इसमें बड़ी संख्या में बीमारियों का वर्णन है और उनके कारणों की पहचान करने के तरीके के साथ-साथ उनके उपचार की विधि भी बताती हैं। उन्होंने सबसे पहले पाचन, चयापचय और प्रतिरक्षा के बारे में बात की, जो स्वास्थ्य और चिकित्सा विज्ञान के लिए महत्वपूर्ण है। चरक संहिता में बीमारी का इलाज करने के बजाय बीमारी के कारण को दूर करने पर अधिक जोर दिया गया है। चरक आनुवंशिकी के मूल सिद्धांतों को भी जानते थे। चरकसंहिता 16 अध्यायों में विभक्त है-

1. प्रथम अध्याय- इसमें वात-व्याधि, निदान, लक्षण, आवरण, चिकित्सा के सामान्य सिद्धांत, चिकित्सासूत्र, सामान्य चिकित्सा, विशिष्ट वातरोगों के लक्षण एवं चिकित्सा का विस्तारपूर्वक वर्णन है।

2. द्वितीय अध्याय- इसमें रोगों का सर्वांग वर्णन जैसे रिकेट्स,आस्टियोमैलेसिया, बेरी- बेरी और पेलाग्रा आदि के लक्षण व निदान के विषय में बताया गया है।

3. तृतीय अध्याय- इसमें अंत:स्रावी ग्रंथियों के रोगों के निदान, लक्षण तथा चिकित्सा का वर्णन किया गया है। जैसे- चुल्लिका ग्रन्थि, उपचुल्लिका, उपवृक्क, थाईमस, पोषणिका, अग्नाशय, वीजग्रन्थि, अंतफल और अपरा का वर्णन है।

4. चतुर्थ अध्याय- इसमें आनुवांशिक रोग, पर्यावरण, देश-काल जलवायु, पर्यावरण परिवर्तनजन्य रोग, अशुधात और यात्रा जन्य विकारों का वर्णन है।

5. पंचम अध्याय- पान-विपासना, भागे धातुजन्य विषाक्तता आदि की जानकारी इस अध्याय में सम्मिलित है।

6. षष्ठम अध्याय- इसमें देशजनित विकार, लक्षण एवं निदान का उल्लेख है।

7. सप्तम अध्याय- इसमें व्याधि क्षमिश मीरमचिनिया, लमीका रोग, अनूजंठा आदि के उपचार का वर्णन है।

8. अष्टम अध्याय- इसमें क्षय रोग तथा उसकी चिकित्सा का वर्णन है।

9. नवम अध्याय- इसमें मन का निरूपण किया गया है।

10. दशम अध्याय- इसमें मनोविज्ञान की उपादेयता, मानस रोगों का निदान और उनके लक्षणों का वर्णन है।

11. एकादश अध्याय- इसमे मानम रोगों का चिकित्सासूत्र एवं उन्माद रोग का विस्तारपूर्वक वर्णन है।

12. द्वादश अध्याय- इसमें अपस्मार, मनोविक्षिप्त (Psychosis), अव्यवस्थित चित्तता (Schizophrenia), विपाद(Depression), भ्रम (Illusion), विश्रम (Hallucination), सविभ्रम (Paranoia), व्यामोह (Delusion), मनश्रांति (Neurasthenia) और मनोग्रंथि आदि के लक्षण व उपचार का वर्णन किया गया है।

13. त्रयोदश अध्याय- इसमें अत्यधिक चिकित्सा की परिभाषा, उसके स्वरूप, प्रकार एवं सामान्य सिद्धांत का वर्णन किया गया है। जैसे- तरल- वैद्युत -अम्ल -क्षार के असंतुलन जन्य विकारों तथा दग्ध और रक्तस्राव के विविध स्वरूप एवं उपचार का वर्णन है।

14. चतुर्दश अध्याय- इसमें तीव्र उदरशूल, अन्नद्रवशूल, परिणामशूल, आनाह, उदावर्त, तीव्र श्वास काठिन्य और वृक्क शूल के निदान, लक्षण चिकित्सा का वर्णन है।

15. पंचदश अध्याय- इसमें मूत्रावरोध, आंत्रवरोध, हच्छल और मूर्छा का सविस्तार वर्णन है।

16. षोडश अध्याय- इसमें मधुमेहजन्य उपद्रव जैसे- मधुमयताधिक्य एवं उपमधुमयता, उदारकलाशोथ, तीव्र ज्वर, औषधप्रतिक्रिया एवं विषाक्ता का वर्णन किया गया है।

चिकित्सा विज्ञान का विचार करते समय शरीर शास्त्र, औषधि निर्माण, औषिधियों के प्रकार, गुण आदि का गहरा विचार किया गया। उसकी कुछ जानकारी नीचे दी जा रही है। इससे ध्यान में आयेगा कि जब पाश्चात्य देशों में इस बारे में सोचना भी संभव नहीं था, उस समय कितना सूक्ष्म विश्लेषण हमारे यहाँ किया गया था। उसकी कुछ प्रमुख बातों की संक्षेप में हम जानकारी प्राप्त करेंगे।

- स्वास्थ्य- चरक संहिता में स्वस्थ मनुष्य की दी गई परिभाषा आधुनिक चिकित्सा शास्त्र से अधिक व्यापक तथा उपयुक्त है।

- समदोषः समाग्निश्च समधातुमलक्रियः ।

- प्रसन्नात्मेन्द्रियमनाः स्वस्थो इत्यमिधीयते ॥ - चरकसंहिता

- अर्थात्- जिसका त्रिदोष (वात, कफ, पित्त), सप्त धातु, मल प्रवृत्ति आदि क्रियायें सन्तुलित अवस्था में हों, साथ ही आत्मा, इन्द्रिय एवं मन प्रसन्न स्थिति में हो, वही स्वस्थ मनुष्य कहलाता है।

- शरीर रचना: सुश्रुत संहिता में सुश्रुत शारीरे 5,6 के अनुसार शरीर रचना में मुख्य बातें निम्न हैं:-

- त्वचा- Skin - 7

- कला- Substrata of the elements of human body - 7

- आशया- Recipient vessels -7

- धातु-The Primary fluids, Juices and ingredients of the body-7

- शिरा- arteries - 700

- पेशी- a kind of muscles - 500

- स्नायु- tendons - 900

- अस्थीनि- Bones: 300

- सन्धियाँ-Joints-210

- मर्म- Vitals - 107

- धमनियाँ- Veins-24

- दोष- Disorder of three humours-3

- मल- Impure secretions - 3

- स्रोतांस- Nutriment canals - 9

- कण्डरा- Sinews - 6

- जाल- Woven textures - 16

- कूर्चा- Bundles of muscular bones - 16

- रज्जव- Long rope - 4

- शेवन्य- Stitch like formations-7

- संघात- Collections of bones - 14

- सीमन्त- pating lines-14

- योगवह स्रोतांसि- Special canals - 22

- आंत्र- Intestines - 2

- रोमकूप- Hair pores of the skin 3½ Crore

हृदय के कार्य - हृदय के कार्य के संबंध में पश्चिमी देशों का ज्ञान बहुत अर्वाचीन काल का है। विलियम हार्वे नामक ब्रिटिश वैज्ञानिक ने सन् 1628 में अपने प्रयोगों से यह प्रतिपादित किया था कि रक्त का पहुँचना हृदय के लिए आवश्यक है। परंतु वह यह नहीं बता सका कि रक्त कैसे पहुँचता है। कुछ वर्षों बाद सन् 1669 में इटालियन वैज्ञानिक मार्शेलों मल्फीगी ने उस प्रक्रिया

को उद्घाटित किया, जिससे रक्त हृदय में पहुँचता है। परंतु भारत में 7 हजार से अधिक वर्षों पूर्व 'शतपथ ब्राह्मण' में हृदय के द्वारा होने वाली सम्पूर्ण प्रक्रिया का वर्णन मिलता है। उसमें कहा गया है-

'हरतेर्ददातेरयतेह्रदय शब्दः निरुक्त'

अर्थात् - लेना, देना तथा घुमाना, इन तीन क्रियाओं को हृदय शब्द अभिव्यक्त करता है। ह (हरणे) = to receive द (दाने) = to Propel य (इण - गतौ) to circulate = हृदयम् शतपथ ब्राह्मणम्, इसी प्रकार से नाड़ी ज्ञानम् ग्रंथ में लिखा है। तत्संकोचं च विकासं च स्वतः कुर्यात्पुनः पुनः अर्थात्- हृदय स्वयं ही संकोच और फैलाव की क्रिया बारंबार करते रहेगा।

एक दूसरे ग्रंथ भेल संहिता में वर्णन है

हृदो रसो निस्सरति तस्मादेति च सर्वशः ।

सिराभिर्हृदयं वैति तस्मात्तत्प्रभवाः सिराः ॥

अर्थात्- हृदय से रक्त निकलता है, वहां से ही शरीर के सभी भागों में जाता है, रक्त नालिकाओं के द्वारा हृदय को जाता है, रक्तनलिका भी उसी से बने हैं।

रोग के कारण: आयुर्वेद में रोग निदान तथा चिकित्सा का आधार त्रिदोष सिद्धांत है। वात, कफ और पित्त मिलाकर, जब ये संतुलित रहते हैं, तो शरीर स्वस्थ रहता है। जब असंतुलित होते हैं, तो रोग का कारण बनते हैं। यह त्रिदोष समग्र शरीर में व्याप्त रहते हैं तथापि शरीर में कुछ विशेष स्थान पर ये ज्यादा रहते हैं। क्रिया के आधार पर प्रत्येक दोष के पाँच भाग किये गये और उनका परिणाम भी बताया गया है।

वात: - यह पाँच प्रकार के कार्य करता है।

- प्राण-मुख्यतः श्वासोच्छवास प्रवर्तक

- उदान- मुख्यतः वाक्प्रवर्तक

- व्यान-शरीर रसों का वाहक

- समान- अन्नपाचन आदि

- अपान- मल मूत्रादि विसर्जन

पित्त:- इसके भी पाँच कार्य हैं।

234

- पाचक- अन्न पाचन, सार का विभाजन तथा शरीर उष्णता

- रंजक- अन्न रस का रक्त वर्ण कर रक्त के रूप में परिणत करने वाला

- साधक- बुद्धि और मेधावर्धक

- आलोचक- दृष्टि में सहायक

- भ्राजक - वर्ण प्रसाधनकर्ता

कफ:- इसके भी पाँच कार्य हैं।

- अवलम्बक- शक्ति और ऊर्जा प्रदाता

- क्लेदक- अन्न क्लेदन कर्ता

- बोधक- रुचि का बोध कराने वाला

- तर्पक- नेत्र और ज्ञानेन्द्रियों का नियंत्रक

- श्लेषक- सन्धि स्नेहन कर्ता

रोग निवृत्ति हेतु दी जाने वाली वस्तु, वह चाहे प्राणी जन्य हो, वनस्पति हो या खनिज जन्य हो, सबमें रस, गुण, वीर्य, विपाक और प्रभाव-ये पाँच तत्व माने गये हैं और इनमें से प्रत्येक का सूक्ष्म विश्लेषण किया गया है। अन्न के शरीर में पाचन तथा विलयन कर रस बनता है जो आगे चलकर रक्त, मांस, मेद, अस्थि, मज्जा, और शुक्र आदि सप्त धातुओं में परिवर्तित होता है। प्रत्येक धातु का शरीर में विलय या विसर्जन तीन रूप में होता है। स्थूल, सूक्ष्म और मल। इससे शरीर धीरे-धीरे विकसित होता है। इस सम्पूर्ण प्रक्रिया का विस्तार से वर्णन चरक संहिता और सुश्रुत संहिता में मिलता है।

आयुर्वेद चिकित्सा दो प्रकार से की जाती थी-

(अ) शोधन- पंचकर्म द्वारा, ये निम्न हैं:-

- वमन - मुँह से उल्टी करके दोष दूर करना

- विरेचन - मुख्यतः गुदा मार्ग से दोष निकालना

- बस्ति- (एनीमा)

- रक्तमोक्षण- जहरीली कोई चीज काटने पर या शरीर में खराब रक्त कहीं हो, तो उसे निकालना

- नस्य- नाक द्वारा स्निग्ध चीज देना

(ब) शमन- औषधि द्वारा चिकित्सा, इसकी परिधि बहुत व्यापक थी। आठ प्रकार की चिकित्साएँ बताई गई हैं।

- काय चिकित्सा - सामान्य चिकित्सा

- कौमार भृत्यम् - बालरोग चिकित्सा

- भूत विद्या - मनोरोग चिकित्सा

- शालाक्य तन्त्र - उर्ध्वांग अर्थात् नाक, कान, गला आदि की चिकित्सा

- शल्य तंत्र - शल्य चिकित्सा

- अगद तंत्र- विष चिकित्सा

- रसायन - रसायन चिकित्सा

- बाजीकरण - पुरुषत्व वर्धन

औषधियाँ:- चरक के अनुसार- जो जहाँ रहता है, उसी के आसपास प्रकृति ने रोगों की औषधियाँ दे रखी हैं। अतः वे अपने आसपास के पौधों, वनस्पतियों का निरीक्षण व प्रयोग करने का आग्रह करते थे। एक समय विश्व के अनेक आचार्य एकत्रित हुए, विचार विमर्श हुआ और उसकी फल श्रुति आगे चलकर 'चरक संहिता' के रूप में सामने आई। इस संहिता में औषधि की दृष्टि से 341 वनस्पति जन्य, 177 प्राणिजन्य, 64 खनिज द्रव्यों का उल्लेख है। इसी प्रकार 'सुश्रुत संहिता' में 385 वनस्पति जन्य, 57 प्राणिजन्य तथा 64 खनिज द्रव्यों से औषधीय प्रयोग व विधियों का वर्णन है। इन से चूर्ण, आसव, काढ़ा, अवलेह आदि अनेक रूपों में औषधियाँ तैयार होती थीं।

इससे पूर्वकाल में भी ग्रंथों में कुछ अद्भुत औषधियों का वर्णन मिलता है। जैसे वाल्मीकि रामायण में राम-रावण युद्ध के समय जब लक्ष्मण पर प्राणांतक आघात हुआ और वे मूर्छित हो

गये, उस समय इलाज हेतु जाम्बवान ने हनुमानजी के पास हिमालय में प्राप्त हाने वाली चार दुर्लभ औषधियों का वर्णन किया।

मृत संजीवनी चैव विशल्यकरणीमपि ।

सुवर्णकरणीं चैव सन्धानी च महौषधीम् ॥ युद्धकाण्ड ७४-३३

विशल्यकरणी - शरीर में घुसे अस्त्र निकालने वाली

सन्धानी - घाव भरने वाली

सुवर्णकरणी - त्वचा का रंग ठीक रखने वाली

मृतसंजीवनी- पुनर्जीवन देने वाली।

चरक के बाद बौद्धकाल में नागार्जुन, वाग्भट्ट आदि अनेक लोगों के प्रयत्न से रस शास्त्र विकसित हुआ। इसमें पारे को शुद्ध कर उसका औषधीय उपयोग अत्यंत परिणामकारक रहा। इसके अतिरिक्त धातुओं यथा लौह, ताम्र, स्वर्ण, रजत, जस्त इनको विविध रसों में डालना और गरम करना-इस प्रक्रिया से उन्हें भस्म में परिवर्तित करने की विद्या विकसित हुई। यह भस्म और पादपजन्य औषधियाँ भी रोग निदान में काम आती हैं।

इस प्रकार चरकसंहिता आयुर्वेद में एक सर्वमान्य ग्रंथ है। जो भारतीय चिकित्सा के क्षेत्र में अभूतपूर्व देन है। यह एक दिलचस्प बात है कि हजारों साल पहले भारत में चिकित्सा विज्ञान अत्यंत ही उन्नत अवस्था में था। चरक द्वारा एक वैद्य को दिए गए उस उपदेश का एक अंश है जो वैद्य अपने शिष्यों को उनके प्रशिक्षण की समाप्ति पर एक पवित्र धार्मिक समारोह में दिए गए कुछ इस प्रकार है- 'यदि तुम्हें अपने चिकित्सा कार्य में सफलता, धन और यश तथा मृत्योपरांत स्वर्ग प्राप्त करना है तो तुम्हें प्रात: उठने और रात्रि में सोने से पूर्व समस्त प्राणीवर्ग और विशेषकर गौ एवं ब्राम्हणों के मंगल के लिए प्रार्थना करनी चाहिए और तुम्हें अपने तन, मन, धन से रोगी के स्वास्थ्य के लिए प्रयत्न करना चाहिए। अपने स्वयं के जीवन के मूल्यों पर भी अपने रोगी को धोखा नहीं देना चाहिए ......तुम्हें मद्यपान का अभ्यस्त नहीं होना चाहिए, पाप कर्म नहीं करना चाहिए और न तुम्हारे साथी बुरे होने चाहिए .... तुम्हें मृदु भाषी ....विचारपूर्ण होना चाहिए तथा सर्वदा अपने ज्ञान की संवृद्धि में तत्पर रहना चाहिए। जब तुम्हें किसी रोगी के घर जाना हो तो तुम्हें अपने शब्द, मन, बुद्धि और इंद्रियों को अपने रोगी उसकी चिकित्सा के अतिरिक्त अन्यत्र कहीं नहीं लगाना चाहिए............रोगी के घर में जो भी होता हो उसकी चर्चा बाहर नहीं करनी चाहिए और न ही रोगी की अवस्था का परिचय उस व्यक्ति को देना चाहिए जो उस ज्ञान के आधार पर रोगी अथवा अन्य किसी की कोई हानि कर सके।'

सुश्रुत एवं बंगभट्ट: महर्षि सुश्रुत ने अनेक रोगों का निदान के लिए शल्य क्रिया प्रारंभ की थी, आधुनिक विज्ञान जिन शल्य क्रियाओं को 400 साल पहले शुरू किया वहीं प्राचीन भारत में इसे 2600 साल पहले शुरू कर दिया था। उन्होंने प्रसव, मोतियाबिंद तथा पथरी निकालने की विधियों को प्रतिपादित किया। इनके द्वारा लिखित ग्रंथ में सर्जरी के लिए उपयोग में लाए जाने वाले 125 से ज्यादा उपकरणों का उल्लेख मिलता है तथा 300 से ज्यादा प्रकार के आपरेशन की सूचना मिलती है। इनकी ग्रंथों का कई विदेशी भाषाओं में अनुवाद हो चुका है। जिसका लाभ पूरी दुनिया ने उठाया है।

सुश्रुत संहिता, चरक संहिता की अपेक्षा अधिक नियमबद्ध और वैज्ञानिक है। इसे आधुनिक माना जाता है। शाब्दिक रूप से 'सुश्रुत का संग्रह' चिकित्सा और शल्य चिकित्सा पर एक प्राचीन संस्कृत ग्रंथ है, इसमें चरक संहिता, भेस संहिता और बोवर पांडुलिपि के चिकित्सा भाग भी शामिल हैं। ध्यान देने योग्य बात यह है कि सबसे पुरानी सुश्रुत संहिता ताड़ पत्ती पांडुलिपियों में से एक कैंसर लाईब्रेरी, नेपाल में संरक्षित है। सुश्रुत संहिता का महत्व भारतीय चिकित्सा पद्धति में इसलिए बढ़ जाता है क्योंकि इसमें सर्जिकल प्रशिक्षण, उपकरणों और प्रक्रियाओं का वर्णन करने वाले ऐतिहासिक रूप से अद्वितीय अध्याय शामिल हैं, जिनका अभी भी आधुनिक विज्ञान शल्य चिकित्सा द्वारा पालन किया जाता है। जहां एक ओर चरक संहिता ने दवाओं के विषय में ज्ञान दिया गया है। वहीं सुश्रुत संहिता में शल्य क्रिया के विषय में जानकारी दी गई है। आयुर्वेद के अनुसार वात, पित्त और कफ जैसे विकारों पर केंद्रित उपचार बताया गया है। लोग हाथ-पैर काटना, पेट की चीर-फाड़ करके आंतों की परेशानी देखना, पथरी निकालना और खोपड़ी के विषय में उल्लेख मिलते हैं।

उल्लेखित है कि जब एक जवान लड़की बकिसपाला की एक टांग नहीं होने पर चिकित्सकों ने उसकी लोहे की टाँग लगाई। सुश्रुत और बंगभट्ट एक बहुत अच्छा चीरफाड़ करने के नियम प्रस्तुत करते हैं। जिसमें इसके उपयोग के लिए मुख्य रूप से चाकू, सुई, कैंची, चिमटी, सीरिन्ज आदि थे।

वैद्य सबलसिंह भाटी कहते हैं कि सुश्रुत संहिता में शल्य चिकित्सा का प्रशिक्षण गुरु-शिष्य परम्परा के माध्यम से दिया जाता था। मुर्दा तथा पुतलों का विच्छेदन करके व्यावहारिक ज्ञान दिया जाता था। प्रशिक्षित शल्यज्ञ विभिन्न उपकरणों तथा अग्नि के माध्यम से तमाम क्रियाएँ सम्पन्न करते थे। जरूरत पड़ने पर रोगी को खून भी चढ़ाया जाता था। इसके लिए तेज धार वाले उपकरण शिरावेध का उपयोग होता था।

आठ प्रकार की शल्य क्रियाएँ- सुश्रुत द्वारा वर्णित शल्य क्रियाओं के नाम इस प्रकार हैं-

- छेद्य- (छेदन हेतु)

- भेद्य- (भेदन हेतु)

- लेख्य- (अलग करने हेतु)

- वेध्य -(शरीर से हानिकारक द्रव्य निकालने के लिए)

- ऐष्य- (नाड़ी में घाव ढूँढ़ने के लिए)

- अहार्य -(हानिकारक उत्पत्तियों को निकालने के लिए)

- विश्रव्य- (द्रव निकालने के लिए)

- सीव्य -(घाव सिलने के लिए)।

सुश्रुत संहिता में शस्त्र क्रियाओं के लिये आवश्यक यंत्रों (साधनों) तथा शस्त्रों (उपकरणों) का भी विस्तार से वर्णन किया गया है। आजकल की शल्य क्रिया में 'फौरसेप्स' तथा 'संदस' यंत्र फौरसेप्स तथा टोंग से मिलतेजुलते हैं। सुश्रुत के महान् ग्रन्थ में 24 प्रकार के स्वस्तिकों, 2 प्रकार के संदसों, 28 प्रकार की शलाकाओं तथा 20 प्रकार की नाड़ियों (नलिका) का उल्लेख हुआ है। इनके अतिरिक्त शरीर के प्रत्येक अंग की शस्त्र-क्रिया के लिए बीस प्रकार के शस्त्रों (उपकरणों) का भी वर्णन किया गया है। पूर्व में जिन आठ प्रकार की शल्य- क्रियाओं का संदर्भ आया है, वे विभिन्न साधनों व उपकरणों से की जाती थीं। उपकरणों (शस्त्रों) के नाम इस प्रकार हैं- अर्द्धआधार, अतिमुख, अरा, बदिशा, दन्त शंकु, एषणी, कर-पत्र, कृतारिका, कुथारिका, कुश- -पात्र, मण्डलाग्र, मुदिका, नख शस्त्र, शरारिमुख, सूचि, त्रिकुर्चकर, उत्पल पत्र, वृध-पत्र, वृहिमुख तथा वेतस-पत्र।

आज से कम से कम तीन हजार वर्ष पूर्व सुश्रुत ने सर्वोत्कृष्ट इस्पात के उपकरण बनाये जाने की आवश्यकता बताई। आचार्य ने इस पर भी बल दिया है कि उपकरण तेज धार वाले हों तथा इतने पैने कि उनसे बाल को भी दो हिस्सों में काटा जा सके। शल्यक्रिया से पहले व बाद में वातावरण व उपकरणों की शुद्धता (रोग- प्रतिरोधी वातावरण) पर सुश्रुत ने इतना जोर दिया है तथा इसके लिए ऐसे साधनों का वर्णन किया है कि आज के शल्य चिकित्सक भी दंग रह जायें। सर्जरी से पहले रोगी को संज्ञा-शून्य करने (एनेस्थेशिया) की विधि व इसकी आवश्यकता भी बताई गई है। 'भोज प्रबन्ध' (927 ईस्वी) में बताया गया है कि राजा भोज को कपाल की शल्य-क्रिया के पूर्व 'सम्मोहिनी' नाम का चूर्ण सुँघा कर अचेत किया गया था।

चौदह प्रकार की पट्टियाँ 9- इन उपकरणों के साथ ही आवश्यकता पड़ने पर बाँस, स्फटिक तथा कुछ विशेष प्रकार के प्रस्तर खण्डों का उपयोग भी शल्य क्रिया में किया जाता था। शल्य

क्रिया के मर्मज्ञ महर्षि सुश्रुत ने 14 प्रकार की पट्टियों का विवरण दिया है। उन्होंने हड्डियों के खिसकने के छः प्रकारों तथा अस्थि-भंग के १२ प्रकारों की विवेचना की है। यही नहीं, उनके ग्रंथ में कान संबंधी बीमारियों के 28 प्रकार तथा नेत्र रोगों के 26 प्रकार बताये गये हैं।

सुश्रुत संहिता में मनुष्य की आँतों में कर्कट रोग (कैंसर) के कारण उत्पन्न हानिकर तन्तुओं (टिश्युओं) को शस्त्र-क्रिया से हटा देने का विवरण है। शल्य- क्रिया द्वारा शिशु-जन्म (सीजेरियन) की विधियों का वर्णन किया गया है। 'न्यूरो- सर्जरी' अर्थात् रोग-मुक्ति के लिये नाड़ियों पर शल्य- क्रिया का उल्लेख है तथा आधुनिक काल की सर्वाधिक पेचीदी क्रिया 'प्लास्टिक सर्जरी' का सविस्तार वर्णन सुश्रुत के ग्रन्थ में है। आधुनिकतम विधियों का भी उल्लेख इसमें है। कई विधियाँ तो ऐसी भी हैं जिनके सम्बन्ध में आज का चिकित्सा शास्त्र भी अनभिज्ञ है।

शल्यक्रिया में उपयोग किए जाने वाले उपकरण :

सुश्रुत का सबसे बड़ा योगदान 'राइनोप्लाप्लास्टिक सर्जरी' और नेत्र शल्य चिकित्सा (मोतियाबिंद को हटाने) के क्षेत्र में था। उन दिनों नाक और कान काटना एक आम सजा थी। युद्धों में खोए हुए अंगों की बहाली एक महान आशीर्वाद था। सुश्रुत संहिता में इन क्रियाओं का बहुत ही सटीक चरण-दर-चरण वर्णन है। हैरानी की बात यह है कि सुश्रुत द्वारा अपनाए गए कदम आश्चर्यजनक रूप से प्लास्टिक सर्जरी करते समय आधुनिक सर्जनों के समान हैं।

सुश्रुत संहिता में शल्य चिकित्सा में प्रयुक्त 101 यंत्रों का भी वर्णन मिलता है। कुछ गंभीर ऑपरेशन किए गए जिनमें गर्भ से भ्रूण को निकालना, क्षतिग्रस्त मलाशय की मरम्मत करना, मूत्राशय से पथरी निकालना आदि शामिल हैं। गौरतलब है कि यूरोप में राइनोप्लास्टी यानी प्लास्टिक सर्जरी की इस तकनीक को मात्र 200 साल पहले अंग्रेज ले गए और उसे आधुनिक रूप में विश्व के सामने पेश किया। प्लास्टिक सर्जरी की इस तकनीक को रूस भी ले जाया गया। और उसे विकसित किया। नागार्जुन जैसे महान वैज्ञानिक ने सुश्रुत संहिता का नए सिरे से संकलन कर उसे आधुनिक रूप दिया है। भले ही आधुनिक चिकित्सा में हिप्पोक्रिटस का नाम अग्रणी हो मगर 2600 साल पहले इन महान खोजों के कारण महर्षि सुश्रुत को प्राचीन भारतीय शल्य चिकित्सा का जनक माना जाता है।

भारतीय चिकित्सा में वाग्भट्ट की रचना 'अष्टांगहृदय' अत्यंत ही महत्वपूर्ण है इसमें शल्य क्रिया से संबंधित अनेक रोगों के उपचार के विषय में बताया गया है, वाग्भट्ट तथा महर्षि सुश्रुत दोनों ने शल्य क्रिया के द्वारा भारतीय चिकित्सा पध्दती को अभूतपूर्व योगदान देकर समृद्धशाली बनाया है।

सुश्रुत संहिता में विस्तृत अध्ययन के उद्देश्य से शव के चयन एवं संरक्षण की विधि का भी वर्णन किया गया है। एक बूढ़े व्यक्ति या एक गंभीर बीमारी से मरने वाले व्यक्ति के मृत शरीर को आमतौर पर अध्ययन के लिए नहीं माना जाता था। शरीर को पूरी तरह से साफ करने और फिर एक पेड़ की छाल में संरक्षित करने की जरूरत होती थी। फिर इसे एक पिंजरे में रखा गया और नदी के एक स्थान पर सावधानी से छिपा दिया गया।

वहां नदी की धारा से उसे नरम कर दिया गया। सात दिनों के बाद इसे नदी से हटा दिया गया। फिर इसे घास की जड़ों, बालों और बांस से बने ब्रश से साफ किया गया। जब यह किया जाता था, तो शरीर के प्रत्येक आंतरिक या बाहरी भाग को स्पष्ट रूप से देखा गया। शरीर में रक्त संचार की जानकारी भारतीय चिकित्सक प्राचीन काल से ही जानते थे, जबकि यूरोपीय विलियम हार्ले ने 17 वीं शताब्दी में इसकी खोज की थी। मनुष्य के बुखार, चेचक, क्षयरोग आदि के विषय में जानकारी है। चीनी यात्री हवेनसांग ने अपनी यात्रा के दौरान नागार्जुन की औषधियों के विषय में प्रशंसा की है। और कहा है कि नागार्जुन बौद्ध ऐसे औषध विज्ञानी हैं जिनकी बनाई एक गोली खाकर मनुष्य सैकड़ों वर्ष तक जीवित रहा और न तो उसके मस्तिष्क का कुछ हुआ और न ही उसके चेहरे पर कोई परिवर्तन दिखाई दिया। शल्य उपचार से भारत में पूर्व से ही परिचित थे।

उन्होंने सर्जरी को 'उपचार कला का उच्चतम विभाजन और कम से कम भ्रम के लिए उत्तरदायी' माना। उन्होंने एक मृत शरीर की मदद से मानव शरीर रचना का अध्ययन किया। सुश्रुत संहिता में छब्बीस प्रकार के ज्वर, आठ प्रकार के पीलिया तथा बीस प्रकार के मूत्र रोग सहित 1100 से अधिक रोगों का उल्लेख है। 760 से अधिक पौधों का वर्णन किया गया है। सभी भागों, जड़, छाल, रस, राल, फूल आदि का प्रयोग किया जाता था। और वास्तव में दालचीनी, तिल, मिर्च, इलायची, अदरक आज भी घरेलू उपचार हैं।

चिकित्सा विज्ञान के अंतर्गत औषधि शास्त्र का सैद्धांतिक पक्ष तो गुप्त काल में प्रबल हुआ परंतु औषधि ज्ञान में अधिक वास्तविक प्रगति नहीं हुई। 6वीं शता. में वाग्भट्ट ने आयुर्वेद के प्रसिद्ध ग्रंथ अष्टांगहृदय की रचना की। चन्द्रगुप्त विक्रमादित्य के दरबार में आयुर्वेद का विद्वान चिकित्सक धन्वंतरि था। 'नवनीतकम' नामक आयुर्वेद ग्रंथ की रचना भी इसी काल में हुई। पालकप्या नामक पशु चिकित्सक ने 'हस्त्यायुर्वेद' नामक ग्रंथ की रचना की, जो कि हाथियों से संबंधित रोगोपचार से संबंधित था। प्राचीन भारत नें बीमार व्यक्ति की सेवा निस्वार्थ भाव से की जाने की सलाह इन चिकित्सा संहिताओं में उल्लेखित किया गया है। इसके साथ-साथ वैद्य लोग पशुओं की भी चिकित्सा में पारंगत थे। रोगी व बूढ़े पशुओं की उचित देखभाल का प्रावधान भी चिकित्सा शास्त्रों में वर्णन किया गया है। संक्षेप में यह कहा जा सकता है कि प्राचीन भारत

में शल्य-क्रिया अत्यन्त उन्नत अवस्था में थी, जबकि शेष विश्व इस विद्या से बिल्कुल अनभिज्ञ था।

योग एवं ध्यान: पतंजलि योग का विज्ञान प्राचीन भारत में आयुर्वेद के एक संबद्ध विज्ञान के रूप में विकसित किया गया था ताकि शारीरिक और मानसिक स्तर पर बिना दवा के उपचार किया जा सके।

योग शब्द की व्युत्पत्ति संस्कृत की कृति 'योगत्र' से हुई है। इसका शाब्दिक अर्थ है 'इंद्रियों के बाहरी विषयों से अलग करके मन को आंतरिक स्व से जोड़ना'। अन्य सभी विज्ञानों की तरह इसकी जड़ें वेदों में हैं। यह चित्त को परिभाषित करता है अर्थात किसी व्यक्ति की चेतना के विचारों, भावनाओं और इच्छाओं को भंग करना और संतुलन की स्थिति प्राप्त करना। यह उस शक्ति को गति प्रदान करता है जो चेतना को दिव्य बोध के लिए शुद्ध और उत्थान करती है। योग शारीरिक भी है और मानसिक भी।

रचनाकाल- पतंजलि द्वारा रचित 'योगसूत्र' का सटीक रचनाकाल ऐतिहासिक रूप से स्पष्ट नहीं है, और विद्वानों में इसे लेकर मतभेद हैं। हालाँकि, अधिकांश विद्वानों का मानना है कि पतंजलि ने योगसूत्र की रचना लगभग 200 ईसा पूर्व से 200 ईस्वी के बीच की थी। कुछ प्रमुख बिंदु जो रचनाकाल को समझने में सहायक हो सकते हैं:

- संस्कृत भाषा: योगसूत्र की भाषा और शैली का विश्लेषण यह संकेत देता है कि यह संस्कृत के शास्त्रीय युग के बाद का हो सकता है, जो कि लगभग 500 ईसा पूर्व से 500 ईस्वी तक माना जाता है।

- अन्य ग्रंथों के संदर्भ: पतंजलि के समय और बाद के अन्य ग्रंथों और विचारधाराओं में योगसूत्र का उल्लेख मिलता है, जिससे इसकी रचना का काल निर्धारण करने में सहायता मिलती है।

- योग के विकास: पतंजलि योगसूत्र में दिए गए योग के सिद्धांत और विधियाँ पहले से ही स्थापित योग परंपराओं का संगठन और संरचना प्रस्तुत करती हैं, जो संकेत देता है कि यह योग का परिष्कृत संस्करण हो सकता है।

- धार्मिक और दार्शनिक प्रभाव: पतंजलि के योगसूत्र में सांख्य दर्शन के प्रभाव स्पष्ट दिखाई देते हैं। यह दर्शाता है कि योगसूत्र की रचना सांख्य दर्शन के प्रसार के समय के आसपास हुई होगी।

इन सब तथ्यों को मिलाकर, पतंजलि के योगसूत्र का रचनाकाल लगभग 200 ईसा पूर्व से 200 ईस्वी के बीच माना जा सकता है। यह कालखंड भारतीय दर्शन और योग परंपरा के विकास के लिए महत्वपूर्ण था, और पतंजलि के योगसूत्र ने इस परंपरा को एक सुसंगत और व्यवस्थित रूप में प्रस्तुत किया। गौरतलब है कि भारतीय चिकित्सा प्रणाली में तन और मन की शुद्धदता एवं पुष्टता के लिए महत्वपूर्ण रूप से अपनाने की बात कही जाती रही है। इसकी महत्ता आधुनिक जीवन पद्धदति के दुष्प्रभावों को दूर करने में पूरी दुनिया ने योग और ध्यान का लोहा माना और अपनाया है। शारीरिक योग को हठयोग कहा जाता है। आम तौर पर, इसका उद्देश्य एक बीमारी को दूर करना और शरीर को स्वस्थ स्थिति बहाल करना है। राजयोग मानसिक योग है।

इसका लक्ष्य शारीरिक मानसिक, भावनात्मक और आध्यात्मिक संतुलन प्राप्त करके आत्म-साक्षात्कार और बंधन से मुक्ति है। एक ऋषि से दूसरे ऋषि को मुख द्वारा योग का संचार किया गया। इस महान विज्ञान को व्यवस्थित रूप से प्रस्तुत करने का श्रेय पतंजलि को जाता है।

पतंजलि के योग सूत्र में ओम् को ईश्वर का प्रतीक बताया गया है। वह ओम् को एक ब्रम्हांडीय ध्वनि के रूप में संदर्भित करता है, जो लगातार ईथर के माध्यम से बहती है, पूरी तरह से केवल प्रबुद्ध के लिए जानी जाती है। योग सूत्रों के अलावा, पतंजलि ने चिकित्सा पर एक काम भी लिखा और पाणिनी के व्याकरण पर काम किया जिसे महाभाष्य कहा जाता है।

पतंजलि योग भारतीय योग परंपरा का एक महत्वपूर्ण और गहन आयाम है। पतंजलि, जिन्हें 'महर्षि पतंजलि' के नाम से भी जाना जाता है, ने 'योगसूत्र' नामक एक ग्रंथ की रचना की, जो योग दर्शन का मुख्य ग्रंथ माना जाता है। यह ग्रंथ चार अध्यायों में विभाजित है: समाधि पाद, साधना पाद, विभूति पाद, और कैवल्य पाद।

पतंजलि योग के प्रमुख तत्व: अष्टांग योग: पतंजलि ने योग के आठ अंगों का वर्णन किया है, जिन्हें अष्टांग योग कहा जाता है। ये आठ अंग हैं:-

- यम: नैतिक नियम और संयम (अहिंसा, सत्य, अस्तेय, ब्रह्मचर्य, अपरिग्रह)।

- नियम: व्यक्तिगत अनुशासन (शौच, संतोष, तप, स्वाध्याय, ईश्वर प्राणिधान)।

- आसन: शारीरिक मुद्राएँ और स्थिति।

- प्राणायाम: श्वास नियंत्रण और प्राण (जीवन ऊर्जा) का संतुलन।

- प्रत्याहार: इंद्रियों का नियंत्रण और बाहरी वस्तुओं से ध्यान हटाना।

- धारणा: एकाग्रता और ध्यान का अभ्यास।

- ध्यान: ध्यान और मानसिक स्थिरता।

- समाधि: आत्मा की उच्चतम अवस्था और अंतिम ध्यान।

चित्तवृत्ति निरोध- पतंजलि योग का मुख्य लक्ष्य चित्तवृत्तियों (मन की विभिन्न अवस्थाओं) को नियंत्रित करना है। 'योगश्चित्तवृत्तिनिरोधः' (योगसूत्र 1.2) के अनुसार, योग का अर्थ है मन की विभिन्न वृत्तियों को रोकना और आत्मा की सच्ची प्रकृति को प्रकट करना।

- कर्म और भक्ति- पतंजलि योग में कर्म (क्रियाएँ) और भक्ति (आध्यात्मिक अनुशासन) का भी महत्वपूर्ण स्थान है। यह आध्यात्मिक विकास और आत्म-साक्षात्कार के लिए आवश्यक माना जाता है।

- ध्यान और समाधि- ध्यान (ध्यान) और समाधि (अंतिम ध्यान की अवस्था) पतंजलि योग का मुख्य उद्देश्य है। समाधि की अवस्था में आत्मा का पूर्ण ज्ञान और आनंद प्राप्त होता है।

पतंजलि योग के लाभ: पतंजलि योग मानसिक, शारीरिक और आध्यात्मिक विकास का माध्यम है। यह तनाव को कम करने, मानसिक शांति को बढ़ाने, और आत्म-साक्षात्कार के मार्ग पर चलने में सहायक होता है। योग के विभिन्न आसन और प्राणायाम शारीरिक स्वास्थ्य और लचीलापन को बढ़ाते हैं, जबकि ध्यान और धारणा मानसिक स्थिरता और एकाग्रता को बढ़ाते हैं।

निष्कर्ष: महर्षि पतंजलि का योग दर्शन भारतीय ज्ञान परंपरा का महत्वपूर्ण अंग है, जो आत्मा की शुद्धि, मानसिक शांति, और आत्म-साक्षात्कार के मार्ग पर चलने का मार्गदर्शन करता है। पतंजलि के योगसूत्र आज भी योग साधकों और अनुसंधानकर्ताओं के लिए महत्वपूर्ण और प्रेरणादायक हैं।

पशु चिकित्सा - प्राचीन चिकित्सा पद्धति में पशु चिकित्सा का भी विशेष प्रावधान था। रोगी व बूढ़े पशुओं को अलग रखकर उनकी देखभाल की जाती थी। पशु चिकित्सकों का राजा के दरबार में विशेष सम्मान था और साथ ही उन्हे राजकीय संरक्षण प्राप्त होता था। पशु चिकित्सा की यह परम्परा भारत में आयुर्वेद के आधार पर, भारतीय पशु चिकित्सा अपने विशिष्ट पद्धति के लिए जानी जाती है। अथर्ववेद पशु रोगों के उपचार के नुस्खे सहित पारंपरिक चिकित्सा का भंडार है। यजुर्वेद औषधीय पौधों की वृद्धि और विकास के महत्व पर प्रकाश डालता है। इस आधार पर निम्न पशुओं की चिकित्सा का उल्लेख प्राप्त होता है-

हाथी चिकित्सा या गज आयुर्वेद- गौतम संहिता, अश्व आयुर्वेद और हस्त्य आयुर्वेद अब तक पशु विज्ञान पर आधारित एक मात्र ग्रंथ है। पलकप्य, हाथी चिकित्सा पर आधारित ग्रंथ है जो भगवान गणेश को समर्पित है। हाथी चिकित्सा और शल्य चिकित्सा को 4 भागों में विभाजित किया गया था।

घोड़ों की चिकित्सा- सालिहोत्रा घोड़ों के इलाज के विशेषज्ञ माने जाते थे। उन्होंने हया आयुर्वेद या तूरान-गामा-शास्त्र या सलिहोत्र संहिता नामक ग्रंथ की रचना की, जो घोड़ों की देखभाल और उपचार पर एक काम है। पशु चिकित्सा सैद्धांतिक रूप से 8 शाखाओं में विभाजित है। जिसमें सर्जिकल हस्तक्षेपों के अतिरिक्त औषधीय तैयारी जैसे पाउडर, काढ़े, विद्युत, मलहम और सूंघ का मिश्रण शामिल हैं। चरक संहिता हाथियों, ऊंटों, मवेशियों, घोड़ों और भेड़ों के लिए एनीमा से संबंधित सूत्र प्रदान करता है।

गौ आयुर्वेद- वैदिक काल में गायों की देखभाल के लिए अनेक ग्रंथ उपलब्ध हैं, जैसे 'गौ आयुर्वेद'। वेदों में मंत्र (अथर्ववेद के शाला निर्माण और गोष्ठ सूक्त) वर्णन करते हैं कि पशु घर (गोष्ठ) और उनका प्रबंधन अच्छी तरह से जानते थे। पारंपरिक चिकित्सा में, कुरकुरा आमदा की जड़ को घाव और मोच पर लगाया जाता है। प्राचीन भारतीय चिकित्सा विवरण हमें यह अवगत कराते हैं कि महाभारत काल (1000 ईपू) के दौरान, नकुल और सहदेव, दो पांडव भाई क्रमशः घोड़े और पशुपालन के विशेषज्ञ थे। उसी प्रकार श्री कृष्ण एक विशेषज्ञ कार्यवाहक और गौ पालन के संरक्षक थे। उसी प्रकार मौर्य काल में (300 ईपू) अशोक ने दुनिया का पहला ज्ञात पशु चिकित्सालय बनवाया था। उन्होंने अपने साम्राज्य और आसपास के राज्यों में पुरुषों और जानवरों के लिए हर्बल दवाओं की खेती की व्यवस्था की।

बौद्ध दर्शन में चिकित्सा पद्धति- बौद्ध दर्शन में चिकित्सा का एक महत्वपूर्ण स्थान है, क्योंकि बौद्ध धर्म में मानसिक, शारीरिक, और आत्मिक स्वास्थ्य को परस्पर जुड़े हुए माना गया है। बौद्ध धर्म का उद्देश्य मनुष्य को दुखों से मुक्ति दिलाना है, जिसमें न केवल मानसिक दुख बल्कि शारीरिक पीड़ा से मुक्ति भी शामिल है। बौद्ध चिकित्सा में उपचार की पद्धतियाँ मुख्यतः करुणा, अहिंसा, और ध्यान पर आधारित होती हैं।

बौद्ध दर्शन और चिकित्सा का संबंध- बौद्ध धर्म का मुख्य सिद्धांत दुःख (संसारिक जीवन के दुख) को समझना और उससे मुक्ति पाना है। इस दृष्टिकोण से, शारीरिक बीमारियाँ और मनोवैज्ञानिक समस्याएँ भी दुःख का ही एक रूप हैं और इनसे मुक्ति पाने के लिए सही आचरण और मानसिक संतुलन आवश्यक है। चिकित्सा का उद्देश्य न केवल बीमारियों का उपचार करना है, बल्कि व्यक्ति के संपूर्ण जीवन को समृद्ध और संतुलित बनाना भी है।

बौद्ध चिकित्सा के मुख्य सिद्धांत:

दुःख और चिकित्सा- बौद्ध धर्म के अनुसार, संसार का प्रत्येक प्राणी दुःख से घिरा हुआ है और बीमारियाँ भी दुःख का एक रूप हैं। बौद्ध चिकित्सा का उद्देश्य दुःख के मूल कारणों को समझना और उन्हें दूर करना है। बौद्ध धर्म में शारीरिक और मानसिक बीमारियों को कर्म के परिणामस्वरूप माना जाता है और उपचार का उद्देश्य उन कारणों का निवारण करना है जो रोग उत्पन्न करते हैं। दुःख के कारण को समझने के लिए चार आर्य सत्य (Four Noble Truths) का पालन किया जाता है, जिसमें रोगों और दुखों के कारणों और उनके समाधान पर ध्यान दिया जाता है।

करुणा और चिकित्सा- बौद्ध चिकित्सा प्रणाली में करुणा (Compassion) का प्रमुख स्थान है। बौद्ध चिकित्सक रोगियों की सेवा और उपचार को करुणा से प्रेरित होकर करते हैं। यह मान्यता है कि प्रत्येक व्यक्ति के भीतर करुणा की भावना होती है और इस भावना के माध्यम से रोगों का उपचार संभव होता है। बौद्ध मठों में चिकित्सालय और औषधालय बनाए जाते थे, जहां साधु और चिकित्सक रोगियों का सेवा-भाव से उपचार करते थे। करुणा के आधार पर चिकित्सा में न केवल शारीरिक उपचार, बल्कि मानसिक और आत्मिक उपचार भी शामिल होता है।

आहार और स्वास्थ्य- बौद्ध धर्म में शुद्ध और संतुलित आहार को स्वास्थ्य के लिए आवश्यक माना गया है। मध्य मार्ग (Middle Path) के सिद्धांत के तहत, बौद्ध अनुयायी अति भोजन या अति उपवास से बचते हैं और शरीर को स्वस्थ रखने के लिए संतुलित आहार लेते हैं। बौद्ध साहित्य में आहार को शरीर के लिए महत्वपूर्ण बताया गया है। बुद्ध ने स्वयं भिक्षुओं और अनुयायियों को संयमित आहार लेने की सलाह दी थी, ताकि शारीरिक और मानसिक संतुलन बना रहे।

ध्यान और मानसिक स्वास्थ्य- बौद्ध चिकित्सा में ध्यान (Meditation) का प्रमुख स्थान है। बौद्ध मठों में मानसिक और शारीरिक उपचार के लिए ध्यान और योग का प्रयोग किया जाता था। ध्यान से मानसिक शांति, तनाव मुक्ति और मानसिक स्वास्थ्य का संवर्धन होता है। थेरवादी बौद्ध ध्यान पद्धति जैसे विपश्यना (Vipassana) और समथा (Samatha) ध्यान का उद्देश्य मानसिक पीड़ा और तनाव से मुक्ति दिलाना है। इसके माध्यम से मनुष्य की मानसिक स्थिति बेहतर होती है और आत्मा की शुद्धि होती है, जिससे शारीरिक स्वास्थ्य भी सुधरता है।

बुद्ध के समय चिकित्सा विज्ञान- भगवान बुद्ध के समय में चिकित्सा विज्ञान का उन्नत रूप था। बुद्ध ने भी चिकित्सा के महत्व को स्वीकार किया और अपने शिष्यों को विभिन्न प्रकार के रोगों से बचने और उन्हें ठीक करने की शिक्षा दी। बौद्ध ग्रंथों में उल्लेख मिलता है कि बुद्ध स्वयं अपने अनुयायियों को शारीरिक और मानसिक स्वास्थ्य के लिए दिशा-निर्देश देते थे। बुद्ध के प्रमुख शिष्य जीवक (Jivaka) एक प्रसिद्ध वैद्य थे। उन्हें बौद्ध चिकित्सा परंपरा का एक

महत्वपूर्ण स्तंभ माना जाता है। उन्होंने आयुर्वेदिक पद्धति से बुद्ध और उनके अनुयायियों का उपचार किया। जीवक की चिकित्सा पद्धति में औषधियों का प्रयोग, शल्य चिकित्सा (सर्जरी) और आहार नियमों का पालन प्रमुख था।

विनय पिटक और चिकित्सा- बौद्ध धर्म के ग्रंथ विनय पिटक में स्वास्थ्य और चिकित्सा से संबंधित कई नियमों का उल्लेख मिलता है। इसमें भिक्षुओं और साधुओं के स्वास्थ्य की देखभाल और चिकित्सा के नियमों का वर्णन है। बौद्ध धर्म में चिकित्सा को सेवा का एक रूप माना गया है और भिक्षुओं को बीमारी के समय सही उपचार और देखभाल की आवश्यकता पर जोर दिया गया है। विनय पिटक में औषधियों, आहार नियमों और स्वच्छता के विषय में विस्तृत जानकारी दी गई है, जो उस समय की चिकित्सा पद्धतियों का हिस्सा थी।

बौद्ध मठ और चिकित्सा केंद्र- बौद्ध मठों में चिकित्सा केंद्र स्थापित किए जाते थे, जहाँ भिक्षु रोगियों का उपचार करते थे। बौद्ध चिकित्सक न केवल शारीरिक उपचार करते थे, बल्कि मानसिक और आत्मिक स्वास्थ्य पर भी ध्यान केंद्रित करते थे। बौद्ध मठों में जड़ी-बूटियों और औषधियों का उपयोग किया जाता था, जो आयुर्वेद और प्राकृतिक चिकित्सा के आधार पर तैयार होती थीं। इन मठों में ध्यान और योग का भी अभ्यास कराया जाता था, जिससे रोगियों को मानसिक और शारीरिक संतुलन प्राप्त होता था।

त्रिपिटक और चिकित्सा ज्ञान- बौद्ध धर्म के त्रिपिटक ग्रंथ में चिकित्सा से संबंधित कई जानकारियाँ मिलती हैं। त्रिपिटक के विभिन्न हिस्सों में ध्यान, आहार और रोग निवारण के उपायों का उल्लेख है। इसमें स्वास्थ्य और चिकित्सा को संतुलित जीवन का हिस्सा बताया गया है। बौद्ध चिकित्सा पद्धति में प्राकृतिक चिकित्सा, आहार और ध्यान के साथ-साथ रोगों के शारीरिक और मानसिक कारणों को भी समझा जाता है।

बौद्ध धर्म समग्र कल्याण को बढ़ावा देता है जिसमें शारीरिक, मानसिक और आध्यात्मिक पहलू शामिल हैं। यह सिखाता है कि सच्चा कल्याण दुख की प्रकृति और उससे मुक्ति के मार्ग को समझने से आता है। इस प्रकार सचेतनता बौद्ध धर्म का एक अभिन्न पहलू है, और यह मानसिक और आध्यात्मिक कल्याण प्राप्त करने का एक उपकरण है। सचेतनता का अभ्यास करके और राग या द्वेष के बिना वर्तमान क्षण पर ध्यान देकर, व्यक्ति दुख को कम कर सकते हैं, मानसिक स्पष्टता प्राप्त कर सकते हैं और बौद्ध परंपरा में आंतरिक शांति और कल्याण की स्थिति की दिशा में काम कर सकते हैं।

विपश्यना एक ध्यान- विपश्यना ध्यान, जिसे इनसाइट मेडिटेशन के नाम से भी जाना जाता है, एक प्रमुख और प्राचीन ध्यान तकनीक है जो बौद्ध परंपरा से उत्पन्न हुई है। यह एक सचेतन अभ्यास है जिसका उद्देश्य वास्तविकता की प्रकृति और स्वयं की वास्तविक प्रकृति में गहन अंतर्दृष्टि विकसित करना है। विपश्यना को अक्सर थेरवाद बौद्ध धर्म से जोड़ा जाता है, हालांकि

अन्य बौद्ध परंपराओं में भी इसकी विविधता का अभ्यास किया जाता है। विपश्यना ध्यान की प्रमुख विशेषताओं और पहलुओं में शामिल हैं-

वस्तुनिष्ठ अवलोकन- विपश्यना में किसी की अपनी शारीरिक संवेदनाओं, मानसिक प्रक्रियाओं और भावनाओं का व्यवस्थित और वस्तुनिष्ठ अवलोकन शामिल है। अभ्यासकर्ता निर्णय या लगाव के बिना इन पहलुओं का निरीक्षण करना सीखते हैं।

अनित्यता (अनिका)- विपश्यना ध्यान सभी घटनाओं की अनित्यता पर केंद्रित है। यह सिखाता है कि भौतिक और मानसिक क्षेत्र में सब कुछ निरंतर प्रवाह की स्थिति में है। इस अनित्यता का अवलोकन करके, अभ्यासकर्ता अस्तित्व की क्षणिक प्रकृति में अंतर्दृष्टि विकसित करते हैं।

नो-सेल्फ (अनत्ता)- विपश्यना अनात्ता, या 'नो-सेल्फ' की अवधारणा पर भी जोर देती है। अभ्यासकर्ता यह समझने का प्रयास करते हैं कि कोई स्थायी, अपरिवर्तनीय स्व या आत्मा नहीं है। इसके बजाय, मानसिक और शारीरिक प्रक्रियाएँ लगातार बदलती रहती हैं।

प्रत्यक्ष अनुभव- विपश्यना बौद्धिक या दार्शनिक अवधारणाओं पर भरोसा करने के बजाय प्रत्यक्ष अनुभवात्मक समझ को प्रोत्साहित करती है। इसका मतलब यह है कि अभ्यासकर्ताओं को अंतर्दृष्टि प्राप्त करने के लिए सीधे अपने स्वयं के अनुभवों का अवलोकन करना चाहिए।

सांस और शरीर के प्रति सचेतनता- अभ्यास अक्सर सांस या शारीरिक संवेदनाओं के प्रति सचेतनता से शुरू होता है। यह एकाग्रता गहरी अंतर्दृष्टि के लिए आधार के रूप में कार्य करती है। अभ्यासकर्ता धीरे-धीरे अपने अनुभव के सभी पहलुओं को शामिल करने के लिए अपनी जागरूकता का विस्तार करते हैं।

प्रगतिशील जागरूकता- विपश्यना ध्यान आम तौर पर एक व्यवस्थित प्रगति का अनुसरण करता है जिसमें अभ्यासकर्ता सांस और शारीरिक संवेदनाओं का अवलोकन करने से लेकर विचारों, भावनाओं और मन की परस्पर क्रिया का अवलोकन करने की ओर बढ़ते हैं।

साइलेंट रिट्रीट- पारंपरिक विपश्यना पाठ्यक्रम अक्सर साइलेंट रिट्रीट प्रारूप में आयोजित किए जाते हैं। प्रतिभागी एक निर्दिष्ट अवधि के लिए मौन रहते हैं, जिससे उन्हें गहन आत्मनिरीक्षण और अभ्यास करने का मौका मिलता है।

मानसिक शुद्धि- विपश्यना ध्यान को मानसिक शुद्धि की एक प्रक्रिया के रूप में देखा जाता है। अनुभवों की नश्वरता और गैर-स्व प्रकृति में अंतर्दृष्टि के माध्यम से, अभ्यासकर्ताओं का लक्ष्य खुद को मानसिक अशुद्धियों, आसक्तियों और पीड़ा से मुक्त करना है।

गैर-धर्मनिरपेक्ष अनुप्रयोग- विपश्यना का अभ्यास विभिन्न धार्मिक पृष्ठभूमि वाले या बिना धार्मिक संबद्धता वाले व्यक्तियों द्वारा किया जा सकता है। इसे अक्सर धर्मनिरपेक्ष तरीके से

पढ़ाया जाता है, जिसमें ध्यान और अंतर्दृष्टि के सार्वभौमिक सिद्धांतों पर ध्यान केंद्रित किया जाता है।

लाभ- विपश्यना ध्यान का अभ्यास कई लाभों से जुड़ा है, जिसमें तनाव कम करना, आत्म-जागरूकता बढ़ाना, भावनात्मक विनियमन में सुधार और अधिक मानसिक स्पष्टता शामिल है।

विपश्यना ध्यान एक कठोर अभ्यास है जिसके लिए समर्पण, धैर्य और निरंतर प्रयास की आवश्यकता होती है। इसे अक्सर अनुभवी प्रशिक्षकों के नेतृत्व वाले पाठ्यक्रमों और रिट्रीट के माध्यम से सिखाया जाता है। यह अभ्यास व्यक्तियों को गहन अंतर्दृष्टि और वास्तविकता की प्रकृति और स्वयं की गहरी समझ की ओर ले जाने के लिए बनाया गया है, जो अंततः बौद्ध सिद्धांतों के अनुरूप अधिक शांति और पीड़ा से मुक्ति की ओर ले जाता है।

निष्कर्ष- बौद्ध दर्शन में चिकित्सा विज्ञान केवल शारीरिक उपचार तक सीमित नहीं है, बल्कि यह मानसिक और आत्मिक उपचार का भी हिस्सा है। बौद्ध धर्म में करुणा, ध्यान, शुद्ध आहार और संयमित जीवनशैली के माध्यम से स्वास्थ्य को बनाए रखने पर जोर दिया गया है। बुद्ध के समय से ही चिकित्सा विज्ञान को धर्म और जीवन का एक अभिन्न हिस्सा माना गया है, जहाँ चिकित्सा का उद्देश्य केवल रोगों का उपचार नहीं, बल्कि संपूर्ण जीवन को सुखी और संतुलित बनाना है।

जैन दर्शन में चिकित्सा विज्ञान:- जैन दर्शन में भी शारीरिक एवं मानसिक कष्टों से मुक्ति के लिए ध्यान का मार्ग बताया गया है। जैन दर्शन का संबंध आध्यात्मिक एवं दार्शनिक दृष्टि से अत्यंत ही महत्वपूर्ण है। भारतीय ज्ञान परम्परा में हमेशा शरीर को स्वस्थ बनाए रखने के लिए मन को स्वस्थ रखने की बात पर अधिक बल दिया गया है। इसके अनुसार शरीर के माध्यम से आत्म-साधन और अनुशीलन हेतु मनुष्य को प्रेरित किया जाता है। जिससे मनुष्य का शरीर रोगमुक्त रह सके। क्योंकि भारतीय दर्शन में आत्मा के बिना शरीर का कोई महत्व नहीं है और शरीर के सहयोग के बिना आत्मा की मुक्ति संभव नहीं है। इस दृष्टि से दोनों एक दूसरे के अनुपूरक हैं। जैन-दर्शन यदि आत्मा को विशुद्ध स्वरूप प्रदान करने का मार्ग प्रशस्त करता है तो भारतीय चिकित्सा विज्ञान मानव को स्वास्थ्य रूपी विशुद्धता प्रदान करने में समर्थ है।

आयुर्वेद में बताए गए कई उपचारों का उल्लेख जैन लेखकों ने भी किया है, जैसे- एमेसिस (वामन), परगेशन (विरेचन), धूमन (धूपना), अभिषेक (स्नेहन, अभ्यंग, संवाहन) आदि। जैनियों द्वारा अपनाई जाने वाली चिकित्सा प्रणाली पर उपलब्ध एकमात्र आधिकारिक पाठ कल्याणकारिका है। इसकी रचना उग्र आदित्य आचार्य ने की थी, जो कि अमोघवर्ष- प्रथम राष्ट्रकूट राजा (815-877 ईस्वी) के समकालीन थे। इन्होंने काया चिकित्सा, बाल चिकित्सा, ग्रह चिकित्सा, विशा चिकित्सा, शल्य चिकित्सा, शालाक्य तंत्र, रसायन, वाजीकरण आदि पर विस्तारपूर्वक चर्चा की गई है।

जैन दर्शन में चिकित्सा विज्ञान का महत्वपूर्ण स्थान है, क्योंकि जैन धर्म में शरीर और स्वास्थ्य को जीवन के महत्वपूर्ण अंग के रूप में देखा जाता है। जैन दर्शन मुख्य रूप से अहिंसा, सयंम और स्वास्थ्य पर आधारित है, जिसमें मानसिक, शारीरिक और आत्मिक संतुलन का विशेष महत्व है। चिकित्सा विज्ञान से जुड़ी जैन दृष्टि न केवल शारीरिक रोगों का निवारण करती है, बल्कि यह आत्मा के शुद्धिकरण और अहिंसा पर आधारित जीवनशैली को भी प्रोत्साहित करती है।

जैन दर्शन के अनुसार स्वास्थ्य और चिकित्सा विज्ञान:

अहिंसा और चिकित्सा- जैन दर्शन में अहिंसा (Non-Violence) सबसे प्रमुख सिद्धांत है। इसलिए जैन चिकित्सा में ऐसी दवाइयों और तरीकों का समर्थन किया जाता है, जिनमें किसी भी प्रकार के जीव हत्या की संभावना न हो। जैन धर्म के अनुयायी जानवरों या जीवित प्राणियों पर आधारित चिकित्सा का विरोध करते हैं, क्योंकि यह अहिंसा के विरुद्ध है। कई बार जैन धर्मावलंबी वनस्पति आधारित दवाओं का प्रयोग करते हैं, ताकि औषधियों के निर्माण में जीव हत्या न हो। यह उनके शुद्ध और अहिंसक चिकित्सा सिद्धांत का आधार है।

आहार और स्वास्थ्य- जैन धर्म में आहार का स्वास्थ्य पर विशेष ध्यान दिया जाता है। जैन अनुयायियों का मानना है कि शरीर और मन का स्वास्थ्य मुख्यतः शुद्ध आहार पर आधारित है। वे सात्विक भोजन को प्राथमिकता देते हैं, जिसमें हरी सब्जियाँ, दालें और अन्य पौधों से प्राप्त खाद्य पदार्थ शामिल होते हैं। जैन दर्शन में भोजन के समय और विधि का भी स्वास्थ्य पर गहरा प्रभाव माना गया है। जैन लोग सूर्यास्त के बाद भोजन करने से बचते हैं, क्योंकि इस समय भोजन के पाचन की प्रक्रिया धीमी हो जाती है और शरीर पर नकारात्मक प्रभाव पड़ सकता है।

उपवास और शरीर शुद्धिकरण- जैन धर्म में उपवास (Fasting) और तपस्या (Penance) को चिकित्सा का एक महत्वपूर्ण हिस्सा माना जाता है। जैन मुनि और अनुयायी समय-समय पर उपवास करते हैं, जिससे शरीर को विश्राम और शुद्धिकरण का अवसर मिलता है। उपवास शरीर से विषाक्त तत्वों को निकालता है और शरीर को स्वस्थ रखता है। यह प्रक्रिया आंतरिक शुद्धिकरण के साथ-साथ मानसिक और आत्मिक शुद्धि का भी माध्यम मानी जाती है।

मन और शरीर का संबंध- जैन दर्शन में शरीर और मन के बीच एक गहरा संबंध माना जाता है। मानसिक अशांति और नकारात्मक विचारों को रोग का प्रमुख कारण माना गया है। जैन धर्म में ध्यान (Meditation) और संकल्प (Resolve) को मानसिक और शारीरिक स्वास्थ्य के लिए आवश्यक बताया गया है। ध्यान के माध्यम से न केवल मानसिक संतुलन प्राप्त होता है, बल्कि यह शरीर को रोगमुक्त रखने में भी सहायक होता है। ध्यान और योग जैन मुनियों के दैनिक जीवन का महत्वपूर्ण हिस्सा हैं, जिससे वे मानसिक शांति और शारीरिक स्वास्थ्य प्राप्त करते हैं।

त्रिरत्न और चिकित्सा विज्ञान- जैन धर्म में त्रिरत्न (सम्यक् दर्शन, सम्यक् ज्ञान, और सम्यक् चरित्र) को जीवन के हर क्षेत्र में महत्वपूर्ण माना गया है, जिसमें चिकित्सा भी शामिल है। सम्यक् जीवनशैली और सही आचरण के पालन से शारीरिक और मानसिक बीमारियों को दूर रखा जा सकता है। जैन मुनि मानते हैं कि स्वास्थ्य के लिए सही दृष्टिकोण (Right Perception), सही ज्ञान (Right Knowledge) और सही आचरण (Right Conduct) अत्यंत आवश्यक हैं।

आयुर्वेद और जैन चिकित्सा- जैन धर्म का चिकित्सा विज्ञान प्राचीन भारतीय चिकित्सा प्रणाली आयुर्वेद से जुड़ा हुआ है। जैन संतों ने आयुर्वेदिक औषधियों और उपचारों का उपयोग किया है, जिसमें शरीर की पांच तत्वों पर आधारित संरचना, त्रिदोष (वात, पित्त, कफ) के सिद्धांत और शारीरिक संतुलन को बनाए रखने के उपाय शामिल हैं। जैन ग्रंथों में भी आयुर्वेद के सिद्धांतों और औषधियों का उल्लेख मिलता है। जैन चिकित्सा विज्ञान में प्राकृतिक चिकित्सा, आयुर्वेदिक जड़ी-बूटियों और आहार उपचारों का महत्वपूर्ण स्थान है।

पंचेंद्रीय जीव और चिकित्सा- जैन धर्म में सभी पंचेंद्रिय जीवों का संरक्षण अनिवार्य माना गया है। चिकित्सा विज्ञान में इस बात का ध्यान रखा जाता है कि किसी भी चिकित्सा या उपचार पद्धति के दौरान किसी भी प्राणी को हानि न पहुँचे। जैन चिकित्सकों ने उन औषधियों और उपचारों पर ध्यान केंद्रित किया जो अहिंसक हों और पंचेंद्रिय जीवों के जीवन को प्रभावित न करें।

इस प्रकार जैन दर्शन में चिकित्सा विज्ञान केवल शारीरिक उपचार तक सीमित नहीं है, बल्कि यह एक व्यापक दृष्टिकोण है जिसमें मानसिक, शारीरिक और आत्मिक स्वास्थ्य का ध्यान रखा जाता है। अहिंसा, शुद्ध आहार, उपवास, ध्यान और सही आचरण का पालन करके व्यक्ति न केवल स्वस्थ रह सकता है, बल्कि मोक्ष प्राप्ति के मार्ग पर भी अग्रसर हो सकता है। जैन धर्म में चिकित्सा का उद्देश्य न केवल रोगों का निवारण करना है, बल्कि जीवनशैली को इस प्रकार से संचालित करना है कि व्यक्ति रोगमुक्त, शांत और संतुलित जीवन जी सके।

प्राचीन भारतीय चिकित्सा पद्धतियाँ वैज्ञानिक, प्राकृतिक और समग्र उपचार प्रणाली का आधार रही हैं। वर्तमान में इनका संरक्षण और संवर्धन आवश्यक है ताकि संपूर्ण विश्व लाभान्वित हो सके। आयुर्वेद, योग, सिद्ध और यूनानी चिकित्सा आधुनिक चिकित्सा विज्ञान के साथ मिलकर एक समग्र स्वास्थ्य प्रणाली का निर्माण कर सकती हैं।

परंपराएँ और उपचार विधियाँ:

- हर्बल चिकित्सा (वनस्पतियों से औषधियाँ)

- धातु और खनिज चिकित्सा (रसशास्त्र)

पंचकर्म (शुद्धिकरण पद्धति)

- योग और ध्यान द्वारा मानसिक स्वास्थय सुधार

- प्राकृतिक तत्वों से उपचार (जल, मिट्टी, धूप चिकित्सा)

संरक्षण एवं संवर्धन:

संरक्षण के उपाय-

- पारंपरिक चिकित्सा ग्रंथों का पुनर्प्रकाशन एवं शोध।

- आयुर्वेदिक औषधीय पौधों का संरक्षण एवं संवर्धन।

- पारंपरिक वैद्य, हकीम और योगाचार्यों को सरकारी समर्थन।

संवर्धन के उपाय-

- आयुष मंत्रालय (भारत सरकार) द्वारा आयुर्वेद, योग, सिद्ध, यूनानी और होम्योपैथी को बढ़ावा।

- अंतर्राष्ट्रीय योग दिवस (21 जून) के माध्यम से योग को वैश्विक पहचान।

- आयुर्वेदिक एवं प्राकृतिक चिकित्सा केंद्रों की स्थापना।

- आधुनिक विज्ञान और प्रौद्योगिकी के साथ पारंपरिक चिकित्सा का समन्वय।

निष्कर्ष : 600 ईपू यानी आज से लगभग 2600 साल पहले से ही भारत चिकित्सा विज्ञान परंपरा में बड़ी उपलब्धियां हासिल कर चुका था, यही नही आधुनिक काल की ही तरह अलग-अलग कार्यों के लिए अलग-अलग तरह के मेडीकल उपकरण तैयार किए जाते थे। प्राचीन ग्रंथों में 74 तरह के सर्जिकल उपकरणों का वर्णन मिलता है। भारत भूमि की इन अमूल्य खोजों की इतनी उपेक्षा आखिर क्यों हुई इस पर आज भी एक ज्वलंत प्रश्न हम सबके समक्ष है। हालांकि अक्सर ऐसा होता है कि सही वैज्ञानिक सिद्धांत एवं कार्य सदियों तक नही अपनाए जाते और उन विधियों को खोजने वाले वैज्ञानिक लंबे समय तक गुमनामी के अंधेरे में गुम हो जाते हैं और उपेक्षित रहते हैं। आज आवश्यकता है प्राचीन भारत के इन तमाम गौरवशाली वैज्ञानिक खोजों को पुन: शोध करने की, इन्हे आगे विकसित करने की, इनका संरक्षण करने की, जिससे भारतवर्ष की युवा पीढ़ी समझ सके, उसे आत्मसात कर सके और अपने देश को वैश्विक पटल पर अग्रिम पंक्ति में लाने में अपना योगदान दे सके। तभी सही मायने में सर्वांगीण विकास संभव है। क्योंकि

जिस देश की युवा पीढ़ी अपना गौरवशाली इतिहास को भुला देता है उस देश का विकास अवरुद्ध हो जा जाता है। वर्तमान जलवायु परिवर्तन के इस दौर और विकास के अंधाधुंध होड़ में तनाव के बढ़ते दायरे के बीच मनुष्य के शारीरिक तथा मानसिक विकास के लिए प्राचीन भारतीय चिकित्सा पद्धति अत्यंत ही उपयोगी व प्रासंगिक है।

महत्वपूर्ण प्रश्नोत्तर सीरीज –

1. प्रश्न: वैदिक धर्म में कितने वेदों का उल्लेख मिलता है?

   उत्तर: चार वेद (ऋग्वेद, सामवेद, यजुर्वेद, अथर्ववेद)।

2. प्रश्न: हिंदू धर्म के अनुसार चार पुरुषार्थ कौन-कौन से हैं?

   उत्तर: धर्म, अर्थ, काम, और मोक्ष।

3. प्रश्न: जैन धर्म के 24वें तीर्थंकर कौन थे?

   उत्तर: महावीर स्वामी।

4. प्रश्न: बौद्ध धर्म के संस्थापक कौन थे?

   उत्तर: गौतम बुद्ध।

5. प्रश्न: इस्लाम धर्म में पाँच अनिवार्य स्तंभ कौन-कौन से हैं?

   उत्तर: शाहदा (विश्वास), सलात (नमाज), ज़कात (दान), सवम (रोज़ा), हज (तीर्थ यात्रा)।

6. प्रश्न: भारतीय मंदिरों की नागर शैली का प्रमुख उदाहरण कौन सा है?

   उत्तर: खजुराहो के मंदिर (मध्य प्रदेश)।

7. प्रश्न: किस मंदिर को 'दक्षिण का काशी' कहा जाता है?

   उत्तर: रामेश्वरम मंदिर (तमिलनाडु)।

8. प्रश्न: पुरी का जगन्नाथ मंदिर किस राज्य में स्थित है?

   उत्तर: ओडिशा।

9. प्रश्न: किस भारतीय मंदिर को 'सात अजूबों' में गिना जाता है?

   उत्तर: ताजमहल के अलावा कोई मंदिर सात अजूबों में नहीं है, लेकिन कांस्य में अंकोरवाट और तमिलनाडु के कुछ मंदिरों को विश्व धरोहर स्थल घोषित किया गया है।

10.प्रश्न: भारत के किस राज्य में सूर्योदय और सूर्यास्त के आधार पर सूर्य मंदिर स्थित है?

उत्तर: कोणार्क सूर्य मंदिर (ओडिशा)।

11.प्रश्न: सोमनाथ मंदिर के ध्वस्त होने के बाद इसका पुनर्निर्माण किस भारतीय नेता ने करवाया?

उत्तर: सरदार वल्लभभाई पटेल।

12.प्रश्न: किस मंदिर में हर 12 साल में कुंभ मेला आयोजित होता है?

उत्तर: प्रयागराज, हरिद्वार, उज्जैन और नासिक के प्रमुख तीर्थों पर कुंभ मेला आयोजित होता है।

13.प्रश्न: किस मंदिर में प्रतिवर्ष 'रथ यात्रा' का आयोजन होता है?

उत्तर: पुरी का जगन्नाथ मंदिर (ओडिशा)।

14.प्रश्न: मदुरै के मीनाक्षी मंदिर को किस देवी को समर्पित किया गया है?

उत्तर: देवी मीनाक्षी (माता पार्वती का रूप)।

15.प्रश्न: किस मंदिर को 'स्वर्ण मंदिर' के नाम से जाना जाता है?

उत्तर: श्री हरमंदिर साहिब (स्वर्ण मंदिर), अमृतसर।

16.प्रश्न: भगवद गीता के अनुसार, कर्तव्य पालन का सर्वोच्च नैतिक सिद्धांत क्या है?

उत्तर: निष्काम कर्मयोग, अर्थात् बिना किसी फल की इच्छा के अपने कर्तव्यों का पालन करना।

17.प्रश्न: भगवद गीता के किस अध्याय में अर्जुन को 'स्वधर्म' का पालन करने की शिक्षा दी गई है?

उत्तर: अध्याय 3 (कर्म योग)।

18.प्रश्न: रामचरित मानस में राम का कौन सा गुण एक आदर्श राजा और मानव के रूप में नैतिकता का प्रतीक है?

उत्तर: मर्यादा पालन और धर्म का पालन, जिसमें सत्य, कर्तव्य और न्यायप्रियता शामिल है।

19.प्रश्न: रामचरित मानस के अनुसार, हनुमान जी की किस नैतिकता को सबसे अधिक सराहा गया है?

पर्यावरण जागरुकता और जल संरक्षण प्रथाऐं, प्राचीन चिकित्सा पद्धतियाँ व परम्पराऐं

उत्तर: अटूट भक्ति, निस्वार्थ सेवा और कर्तव्यपरायणता।

20.प्रश्न: भगवद गीता में कृष्ण ने अर्जुन को किस नैतिक मूल्य के आधार पर युद्ध लड़ने के लिए प्रेरित किया?

उत्तर: धर्म की रक्षा और अधर्म के विनाश के लिए, जो 'धर्मयुद्ध' कहलाता है।

21.प्रश्न: गुरु-शिष्य परंपरा का मूल उद्देश्य क्या था?

उत्तर: ज्ञान का हस्तांतरण, नैतिकता और आध्यात्मिक शिक्षा प्रदान करना, और शिष्य को समाज में एक जिम्मेदार नागरिक बनाने के लिए मार्गदर्शन करना।

22.प्रश्न: प्राचीन भारतीय शिक्षा प्रणाली में गुरु-शिष्य परंपरा का प्रमुख केंद्र कौन से संस्थान थे?

उत्तर: तक्षशिला, नालंदा, विक्रमशिला, और गुरुकुल।

23.प्रश्न: किस प्राचीन ग्रंथ में गुरु को ब्रह्मा, विष्णु और महेश का रूप माना गया है?

उत्तर: गुरु स्तुति (गुरुर्ब्रह्मा, गुरुर्विष्णु, गुरुर्देवो महेश्वरः)।

24.प्रश्न: महाभारत में किस गुरु ने अर्जुन को धनुर्विद्या में निपुण बनाया था?

उत्तर: गुरु द्रोणाचार्य।

25.प्रश्न: भारतीय संगीत में गुरु-शिष्य परंपरा का महत्व किस रूप में देखा जाता है?

उत्तर: भारतीय शास्त्रीय संगीत और नृत्य में गुरु-शिष्य परंपरा के माध्यम से शिष्यों को कला की गहराई से शिक्षा और अभ्यास की परंपरा को सिखाया जाता है, जो पीढ़ी दर पीढ़ी हस्तांतरित होती है।

26.प्रश्न: रामचरित मानस में भरत की कौन सी नैतिकता उन्हें आदर्श भाई के रूप में स्थापित करती है?

उत्तर: निस्वार्थ त्याग और भ्रातृ प्रेम, जब वे राम का राज्याभिषेक अस्वीकार कर, राम की चरण पादुकाओं को सिंहासन पर रखते हैं।

27.प्रश्न: प्राचीन भारत में जल संरक्षण के लिए किस पारंपरिक प्रणाली का उपयोग किया जाता था?

उत्तर: प्राचीन भारत में जल संरक्षण के लिए बावड़ी, कुंड, झील, और तालाब जैसी जल संचयन प्रणालियों का उपयोग किया जाता था, जो वर्षा के पानी को इकट्ठा करने और सिंचाई के लिए महत्वपूर्ण थीं।

28. प्रश्न: वैदिक साहित्य में पर्यावरण संरक्षण से संबंधित कौन सा मंत्र दिया गया है?

उत्तर: वैदिक साहित्य में 'पृथ्वी सूक्त' मंत्र में पर्यावरण और प्रकृति की सुरक्षा का उल्लेख किया गया है, जिसमें भूमि, जल, और वृक्षों की रक्षा करने का आग्रह किया गया है।

29. प्रश्न: प्राचीन भारत में जल संचयन के लिए उपयोग की जाने वाली 'जोहर' प्रणाली किस क्षेत्र में प्रचलित थी?

उत्तर: 'जोहर' प्रणाली मुख्य रूप से राजस्थान में प्रचलित थी, जिसका उपयोग वर्षा जल को संग्रहीत करने और सूखे के समय में जल की आवश्यकता पूरी करने के लिए किया जाता था।

30. प्रश्न: किस प्राचीन भारतीय ग्रंथ में वृक्षों और प्रकृति के संरक्षण का महत्व बताया गया है?

उत्तर: अर्थशास्त्र और मनुस्मृति जैसे प्राचीन ग्रंथों में वृक्षारोपण और प्रकृति के संरक्षण का उल्लेख है, जहाँ पेड़ों को काटने पर दंड का प्रावधान किया गया था।

31. प्रश्न: प्राचीन भारत में किस त्योहार के माध्यम से पर्यावरण संरक्षण और वृक्षारोपण को प्रोत्साहित किया जाता था?

उत्तर: वृक्ष पूजन और वट सावित्री जैसे त्योहारों के माध्यम से पेड़ों की पूजा की जाती थी और वृक्षारोपण को प्रोत्साहित किया जाता था, जो पर्यावरण संरक्षण का हिस्सा था।

32. प्रश्न: प्राचीन भारतीय चिकित्सा प्रणाली का प्रमुख ग्रंथ कौन सा है?

उत्तर: आयुर्वेद का प्रमुख ग्रंथ चरक संहिता है, जो चिकित्सा के विभिन्न पहलुओं पर विस्तृत जानकारी प्रदान करता है।

33. प्रश्न: प्राचीन भारतीय चिकित्सा के अनुसार, शरीर के तीन दोष कौन से हैं?

उत्तर: आयुर्वेद में शरीर के तीन दोष हैं: वात, पित्त, और कफ।

34. प्रश्न: प्राचीन भारत में शल्य चिकित्सा (सर्जरी) का जनक किसे माना जाता है?

उत्तर: प्राचीन भारतीय शल्य चिकित्सा के जनक सुश्रुत हैं, जिन्होंने सुश्रुत संहिता की रचना की।

35. प्रश्न: आयुर्वेदिक चिकित्सा के मुख्य सिद्धांतों में से कौन सा सिद्धांत भोजन और स्वास्थ्य के संबंध को स्पष्ट करता है?

उत्तर: आयुर्वेद में 'अहार और विहार' का सिद्धांत है, जो कहता है कि उचित आहार और जीवनशैली स्वस्थ रहने के लिए आवश्यक हैं।

36. प्रश्न: प्राचीन भारतीय चिकित्सा में कौन सा उपचार पद्धति शरीर के ऊर्जा बिंदुओं पर केंद्रित है?

उत्तर: मार्म चिकित्सा एक प्राचीन भारतीय उपचार पद्धति है, जो शरीर के ऊर्जा बिंदुओं को उत्तेजित करके रोगों का इलाज करती है।

37. प्रश्न: योग का किस प्रकार से प्राचीन भारतीय चिकित्सा में उपयोग किया जाता था?

उत्तर: योग का उपयोग शारीरिक और मानसिक स्वास्थ्य को संतुलित करने के लिए किया जाता था, जो प्राचीन भारतीय चिकित्सा प्रणाली का एक महत्वपूर्ण हिस्सा था। योग से शरीर की रोग प्रतिरोधक क्षमता बढ़ाई जाती थी।

38. प्रश्न: प्राचीन भारतीय राजनीति में 'राजधर्म' का क्या महत्व था?

उत्तर: 'राजधर्म' का अर्थ है शासक द्वारा न्याय, नीति, और धर्म के अनुसार शासन करना, जिससे प्रजा की भलाई और समाज का संतुलन बनाए रखा जा सके।

39. प्रश्न: प्राचीन भारत में किस ग्रंथ को राजनीतिक विज्ञान का महत्वपूर्ण स्रोत माना जाता है?

उत्तर: अर्थशास्त्र को राजनीतिक विज्ञान और अर्थशास्त्र का महत्वपूर्ण स्रोत माना जाता है, जो चाणक्य (कौटिल्य) द्वारा रचित है।

40. प्रश्न: प्राचीन भारत में कौन-सी शासन प्रणाली का प्रयोग किया जाता था?

उत्तर: प्राचीन भारत में गणतंत्र, राज्य, और मौर्य साम्राज्य जैसी विभिन्न शासन प्रणालियों का प्रयोग किया जाता था।

41. प्रश्न: प्राचीन भारत में अर्थव्यवस्था का प्रमुख आधार क्या था?

उत्तर: प्राचीन भारत की अर्थव्यवस्था का प्रमुख आधार कृषि था, जिसमें अनाज उत्पादन और कृषि आधारित व्यापार शामिल था।

42. प्रश्न: प्राचीन भारत में किस प्रकार के कर प्रणाली का प्रयोग किया जाता था?

उत्तर: प्राचीन भारत में कृषि कर, व्यापार कर, और संपत्ति कर जैसी कर प्रणालियों का प्रयोग किया जाता था, जो राज्य के खजाने को भरने के लिए आवश्यक थे।

43.प्रश्न: प्राचीन भारत में व्यापार के प्रमुख मार्ग कौन से थे?

उत्तर: प्राचीन भारत में भूमि मार्ग, समुद्री मार्ग, और सिल्क रोड जैसे व्यापारिक मार्ग प्रमुख थे, जो भारत को अन्य देशों से जोड़ते थे और व्यापार को बढ़ावा देते थे।

***

संदर्भ सूची

पुस्तकें एवं शोध जर्नल्स:

1. रायचौधरी, एस. सी.- प्राचीन भारत का सामाजिक, सांस्कृतिक एवं आर्थिक इतिहास, सुरजीत पब्लिकेशन 2016

2. रायचौधरी, एस. सी.- प्राचीन भारत का सामाजिक, सांस्कृतिक एवं आर्थिक इतिहास, सुरजीत पब्लिकेशन 2016

3. ऋग्वेद, यजुर्वेद, सामवेद, अथर्ववेद (संहिताएँ), महर्षि वेदव्यास (संपादक) विभिन्न संस्करण (गीता प्रेस, मोतीलाल बनारसीदास, चौखंबा)-प्राचीन

4. भगवद गीता- वेदव्यास (संवाद), गीता प्रेस, गीता प्रेस गोरखपुर

5. रामायण- महर्षि वाल्मीकि, गीता प्रेस / चौखंबा प्रकाशन, प्राचीन

6. महाभारत- महर्षि वेदव्यास,गीता प्रेस/मोतीलाल बनारसीदास, प्राचीन

7. मनुस्मृति- महर्षि मनु, चौखंबा संस्कृत प्रकाशन,विभिन्न संस्करण

8. द्विवेदी, डॉ. हजारी प्रसाद -भारतीय धर्म और संस्कृति- राजकमल प्रकाशन,1954

9. धम्मपद- गौतम बुद्ध की शिक्षाएँ,पालि टेक्स्ट सोसाइटी, विभिन्न संस्करण

10. रिजवी, आदिब- भगवान बुद्ध जीवन और दर्शन, रजत प्रकाशन, देवलोक कॉलोनी, नई दिल्ली।

11. बिरही, डॉ परशुराम शुक्ल- गौतम बुद्ध का बुनियादी चिंतन, मप्र हिन्दी ग्रंथ अकादमी

12. गोंडवाना दर्शन

13. लूनिया, बी. एन. -प्राचीन भारतीय संस्कृति, लक्ष्मीनारायण अग्रवाल प्रकाशन, आगरा

14. रायचौधरी, एस. सी.- प्राचीन भारत का सामाजिक, सांस्कृतिक एवं आर्थिक इतिहास, सुरजीत पब्लिकेशन 2016

15. झा एवं श्रीमाली, प्राचीन भारत का इतिहास, हिन्दी माध्यम कार्यान्वय निदेशालय, दिल्ली विश्वविद्यालय, 10, केवेलरी लाईन, दिल्ली- 110007

16. रेड्डी, के. प्राचीन भारत का इतिहास, मैग्रो हिल्स एजुकेशन, प्राइवेट लिमिटेड, तमिलनाडु।

17. लाल, आशीर्वादी- प्राचीन भारत का इतिहास

18. श्रीवास्तव, के. सी.- प्राचीन भारत का इतिहास तथा संस्कृति, यूनाइटेड बुक डिपो, दिल्ली।

19. गैरोला, वाचस्पति - कौटिल्य, (चाणक्य)- 'अर्थशास्त्र'

20. मनुस्मृति (राजनीतिक प्रशासन एवं सामाजिक व्यवस्था), महर्षि मनु, चौखंबा संस्कृत प्रकाशन, प्राचीन

21. नीतिशतक भर्तृहरि चौखंबा प्रकाशन, प्राचीन

22. टंडन, डॉ किरण- भारतीय संस्कृति

23. बनारसीदास, मोतीलाल -राजतरंगिणी, कल्हण, 12वीं शताब्दी

24. कंगले आर.पी. -कौटिल्य एंड हिज अर्थशास्त्र, मोतीलाल बनारसीदास, 1965

25. शर्मा, डॉ. राम शरण -प्राचीन भारतीय राज्य व्यवस्था,ऑक्सफोर्ड यूनिवर्सिटी प्रेस, 1980

26. जायसवाल, के.पी. -प्राचीन भारत में गणराज्य राजकमल प्रकाशन, 1924

27. मेहता, वी.आर. - हिस्ट्री ऑफ इंडियन पॉलिटिकल थॉट, सेज पब्लिकेशन, 1992

28. मजूमदार, डॉ. आर.सी.-भारतीय राज्यव्यवस्था का विकास भारतीय विद्या भवन,1952

29. मजूमदार , रमेश चंद्र -भारत में प्राचीन गणराज्य, मोतीलाल बनारसीदास, 1960

30. जायसवाल, के.पी. -हिन्दू पॉलिटी: ए कांस्टिट्यूशनल हिस्ट्री ऑफ इंडिया इन एंशिएंट टाइम्स, बंगाल सीक्रेटेरिएट बुक डिपो, 1924

31. काणे, डॉ. पी.वी. -भारतीय राजनीति के मूल सिद्धांत- मोतीलाल बनारसीदास, 1953

32. इंडियन पॉलिटिकल थ्योरी: लिबरलिज्म एंड हिन्दू नेशनलिज्म श्रुति कपिला प्रिंसटन यूनिवर्सिटी प्रेस, 2021

33. शुक्ल, रामचन्द्र – मेगास्थनीज का भारतवर्षीय वर्णन

34. चरक संहिता (आयुर्वेद शिक्षा एवं चिकित्सा ज्ञान) आचार्य, चरक चौखंबा संस्कृत प्रकाशन, विभिन्न संस्करण

35. सुश्रुत संहिता (शल्य चिकित्सा शिक्षा), आचार्य सुश्रुत, चौखंबा संस्कृत प्रकाशन, विभिन्न संस्करण

36. योगसूत्र, महर्षि पतंजलि, मोतीलाल बनारसीदास / चौखंबा, प्राचीन

37. न्यायसूत्र, गौतम ऋषि,चौखंबा संस्कृत प्रकाशन, प्राचीन

38. तत्त्वार्थसूत्र, आचार्य उमास्वाति जैन विश्व भारती / अन्य 2वीं शताब्दी

39. ब्रह्मसूत्र, बादरायण व्यास, मोतीलाल बनारसीदास, प्राचीन

40. तर्कसंग्रह, अन्नम्भट्ट, चौखंबा संस्कृत प्रकाशन, 17वीं शताब्दी

41. राजतरंगिणी (शिक्षा और ज्ञान का ऐतिहासिक विवरण), कल्हण, मोतीलाल बनारसीदास,12वीं शताब्दी

42. बाशम, ए.एल.- तक्षशिला और नालंदा विश्वविद्यालय का इतिहास,मोतीलाल बनारसीदास, 1954

43. भट्टाचार्य, बिनॉय -इंडिया एंड द वर्ल्ड: ए हिस्टोरिकल रिव्यू ऑफ एजुकेशन इन इंडिया, ऑक्सफोर्ड यूनिवर्सिटी प्रेस, 1988

44. शर्मा, राम शरण -प्राचीन भारतीय शिक्षा प्रणाली, राजकमल प्रकाशन,1985

45. अल्तेकर, ए.एस. -हिस्ट्री ऑफ एजुकेशन इन इंडिया बनारस हिंदू यूनिवर्सिटी प्रेस,1944

46. अनंता -International journal of Sanskriti Research 2017;3(6):102-104

47. माथाई, एम.ओ- 'इंडियन शिपबिल्डिंग: A History of Indian Maritime Activity'

48. चौधरी, के.एन.- 'Trade and Civilization in the Indian Ocean'

49. दत्त, आर.सी.- 'The Economic History of India' -

50. मुखर्जी, राधाकुमुद - 'Indian Shipping: A History of the Sea-Borne Trade and Maritime Activity of the Indians from the Earliest Times'

51. धर्मपाल -'Ports of Ancient India'

52. गोपालन, पी.के- 'Maritime India: Trade, Religion and Polity in the Indian Ocean'.

53. लक्ष्मी, नारायण 'History of Maritime Trade in Ancient India'

वेबसाइट:

1. www.historysaransh.com

2. www.gondwanasandesh.blogspot.com

3. www.wifystudy.com

4. www.divyahimanchal.com

5. www.wikipedia.org.com

6. www.dhamma.org

7. www.youtube.com

8. www.drishtiias.com

9. www.byjus.com

10. www.upsctarget.com

11. www.unecadmy.com

12. www.pixabay.com

13. www.pixel.com

14. www.dreamstime.com

15. www.gattyimage.com

16. www.researchgate.com

संदर्भ सूची

17. www.shutterstock.com

18. www.pinerest.com